本书系国家社科基金青年项目"福柯晚期主体思想研究"（项目编号：15CZX036）成果

本书得到教育部高校国别和区域研究备案中心南京信息工程大学新加坡研究中心以及语言文学跨学科研究院资助，特此鸣谢。

A Study on Late Foucault's
Ethics of Subject

福柯晚期主体伦理思想研究

杜玉生　著

中国社会科学出版社

图书在版编目(CIP)数据

福柯晚期主体伦理思想研究/杜玉生著. —北京：中国社会科学出版社，2021.10
ISBN 978-7-5203-9028-6

Ⅰ.①福… Ⅱ.①杜… Ⅲ.①福柯(Foucault,Michel 1926-1984)—哲学思想—研究 Ⅳ.①B565.59

中国版本图书馆 CIP 数据核字(2021)第 179899 号

出 版 人	赵剑英
选题策划	王小溪
责任编辑	史慕鸿　王小溪
责任校对	师敏革
责任印制	戴 宽

出　　版	中国社会科学出版社
社　　址	北京鼓楼西大街甲 158 号
邮　　编	100720
网　　址	http://www.csspw.cn
发 行 部	010-84083685
门 市 部	010-84029450
经　　销	新华书店及其他书店
印　　刷	北京明恒达印务有限公司
装　　订	廊坊市广阳区广增装订厂
版　　次	2021 年 10 月第 1 版
印　　次	2021 年 10 月第 1 次印刷
开　　本	710×1000　1/16
印　　张	21
插　　页	2
字　　数	313 千字
定　　价	99.00 元

凡购买中国社会科学出版社图书，如有质量问题请与本社营销中心联系调换
电话：010-84083683
版权所有　侵权必究

语言文学跨学科研究丛书

编委会（按姓氏笔画顺序）

王克非　冯庆华　许　钧　刘　康

杨金才　胡开宝

目　　录

前言 ……………………………………………………… (1)

绪论　福柯的面孔 ……………………………………… (1)

上编　哲学修行与品性塑造
——福柯的古代主体塑造谱系研究

第一章　戏剧表征与政治批判：福柯论"直言" ……………… (21)
　　第一节　福柯对"直言"一词的问题化质疑 ……………… (22)
　　第二节　真理的话语政治学
　　　　　　——何谓直言？ …………………………………… (27)
　　第三节　福柯对欧里庇得斯戏剧的读解 ………………… (34)

第二章　主体性与真理：福柯论"关心自己" ……………… (49)
　　第一节　何谓"关心自己"？ ………………………………… (51)
　　第二节　"关心自己"与"认识自己" ………………………… (54)
　　第三节　关心自己与主体性塑造 ………………………… (57)
　　第四节　真理主体化的"精神性"哲学传统 ……………… (59)

**第三章　哲学直言与关心自己：福柯对苏格拉底—
　　　　　柏拉图的读解** ……………………………………… (66)
　　第一节　说真话者苏格拉底：福柯对《申辩篇》的
　　　　　　读解与阐发 ………………………………………… (68)

第二节　哲学事功与主体修行:福柯对柏拉图
　　　　《书信七》的读解 …………………………………… (89)
第三节　哲学直言与"灵魂本体论":福柯对
　　　　《阿尔喀比亚德篇》的读解 ………………………… (105)
第四节　伦理直言与生活的检验:福柯对
　　　　《拉凯斯篇》的读解 ………………………………… (116)

第四章　真理生活的价值重估:福柯论犬儒主义生存美学 …… (148)
　第一节　犬儒主义思潮演变 ………………………………… (149)
　第二节　"真理生活"(alēthēs bios)的具体内涵 ………… (154)
　第三节　犬儒主义对"真理生活"的价值重估 …………… (156)
　第四节　关心自己与关心他人 ……………………………… (175)

下编　生存美学与自我技术
——福柯晚期自我伦理思想研究

第五章　从权力到主体:福柯晚期思想新变 ………………… (185)
　第一节　真理游戏与主体塑造 ……………………………… (186)
　第二节　福柯的"主体化"之镜:真理、政治与伦理 ……… (189)
　第三节　哲学实践与伦理品性 ……………………………… (194)
　第四节　哲学诊断与现时当下 ……………………………… (197)

第六章　福柯论自我技术 ……………………………………… (201)
　第一节　何谓自我技术? …………………………………… (205)
　第二节　掌控自己与关心自己
　　　　　——古代世界的自我技术 ………………………… (208)
　第三节　顺从律法与自我弃绝
　　　　　——基督教的自我技术 …………………………… (218)

第七章　从自我技术到生命政治 …………………………… (225)

第一节　《伊翁》与《俄狄浦斯王》
　　　　——两种政治生活模式 …………………………… (227)

第二节　总体化与个体化
　　　　——生命政治的起源 ………………………………… (233)

第三节　安全与规训
　　　　——现代社会的生命政治 …………………………… (240)

第八章　自我伦理的现代谱系：福柯·本雅明·波德莱尔 …… (248)

第一节　现代社会主体之困境 ………………………………… (250)
第二节　福柯与本雅明的波德莱尔意象 …………………… (253)
第三节　福柯式的伦理学：超越普遍性的
　　　　自我伦理 …………………………………………… (258)
第四节　波德莱尔的伦理艺术 ……………………………… (264)

结语　"人该如何生活"？
　　——福柯的伦理应答 ……………………………………… (280)

参考文献 ………………………………………………………… (294)

后记 ……………………………………………………………… (306)

前　言

在20世纪法国思想史上，米歇尔·福柯（Michel Foucault）是继让-保罗·萨特（Jean-Paul Sartre）之后影响最大的哲学家和思想家，被认为是"结构主义"和"后结构主义"思潮中最重要也极富争议性的学者。[①] 福柯一生笔耕不辍，著述颇丰，出版重要著作20余部，此外还发表了大量文章和随笔访谈，其法兰西学院课程演讲也已全部出版。福柯学术之路伊始就注定了他的不同凡响，他的每一部著作都在法国学术界引起巨大轰动和争议。当时许多思想家都与福柯展开过学术交流与理论争辩，譬如路易斯·阿尔都塞（Louis Althusser）、雅克·德里达（Jacques Derrida）、让-保罗·萨特、莫里斯·布朗肖（Maurice Blanchot）、让·鲍德里亚（Jean Baudrillard）、乔治·巴塔耶（Georges Bataille）、吉尔·德勒兹（Gilles Deleuze）、诺姆·乔姆斯基（Noam Chomsky）、尤尔根·哈贝马斯（Jurgen Habermas）、查尔斯·泰勒（Charles Taylor）等。

最近50年，福柯的著述深刻地影响着各学科领域。历史学、哲学、精神病学、医学、刑法学、心理学、社会学、政治学、语言学、文学艺术、教育学等领域都受到福柯思想不同程度的影响。据统计，福柯已成为当代人文科学研究领域引用率最高的人文学者。[②] 当代最具影响力的理论家几乎都受到福柯不同程度的影响，譬如朱迪斯·巴特勒（Judith Butler）、乔吉奥·阿甘本（Giorgio Agamben）、霍米·巴巴（Homi

---

[①] Alexander Nehamas, "The Examined Life of Michel Foucault: Subject and Abject", *The New Republic*, Vol. 208, No. 7, February 1993, p. 27.

[②] http://www.timeshighereducation.co.uk/405956.article（2019年10月3日访问）。

K. Bhabha)、恩内斯托·拉克劳（Ernesto Laclau）、尚塔尔·墨菲（Chantal Mouffe）、唐娜·哈拉维（Donna J. Haraway）、科内利乌斯·卡斯托里亚迪斯（Cornelius Castoriadis）、安东尼奥·内格里（Antonio Negri）及佳亚特里·斯皮瓦克（Gayatri Chakravorty Spivak）等。[①]

无论是从对人文科学的考古挖掘转向对权力运作的谱系探察，还是从探讨古代"性经验"转向反思阐释当代伦理问题，福柯另辟蹊径的理论视角与研究方法开启了历史与哲学等众人文社科领域研究的新思路。不同领域的学者们都企图阐明福柯经验研究的内涵，对福柯提出的权力运作与知识限度、道德起源与现代治理、哲学诊断与现时当下等一系列抽象问题进行深入思考。

一　福柯其人其作

福柯不仅影响广泛，遍及各领域，其作品形式也多种多样，主要包括三种类型：第一类是福柯生前出版的著作。其中大多数是对某一特定领域、特定类型的历史研究，这些历史研究著作为20世纪60—80年代的法国知识界做出巨大贡献，同时也确立了福柯在学界的崇高地位。人们据《古典时代疯狂史》（1961年）一书将福柯称为"反精神病学运动的英雄"，据《词与物——人文科学考古学》（1966年，以下简称《词与物》）誉其为"结构主义的大主教"，据《规训与惩罚》（1975年）称其为"现代规训社会的先知"，据《性史》第一卷《知识意志》（1976年）称其为"新型权力理论的发掘者及酷儿理论研究的奠基者"，据《性史》第二卷《快感的享用》、第三卷《自我的关注》（1984年）称其为"以'生存美学'为圭臬的伦理转向的开拓者"[②]。

第二类是福柯数目繁多的"散论"，主要是在报纸杂志上发表的评论文章和访谈，或是在美国所做的讲演的片段。其中有些是对其主要著作的阐释与补充，有些是对正在进行的研究的描述与规划。20世

[①] Jon Simons ed., *From Agamben to Žižek*: *Contemporary Critical Theorists*, Edinburgh: Edinburgh University Press, 2010, p. 4.

[②] Christopher Falzon, Timothy O'Leary and Jana Sawicki, eds., *A Companion to Foucault*, MA: Wiley-Blackwell, 2013, p. 1.

纪60年代，福柯在《泰凯尔》(Tel quel)、《批评》(Critique)、《新法兰西评论》(Nouvelle Revue française) 等杂志上发表了一系列文学、艺术、音乐等领域的文艺评论。自60年代中期始，福柯发表了大量有关当时政治与学术环境的个人访谈，引起了一系列争论；20世纪70年代末至其去世前夕，福柯发表了数篇重量级课程演讲摘要及个人访谈等，譬如《什么是作者？》(What is Author?)、《什么是批判？》(What is Critic?)、《论伦理学的谱系》(On the Genealogy of Ethics)、《自我技术》①(Technologies of the Self)、《自我书写》(The Writing of Self)、《什么是启蒙？》(What is Enlightenment?)、《自我关注的伦理学是一种自由实践》(The Ethics of the Concern for Self as a Practice of Freedom) 等。同他的著作一样，这些"散论"在学术界引起重大反响。

上述福柯的"散论"大多收录于1994年出版的四卷本福柯言论集《言与文：1954—1988》(Dits et Ecrits, 1954 - 1988)。福柯的讲演稿、文章及访谈的英文编辑工作也于此前展开，其中有1980年出版的《权力/知识：福柯访谈及其他作品选（1972—1977）》(Power/Knowledge: Selected Interviews and Other Writings, 1972 - 1977)、1984年福柯亲自择定的《福柯读本》(The Foucault Reader)、1988年刊印的《政治·哲学·文化：福柯访谈及其他作品选（1977—1984）》(Politics, Philosophy, Culture: Interviews and Other Writings of Michel Foucault, 1977 - 1984)。但按主题分类收集最完整的英文版本是1997年出版的三卷本《福柯精选文集：1954—1984》(The Essential Works of Foucault, 1954 - 1984)。福柯访谈英文版收录最完整的是1996年出版的《福柯现场：1961—1984年访谈集编》(Foucault Live: Collected Interviews, 1961 - 1984)，其中收录了福柯不同时期的访谈共55篇。福柯"散论"中译

---

① 《自我技术》一文是福柯探讨古希腊罗马及基督教世界的一篇非常重要的文章，福柯晚期正是以"自我技术"为切入点展开对古代哲学的挖掘阐释的，此文是福柯1982年在美国佛蒙特大学研讨班的讲座内容。参见 Luther H. Martin, Huck Gutman and Patrick H. Hutton, eds., Technologies of the Self: A Seminar with Michel Foucault, Amherst: Massachusetts Press, 1988, pp. 16 - 49；中译本可见 [法] 米歇尔·福柯著，汪民安主编《福柯读本》，北京大学出版社2010年版，第239—266页。

本主要是 1996 年出版的《福柯——权力的眼睛》（包亚明编）、1999 年出版的《福柯集》（杜小真编）及 2016 年出版的三卷本《福柯文选》（汪民安编）。

第三类作品，是福柯自 1971 年始作为法兰西学院"思想体系史"教授面向公众和学生所做的课程演讲。这些演讲的录音及文献档案现藏于法国当代出版文献研究所（Institut Mémoires de L'édition Contemporaine）和法兰西学院文库（Bibliothèquedu Collège de France）。自《必须保卫社会》（Society Must Be Defended）首次整理出版以来，其他课程讲义也陆续出版，中译本（共八册）也于 2018—2019 年由上海人民出版社出版。

通过这些不同主题的课程演讲，福柯向世人展示了自己的思想进展。在 1976—1979 年的《安全、领土与人口》（Security, Territory, Population）、《必须保卫社会》（Society Must Be Defended）和《生命政治的诞生》（The Birth of Biopolitics）这三次前后相继的课程演讲中，福柯着重探讨的是 16—19 世纪西方现代社会"生命政治"的诞生、"牧师权力"的演进、"国家理性"的起缘、"自由主义治理术"的发展等问题。课程演讲中提出的"生命政治"（Biopolitics）及"治理术"（Governmentality）等概念已成为当代政治哲学探讨的热门话题。

自 1980 年始，福柯转向对基督教、希腊化罗马及古希腊世界的探索。在 1981—1982 年的课程演讲《主体解释学》（The Hermeneutics of the Subject）中，福柯以古代世界"关心自己"这一哲学原则为出发点，追溯了主体性与真理之关系的谱系演变，分析了古代哲学精神生活修行到现代科学理性理论认知的推进等问题。在 1982—1984 年的课程演讲《对自我与他人的治理》（The Government of Self and Others）和《真理的勇气：对自我与他人的治理（二）》（The Courage of Truth：The Government of Self and Others II）中，福柯从古希腊世界中凝练出"直言"［Parrēsia］（说真话）这一概念，并围绕这一概念构筑西方思想谱系。福柯总结了古希腊、希腊化罗马及早期基督教世界的各种"直言"实践以及这种"直言"实践在当前社会的体现；同时开创性地从真实话语模式、治理术与自我技术三者之间的关系这一角度出发，阐明知识、权力和主体化问题。这些课程的部分内容，在 1984 年福柯去世前夕出版的《性史》（*The History of Sexuality*）第二卷《快感的享用》（*The Use of Pleasure*）和第三卷《自我的关注》（*The Care of the Self*）中均有所提及。

20 世纪 80 年代，已有学者试图借助福柯生前出版的著作，勾勒其思想历程。美国著名的福柯评论家保罗·拉比诺（Paul Rabinow）和休伯特·德赖弗斯（Hubert L. Dreyfus）明确将福柯的理论发展划分为四个阶段：第一，初期海德格尔阶段；第二，早期结构主义或考古学阶段；第三，中期谱系学阶段；第四，晚期伦理学阶段。根据这一划分，学界认为，福柯早期海德格尔阶段的思想主要是指其为精神分析学者路德维希·宾斯万格（Ludwig Binswanger）《梦与存在》（*Dream and Existence*）一书译文所作的序言，在其《疯癫与文明》（*Madness and Civilization：A History of Insanity in the Age of Reason*）一书中亦有端倪。福柯早期结构主义或考古学阶段的思想主要体现在 20 世纪 60 年代出版的《诊所的诞生：医学知觉考古学》（*The Birth of the Clinic：An Archaeology of Medical Perception*）、《词与物——人文科学考古学》（*The Order of Things：An Archaeology of the Human Sciences*）和《知识考古学》（*The Archaeology of Knowledge*）三本著作中。谱系学阶段是指，福柯借助尼采著作与思想转向了对现代权力的分析，这一转向最早可追溯到 1971 年发表的法兰西学院就职演说《话语的秩序》（"The Discourse on Language"）一文，集中体现在 20 世纪 70 年代中期出版的《规训与惩罚》（*Discipline and Punish：The Birth of the Prison*）和《性史》第一卷《知识意志》（*The Will to Knowledge*）中。20 世纪 80 年代开始，福柯从西方现代权力与知识关系的分析转向对古代世界及早期基督教时期"自我技术"和性伦理问题的考察——此为福柯晚期伦理学阶段，1984 年福柯去世前夕出版的《性史》第二卷《快感的享用》和第三卷《自我的关注》是其此阶段思想的集中体现。①

值得注意的是，自 20 世纪 80 年代始，福柯的理论探讨在研究主

---

① Simon During, *Foucault and Literature：Towards a Genealogy of Writing*, London：Routledge，1992，p.7.

题和时间跨度上都发生了某种转变。在20世纪六七十年代出版的著作和法兰西学院课程演讲中，福柯重点对16—19世纪西方"古典时期"①和现代社会进行考古学研究——反复挖掘此时期医学、精神病学、心理学、刑法学等人文社科话语中体现的现代权力—知识形式。然而，在1980—1982年法兰西学院课程演讲中，福柯对现代性的关注明显减弱，转而关注公元1—2世纪，投身于这一时期的异教世界及早期基督教的修身技术。最终，在1983—1984年，福柯又进一步改变研究对象，将目光投向公元前5世纪的古代世界，考察苏格拉底和柏拉图的思想。理论界对福柯晚期思想的探讨随着福柯法兰西学院课程演讲的逐步出版与日俱增。

二 福柯研究现状及文献综述

"福柯研究"已成为当下的一项热门课题，国内外理论界对福柯著作及思想的研究热情持续增长，人文社会科学各领域研究及应用福柯思想的著述层出不穷。目前，世界各地已有不少国家设立专门研究福柯的组织或机构，包括法国的"Centre Michel Foucault"（"福柯研究中心"）、加拿大的"History of the Present"（"当代历史研究小组"）、美国的"Foucault Circle"（"福柯研究界"）、墨西哥的"Centro de Estudios Multidisciplinarios"（"福柯跨学科研究中心"）等。②这些组织定期召开研讨会，探讨福柯思想在当代各学科的应用和发展。《福柯研究》（*Foucault Studies*）杂志自2004年开始发行，截至目前已出版27期。③杂志以"福柯与阿甘本""福柯与德勒兹""福柯与宗教""福柯与女性主义""福柯与酷儿理论""福柯与种族""福柯与新实用主义"

---

① 福柯在《古典时代疯狂史》中划分的"古典时期"独具匠心，是指从1656年到1789年法国大革命这段时间，这个古典时期不应该与古希腊、希腊化罗马时期相混淆。

② Stuart Elden, Clare O'Farrell, Alan Rosenberg, "Introducing Foucault Studies", *Foucault Studies*, Vol. 1, No. 1, December 2004, pp. 1–4.

③ 参见http://rauli.cbs.dk/index.php/foucault-studies/index（2020年3月23日访问）。

"福柯与空间""福柯与新自由主义治理术"等专题刊发众多研究者的原创研究成果和著作书评,介绍福柯研究最新进展。除专门的研究组织或机构外,还有一些网站专门收集福柯研究资料,譬如 1997 年 1 月由克莱尔·奥法拉(Clare O'Farrel)创建的 http://www.michel-foucault.com/ 网站收藏福柯散落的言论,并分门别类地做了梳理与绍介。

"福柯研究"文献的研究主题大致可分为四类:第一类是对福柯学术观点和主要概念的入门级介绍;第二类是对福柯思想的专题阐释批评及与其他理论家思想的比较性研究;第三类是关于福柯生平及思想的传记研究;第四类是福柯思想的应用研究。这四类研究在很大程度上是相互渗透的。受篇幅及阅读量所限,现仅以前三类文献为主要依据,列举对本书具有重要参考价值的著作。

在第一类福柯研究文献中,最早的要数艾伦·谢里丹(Alan Sheridan)于 1980 年出版的英文专著《米歇尔·福柯:求真意志》(*Michel Foucault: The Will to Truth*),作者以"知识考古学"及"权力系谱学"为中心,简要探讨了福柯早期思想,此书的中译本《求真意志——密歇尔·福柯的心路历程》于 1997 年由上海人民出版社出版。自从进入 21 世纪,对福柯思想的入门级介绍呈现出越发成熟的态势,涉及的内容也更为广泛。杰夫·丹纳赫(Geoff Danaher)等于 2000 年出版的《理解福柯》(*Understanding Foucault*),从知识、权力和主体性三个角度出发对福柯思想做了深入浅出的阐释,并梳理出福柯作品与当前研究主题、概念方法和文化语境之间的关系,以大量简单又论证合理的事例作为支撑,此书可视为运用福柯思想对大众文化展开研究的初级读本。由加利·古廷(Gary Gutting)主编的《剑桥福柯指南》(*The Cambridge Companion to Foucault*)一书,在 1994 年首次编辑出版后于 2005 年修订再版,书中收集了法国著名科学史家乔治·康吉扬(Georges Canguilhem)论福柯的文章,还包括詹姆斯·伯纳尔(James W. Bernauer)、托马斯·弗林(Thomas Flynn)、阿诺德·戴维森(Arnold I. Davidson)等资深福柯研究专家的研究文章共 13 篇,这些文章主要分析了福柯与笛卡尔、尼采、海德格尔、哈贝马斯等之间的思想关联或异同,并从现象学、古代哲学、现代主义思潮、精神分析、女性主义等视角探讨了福柯的主要思想。

2003年出版的"劳特利奇批评思想家系列"之《米歇尔·福柯》（*Michel Foucault*）是为文学研究领域所写的一本入门指南，作者萨拉·米尔丝（Sara Mills）重点梳理了作为知识分子的福柯的政治思想历程，探讨了福柯关于权力—知识—主体的观点。在2011年编辑出版的《福柯关键概念》（*Michel Foucault：Key Concepts*）一书中，作者戴安娜·泰勒（Dianna Taylor）收集了多位年轻学者在福柯研究领域中关于权力、自由、主体性的研究成果，主要阐释了"试验员"福柯而非"理论家"福柯的主要观点及其对当前社会和大众文化的启示意义。在2013年编辑出版的《福柯指南》（*A Companion to Foucault*）一书中，作者克里斯多夫·法尔宗（Christopher Falzon）等人分四部分收集了众多福柯研究者的28篇最新研究成果。此书按年代顺序和主题分类细致探讨了福柯从早期到晚期的思想历程及核心概念，如权力、知识、规训、牧师权力、生命政治、治理术、自我技术、伦理学及现代性等；同时重点探讨了福柯思想对当前人文科学各领域的影响与引起的争议，譬如新自由主义、法西斯主义研究、种族主义研究、女性主义研究、酷儿理论、后殖民研究、环境伦理研究等；此外，书中还包括丹尼尔·德菲尔（Daniel Defert）为《言与文：1954—1988》撰写的福柯年代表的完整英译版本；最难能可贵的是，此书附录收有福柯"散论"的完整文献索引，包括收录于法文本《言与文：1954—1988》（四卷）中的所有英译文本索引及福柯用英文发表的访谈与文章条目。另外值得注意的是，2008年出版的法文版《福柯词典》（*Dictionnaire Foucault*），此书按字母顺序整理汇编了60个福柯思想的核心词汇，同时介绍了对福柯影响重大或与福柯展开争鸣的13位思想家、哲学家或作家。

第二类主要是对福柯思想的专题研究，包括福柯思想阐释研究、方法论研究、批评与影响研究及对福柯与其他思想家的比较研究。休伯特·德赖弗斯与保罗·拉比诺于1983年出版了首部研究福柯工作方法的专著《米歇尔·福柯：超越结构主义及解释学》（*Michel Foucault：Beyond Structuralism and Hermeneutics*），中译本于1992年出版。作者按时间顺序梳理了福柯早期著作，总结出福柯以知识考古学与权力系谱学取代结构主义及解释学分析手段的过程，从而敏锐地洞察到现代社会及其弊端，并进行强有力的批判。作者同时指出福柯研究方法的不足之处，简要比较了福柯与埃德蒙·胡塞尔（Edmund Husserl）、马丁·海德格尔（Martin Heidegger）、列维－斯特劳斯（Levi-Strauss）、汉斯－格奥尔格·伽达默尔（Hans-Georg Gadamer）等思想家的研究方法。本书还收录了两篇对理解福柯晚期思想大有裨益的文章和访谈，一篇是福柯用英文撰写的《权力与主体》（"The Power and Subject"），其中福柯明确表示他的研究重点是主体而非权力；另一篇是作者于1983年4月在美国伯克利对福柯所做的专访《论伦理学的谱系：研究进展一览》（"On the Genealogy of Ethics: An Overview of Work in Progress"），福柯在此篇访谈中重申了他晚期从事的工作，即从"自我技术"这一切入点入手对主体展开的谱系研究，这也是本书重点参考的文献之一。

福柯去世两年后，与福柯私交甚笃的法国哲学家吉尔·德勒兹于1986年出版了《福柯》（*Foucault*）一书，中译本名为《德勒兹论福柯》，于2006年出版。德勒兹在书中以他特有的"分裂分析式阅读法"梳理福柯的思想，他把福柯看作一名一丝不苟的档案研究者、一名技术精湛的地图绘制学者、一名行走于各领域的拓扑学游牧高手，这既是一部福柯研究专著，更是当代两位最伟大的思想家的一次思想碰撞，德勒兹的思想要义也体现其中。1997年由阿诺德·戴维森编辑出版的《福柯与他的对话者》（*Foucault and His Interlocutors*）是一部极具学术意义的论文集。其中收录了福柯与米歇尔·塞尔（Michel Serres）、康吉杨、德里达等对于疯癫主题的不同观点；福柯与德勒兹、保罗·维尼（Paul Veyne）、乔姆斯基关于历史、权力与现代性诊断的不同论述；福柯与皮埃尔·阿多（Pierre Hadot）、戴维森等对古代哲学的比较探讨。

第一部系统探讨福柯政治哲学的著作是马克·凯利（Mark G. E. Kelly）2009年出版的《福柯的政治哲学》（*The Political Philosophy of Michel Foucault*）一书，作者详细探讨了福柯哲学思想的政治面向，试图从福柯的权力观、知识论、主体性与权力、伦理学的理论阐释中建构一种系统连贯的"政治本体论"①。与之针锋相对的是埃里克·帕拉斯(Eric Paras)于2006年出版的《福柯2.0:超越权力与知识》(*Foucault 2.0：Beyond Power and Knowledge*)一书,作者详细考察了福柯20世纪80年代的法兰西学院课程演讲,明确指出福柯前后期思想存在着根本的断裂,并从心理分析视角探讨了福柯从前期"权力的微观物理学"研究转向晚期个体"生存美学"研究的内在演变,认为福柯的这一转变是对早期考古学及谱系学研究立场的抛弃和对他前期极力反对的人道主义主体性的回归。尽管帕拉斯的论述比较极端,也饱受争议,但从福柯晚期著作回溯其早期思想,一定程度上启发了本书的写作。2009年由G.普拉多(G. Prado)主编的《福柯的遗产》(*Foucault's Legacy*)是福柯影响研究的经典文集,书中探讨了福柯思想对当前黑格尔研究、尼采研究、海德格尔研究、分析哲学、新实用主义等领域的影响以及对社会学、宗教学、政治学等领域的启发。

约翰·雷奇曼(John Rajchman)于1985年出版的《米歇尔·福柯:哲学的自由》(*Michel Foucault：The Freedom of Philosophy*)是一部较早对福柯哲学思想进行专题探讨的著作,作者将福柯置于从塞克斯都·恩披里柯(Sextus Empiricus)到大卫·休谟(David Hume)的怀疑主义传统之下加以阐释,认为福柯怀疑主义的伦理原则是"自由",并将之与非理性主义、无政府主义及虚无主义加以区分。1992年,提摩西·阿姆斯特朗(Timothy Armstrong)主编的《哲学家福柯》(*Michel Foucault：Philosopher*)也是一部专注于福柯哲学思想的重要论文集,收录了1988年1月法国巴黎"福柯研究中心"举办的福柯研讨会上提交的研究成果,其中有吉尔·德勒兹、保罗·维尼、皮埃尔·阿多、赫伯特·德赖弗斯等对福柯哲学思想的专题论述;每篇文章之后附有会议讨论结果,包括福柯在哲学史上的影响、福柯的话语风格、福柯哲学品性等问题。论文集第四章重点探讨了福柯晚期关于伦理学

---

① Mark G. E. Kelly, *The Political Philosophy of Michel Foucault*, New York：Routledge, 2009, p. 4.

及主体问题的立场。贝阿特里斯·汉（Béatrice Han）于 2003 年出版的《福柯的批判事业：超验与历史之间》（*Foucault's Critical Project：Between the Transcendental and the Historical*）是深入研究福柯哲学思想的经典著作，此书发掘出福柯著作中历史和先验的对立，分析了福柯对康德、尼采及海德格尔思想的借鉴与批判。此外还有许多对福柯哲学进行研究的著作与论文集，譬如提摩西·奥利里（Timothy O'Leary）和克里斯多夫·法尔宗 2010 年编辑出版的《福柯与哲学》（*Foucault and Philosophy*）等，此处不再一一赘述。

另外，将福柯与其他思想家进行比较研究的著作也给我们提供了理解福柯思想的新途径。其中影响力较大的有罗伊·博伊恩（Roy Boyne）于 1990 年出版的《福柯与德里达：理性的另一面》（*Foucault and Derrida：The Other Side of Reason*），中译本于 2010 年出版。这本书解读了当时最著名的两位思想家关于"疯癫"问题、对笛卡尔的解读问题、如何看待理性的问题等的哲学争论；作者认为尽管两位思想家的研究进路迥异，但二者最终的共同关注点是权力和伦理问题，"因此勾画了两者之间无意识合作关系史的大体轮廓"①。马克·贾巴拉（Marc Djaballah）于 2008 年出版的《康德、福柯及体验形式》（*Kant, Foucault, and Forms of Experience*）梳理了福柯在不同时期对待康德哲学的态度转变，指出福柯早期对康德思想持批判态度，中期开始重视康德思想，晚期则承继并发展了康德批判哲学。贾巴拉认为康德哲学对福柯晚期自我关系的"伦理转向"产生了至关重要的影响，并详细比较了康德与福柯对现代批判态度的不同观点，称晚期福柯为经过尼采思想洗礼的"康德主义者"②。在 2007 年出版的《福柯与海德格尔：哲学及转变体验》（*Foucault's Heidegger：Philosophy and Transformative Experience*）一书中，作者提摩西·雷纳（Timothy Rayner）提出了福柯晚期"海德格尔转向"的假设，雷纳对比福柯与海德格尔思想的异

---

① ［英］罗伊·博伊恩：《福柯与德里达：理性的另一面》，贾辰阳译，北京大学出版社 2010 年版，第 2 页。

② Marc Djaballah, *Kant, Foucault, and Forms of Experience*, New York：Routledge, 2008, p.93.

同，认为两者之间有一个共同的基础，都将哲学看作一种自我转变的操练，同时追溯福柯哲学态度的转变，归纳出福柯晚期对海德格尔的重视。①

第三类是对福柯个人的传记式研究，包括福柯生平经历、思想等，重点关注福柯的生活方式、思想的产生与被接受，甚至福柯的死亡方式等方面的交错，同时揭示福柯作品中不为人知的隐秘内容。最早的福柯传记于 1989 年问世，是由迪迪埃·埃里蓬（Didier Eribon）出版的法文版《米歇尔·福柯》（*Michel Foucault*），中译本于 1997 年以《权力与反抗——米歇尔·福柯传》为名出版，但福柯的长期伴侣丹尼尔·德菲尔并不认可这本传记。另一部传播较广的福柯传记是詹姆斯·米勒（James Miller）于 1993 年出版的英文本《福柯的生死爱欲》（*The Passion of Michel Foucault*），中译本于 2005 年出版，此书在埃里蓬版本基础上更细致地记录了福柯的作品与生活，囊括了大量的逸闻与注释，米勒将这本传记称作对福柯式"哲学生活"的记录。这两本传记对于我们理解福柯晚期思想起到了重要作用，尤其是考虑到柏拉图对晚期福柯的影响。福柯通过阅读柏拉图，对哲学及其作用有了新思考：哲学与生活和精神性密不可分，一个人的哲学事功在生活舞台上建立，哲学品性在生活与思想的双重折叠中体现。

随着《性史》二、三卷及福柯 20 世纪 80 年代法兰西学院课程演讲的逐步问世，福柯晚期提出的诸如"生存美学""自我技术"等概念成为学术界研究的热点。赫尔曼·尼尔逊（Herman Nilson）1998 年出版的《米歇尔·福柯：真理的游戏》（*Michel Foucault and the Games of Truth*）一书，最早对福柯 20 世纪 80 年代的著作展开专题研究。该著作对《性史》第二卷《快感的享用》、第三卷《自我的关注》进行文本细读，分两部分阐释福柯晚期思想：第一部分，分析福柯在古希腊世界挖掘的"生存美学"及"自我伦理"概念，指出尽管福柯继承了尼采推崇古希腊文化的传统，但目的并非是摆脱基督教世界观与价

---

① Timothy Rayner, *Foucault's Heidegger: Philosophy and Transformative Experience*, New York: Continuum, 2007, p. 117.

值观而"回归希腊",而是通过对古代世界自我技术的考察与反思,为现代人的"自我转变"与"生活创造"提供另一种可能性;第二部分主要分析了福柯的哲学品性(ēthos),并通过福柯论证哲学的批判功用,指出哲学实践是一种思想操演和生存风格,而非仅仅为了建构某种理论知识。① 提摩西·奥利里于2002年出版的《福柯与伦理艺术》(*Foucault: the Art of Ethics*)采取了与尼尔逊相同的切入点,结合福柯20世纪80年代出版的著作和发表的文章展开分析,着重讨论了福柯基于"生存美学"的伦理艺术,将福柯归入"美学主义的自我制作"的传统之中。作者认为福柯的伦理艺术是对"人应该如何生活"这一苏格拉底式核心问题的回答,也是对尼采"赋予自己以风格……成为创造生活的诗人"这一箴言的续写。②

上述福柯研究文献在不同程度上都将福柯的思想划分为知识考古学、权力谱系学及主体伦理学三个阶段,并试图探查福柯三次思想转向的内在关联及局限性。这些著作都将福柯晚期思想视作与福柯早期社会诊断的断裂或对传统哲学的回归,很少有著作对福柯晚期为何转向主体这一问题做出合乎逻辑且令人满意的解释。而在前人的基础上,爱德华·麦古欣(Edward McGushin)和托马斯·弗莱(Thomas Flynn)则开创性地将福柯思想作为整体加以研究:麦古欣于2007年出版了《福柯的修行:哲学生活入门》(*Foucault's Askēsis: An Introduction to the Philosophical Life*),弗莱分别于1997年及2005年出版两卷本著作《萨特、福柯及历史理性:走向一种存在主义历史理论》(*Sartre, Foucault, and Historical Reason: Toward an Existentialist Theory of History, Vol. 1*)、《萨特、福柯及历史理性:一种后结构主义历史图绘》(*Sartre, Foucault, and Historical Reason: A Poststructuralist Mapping of History, Vol. 2*)。这三本著作启发了本书的撰写计划,也是笔者在写作过程中的重要参考文献。

---

① Herman Nilson, *Michel Foucault and the Games of Truth*, trans. Rachel Clark, New York: St. Martin's Press, 1998, pp. xiv – xv.

② Timothy O'Leary, *Foucault and the Art of Ethics*, New York: Continuum, 2002, pp. 1 – 2.

福柯思想自 20 世纪 90 年代传入中国便受到学术界的广泛关注，福柯研究的热度也日益增加，福柯作品的翻译工作也在如火如荼地进行。到目前为止，福柯所有公开出版的著作均有中译本，福柯重要的文章和访谈的中译工作也已完成，福柯法兰西学院系列课程讲演也已陆续完成翻译出版。英语及法语世界福柯研究专著也已翻译了二十余部。汉语世界的福柯研究专著已达十余部。

刘北成 1995 年编著出版、2012 年再版的《福柯思想肖像》是中国大陆第一本福柯传记，简要介绍了福柯的生平与思想，记录了福柯从年少求学到去世的人生历程，是一本有助于大众了解福柯思想及人生的入门级手册。① 莫伟民于 1996 年出版的《主体的命运——福柯哲学思想研究》是中国大陆第一本福柯研究专著，莫伟民沿着福柯哲学思想的发展历程并结合福柯研究的各领域之间的相互联系，阐释了福柯提出的知识—权力—主体三位一体理论，认为主体理论在福柯哲学思想中占据核心位置，并剖析了福柯的反人类学主体主义思想。② 王治河于 1999 年出版的《福柯》一书中肯定了福柯在后现代主义思潮中不可动摇的位置，以福柯的考古学、系谱学、非理性主义、权力哲学及与海德格尔之关系为切入点，梳理了福柯早中期思想演变历程。③

自从进入 21 世纪，学界对福柯的研究越发深入。汪民安 2002 年出版、2008 年再版的《福柯的界限》一书用诗意化的语言从"理性/疯癫""话语/知识""权力/身体""伦理学/美学"四个维度全面地描绘了福柯早中晚期的主要思想，是一部最早也是到目前为止最为全面地研究福柯整体思想面貌的著作。④ 于奇智 2002 年出版的《凝视之爱：福柯医学历史哲学论稿》⑤ 详细解读了福柯的《临床医学

---

① 参见刘北成《福柯思想肖像》，中国人民大学出版社 2012 年版，第 1—2 页。
② 参见莫伟民《主体的命运——福柯哲学思想研究》，上海三联书店 1996 年版，第 2 页。
③ 参见王治河《福柯》，湖南教育出版社 1999 年版，第 2—3 页。
④ 参见汪民安《福柯的界限》，南京大学出版社 2008 年版，第 1—2 页。
⑤ 参见于奇智《凝视之爱：福柯医学历史哲学论稿》，中央编译出版社 2002 年版，第 3 页。

的诞生》一书，是对福柯关于疾病及其机制的思想的专题研究，书后附有作者与当代法国著名哲学家的访谈。余虹 2005 年出版的《艺术与归家——尼采·海德格尔·福柯》开国内福柯比较研究之先河，通过比较福柯与尼采、海德格尔就"生存关系论"与"自由关系的正当性"的思想异同，指出现代性的不足与出路。① 黄瑞祺 2008 年主编的《再见福柯：福柯晚期思想研究》是第一部单独讨论福柯晚期思想的论文集，收录了中国台湾省年轻一代福柯研究者关于福柯晚期思想的研究成果。② 刘永谋 2009 年出版的《福柯的主体解构之旅——从知识考古学到"人之死"》一书，从"解构主体"的角度审视福柯著作，试图围绕主体问题全面梳理福柯哲学谱系的演进和思想本质。③ 赵福生 2011 年出版的《福柯微观政治哲学研究》将福柯视为"微观政治哲学"的开创者，从"规训"、"他者"、"空间"、"性"和"主体"等角度阐释福柯的微观权力理论。④ 台湾学者杨凯麟 2011 年出版的《分裂分析福柯：越界、褶曲与布置》提出了当代哲学的福柯难题，并从界限本体论、当代文学中的褶曲与布置等视角对福柯思想展开研究。⑤

张一兵教授 2014 年出版重量级著作《回到福柯——暴力性构序与生命治安的话语构境》，以福柯访谈和晚期对自我学术道路的回顾为线索，解读了福柯的重要著作及法兰西学院课程演讲等文本，展示了福柯与马克思的隐秘联系，重塑了福柯的真实面貌。⑥ 陈培永 2017 年出版

---

① 参见余虹《艺术与归家——尼采·海德格尔·福柯》，中国人民大学出版社 2005 年版，第 3 页。
② 参见黄瑞祺主编《再见福柯：福柯晚期思想研究》，浙江大学出版社 2008 年版，第 1 页。
③ 参见刘永谋《福柯的主体解构之旅——从知识考古学到"人之死"》，江苏人民出版社 2009 年版，第 1 页。
④ 参见赵福生《福柯微观政治哲学研究》，黑龙江大学出版社 2011 年版，第 3 页。
⑤ 参见杨凯麟《分裂分析福柯：越界、褶曲与布置》，南京大学出版社 2011 年版，第 2 页。
⑥ 参见张一兵《回到福柯——暴力性构序与生命治安的话语构境》，上海人民出版社 2014 年版，第 18—20 页。

的《福柯的生命政治学图绘》力图展现福柯生命政治学的整体面貌，指出福柯描绘了一幅从"统治权力"到"规训权力"再到"生命权力"的权力技术发展史，形成了一套被众多当代思想家不断演绎的"生命政治学"。①

随着"福柯研究"热情持续高涨，福柯思想的重要性与日俱增。从 2000 年到 2020 年的 20 年间，国内讨论福柯思想的论文达到了一千多篇。"几乎涉及除了经济学之外的所有社会科学和人文科学专业。"② 以福柯作为研究对象的博士学位论文有近 40 篇。

三　本书框架及研究思路

本书分为上、下两编。上编"哲学修行与品性塑造"包括第一到第四章内容，旨在探讨福柯的古代经典阐释及古代哲学主体塑造模式，重点考察福柯晚期（20 世纪 80 年代）法兰西学院课程演讲《主体解释学》、《对自我与他人的治理》和《真理的勇气》之内容。此编总体上遵循福柯的谱系学方法及问题化意识，以福柯在古代哲学与历史文献中发掘出的"直言"与"关心自己"这两个概念为叙事织针，以历史叙事的方式梳理福柯在主体哲学及政治问题上的一系列主张，遵循福柯晚期作品的启示与建议，梳理并追溯哲学实践前后相继的形式，从苏格拉底和柏拉图肇始，经由公元 1—2 世纪的希腊化罗马思想家，到犬儒主义及早期基督教禁欲主义告终。

下编"生存美学与自我技术"包括第五到第八章内容，着重讨论福柯晚期思想中的"自我伦理"问题及其对现代新自由主义治理术的反思与启发，重点考察福柯 1984 年去世前夕出版的《性史》第二卷《快感的享用》、第三卷《自我的关注》及 20 世纪 70 年代法兰西学院课程演讲《必须保卫社会》《安全、领土与人口》《生命政治的诞生》之内容。包括四个方面：一是分析福柯晚期思想新变，二是阐释福柯

---

① 参见陈培永《福柯的生命政治学图绘》，中国社会科学出版社 2017 年版，第 1—2 页。

② 汪民安：《福柯在中国》，《中国图书评论》2014 年第 3 期。

从"自我技术"和"生存美学"角度对古代伦理思想所做的谱系梳理,三是探讨以自我技术和生存美学为主要特征的古代伦理学是如何转变为现代社会的生命政治的,四是论述福柯提出的自我伦理学的现代谱系。

绪　论
福柯的面孔

每一位哲学家都有一种隐秘的欲望，既想要以自己的理论在哲学界产生影响，将自己的名字镌刻在哲学史之上，又企图对抗或逃离既定的哲学规范。亦即说，哲学家与他立足的哲学圈子之间存在一种既建构又对抗的关系。远古如柏拉图，其思想激荡于古希腊的城邦政治、四处游走的智者、雅典贵族阶层、苏格拉底无处不在的身影等相互冲撞的引力旋涡之中；近如当代哲学家德勒兹，他创造哲学概念，并在诸多的思想家（如尼采与斯宾诺莎）、艺术家及作家（如培根、劳伦斯及麦尔维尔）、当代心理分析及消费资本主义等现象中穿梭交叉、刻画其理论逃逸线。

在本绪论中，笔者试图对福柯的伦理面孔或福柯的哲学谱系加以探讨，对福柯工作与思想得以展开的哲学论题加以梳理与描绘；从福柯晚期思想演变出发，结合其早期对哲学论题的介入，探查其对古代哲学及当代哲学的解读。当然在此解读过程中，我们应该承继福柯的问题化意识及谱系学方法，从历史角度简单考察一下他对苏格拉底直到尼采哲学的读解与论述。福柯从古代哲学中生发的伦理思想给我们留下了一系列的问题，同时也开创了思想的另类可能：福柯思想的哲学出发点是什么？他力图要应对什么样的问题？他的伦理思想有何种现实关切？他是如何来表达对现时当下的关注的？

什么是哲学？哲学家一般都对这一问题讳莫如深，即无意也无力于对人类长久以来所困惑的哲学起源或目标等问题的探查。但是，考察哲学史，也曾有人试图对之加以解答，或许其中最著名者首推亚里士多德，他将哲学的动因解释为人的"惊异"或"惊奇"体验，"正是由于他们的惊异，人类现在第一次开始了哲理探索"①。福柯作为一位思想家，从其早期理论生涯来看，我们很难想象他本人会如亚里士多德那样对哲学的动因做出明确阐释。但是，福柯晚期却对哲学起源或哲学动机问题备感兴趣，并对之有一番独特见解。令人惊讶的是，他的观点非常接近却又明显不同于亚里士多德。

在《性史》第二卷《快感的享用》"导言"中，福柯详细解释了《性史》第一卷出版后他历八年之久所做的一系列理论更动与修正。他自问：为何要进行这样的艰苦劳作呢？原因非常简单，那就是"好奇心"②。好奇心长久以来被看作一种恶劣的品性，难登大雅之堂，至少对哲学史来说是件无关紧要的琐碎小事。但福柯却对之情有独钟，认为好奇心不仅表明人有求知的渴望，更是人"摆脱自我"的强烈欲求。在此意义上，好奇心展示了人对世界和对自我的关注与忧虑。③实际上，"好奇心"一词来源于拉丁语 cura，拉丁文 cura sui 即为"自我关注"或"关心自己"之意。

但是，我们应该注意到，福柯从现时当下出发对好奇心的理解不同于亚里士多德关于"惊异"的阐释。对福柯而言，好奇心可能确实起始于我们对独特非凡之物的感知或是对日常事物新鲜之处的惊奇，但这绝不意味着好奇心仅仅止步于对世界的认识。好奇心还表现为一种力图对这个世界加以改变的强烈欲望，以及对世界、知识和认知主体之间关系的强烈质疑。由是观之，好奇心唤醒了一种"深刻的现实意识"以及"以另一种方式观看同一事物的"意志；同时表达了一种"对现在正在发生与正在消失之事的认知激情"。④ 另外，对福柯来说更为重要的是，这样的好奇心与一种关于现时当下的现代性态度紧密

---

① Aristotle, *The Metaphysics*, trans. Hugh Lawson-Tancred, Baltimore: Penguin Books, 1999, p. 9.

② Michel Foucault, *The History of Sexuality*, Vol. 2: *The Use of Pleasure*, trans. Robert Hurley, New York: Vintage Books, 1990, p. 8.

③ Michel Foucault, *The Essential Works of Foucault, 1954 – 1984*, Vol. 1, *Ethics: Subjectivity and Truth*, ed., Paul Rabinow, New York: New Press, 1997, p. 325.

④ Michel Foucault, *The Essential Works of Foucault, 1954 – 1984*, Vol. 3, *Power*, ed., James D. Faubion, New York: The New Press, 2000, p. 325.

相关，福柯在波德莱尔身上发现了这一现代性态度的端倪：这就是对现时当下的强烈推崇，与"一种极度渴望分不开，即把现在想象成与其自身不同的东西，但不是要摧毁现在，而是通过把握现时当下的自身状态，来改变现在"①。

对福柯而言，好奇心的另一面还在于它促使人们对认知主体加以质疑。福柯质问我们，如果对知识的渴求仅仅保证知识的获得与增长，而保证不了"认知者以某种方式和在可能的程度上发生偏离"②，又有何益？两千多年前，亚里士多德声称"惊奇……现在第一次"促使人类开始了哲学探索，好像是对此的一种奇特回应，福柯宣称：假如哲学"现在仍然跟过去的时代一样"，那么它"鲜活的形体"存在于散论（essay）之中。③

这里的"散论"不应该被看作学生对老师所传授的知识进行重新论述那样的一种书写形式，而是指"一个人在真理游戏中有所改变的尝试与检验"，这是一种"修行"，也就是"在思想活动中的一种自我操练"④。四百年前，蒙田的《随笔集》（Essays）曾透露出这样的气息，蒙田的"随笔"是为了自我观察和检验自己的思维能力，它很少把一个确定的结果设定为自己的目标，而是对思维过程本身更感兴趣，这是一种尝试，通过不断地变化视角以迂回螺旋的方式把握和观察对象。⑤

对福柯而言，哲学是思想的操练、是思考的实践，它力图把握现时当下的复杂性及脆弱性，并将众说纷纭的主体问题置于真理游戏的

---

① Michel Foucault, *The Essential Works of Foucault, 1954 – 1984, Vol. 1, Ethics: Subjectivity and Truth*, ed., Paul Rabinow, New York: New Press, 1997, p. 311.

② Michel Foucault, *The History of Sexuality, Vol. 2: The Use of Pleasure*, trans. Robert Hurley, New York: Vintage Books, 1990, p. 8.

③ Michel Foucault, *The History of Sexuality, Vol. 2: The Use of Pleasure*, trans. Robert Hurley, New York: Vintage Books, 1990, p. 8.

④ Michel Foucault, *The History of Sexuality, Vol. 2: The Use of Pleasure*, trans. Robert Hurley, New York: Vintage Books, 1990, p. 9.

⑤ 参见［法］米歇尔·德·蒙田《蒙田随笔全集》（下），潘丽珍等译，译林出版社1996年版，第255页。

旋涡中加以考察，借此，人们希望能修正自己与真理及与现时当下之间的关系。但是，这样的一种哲学构想却并非一开始就植根于福柯的理论视野之中。实际上，正如我们所知，在福柯生命的大部分时间里，他拒绝接受"哲学家"这一头衔或称号，并表示他的工作几乎与哲学无关。对此，我们该如何解释？

在其理论生涯的大部分时间中，福柯一直钟情于隐藏自己的面孔，难以捉摸而又无从分类。正如他在《知识考古学》中的著名表述："不要问我是谁，也不要希求我一成不变：把这样的问题留给我们的官僚和警察，让他们来监督评判，看我们的文章是否合乎规范。至少，在我们写作的时候，把他们的道德放在一边。"① 在一篇晚期的访谈中，福柯表示，他非常满意被放置于错综复杂的政治棋盘的不同位置："无政府主义者，政治左派……虚无主义者……新自由主义，如此等等。"②

但更为重要的是，福柯总是力图挣脱强加在自己身上的理论标签。只要看一下他所经历的一系列理论转向，我们就能感受到他的卓荦不凡与变动不居：他远离早期的知识考古学而转向权力的系谱学，然后毅然放弃对现代"性"进行谱系探索的宏大计划，转而着手对伦理问题加以质疑探索。福柯的理论旨趣之所以如此多变，是由于他持有一种强烈的信念，即在他看来，写一本书的意义正在于既可以不再思考以前思考过的东西，也可以不再像以前那样去思考。福柯问道，如果写一本书保证不了作者在写作过程中与自己建立一种崭新且新奇的关系，那又有何益？③

当谈到哲学的时候，福柯的面孔更加扑朔迷离，我们很难判断福柯的著作是否属于哲学范畴。实际上，有很多显而易见而又模棱两可

---

① Michal Foucault, *The Archaeology of Knowledge*, trans. Alan Sheridan, New York: Routledge, 2002, p.19.

② Michel Foucault, *The Essential Works of Foucault, 1954–1984, Vol.1, Ethics: Subjectivity and Truth*, ed., Paul Rabinow, New York: New Press, 1997, p.113.

③ Michel Foucault, *The Essential Works of Foucault, 1954–1984, Vol.1, Ethics: Subjectivity and Truth*, ed., Paul Rabinow, New York: New Press, 1997, p.205.

的理由，可以表明对福柯哲学家身份的疑虑完全合乎情理。首先，福柯受过心理学与哲学严格的学术训练，其早期学术生涯也逡巡于哲学与心理学之间。譬如，他取得过心理学学位，曾经于 1952 年担任过巴黎高师心理学辅导教师，并于 1960 年受聘为克莱蒙－费朗大学的心理学助理教授。另外，他从 20 世纪 50 年代中期到 20 世纪 60 年代中期出版了大量关于存在主义心理学、疯癫史、医学史以及先锋派小说家及理论家的研究著述。在随后的学术生涯中，福柯也一直钟情于各类历史的书写，譬如监狱的历史、性的历史等。

纵观其早期及中期理论生涯，至少到 20 世纪 70 年代末，福柯对哲学话语的态度一直比较暧昧，尤其是对以专业哲学自居的各类权威话语或敌视，或揶揄，或冷嘲热讽。譬如他曾指出，由于哲学活动或是被新的学科所消极挪用（如语言学或人种学），或是被旧的学科利用来改造自身（如数学或宗教史），真正的哲学活动已经不存在。[1] 1970 年，在他当选为法兰西学院哲学讲座教授之时，他的教席更改为"思想系统史"。1978 年，福柯在回顾自己的理论生涯时表示，尽管学生时代他是在黑格尔主义"伟大的哲学机器"中接受严格的学术训练的，但他认为自己并不是一位哲学家，他的工作和著作也并非是要建议人们如何从事哲学研究，抑或对哲学敬而远之。[2]

同一年，在法国哲学学会的一次演讲中，他不愿就康德的批判事业加以详细评判，他自我调侃道，"在你们这些哲学听众面前……我算不上是哲学家，更谈不上这种启蒙意义上的批评家"[3]。尽管后来福柯越来越多地关注哲学问题，在美国各地也做过多次哲学讲座（譬如 1980 年在伯克利举办的豪威逊哲学课程讲座），但他的身影多出现在

---

[1] Michal Foucault, *Dits et écrits*, *1954－1984*, *Vol. 4*, ed., Daniel Defert and François Ewald, Pais: Gallimard, 1994, pp. 662－663.

[2] Michel Foucault, *The Essential Works of Foucault*, *1954－1984*, *Vol. 3*, *Power*, ed., James D. Faubion, New York: The New Press, 2000, pp. 240－241.

[3] Michel Foucault, "What is critique?", in James Schmidt, ed., *What is Enlightenment? Eighteenth-Century Answers and Twentieth-Century Questions*, Berkeley: University of California Press, 1996, p. 385.

法语系或宗教学系的讲台上（譬如 1975 年的美国伯克利之旅及 1982 年的美国佛蒙特之行）。福柯曾经借讲座之机明确否认他是一名结构主义者，或许是为了回应听众的疑虑，他接着说，"我得承认我不是一名分析哲学家，对此我自己也有点懊丧。没有人是完美的"①。

尽管如此种种，我们一定不能只看表面。事实上，从多个角度来看，福柯一生所从事的正是哲学工作。首先，纵观他的理论生涯，我们发现，福柯一直致力于一项传统的哲学任务，即对我们思想与行为中视为理所当然之事进行质疑，不过福柯运用了历史这一独特视角。借助历史，福柯别出心裁地对传统的重大哲学论题加以探讨，譬如，知识的本质问题，真理、权力及主体性关系问题，以及如何在当前世界开创一种新的生活方式，等等。福柯并无意于从变化莫测的表面发掘出事物的永恒本质，或紧紧扼住抛撒偶然性骰子的必然性铁腕。相反，福柯力图在历史的流变中寻觅这些观念和实践的痕迹，并对之有所把握与体验。大致来说，福柯特别钟情于对下面这一现代哲学问题的探讨：在显而易见的必然性与普遍性之中存在什么样的偶然性与特殊性。

其次，福柯早期也曾对他认为至关重要的哲学家发表过公开评论。福柯之所以不愿在法国哲学学会那样的公开场合就康德的批判事业发表自己的见解，原因部分在于他很久之前就已翻译出版了康德的《实用主义人类学》，并写成长篇评论文章《康德人类学的生成与结构》作为他博士研究的一部分。当然，他早期关于康德的评论文章相对比较简短，但是，也绝非像他后来所称那般完全没有资格参与到此类讨论。

尼采与海德格尔也对福柯的思想产生了巨大影响，尽管福柯很少公开评论尼采的思想，关于海德格尔他也从未有过专论。众所周知，福柯对尼采的思想情有独钟，多次公开承认自己是尼采的信徒——"我只不过是尼采哲学的信徒，我在可能的范围内借助尼采的著作——而且也借

---

① Michel Foucault, *The Essential Works of Foucault, 1954-1984, Vol.1, Ethics: Subjectivity and Truth*, ed., Paul Rabinow, New York: New Press, 1997, p.176.

助反对尼采哲学的论点（这些终归是有关尼采哲学的论点！）——试图就若干问题进行探索，看看在某个领域内有什么作为"①。福柯曾发表过两篇关于尼采的论文，并借用了尼采的"谱系学"这一术语，其《性史》第一卷的副标题"求知意志"很明显也是在指涉尼采。关于海德格尔，福柯的观点不甚明朗，但在晚期一次访谈中，福柯曾表示海德格尔的著作对他影响很大，阅读海德格尔是他的重大体验之一——"我在哲学方面的整个发展变化都是由阅读海德格尔的著作决定的……很有可能如果我没有读过海德格尔的著作，我就不会读尼采的著作"②。到20世纪80年代初，福柯认为对他来说当时唯一重要的哲学家是德勒兹，并为德勒兹与加塔利的《反俄狄浦斯》一书作序，称其为一本《非法西斯主义生活入门》，将其视为"面向日常生活的手册和指南"，提供了一组指导人们"对抗各种形式的法西斯主义之生活艺术"③。

至少到20世纪70年代末，福柯在我们眼中呈现为这样一位思想家的面孔：他同时受过哲学与心理学两方面的专业训练；他先是被人文科学的历史问题所吸引，然后毅然投身到权力与知识之间的关系的探讨；他先是在大堆尘封档案中追踪理论线索，然后试图为他关于知识、权力及历史的研究提供坚实的方法论基础。在这一时期，福柯的研究工作同时在多个方面展开，他的身影既湮没于各大图书馆的尘封档案中，也活跃于像"监狱信息小组"这样的社会组织之中，同时还出现在各类哲学研讨会的讲台之上。他这一时期的主要关切似乎是要为那些与当代各类权力形式进行不懈斗争的人提供"理论工具"④。

如果这一时期的福柯可以称得上是哲学家的话，那么他所从事的

---

① 杜小真编选：《福柯集》，上海远东出版社1998年版，第523页。
② 杜小真编选：《福柯集》，上海远东出版社1998年版，第522页。
③ Gilles Deleuze and Félix Gauttari, *Anti-Oedipus: Capitalism and Schizophrenia*, trans. Robert Hurley, Mark Seem and Helen R. Lane, Minneapolis: University of Minesota Press, 1983, p. xiii.
④ Michel Foucault, *Power/Knowledge: Selected Interviews and Other Writings 1972 - 1977*, ed., Colin Gordon, New York: Pantheon Books, 1980, p. 145.

工作就是要寻求各种方式令哲学这门学科变得"可被穿越、易被渗透",就是要标出"哲学之墙上的出口与入口,使得哲学话语与非哲学话语之间的界限先是变得可以被穿越,继而显得滑稽可笑、俗不可堪"①。正如他多次表示的,欲要真正做好哲学,就不能只是待在哲学内部,围着众说纷纭的哲学命题纠缠不休;而是要像尼采那样,以局外人的身份,以一种山地农夫式的粗粝与质朴面对哲学,"要用一种令人震惊的欢快愚鲁,爆发出一种令人不可思议的大笑,这样才能达到最终的理解"②。福柯更愿意去了解某种被遗忘、被忽视的非哲学话语是怎样通过一系列的运动和过程进入到哲学领域的。这是从哲学史外部对哲学的介入,"这是一种全新的哲学,是摆脱了哲学史的哲学,摆脱了哲学家恐怖的哲学"③。

尽管福柯多次否定自己的哲学家身份,并对学院哲学保持高度警惕,他对哲学家这一头衔或称呼的态度应该说是若即若离。然而,当福柯的工作进入所谓的晚期阶段时,这样一种欲拒还迎的态度似乎发生了变化,他明确介入到哲学探讨之中。福柯在 20 世纪 80 年代详细探讨了主体性与真理之间的关系这一传统哲学问题,同时对古代哲学中的伦理问题展开细致考察。当回头来看,这或许是福柯终生的主题,只不过在福柯的最后岁月越来越清晰而强烈地浮现出来。

福柯 20 世纪 80 年代的哲学探讨主要体现在两方面:首先,福柯开始全身心致力于对"批判"观念及康德批判事业的研究;其次,福柯对从柏拉图到犬儒主义及斯多葛派等古希腊、希腊化罗马哲学家展开详细解读。我们可以在福柯 20 世纪 70 年代末到 20 世纪 80 年代初发表的一系列论文或讲座中觉察到第一种迹象的显现;而福柯对古代

---

① Michel Foucault, "The Functions of Literature", in *Politics, Philosophy, Culture: Interviews and Other Writings of Michel Foucault, 1977–1984*, ed., Lawrence D. Kritzman, New York: Routledge, 1988, p. 313.

② Michel Foucault, "The Functions of Literature", in *Politics, Philosophy, Culture: Interviews and Other Writings of Michel Foucault, 1977–1984*, ed. Lawrence D. Kritzman, New York: Routledge, 1988, p. 313.

③ 汪民安:《福柯的界限》,南京大学出版社 2008 年版,第 2—3 页。

哲学世界的探索，主要体现在 1984 年出版的《性史》后两卷及近几年整理出版的 1981—1984 年法兰西学院课程讲座中。

同他早期探讨康德的《实用主义人类学》一文类似，福柯晚期对康德的探讨也是从一篇相对比较简短的文章开始的，这就是康德于 1784 年 11 月在《柏林月刊》发表的《什么是启蒙?》一文。福柯在同名文章中认为康德这篇短文的重要之处在于，自康德提出启蒙问题以来，现代哲学就被要求去关注现时当下问题，去反思自身的现在；既要探索现在与过去的不同之处，也要考察这样的差异会对未来产生何种影响，"正是在把'今天'同时看作历史中的差异和一种特定哲学任务的契机的反思中，我捕捉到了这篇文章的新颖之处"①。

实际上，福柯认为整个现代哲学就是对发轫于"启蒙"这一历史转折时期的批判思想的深化与质疑："什么是现代哲学?……现代哲学就是一直尽力试图回答两百年前非常贸然地提出来的那个问题：什么是启蒙?"② 依此背景，康德的"三大批判"可以被看作为人们正当运用理性奠定了基础、指明了方向。尽管福柯认为自己的工作可以被称作一项康德式"批判的思想史"（思想史的批判性）研究③，但毫无疑问，他也超越了康德，尤其是超越了康德的这一观点，即哲学的任务就是去设置理性的合法性界限。对福柯而言，哲学的任务正在于从理论及实践两方面去探索各种可能性，僭越看似牢不可破的理性界限。

在《什么是启蒙?》的同名文章中，福柯特别青睐波德莱尔的现代性意识，以此刻画他所描绘的理论图景。福柯认为，对波德莱尔而

---

① Michel Foucault, "What is Enlightenment?", in *The Essential Works of Foucault, 1954 – 1984, Vol. 1, Ethics: Subjectivity and Truth*, ed., Paul Rabinow, New York: The New Press, 1997, p. 309.

② Michel Foucault, "What is Enlightenment?", in *The Essential Works of Foucault, 1954 – 1984, Vol. 1, Ethics: Subjectivity and Truth*, ed., Paul Rabinow, New York: The New Press, 1997, pp. 303 – 304.

③ Michel Foucault, *The Essential Works of Foucault, 1954 – 1984, Vol. 2, Aesthetics, Method, and Epistemology*, ed., James D. Faubion, New York: The New Press, 1998, p. 459.

言，现代性态度就是要高度重视与推崇我们的现时当下，把现在想象成与其自身不同的东西，通过把握它的特殊性来力图改变现在。在福柯的阐释中，现代性态度作为一种"关于我们自身的批判本体论"，或关于现时当下的批判性追问，成为关于强加给我们的界限的历史考察，成为逾越这些界限的可能性实验。① 至此，我们看到，福柯早期在《词与物——人文科学考古学》中对康德充满了敌意，在1978年索邦大学所做的题为《什么是批判？》的"即兴"演讲中，他对康德的看法发生了转变，而在上面我们所讨论的这篇题为《什么是启蒙？》的同名文章中，通过回溯考察康德对思想与行动界限的哲学质疑，福柯自身的转变则进一步彰显。

福柯在《什么是批判？》一文中对康德的哲学批判事业做了另一番阐释。他从现代早期对各种治理模式进行抵抗的一系列运动出发，追踪现代批判态度的演变历史。福柯认为，现代批判态度是伴随对现代社会早期不断增长的"治理化"过程的一系列反抗运动而出现的；即是说，现代批判态度滥觞于现代社会早期，表明的是一种反抗的姿态，针对的是现代社会早期"治理化"的不断泛滥；"治理化"是指凭借依附于真理的权力机制在社会实践的现实中对个体进行压制。就此，福柯在宗教改革与启蒙时期思想家之间勾勒了一条连接线，认为他们所坚守的座右铭不同于康德"要勇于认知"这一启蒙格言。

通过从"批判"气质及"启蒙"精神两方面对康德事业的阐释挖掘，福柯颇为巧妙地将自己在多个领域穿梭交织的研究工作置于现代批判传统的哲学洪流之中，这一传统起始于康德，途经黑格尔及马克思，直到尼采与法兰克福学派。这一哲学传统洋溢着批判的精神与气质，既是对我们现时境况的诊断，又力图寻求各种方式对这一境况加以改变。

福柯在1984年出版的《性史》二、三卷及1981—1984年法兰

---

① Michel Foucault, "What is Enlightenment?", in *The Essential Works of Foucault, 1954–1984, Vol. 1, Ethics: Subjectivity and Truth*, ed., Paul Rabinow, New York: The New Press, 1997, p. 319.

西学院课程演讲中,将批判的谱系追溯至苏格拉底以及受苏格拉底哲学影响深刻的斯多葛及犬儒派哲学传统。在古希腊及希腊化罗马时期的哲学传统之中,福柯发现了一种新颖的哲学样式:在关注自我以及追寻特定生活方式的哲学修行之中,古代思想家身上具有一种与现代时期类似的批判态度。通过培养一整套的自我技术,这些人类智慧的探求者力图将自己的生活置于与真理的关系之中,将生活与真理紧密结合在一起,过一种与真理有关的哲学生活。譬如,斯多葛派顺乎自然的生活理念,犬儒主义根除矫揉造作、虚假欺妄的"真正生活",等等。

在《性史》后两卷中,福柯详细考察了古典时期柏拉图主义及希腊化时期斯多葛派的哲学生活与伦理思想。尽管他谨慎地提醒我们不要将古代的伦理样式作为解决我们今天问题的明确方案,但福柯显然认为古代哲学所展现的问题化质疑模式对我们有所启发,可以促使我们以不同的方式进行思考,"……要求我们保持警惕,随时准备发现存在于我们身边的独特非凡之物,义无反顾地粉碎我们所熟知的一切,或是用不同的眼光看待同一事物"①。

在 20 世纪 80 年代初世界各地的演讲及法兰西学院的课程讲座中,福柯又重点考察了"直言"(parrhēsia)这一概念及实践。"直言"是指一种言说真理、真实及真相的话语技术,简单来看就是直言不讳、真诚坦率地自由言说。福柯论证道,这一概念来自古代希腊思想,经过希腊化罗马时期的过渡与转变,一直延续到基督教早期的日常实践,甚至在现代时期的艺术家、诗人、革命者及哲学家身上也能看到"直言"实践的传承。

但是,我们在理解、阐释福柯这项读解工作的时候同样需要谨慎。福柯是否是在借古喻今,在理论实践、话语言说及真理探索的关系问题上给我们提供一个范例呢?从什么角度来看,在何种程度上,福柯仰慕于犬儒主义对"真正生活"的潜心追求及对"哲学战

---

① Michel Foucault, *Foucault Live: Collected Interviews, 1961–1984*, ed., Sylvère Lotringe, New York: Semiotext(e), 1996, p. 305.

斗精神"① 的激烈推崇呢？他是不是建议我们在当下应该重塑"直言"气质，以此推进更为有效的批判实践呢？随着他生命最后阶段课程讲座的陆续出版，以上这些问题都将会引起学术界的持续关注与探讨，福柯的晚期思想将会成为哲学家、思想家聚讼纷纭、粉墨登场的舞台。

在本书对福柯思想历程的解读中，我们至少注意到福柯在讲解犬儒主义的时候，他的"激动之情"② 溢于言表。因此，我们可以推测，福柯以"直言"及"关心自己"为主线对从苏格拉底、斯多葛派、犬儒主义直到早期基督教禁欲主义这一哲学谱系的描绘，也为他本人提供了新的视角，从而将他自己的主要关注与历史上处于边缘地位但却异常重要的哲学流派紧密地联系在一起。从中，我们也能够更好地理解为何福柯钟情于从西方文化的边界入手，研究诸如疯癫、监狱、精神疾病及性等边缘化课题。

福柯也许没有给我们提供哈贝马斯所谓的哲学的规范化尺度，这也是他在当代哲学体制内颇受诟病之处，但是，可以说福柯通过关注现时、回顾历史发明了哲学的另一种用途。它不是普遍性的：它不适于无论是谁的一切人，并且也不为任何一个群体所共享，它具有明显的个性气质。福柯的哲学既不是普遍性的哲学，也不是客观性的哲学，它的根据既不在于断定我们是谁，也不在于获得某个严阵以待的群体的认同。相反，在分析把我们塑造成我们之所是的那些问题的途径时，福柯试图提出关于我们可能变成什么样的问题——不仅在生活上，而且在思维方式上，这是一种现代实践哲学的问题。③

因此，我们很难想象，1984 年的福柯会跟以前一样，宣称他所从事

---

① Michel Foucault, *The Courage of Truth*: *The Government of Self and Others* II. *Lectures at Collège de France 1983 – 1984*, trans. Graham Burchell, New York: Palgrave Macmillan, 2011, pp. 283 – 285.

② Michel Foucault, *The Courage of Truth*: *The Government of Self and Others* II. *Lectures at Collège de France 1983 – 1984*, trans. Graham Burchell, New York: Palgrave Macmillan, 2011, p. 177.

③ 汪民安等编：《福柯的面孔》，文化艺术出版社 2001 年版，第 364 页。

的工作不是哲学研究,也不是要建议人们如何从事哲学研究或对哲学敬而远之。相反,在此我们看到福柯正在身体力行一种哲学事功(ergon),力图将自己置放在一种别样的哲学谱系之下,并且诚邀其他人参与到同样的哲学修行的行列。福柯在他生命最后阶段的工作及著作关涉他自身,是他在成为一名哲学家的过程中所进行的哲学修行(askēsis),这种修行的目的是要改变他自身,通过思考的行为来让自己有所不同,并且给那些可能会接触到他的著作及投身到哲学思考中的人提供改变自我之经验。

纵观福柯的理论生涯,我们看到,福柯早期著作主要是关于"古典时期"及现代性的考古学研究,在20世纪六七十年代的主要著作中,福柯理论考察的时间跨度从16世纪延展到19世纪,在其20世纪70年代法兰西学院课程讲座中,福柯也是重点阐释这一时期,反复考察这一时期的精神病学、犯罪学以及司法和政治话语中所体现的当代知识/权力形式。然而,在1980—1982年的法兰西学院课程讲座中,福柯的思想发生了一种转变,他好像从现代性的研究中抽身而出,转身步入公元1—2世纪,考察这一时期异教世界及早期基督教的修身技术。最终,在1983—1984年,福柯又更近一步,投身到公元前5世纪的古代世界,寻觅苏格拉底和柏拉图的踪迹。

尽管福柯在1982—1984年法兰西学院课程讲座及《性史》第二卷《快感的享用》、第三卷《自我的关注》中主要考察的是苏格拉底、柏拉图、斯多葛派、伊壁鸠鲁主义以及犬儒主义文本,但我们清晰地看到他对古代哲学的研究是以"关心自己"和"直言"这两个概念为主线,探讨的内容涉及西方思想史的各个历史节点,可以说,从另一个侧面对西方思想史进行了全景式的勾勒。福柯不仅详细阐释了犬儒主义的生活方式及其真理言说的技术,还探讨了这样的生活方式是如何发展成为基督教禁欲主义的忏悔与来世幸福观念的[1];对以笛卡尔、莱布尼茨、康德和黑格尔等为代表的现代哲学进行了批判,指责现代哲

---

[1] Michel Foucault, *The Courage of Truth*: *The Government of Self and Others* Ⅱ. *Lectures at Collège de France 1983 – 1984*, trans. Graham Burchell, New York: Palgrave Macmillan, 2011, pp. 316 – 341.

学的发展背弃了古代世界开创的转变自我的具体实践，在自我关系的问题上开启了一种断裂①；但是在对法国大革命问题的思考上，福柯又将康德视为自己的启蒙导师，并对康德所划分的真理言说之私人运用与公共运用的折中主义表达了敬意。另外，尽管福柯没有详加阐释，但我们可以从这两次讲座中觉察到诸多当代哲学家、思想家的身影：斯宾诺莎的"理智改进论"，奥斯汀与塞尔的"施行话语"（performative utterance）理论，德里达的"文字学"及解构主义，奥斯汀、塞尔及哈贝马斯的"言外之力"，卡尔·波普尔关于"开放社会及其敌人"的论述②，以及海德格尔的"存在"概念，等等。③

福柯前期著作也对以上哲学家做过或直接或间接的论述，但福柯20世纪80年代的研究在方法论及探讨的主题上有一点变化。首先，当福柯在其早期开始接触并解读笛卡尔与康德的著作之时，他的理论旨趣主要是关于知识结构与权力关系的一系列问题，当时他尚未将主体性实践问题作为一个单独的领域加以重点探讨。其次，当福柯开始着手研究古代哲学的时候，他的研究主题也相当有限——在《性史》第二卷《快感的享用》及第三卷《自我的关注》中，福柯主要探讨古代世界关于性快感的道德质疑及其与基督教伦理实践之间的差异。但在1982—1984年法兰西学院讲座中，福柯却对古代主体性实践进行了普遍探索，很明显，这时他已经离现代时期的知识形塑与权力主题相去甚远。尽管如此，我们认为，福柯的整个研究并非是一种断裂。尽管福柯主要探讨的是古代主体性问题，但对现时当下及当代哲学的关注仍然出没于福柯的字里行间，甚至对当下现实的关注一直都是福柯晚期研究的出发点。

---

① Michel Foucault, *The Courage of Truth*: *The Government of Self and Others* II. *Lectures at Collège de France 1983 – 1984*, trans. Graham Burchell, New York: Palgrave Macmillan, 2011, pp. 236 – 238.

② Michel Foucault, *The Courage of Truth*: *The Government of Self and Others* II. *Lectures at Collège de France 1983 – 1984*, trans. Graham Burchell, New York: Palgrave Macmillan, 2011, p. 254.

③ Michel Foucault, *The Courage of Truth*: *The Government of Self and Others* II. *Lectures at Collège de France 1983 – 1984*, trans. Graham Burchell, New York: Palgrave Macmillan, 2011, pp. 236 – 237.

在 1982—1984 年法兰西学院系列课程讲座中，福柯对主体与真理关系的历史进行了深入的研究、阐发了大量的主题、洞见并提出了深刻的启示。在福柯的晚期研究计划中，尤其是对古代哲学的研究中，我们可以寻觅到很多寓意深远、具有启发性的理论发展线索，但福柯本人由于过早离世，没能继续按照他设定的线索进一步详加阐释。鉴于此，福柯对古代哲学的探讨看上去显得支离破碎，我们也无法一眼便知福柯晚期研究将要导向何处。对福柯晚期思想的研究还处于起始阶段，因此我们期望，对于福柯晚期思想的挖掘阐释将成为思想界、哲学界新的探讨焦点，如此一来，也许能够为当前的哲学探讨提供不同的理论视角。随着福柯的离世，他留给哲学界的是"一项未竟的事业"，这也许是福柯最重要的遗产。

总之，福柯受哲学好奇心的驱使，踏上了摆脱自己、超越自我的哲学征程，尽管他不断地寻求新的"出口"，逃离强加于自己的理论标签，长久以来也拒绝接受"哲学家"这一头衔，但当我们考察福柯晚期思想演变，可以发现，福柯一直在做的正是哲学工作，这是一种哲学游戏而非哲学知识或理论体系的建构，其中对自我的关注以及对现时当下的关切贯穿始终。随着《性史》后两卷及法兰西学院最后课程讲座的陆续出版，福柯扑朔迷离的哲学面孔慢慢变得清晰，其绚烂瑰丽的文笔风格渐趋质朴，山呼海啸般的酒神气质日益平实。晚期福柯就如一名保罗·维尼（Paul Veyne）所说的意志坚定且缄默无闻的战士，[①] 像西西弗斯那般永无尽头地艰难而欣然地推动着哲学巨石，以沉稳而又坚毅的脚步走向古代世界。

但这并不是退隐到古希腊—罗马贵族式的美学想象之中，这并不是在一件无效而又无望的劳作中的生命损耗，而是一种不倦的修行，永无止境的探索，对自我的反复批判与修正，是要培养一种哲学品性，最终是要探求一种关于自我及未来的另类可能性，"确信自己走了这么远，（当驻足回望）就会发现自己正居高临下地俯瞰（过往的）自

---

① Paul Veyne, "The Final Foucault and His Ethics", in Arnold I. Davidson, ed., *Foucault and His Interlocutors*, Chicago: University of Chicago Press, 1996, p. 226.

己,理论的旅行更新了事物,并使人与自我的关系更加成熟"①。福柯通过自己的哲学修行之路,不仅如尼采那样对思想的当前状况进行了诊断,同时还如海德格尔那般为思想开辟了一条崭新的路径;不仅向我们阐明哲学是一种修行、一种自我对自我的操练与锤炼,同时为我们提供了踏上哲学之路、追寻生活艺术的入门指导。

福柯曾经将这样的哲学实践总结为一种致力于"拒绝、好奇、创新"②的哲学修行与生活实践,或许这一描述即使第欧根尼也备感服膺。透过福柯云谲波诡的哲学面孔及绚丽多姿的人生画卷,我们仿佛听到了几千年前第欧根尼墓志铭的回响:"时间甚至可以使青铜变老:但你的荣耀,任何永恒都不能摧毁。因为只有你,向凡人指出了自足之训和生活的最易之道。"③ 这,就是哲学,一门生活的艺术,一种真实的生活。或许,对福柯的哲学事业及生活历程评价最为中肯的是福柯的"精神导师"及"忏悔牧师"乔治·杜梅泽尔,在福柯去世后,他在文章中这样写道:

> 福柯有无限的智慧,他甚至有些过于精细,他把自己的观察站建立在活人的区域之上,身体和精神、本能和思想的传统区分在这里似乎是荒谬的:精神病、性欲和罪行。他的视线像灯塔一样从这里转向历史、转向现在,时刻关注着那些最不引人注意的发现,它能够接受一切,就是不接受正统观念。这是一种多面的智慧,一种运动反射镜式的智慧。判断从这里产生,并且从它的反面立即增加新的判断,而且既不相互对立,也不轻易被驳倒。然而这一切,像通常那样,都建立在绝对善良和友善的基础之上。④

---

① Michel Foucault, *The History of Sexuality*, Vol. 2: *The Use of Pleasure*, trans. Robert Hurley, New York: Vintage Books, 1990, p. 8.
② Michel Foucault and Michael Bess, "An Interview With Michel Foucault", *History of the Present*, Vol. 4, November 1980.
③ [古希腊]第欧根尼·拉尔修:《名哲言行录》,马永翔等译,吉林人民出版社2003年版,第373页。
④ [法]迪迪埃·埃里蓬:《权力与反抗——米歇尔·福柯传》,谢强、马月译,北京大学出版社1997年版,第371页。

上 编

哲学修行与品性塑造

——福柯的古代主体塑造谱系研究

福柯 20 世纪 80 年代围绕着"直言"和"关心自己"（epimēleia heautou）这两个概念对古代哲学修行实践（askēsis）展开总体研究。本部分指出，福柯的古代经典阐释一以贯之的是"品性塑造"（ēthopoiēsis）这一主题。以这一问题意识为切入点，上编以历史叙事的方式，梳理阐释福柯对古希腊世界、希腊化罗马哲学、犬儒主义思潮的研究，主要侧重两个方面：一是细致描述福柯从"对自我与他人的治理"角度对古代哲学主体塑造模式的阐释；二是试图展示福柯的古代哲学研究对他自身哲学主体性的"返归效应"，即他将自己从一名现代社会的诊断者、批判者转变为品性气质的塑造者，从而重新思考作为一名哲学修习者与自我、与他人、与社会政治之间的关系问题。

第一章勾勒福柯对古希腊"直言"一词意义的分析，考察福柯对这个词语在古希腊世界意义转变所做的考古挖掘与谱系梳理，并试图阐释福柯是如何转向研究"直言"这一概念的。福柯以"直言"概念为线索，从政治经验、真理话语及主体伦理三个方面对以苏格拉底—柏拉图为代表的古希腊哲学思想得以产生的历史及政治语境进行了阐释。

第二章考察福柯借以分析古代哲学实践的另一条概念线索，即"关心自己"；简单梳理福柯对这一概念变迁的考察：围绕着"关心自己"所采取的诸种实践、形成的知识形式以及弥漫于这一概念中的真理体验——福柯将这一体验称作"精神性"。福柯正是从"精神性"这一哲学传统出发理解及阐释古代哲学真理主体化的生活实践，其最终目的是塑造一种精神品性，而不仅仅关涉一种形而上学的沉思与知识获取。

第三章进行文本细察，详细分析福柯对苏格拉底—柏拉图的读解，主要考察福柯在 1982—1984 年法兰西学院课程演讲中对《书信七》《申辩篇》《阿尔喀比亚德篇》《拉凯斯篇》的阅读体验。在这四篇文本中，福柯重点强调了苏格拉底塑造伦理品性的"哲学直言者"形象，突出了古代哲学的"现实性"或哲学"事功"（ergon）这一面向——福柯认为这是哲学话语的"本体论状态"。苏格拉底正是借助作为一种"伦理直言"的哲学话语,从"灵魂"与"生活"两方面督促人们"关心自己",从而"认识自己",借此,人们才能建构并完善自身的主体性。

第四章考察福柯围绕着"真正的生活"与"直言"概念对"犬儒主义"哲学的开创性研究。福柯在1984年法兰西学院课程演讲中,借助各种古代文献及现代最新研究成果详细阐释了约公元前1世纪到公元4世纪这一时期的犬儒主义哲学实践,并对犬儒主义哲学传统对基督教世界甚至当前世界的影响进行了另类阐释。福柯认为犬儒主义的生活方式应该被当作一种典型的哲学体验范式来加以研究,犬儒主义从未在哲学舞台上销声匿迹或归于沉寂,而是经过各种挪用与转变一直活跃在西方思想史的喧嚣剧场之上,鉴于此,福柯对犬儒主义的漫长历史展开梳理,部分地填补了理论界的这一空白。

上编首先将依据福柯晚期作品文本(尤其是1982—1984年法兰西课程演讲),以述学为主,即紧扣福柯晚期原始文本,有取有舍,试图比较清晰地理顺福柯对古代哲学的读解。其次,参考福柯早期关于权力与知识之间关系的思考,试图考察福柯的古代哲学研究对现时当下的启示意义。借此,上编试图对福柯20世纪80年代的古代经典阐释及古代主体塑造模式加以谱系梳理,并粗略地提出可供进一步探讨的空间。

第 一 章
戏剧表征与政治批判：福柯论"直言"

伊壁鸠鲁说："除非为某些特殊情况下，否则聪明人绝不会参与政治"，而作为斯多亚学派创建者的芝诺却说，"除非在某些特殊情况所限，否则聪明人必定会参与政治"。

——塞涅卡①

20世纪80年代，福柯详尽地阐释了古希腊的"直言"（说真话）和"关心自己"这两个概念。具体地说，福柯将对"直言"和"关心自己"实践的问题化为切入点，阐释以苏格拉底—柏拉图为主的古希腊哲学思想，同时考察古代思想得以产生的历史和政治语境。我们可以借用福柯引述冯·开姆尼茨（Chemnitz）的一句话，解释福柯挖掘阐释古代哲学的动机："现代数学家借助他们的望远镜在天空中发现了一些新的星星和太阳黑子。新的政治家也有他们的'望远镜'，借助'望远镜'他们发现古代的人不知道的东西，或者说古代人故意很小心地不告诉我们的东西。"② 福柯作为哲学家，也找到了自己的"望远镜"，即"直言"（parrhēsia）与"关心自己"（epimēleia heautou）这两个概念，这是福柯在古代哲学文本中发现的一种全新的智力工具或概念织针，用以探讨和分析古代世界与中世纪基督教世界及我们现

---

① ［古罗马］塞涅卡：《论闲暇》，转引自［美］理查德·塔克《哲学与治术：1572—1651》，韩潮译，译林出版社2013年版，第9页。
② ［法］福柯：《安全、领土与人口》，钱翰等译，上海人民出版社2010年版，第211—212页。

时当下的关联与差异。

围绕着"直言"这一概念，福柯在20世纪80年代对欧里庇得斯的多部戏剧展开细致读解，深层挖掘了古希腊"直言"一词的原初意义，并对这个词语在古代希腊的意义转变进行了谱系梳理，从而阐发古代世界真理—政治—主体三者之间的关系问题。通过对欧里庇得斯戏剧的读解，福柯从另一个侧面阐发了苏格拉底—柏拉图哲学思想得以产生的政治起源及历史语境。借助欧里庇得斯戏剧对"直言"的质疑与问题化探讨，福柯向我们展示了一种别样的政治伦理，但这并非推崇一种基于欧里庇得斯描述的政治伦理；相反，福柯是在我们当前的民主政治语境之下展开对上述政治伦理的考古挖掘的，目的是引起对当代政治情景的关注。通过对"直言"的质疑这一远离我们当前社会的"外部思维"来开创一种反思我们当前境况的机遇，这是对我们的现实境况做出理性回应的第一步。福柯对古代哲学文本的解读表明，为了解决"民主直言"（democratic parrhēsia）这一问题，柏拉图从对政治领域的探讨转向了对伦理领域的探讨：将主体通向真理的过程或主体与真理之关系阐释为"精神性"①，并设想能否建构一种胜任政治生活的新型主体。

第一节 福柯对"直言"一词的问题化质疑

在福柯对权力/知识关系的分析中，他一直在探寻各种方法来分析我们自身、我们的行为及话语中的哪些方面作为权力的支点发挥作用。在《规训与惩罚》中，福柯追溯了规训权力（disciplinary power）的发展过程。规训是一种权力形式，在特定的场所内通过各种具体技术来塑造个体，从而控制个体。这样一种权力并不是通过压制个体来发挥作用，其目的是生产个体并对他们加以界定。在《性史》第一卷中，

---

① Michel Foucault, *The Hermeneutics of the Subject: Lectures at Collège de France 1981–1982*, trans. Graham Burchell, New York: Palgrave Macmillan, 2005, p.15.

福柯继续分析权力知识之间的关系，并将现代政治权力的典型特征命名为"生命权力"（Biopower）[①]。这种模式的权力操作及其合理性来源于它使人口得以繁衍与昌盛的能力——生命权力能够培育我们的身体、培养我们的能力，能够给人口全体带来舒适、满足、快乐与幸福。

福柯认为，这一切都是通过锻造各种类型的个体来发挥作用的，即将个体的身体、能力、快感、舒适及欲望等整合进具有生产力的各类机制、机构和权力—知识关系的网络。而能够促成这一整合功能的主要技术之一就是煽动或鼓励个体谈论他们的欲望、认同自身的欲望、将自己作为欲望的主体来加以想象。这一系列反思自身、思考与自身之关系、获取并表达自我知识的技术本质上来说是"解释学的"。通过考察各种各样的行为、情感、思想与幻象，这些"解释学"技术可以被用来揭示以欲望的形式隐藏于个体深层的真相。

福柯的分析并没有预先假设个体完全是被动消极地去服从来源于外部的压制性操控。相反，福柯认为主体或多或少主动地参与到自身屈从化的过程之中[②]。在一系列特定的关系模式中——譬如医生—病患、顾问—咨询者、教师—学生、心理分析师—精神病人等——借助这些解释学实践，个体通过探索、表达、揭示、澄明隐藏在内心深处的真相来塑造自身的主体性。福柯由此开始展开现代主体的谱系学探索，试图梳理并阐释这一主体性体验的历史视域，赋予这一主体性体验以历史情景。通过考察，福柯发现，这一解释学的欲望主体是在基督教伦理之忏悔实践及灵魂操练中逐渐现身的[③]。更为重要的是，通过对主体的谱系考察，福柯发现在基督教实践形成之前，在古代文本中就已经存在大量各种各样的伦理主体的可能性体验——这是一系列与解释学模式完全不同的关系和实践。也就是说，福柯的谱系学考察

[①] Michel Foucault, *The History of Sexuality*, Vol. 1: *An Introduction*, trans. Robert Hurley, New York: Vintage Books, 1990, pp. 135 – 159.

[②] Michel Foucault, *The History of Sexuality*, Vol. 2: *The Use of Pleasure*, trans. Robert Hurley, New York: Vintage Books, 1990, pp. 5 – 6.

[③] Michel Foucault, *The History of Sexuality*, Vol. 1: *An Introduction*, trans. Robert Hurley, New York: Vintage Books, 1990, pp. 17 – 23.

是要力图将我们现代对于"认识你自己"（gnōthi seauton）这一苏格拉底律令的独特阐释历史化为一种欲望的解释学。

福柯对古代思想的独特兴趣在于，他发现在古代文本中存在一种迥异的伦理主体性的形成模式，以及一种不同的自我认知的阐释模式，福柯将之称作"生存美学"或"自我关注的伦理学"。福柯发现"认识你自己"的律令并非哲学或伦理生活的原初基础，相反，它只不过是"关心自己"（epimēleia heautou）这一更宽广、更根本任务的一个要素而已。正是在这一谱系考察的语境之下，福柯发现在古希腊及罗马哲学中，精神指引与自我揭示的关系不同于基督教实践。也正是在这一点上，福柯第一次发现了"直言"（parrhēsia）这一术语[1]。在此，"直言"关涉哲学家的美德、技术以及态度，哲学家充当信徒的精神导师或灵魂指引者的角色。真正的"直言者"（parrhēsiast）能够运用真实、坦诚的话语来引导信徒过上一种有道德的生活。福柯认为古希腊和罗马哲学，甚至早期基督教的精神指引绝不是一种解释学模式。但是，这样一些为了塑造伦理主体性而言说真理的关系模式，却代表着基督教及现代时期自我解释学实践的"前史"[2]。

这一发现对福柯本人来说意义重大。这里的精神指引所采用的是言说真理的诸种技术，这是一种具有"品性塑造"（ēthopoiēsis）或生产性的真理言说模式，福柯后来称之为"伦理直言"（ethical parrhēsia）。在

---

[1] 福柯在1981—1982年度法兰西学院课程讲座《主体解释学》1月27日的授课中，在"关心自己"的语境之下引入了古希腊的"直言"这一术语，当时只是把它作为希腊化罗马时期哲学区别于其他时期哲学实践的典型特征之一，并没有对其展开系统阐释（可参见 Michel Foucault, *The Hermeneutics of the Subject*, p.131.）。此后，"直言"成为本年度课程讲座的重要概念，也是1982—1984年课程讲座的核心主题。在这最后两年的课程讲座中，福柯围绕着"直言"这一概念对苏格拉底—柏拉图哲学思想的政治起源及历史语境进行了详尽的阐释。通过对欧里庇得斯戏剧及柏拉图哲学的解读，围绕着真理言说—政治实践—主体伦理三者之间的关系问题，福柯深层挖掘了古希腊"直言"一词的原初意义，并对这个词语在古代希腊的意义转变进行了谱系梳理。

[2] Michel Foucault, *The Courage of Truth: The Government of Self and Others* II. *Lectures at Collège de France 1983–1984*, trans. Graham Burchell, New York: Palgrave Macmillan, 2011, p.7.

揭示这一精神指引的诸种关系的过程中，福柯成功地越过了欲望的解释学模式，以及将我们自身作为欲望主体的体验模式。这里所言说的真理关涉的是需要努力达至的目标及获取这一目标的技术，而不是作为已经预先给定的本质或停滞僵化的实体。鉴于此，福柯着手探究"伦理直言"的发展演变，以此来斩断禁锢主体的解释学铁腕。然而，在将直言作为精神指引及关心自己的要素来加以研究的过程中，福柯却有一个"意料之外"的发现①："直言"原初并非精神指引或伦理话语的问题，而是一种政治话语形式，直言曾经是古代雅典民主政治生活得以良好运转的前提或关键所在，伴随着雅典民主政治危机的出现，直言才从政治领域转向伦理领域：直言首先是一种在政治舞台上治理他人的实践，后来却转变为一种精神指引实践，此时的直言主要是为了良好地对自己加以伦理或道德的治理。福柯的这一发现，对他本人来说非常重要：

> 直言这一概念首先植根于政治实践，就是我们刚刚说过的，植根于对民主制的质疑，可是后来却转向了个人伦理及道德主体的塑造领域，考虑到这些，我认为有可能——这正是我对直言这一概念感兴趣并且促使我停下来对这一概念详加阐释的原因——从我们所说的对自我与他人的治理实践这一角度来探索主体与真理问题……在我看来，通过更为详细地考察直言这一概念，我们能够看到对真理话语模式的分析、对治理术技艺的研究以及对自我实践形式的描述这三者是如何交缠在一起的。②

福柯之所以围绕"直言"这一概念展开对古代思想的谱系探索与

---

① Michel Foucault, *The Courage of Truth: The Government of Self and Others II. Lectures at Collège de France 1983 – 1984*, trans. Graham Burchell, New York: Palgrave Macmillan, 2011, p. 8.

② Michel Foucault, *The Courage of Truth: The Government of Self and Others II. Lectures at Collège de France 1983 – 1984*, trans. Graham Burchell, New York: Palgrave Macmillan, 2011, p. 8.

考古挖掘，是由于这样一来可以发掘一种方法来详细探讨权力关系、话语推论或认知形式、伦理主体化实践三者相互之间的动态关联。"直言"从政治领域向伦理领域的转变，意味着个人是如何塑造一种主体性模式从而能在权力关系的游戏中言说真理话语的。福柯整个学术生涯所详细阐发和系统研究的知识—权力—主体性这三个经验轴心在对"直言"的质疑与考察中得以交会。另外，权力—知识—主体性三者之间的交会使福柯能够设想出另一种模式的政治伦理或抵抗伦理来应对权力的泛滥。福柯在这一交会中发现了"在与自我的关系中……存在着对政治权力的抵抗"①。如果福柯所言属实，即现代规训权力、规范化及生命政治通过生产个体的方式发挥作用，那么自我实践则可以作为一种塑造伦理品性的主体生活体验来抵抗上述力量的侵犯。

> 如果我们思考一下治理术这一最普遍的问题——从这个术语最宽泛的意义上而不仅仅是从其政治意义来看，治理术应该被理解为是一种策略性的权力关系领域——……从治理术所涉及的一系列动态的、可变的甚至可逆的关系这一层面来看，我相信对治理术这一概念的反思就不能不从理论及实践上对一种由自我与自我之间关系界定的主体概念加以阐释。作为制度的政治权力理论一般涉及法律意义上的权利主体概念，在我看来，对治理术的分析……必须参照一种由自我与自我之间关系界定的主体伦理……权力关系—对自我与他人的治理—自我与自我之间关系，形成了一个链条、一条引线。正是在这一链条上，围绕着这些概念，我们应该能够对政治问题及伦理问题加以详细阐发。②

这段话拨开了福柯对古代思想探索的迷雾。他从伦理主体化实践方面对古代哲学加以概念化，这样做的目的是应对权力与知识之间关

---

① Michel Foucault, *The Hermeneutics of the Subject*: *Lectures at Collège de France 1981-1982*, trans. Graham Burchell, New York: Palgrave Macmillan, 2005, p. 252.

② Michel Foucault, *The Hermeneutics of the Subject*: *Lectures at Collège de France 1981-1982*, trans. Graham Burchell, New York: Palgrave Macmillan, 2005, pp. 252-253.

系的不断强化。福柯正是试图沿着串联权力—治理术—主体性的这一引线对"直言"进行谱系探索和考古发掘。

第二节　真理的话语政治学
——何谓直言？

经过考察，福柯发现，"直言"这一词语在欧里庇得斯的戏剧中首次出现。自公元前5世纪的古希腊文学作品一直到公元4世纪末5世纪初的教父文本中，"直言"一词都曾频繁出现。直言的词源学意义为"说出全部"①。除此以外，直言还有"自由言说""坦诚""许可"之意②。在古代，"直言"一词的用法具有否定性和肯定性两个层面。

就否定性而言，"直言"存在两种情况。首先，"说出全部"意指缺乏约束，也就是平常所言的絮絮不休、口无遮拦。在此种情况下，一个人可能会大言不惭、随心所欲，甚至不顾羞耻言说自己未经周密思考的任何想法，这种直言的负面用法无伤大雅，不会带来严重后果。其次，"说出全部"意指"不惜一切代价地言说"，换而言之，直言可能意味着一个人只会就"任何能够满足自己欲望或利益的事"肆意言说③。在此种情况下，直言一词的用法应该令人警觉，因为一个人使用直言的唯一目的是处心积虑地言说对自己有利的事情，这种直言的负面用法后患无穷。

与此相对，直言在古代更侧重其肯定性层面，也就是"说真话"。首先，"说出全部"意味着坦诚，不要由于担心言说后果而有所隐瞒、欲言又止，更不要试图利用风格、修辞等伎俩来掩饰自己

---

① Michel Foucault, *Fearless Speech*, New York: Semiotext(e), 2001, p. 11.
② Michel Foucault, *Fearless Speech*, New York: Semiotext(e), 2001, p. 21.
③ Michel Foucault, *The Courage of Truth: The Government of Self and Others* II. *Lectures at Collège de France 1983–1984*, trans. Graham Burchell, New York: Palgrave Macmillan, 2011, pp. 9–10.

的真实想法。① 在此正面意义上，直言意指"说出由真理所引导的一切"②，即说出全部的真理/真相并且仅仅言说真理。因此，此时的直言意味着"自由坦率"，即自由地、勇敢地且直截了当地说出自己的想法。

其次，肯定性层面的直言还包含着一种承诺。直言者或"说真话者"（parrhēsiast）不仅要说出全部的真理，而且要为自己所言说的真理负责任。直言者在言说真理的这一行为中，表达了他对自己所言说的真理的承诺。直言者是以如下的方式来表达自己的观点的，即他明确地表示这是自己的观点："我就是这样想的人。"③ 换言之，"直言者在他所说的真理下郑重签名……他与真理同在"④。在直言中，直言者对所言说的真理做出个人的承诺，并且通过这一真理来确认自己的身份。直言者通过这一坦诚的言说活动，展现自身、显露自我。

另外，正面直言活动的一大特征是风险性，在此种情况下，一个人冒着极大的风险来言说自己的真实想法。因为直言者的言说对象并非总是想要听到真理——正面直言者的意见通常具有冒犯性，甚至批判性。直言者冒着风险言说自己的想法并给出意见，这正是直言的核心要素，即正面直言者毫无遮掩地、主动地将自己置于聆听者的反应之下，"因此，这是将言说者自身放置于危险之下的真理"⑤。也就是

---

① Michel Foucault, *The Courage of Truth: The Government of Self and Others II. Lectures at Collège de France 1983–1984*, trans. Graham Burchell, New York: Palgrave Macmillan, 2011, p. 10.

② Michel Foucault, *The Courage of Truth: The Government of Self and Others II. Lectures at Collège de France 1983–1984*, trans. Graham Burchell, New York: Palgrave Macmillan, 2011, p. 11.

③ Michel Foucault, *Fearless Speech*, New York: Semiotext(e), 2001, p. 13.

④ Michel Foucault, *The Courage of Truth: The Government of Self and Others II. Lectures at Collège de France 1983–1984*, trans. Graham Burchell, New York: Palgrave Macmillan, 2011, p. 11.

⑤ Michel Foucault, *The Courage of Truth: The Government of Self and Others II. Lectures at Collège de France 1983–1984*, trans. Graham Burchell, New York: Palgrave Macmillan, 2011, p. 11.

说，在正面直言中，要在言说者与他所言说的真理之间建立连接，首先需要言说者与聆听者之间保持一定的距离。甚至是，直言将言说者与聆听者之间紧张的关系拉到极端。

正是因此，正面直言的另一个特征就是勇气，此即为讲真话的勇气。直言者必须要有勇气承受言说所带来的后果；聆听者也必须要有勇气去聆听自己难以接受的真理。从危险的层面来看，直言至少会导致言说者与聆听者之间的关系日渐疏远，而这也是使言说成为可能的前提条件。事实上，直言者所冒的风险远不止于此，其代价可能会更加昂贵。直言者在言说行为中可能要冒着生命危险，他甘愿冒此种风险的原因在于，他必须要说出自己所承诺的真理。因此，直言又是一种责任，但这种责任并不具有强迫性，人人都可选择避开这种责任，因此主动承担这种责任则更需要勇气。

最后，正面直言需要言说者与聆听者之间达成一种契约，其目的是减少风险。这一契约规定，尽管聆听者可能会被直言所激怒，但他必须具备聆听真理的意愿。福柯称之为"直言契约"（parrhēsiastic pact）[1]。而该契约正体现了"真理之勇气"的核心意蕴：聆听者勇敢地、积极地聆听对自己具有批判性的真理而不动怒，言说者勇敢地、主动地言说将自己生命置于危险之下的事实真相而不欺瞒。[2] 质言之：

> 在直言活动中，言说者完全是自由的，但他主动坦诚而不是曲意逢迎，言说真相而不是保持缄默或散布谎言，直面死亡之风险而不是苟活于世或确保安全，切中肯綮地批判而非避重就轻、阿谀奉承，承担道德责任而不是追求自我利益。[3]

---

[1] Michel Foucault, *The Courage of Truth：The Government of Self and Others* II. *Lectures at Collège de France 1983–1984*, trans. Graham Burchell, New York：Palgrave Macmillan, 2011, p. 12.

[2] Michel Foucault, *The Courage of Truth：The Government of Self and Others* II. *Lectures at Collège de France 1983–1984*, trans. Graham Burchell, New York：Palgrave Macmillan, 2011, p. 13.

[3] Michel Foucault, *Fearless Speech*, New York：Semiotext(e), 2001, pp. 19–20.

为了凸显直言这言说行为的独特性，福柯以对比的方式考察了古代世界的另一种话语类型——修辞术。福柯指出，直言与修辞在言说方式和言说目的上截然相反。① 修辞是一种旨在说服他人的言说技巧和陈述伎俩，其重点既不在言说内容之真假，也不在陈述者是否相信自己的言说。修辞术的直接目的，是利用巧妙的话语说服聆听者，使之相信言说者的陈述。直言者需要对自己的言说内容做出个人承诺，坚信自己言说内容的真实性，聆听者是否相信无关宏旨。与直言者相反，修辞学家（诡辩家）不一定相信自己的言说内容，但却试图对聆听者进行控制，将聆听者捆绑束缚在他所言说的内容之上，"力图在他的言说内容与聆听者之间建立一种限制性的契约，这是一种权力的束缚（constraining bond of power）"②。

也就是说，在修辞这一言说行为中，言说者与其言说内容存有差异，聆听者与言说内容则存有认同，而这一认同恰是修辞术力图达至的效果，借此言说者将聆听者置于自己的话语权术之下。与修辞相反，在直言这一言说行为中，言说者与其所言说的内容若合符节，而聆听者则拥有自由衡量言说内容之效果的权力。更准确地说，直言的"真理效应"揭示并展现了言说者与聆听者之间的分歧，呈现了二者关系"决裂的可能性"③。可以说，直言这一言说行为揭开了笼罩在言说者与聆听者脸上的温情面纱，将二者抛回到剥除话术之后的赤裸状态，从而使他们在分歧中展露各自的真实面孔。因此，福柯直陈："一般而言，修辞家实则是'技艺高超'的诡辩者，目的是将聆听者束缚于自身的话语之下；与此相对，直言者是一位勇敢的言

---

① Michel Foucault, *The Courage of Truth*: *The Government of Self and Others* II. Lectures at Collège de France 1983 – 1984, trans. Graham Burchell, New York: Palgrave Macmillan, 2011, p. 13.

② Michel Foucault, *The Courage of Truth*: *The Government of Self and Others* II. Lectures at Collège de France 1983 – 1984, trans. Graham Burchell, New York: Palgrave Macmillan, 2011, p. 14.

③ Michel Foucault, *The Courage of Truth*: *The Government of Self and Others* II. Lectures at Collège de France 1983 – 1984, trans. Graham Burchell, New York: Palgrave Macmillan, 2011, p. 14.

说事实真相的人,正是他的直言不讳,将自身及与他人的关系置于危险之中。"①

因此,修辞术是一种言说伎俩、语言花招,往好处说是一种技艺(technique)②,本质上是福柯所称的"治理术",是一种宰制或统治的技术。修辞是一种系统的、深思熟虑的技术,其目的是对个体加以"引导",这种引导是在知识与权力关系中展开的。人们可以通过学习获得修辞这门技艺,并随心所欲地加以使用。但直言并非技艺或手艺,而"是一种个体姿态,一种处事态度,一种与美德紧密相关的存在方式与风格"③。直言是一个人言说自己内心想法的"存在方式",本质上是一种"真理言说模式"(modality of veridiction/truth-telling)④——直言关涉一个人之所是。

福柯在1984年法兰西学院课程演讲中引入了"真理话语模式"这一概念,这表明福柯的方法论又向前推进了关键一步。在其早期对话语和陈述(énoncés)的研究中,福柯重点关注的是诸种系统,这些系统或是将特定类型的话语界定为具有真假意义的严肃话语类型,或是将其他话语界定为意义缺失(不具有任何真理或谬误的可能性)。然而,在1983—1984年的讲座中,福柯重点分析了话语与言说话语之主体存在这两者之间的关系,福柯称之为"真理话语模式"。在福柯看来,真理话语模式即"一特定的(话语)行为类型,在其适当的条件和形式下,言说真理的主体借助这一行为使自身得以显现……向自

---

① Michel Foucault, *The Courage of Truth: The Government of Self and Others* II. *Lectures at Collège de France 1983 – 1984*, trans. Graham Burchell, New York: Palgrave Macmillan, 2011, p. 14.

② Michel Foucault, *The Courage of Truth: The Government of Self and Others* II. *Lectures at Collège de France 1983 – 1984*, trans. Graham Burchell, New York: Palgrave Macmillan, 2011, p. 14.

③ Michel Foucault, *The Courage of Truth: The Government of Self and Others* II. *Lectures at Collège de France 1983 – 1984*, trans. Graham Burchell, New York: Palgrave Macmillan, 2011, p. 14.

④ Michel Foucault, *The Courage of Truth: The Government of Self and Others* II. *Lectures at Collège de France 1983 – 1984*, trans. Graham Burchell, New York: Palgrave Macmillan, 2011, p. 14.

身展示自我并且通过说真话这一行为获得别人的认可"①。这是一具体的实践，借此主体得以被界定，并且通过这一实践行为或举动，主体变得真实。在这一真理话语模式中，主体为了自身及他人而存在，对自己加以认知并被他人所认可。

真理话语模式需要诸多构成因素：言说行为（这一言说行为拥有自己的形式并蕴含了对语言和话语的独特经验）、主体性模式（这一模式有能力以必要的方式来使用语言，以此言说并传达真理）、真理领域（这一领域是由言说行为来界定的）。最后，真理话语模式也需要一特定的时间与空间因素，至少在"直言"这一真理话语模式中是如此，换言之，这一时空世界构成一种戏剧场景，在此真理得以展现、主体通过言说真理的行为得以出现并被认知。为了进一步对此详加阐释，以及突出"直言"这一概念的本质内涵，福柯简单地描绘了他所谓的四类"言说真理的基本模式"，并分别命名为预言（prophecy）、智慧（wisdom）、技术（technology）及直言（parrhēsia）。② 每一种言说模式对应于各自的主体性形象：先知、智者、教师—技术专家、直言者。每一类型都拥有各自的真理领域：命运（destiny）、存在（being）、技艺（technē）、品性气质（ēthos）。③

在预言式真理话语模式中，先知言说关于命运的真理，换言之，为了"告知未来"，一个人必须成为先知。或者更确切地说，言说未来的真相需要建构一特定类型的言说主体；为了言说命运问题，先知必须将他的主体性建构为"中介"形式。即是说，先知并不是以自己的名义进行言说，他代表的是来世之音、诸神之声，他在预言中所使

---

① Michel Foucault, *The Courage of Truth: The Government of Self and Others* Ⅱ. *Lectures at Collège de France 1983 – 1984*, trans. Graham Burchell, New York: Palgrave Macmillan, 2011, pp. 2 – 3.

② Michel Foucault, *The Courage of Truth: The Government of Self and Others* Ⅱ. *Lectures at Collège de France 1983 – 1984*, trans. Graham Burchell, New York: Palgrave Macmillan, 2011, p. 15.

③ Thomas Flynn, "Foucault as Parrhesiast: His Last Course at the College de France (1984)", in James Bernauer and David Rasmussen, eds., *The Final Foucault*, Cambridge: MIT Press, 1988, p. 104.

用的语言或话语模棱两可、令人费解。先知借助话语为人类揭示未来，但是他的话语同时隐藏了其真实含义。预言以一种神秘的方式来言说真理，这就需要聆听者竭尽全力地去阐释其真实意图。

在智慧式真理话语模式中，智者言说的是"存在"或"当下如是"问题，这关涉宇宙的本质、人的存在及存在于宇宙中的事物之秩序。智者以自己的名义进行言说，他所言说的智慧也属于他自身，是他持有的财产。因此，智者并不是如先知那样仅仅是传达诸神意愿的工具或介质，而是通过隐匿于世的方式建构自身的主体性，因此智者的形象表现为沉默寡言、严谨客观。智者认为自己没有义务言说自己持有的学识与智慧，而是选择保持缄默或与世隔绝。只有当他人强烈恳求或城邦出现紧急状况的情况下，智者才会如先知那样以神秘的方式开口言说，一旦开口，言说的也大都是关于行为道德或世界本质的普遍原则问题，而不是个体或城邦的具体事宜。

在技术式真理话语模式中，教师—技术专家言说关于技术的真理。技术是指一组习得的专业技术知识或技能——这需要个体通过艰辛的学徒生涯来建构自身的主体性，也就是说，一个人需要置身于传统、通过导师的知识与技能传授才能成为技术真理的言说者。教师有责任言说他所获取的真理，以此维持他所置身其中的传统。

在直言式真理话语模式中，直言者言说的是作为品性气质（ēthos）的真理，并且是以自己的名义言说。直言者自觉有责任与义务对自己所知的真理加以详细阐述，他所使用的语言清晰易懂、简单直接。在言说作为品性气质的真理的过程中，直言者并不就未来、当前或传统之所是加以谈论，而是向聆听者揭示"他是谁"这一问题。直言者的言说方式如此之独特，以至于不得不使聆听者返归自身、反求诸己，正是通过这样的方式，直言者向聆听者揭示关于聆听者自身的真理、他的精神品性。但是，直言者并不是客观地描述他者之所是，直言这一言说方式能够唤起聆听者的反思，促使聆听者对自身加以思考，从而形成一种崭新的自我关系。与先知总是让他人费心诠释不同，直言者的意图昭然若揭，直言者的话语并不需要他人去费心阐释，而是需要聆听者努力去加以实践——聆听者既需要具有坚定的"聆听意志"，又需要具有认识自己并改变自己的勇气。这需要他人付出艰辛的自我劳作去接受真理、认识真理，并将真理作为他们的行为实践的原则："这既是一种道德重任也是一种行为原则。"①

通过以上分析，我们看到，真理话语模式不能从某种本质的主体推论而来，也不能被追溯为某种主体的本质。相反，主体是真理话语模式的伴生物，主体正是通过真理话语模式得以显现。也就是说，福柯晚期正是从真理话语模式及说真话的不同方式这一新颖视角来探讨主体性问题。福柯并不是试图将主体理论化为实践与话语的基础，而是始终在如何将自身显现为可能性行为的主体这一层面来对主体加以探讨，福柯称之为"主体的实现活动"（pragmatics of subject）②，这关涉到一系列自我关系的技术和模式的分析。通过这样的方式，福柯向我们表明，关于主体的理论阐释必须将各种具体的自我实践作为起点。

第三节　福柯对欧里庇得斯戏剧的读解

经过考察，福柯发现"直言"这一概念在古代希腊经历了一系列的演变，这同雅典政治生活的发展紧密相关。这一词语首先出现在欧里庇得斯的剧作里，关涉的是一种政治场景，福柯称之为"政治直言"，这是一种政治权利和政治行为，既是雅典公民的一项特权，也是一种义务，具体是指在公民大会上说出自己的想法、言说自己承诺的真理，以此引导城邦生活走向美好。然而，这样一种曾长期左右雅典自由政治生活的权利与行为，却引发了一种不断增长的忧虑。经过公元前6世纪及公元前5世纪的民主制改革，这一在公民大会上发言及治理城邦的权利被不断扩展，不再仅仅是贵族阶层的特权，而是成

---

① Michel Foucault, *The Courage of Truth*: *The Government of Self and Others* II. *Lectures at Collège de France 1983–1984*, trans. Graham Burchell, New York: Palgrave Macmillan, 2011, p. 16.

② Michel Foucault, *The Government of Self and Others. Lectures at Collège de France 1982–1983*, trans. Graham Burchell, New York: Palgrave Macmillan, 2010, p. 42.

为所有公民都享有的权利①。雅典贵族阶级认为"直言"权利向城邦下层的扩展是传统道德和政治价值的衰落,而传统价值观念是雅典权力与财富的基石。一旦"直言"不再是贵族的一项专权,他们就对之持怀疑态度。这种对"直言"及民主政治话语的忧虑促发了一种独特的体验,即自由、权力与真理三者很难再融洽地相互关联。福柯称这一体验、这一焦虑为"问题化"或"质疑"(Problematics)。②

"直言"这一词语之所以在希腊文学中出现,是由于它成为一种普遍担忧、焦虑的根源,是由于"直言"这一在当时的雅典还是"习以为常、'寂然无声',毫无争议"③的政治行为引起了欧里庇得斯的密切关注。在欧里庇得斯的戏剧中,我们可以看到对"直言"加以质疑的首次描述。在1983年巴黎和加利福尼亚的课程演讲中,福柯就围绕着"直言"这一词语细致分析了欧里庇得斯的多部悲剧。其中,福柯重点分析《伊翁》(Ion)及《俄瑞斯忒斯》(Orestes)两剧,从中我们看到一种理想的"政治直言"是如何随着雅典政治生活的危机渐渐演变为一种负面的"直言"类型。正是从这两部戏剧对"直言"的探讨之中,福柯管窥到苏格拉底及柏拉图的思想。

一 福柯对《伊翁》一剧的读解:一种理想的政治直言

福柯称欧里庇得斯的《伊翁》为一幕"言说真相的悲剧"或一出"关键的希腊直言式(parrhēsiastic)戏剧"④。福柯认为,在这一出戏剧中我们可以看到"说真话这一行为从德尔斐转向雅典"的戏剧展演。除了显示雅典的神圣谱系及政治上的崛起,这一戏剧也是思想史上的一次重大事件。雅典取代了德尔斐,成为真理话语模式得以展演的场所,而正是通过这一真理话语模式,人类自身发现了事实真相。

---

① Robert J. Bonner, *Aspects of Athenian Democracy*, New York: Russel and Russel, 1933, pp. 67–85.
② Michel Foucault, *Fearless Speech*, New York: Semiotext(e), 2001, pp. 72–74.
③ Michel Foucault, *Foucault Live: Collected Interviews, 1961–1984*, ed., Sylvère Lotringer, New York: Semiotext(e), 1996, pp. 420–421.
④ Michel Foucault, *Fearless Speech*, New York: Semiotext(e), 2001, p. 38.

在德尔斐，沉默寡言的上帝发布神秘莫测、语焉不详的神谕，人们必须努力领悟与猜测隐藏其后的真理。在雅典，人们通过直言这一行为直接揭示真相，"直言"是一种人类直接、清楚地揭示自我真相的行为。因此，《伊翁》一剧体现的正是一种直言式真理话语模式，而非在希腊世界占据重要地位且影响深远的预言式真理话语模式，"《伊翁》是一幕真正的直言式真理话语模式的戏剧展演，它体现了雅典政制中政治直言的来源及权力运作的基础"①。

那这样一种直言式戏剧是如何展开的呢？福柯对这出戏剧中的一个重要场景进行了详细阐释。这一场景中有两个主要人物：雅典国王苏托斯（Xuthus）和生活在德尔斐的牧师伊翁（阿波罗的私生子）。在他们相遇之前，苏托斯获得神谕的启示，得知他下一个遇到的人（即伊翁）就是他的儿子。但是，这一神谕只是部分真实：伊翁实际上是苏托斯的妻子克瑞乌萨（Creusa）被太阳神阿波罗诱奸后所生。苏托斯深信神谕的启示，认为伊翁就是自己的亲生儿子，并试图说服伊翁跟他一起回到雅典。另外，苏托斯还承诺，在雅典伊翁作为国王之子将会行使国王的权力。但是，闻此之后，伊翁却并不情愿到雅典去。原因在于作为苏托斯的儿子，伊翁是一个外来者或局外人（苏托斯并非出生在雅典）。另外，苏托斯认为伊翁是他的私生子，因为就他所知，克瑞乌萨并没有生育过孩子（苏托斯意识到伊翁很可能是他与地位低下的奴隶所生）。因此，如果伊翁回到雅典，他会"有两个隐患，并受之所制"：他既是私生子又是异邦者。② 由于这两个缺陷或隐患，伊翁在雅典的生活将很困难。一方面，如果伊翁要参与雅典城邦的公共生活，他将被其他公民所敌视：伊翁自己解释道，雅典的政治生活充满了个人之间的竞争与对立，他们通过自己行使的权力来界定自己的政治身份，在这样的斗争中，伊翁作为一个私生子和异邦者将没有立足之地。另一方面，即使伊翁不会介入城邦的政治生活，他

---

① Michel Foucault, *The Government of Self and Others. Lectures at Collège de France 1982–1983*, trans. Graham Burchell, New York: Palgrave Macmillan, 2010, p. 82.

② 参见［古希腊］欧里庇得斯《欧里庇得斯悲剧·上》，张竹明、王焕生译，译林出版社2007年版，第366页。

"也将被诋毁指摘为乌有之子，一文不名"①。因此，伊翁对苏托斯所承诺的国王权力完全没有兴趣。伊翁说道，"至高无上的王权……被盲目地称赞，表面风光而骨子里可悲"②。伊翁并不想要拥有绝对权力，他只是希望能够参与民主政治，成为"占有城邦最高位的一员"③。伊翁并不想通过行使绝对权力来享用他的自由，而是要在民主制的自由政治生活中占据一席之地，力争成为一名"居高位者"，与他人分享权力，通过话语而非暴力来引导城邦过上美好生活。正是由于这个原因，伊翁才会"祈祷"他的"母亲是一位雅典人，那样……[他]……就能享有言论自由……[直言（parrhēsia）]"。如果伊翁不是雅典女人所生，那么他将只能发出"奴隶的声音……[将]……没有说话的自由[直言（parrhēsia）]"。④ 作为一个外来者和私生子，伊翁"名义上是公民"，但是他将不能在政治领域行使他的自由，而只有在政治领域，一个人的自由才是真切的、有意义的。为了成为出类拔萃的一流人物，为了成为自由的人而不是奴隶或一文不名的人，伊翁必须具有参与到直言游戏中的资格与能力。

通过以上解读，福柯认为，在雅典民主政制中，"直言"不仅体现为一种法定的公民身份及权利，而且是指一种"政治竞技游戏"、实实在在的城邦政治生活⑤。正是通过这一发生在政治领域中的"直言"行为，伊翁才能确定自己的自由并界定自己的身份。在民主制的公民大会上争夺权力的斗争实际上是一种"直言"行为；只有通过在公民大会上获得"直言"的权利，或通过"直言"这一行为，一个人

---

① 参见［古希腊］欧里庇得斯《欧里庇得斯悲剧·上》，张竹明、王焕生译，译林出版社2007年版，第366页。
② 参见［古希腊］欧里庇得斯《欧里庇得斯悲剧·上》，张竹明、王焕生译，译林出版社2007年版，第367页。
③ 参见［古希腊］欧里庇得斯《欧里庇得斯悲剧·上》，张竹明、王焕生译，译林出版社2007年版，第369页。
④ ［古希腊］欧里庇得斯：《欧里庇得斯悲剧·上》，张竹明、王焕生译，译林出版社2007年版，第369页。
⑤ Michel Foucault, *The Government of Self and Others. Lectures at Collège de France 1982–1983*, trans. Graham Burchell, New York: Palgrave Macmillan, 2010, p.157.

才能达至自由并认识到自身的义务与职责。但是，对伊翁来说，除非具有某一特定的身份或是获得某一特定的社会地位，否则别人不可能聆听他的言论，他"名义上的"公民身份实际上没有任何意义。对一个异邦人尤其是出身不好的异邦人，城邦中的其他公民绝不会听从他的话语，也就是说城邦其他人缺乏对于异邦者的"聆听意志"。福柯认为这关涉到一种"职权"或"伦理与道德差异化"（ethical differentiation）问题①。政治性的公民大会作为"直言"展演的舞台，正是由这一"伦理差异"所左右，借此人们才能认识到谁有能力在公民大会上发言，也才能认识到自己是否有能力成为这样的言说主体。

福柯继而借助修昔底德对伯利克里的著名描绘详细阐释了这一"伦理差异"。通过修昔底德的叙述，我们看到伯利克里及当时的公民大会也展演了一出正面的直言戏剧场景。尽管修昔底德并没有采用"直言"（parrhēsia）一词来描述伯利克里的话语模式，但福柯认为修昔底德的这一文本描述了伊翁期望置身其中的那一理想直言场景，福柯称这一场景为"伯利克里式民主"（Periclesian democracy）②。在这一场景下，雅典公民聚集在公民大会之上为争夺城邦的领导权而慷慨陈词，言说自己的想法，力图说服其他人接受自己治理城邦的建议。公民大会就是一个权力较量的竞技场（agon）。尽管这是一个众说纷纭、竞技争胜的场所，但是雅典公民还是有着倾听真理的良好意愿和秉性，从而能够聚集在一起商谈城邦大事；在公民大会之上，雅典人能够倾听、接受并遵从给整个城邦带来荣耀的建议。③ 福柯认为，公民大会得以良好运行，正是由于建基于一种伦理差异之上，这一伦理差异是一种个人与自我及与他人之间的关系，这一关系的根本特征是

---

① Michel Foucault, *The Courage of Truth: The Government of Self and Others II. Lectures at Collège de France 1983–1984*, trans. Graham Burchell, New York: Palgrave Macmillan, 2011, p. 35.

② Michel Foucault, *The Government of Self and Others. Lectures at Collège de France 1982–1983*, trans. Graham Burchell, New York: Palgrave Macmillan, 2010, p. 174.

③ 参见［古希腊］修昔底德《伯罗奔尼撒战争史》，谢德风译，商务印书馆1985年版，第127—137页。

"精神品性"（ēthos）①；正是这一伦理差异使真理言说者脱颖而出，在公民大会上进行言说并得到大家的倾听与认可。因为政治是一场权力的激烈较量与争夺，为了不至于陷入混乱，需要公民具备倾听自由言论及接受逆耳真理的意愿，从而使公民大会的政治争斗得以缓和与调节。这样看来，伦理差异就是一种"求真理的意志"（will to truth），为真理的显现提供了场所并敞开了大门。

伯利克里正是在公民大会这一民主竞技场景中慷慨陈词、直言不讳，将雅典公民团结在他身边。福柯阐明，伯利克里式直言是建立在伦理差异基础之上的，正是由于这一伦理差异，伯利克里才有资格作为讲真话的人挺身而出、慷慨陈词，也正是由于他具有的这一伦理差异，雅典公民才愿意倾听他的言论。修昔底德对伯利克里的描述体现了正面直言者（parrhēsiast）的典型特征：伯利克里是一位出身良好的雅典公民，他很勇敢，他总是言说自己的想法，他并不会见风使舵、摇摆不定，而是对城邦的公共利益坚持自己始终如一的真实想法；他使用的语言铿锵有力、说服力强，但总是直接而坦诚的。由于雅典公民认识到伯利克里具有的伦理品性或道德品质（ēthos），公民大会才会愿意听取他的意见，只要伯利克里进行言说，雅典公民随时准备洗耳恭听。只有当最优秀的人勇敢且自由地言说自己确信之事，并且其他公民勇敢地接受这一意见的指引时，民主制才能运转良好。正是在公民大会上通过直言实践，雅典公民将自身建构为真理的言说者与聆听者，从而塑造了自身的主体性。

二 福柯对《俄瑞斯忒斯》一剧的读解：论民主制直言的衰落

伯利克里死后，公元前5世纪末到公元前4世纪初，雅典民主政治陷入危机，其核心体现就是政治直言的衰落，即那种正面的、好的"直言"开始消失，而一种负面的、坏的"直言"开始登上雅典政治

---

① Michel Foucault, *The Courage of Truth: The Government of Self and Others II. Lectures at Collège de France 1983 – 1984*, trans. Graham Burchell, New York: Palgrave Macmillan, 2011, p. 35.

的舞台。通过考察欧里庇得斯的《俄瑞斯忒斯》一剧，福柯详细描述了这样一种负面直言的特征及其影响。① 福柯援引了一个段落，在这一段落中"直言"被用来描述一种完全负面的话语模式。福柯对这段文本的分析突出强调了两个方面：首先，这种作为负面直言的话语模式之构成要素是什么；其次，言说这种话语的人是如何构建自身的主体性的。

在《俄瑞斯忒斯》剧中以"反面人物"出现的"直言者"——福柯称之为"athuroglossos"——的第一个特征就是缺乏自制。他不能掌控自己，不知道什么该说什么不该说，也没有能力认识到何时该说话，何时该保持沉默。这样的人肯定无法使他的话语遵循真理的引导，因此他话语的特征就是不合时宜、错讹百出、喋喋不休。这样的人的第二特征是狂妄自大。由于他并不需要真理的道德指引，也就是说他缺乏与真理的道德关联，因此他就只能借由自身的狂妄自大，鲁莽无知地在公民大会上说出自己的想法。这样的人的第三个特征是身份为外来者，他不是真正的雅典人，而是利用各种手段混入雅典的异邦者，在剧中被称为"爪牙"、"帮凶"或"受操控者"。反面"直言者"的第四个特征是，他并不是依靠对其话语的合理性论证来说服公民，而是"利用自己强烈而响亮的声音来煽动听众的情绪"，这样的人在希腊被称为"thorubos"，"thorubos"没有能力详细阐明他所笃信的真理或想法，他只能操纵听众的情绪而不能引发听众明智的判断。反面"直言者"的第五个特征是缺乏"学识或才智"（mathēsis），这样的人没有能力阐明真理之所是，因为他从未接受过任何正规学习（mathēsis）和教育（paideia）。从第五点的描述中，福柯认为欧里庇得斯向我们展示了"直言者"所应该具有的一种新的品质，即从专业教师那里获得的智慧，"为了使直言产生积极的政治影响，就必须将它与良好的教育以及知识与道德的塑造结合起来"②。柏拉图在《书信七》中也阐释了缺乏学识与无知是一切邪恶与堕落的根源，这是"所有人的各种邪

---

① Michel Foucault, *Fearless Speech*, New York: Semiotext(e), 2001, pp. 57-71.
② Michel Foucault, *Fearless Speech*, New York: Semiotext(e), 2001, p. 69.

恶的方式扎根和茂盛的土壤，然后又会给播种者带来最苦涩的果实"①。与教育的结合表明语言在直言中的作用变得越来越重要，同时高贵血统的重要性慢慢消逝，也反映出智者（诡辩者）的影响力越来越大。这样的人的第六个特征是其并不是言说自己的想法，而是为别人说话，他也并不是言说他所知或所信之事，而是言说他人希望听到的话语。在这样的情况下，"直言"就不再是"坦诚"，而是奉承，而奉承将被认为是对自由政治话语的最大威胁。因此，在欧里庇得斯的《俄瑞斯忒斯》一剧中，福柯发现一种对"直言"彻底否定的看法。直言不再被描述为一种正面的行为（个体借助这一行为自由地、勇敢地在公民大会上为了城邦的公共利益言说真相、展示真理），而是被描述为一种奉承谄媚、一种喋喋不休、一种操纵控制、一种欺骗诡计。

通过对《俄瑞斯忒斯》一剧的解读，福柯认为"伦理差异"这一极为重要的民主直言要素已经从公民大会上消失了。假设那时候的政治话语建立在伦理差异这一自我认知基础之上，那么上面描述的那种人将不可能站出来说话，他只能是遵从"聆听真理的意志"去倾听他人的话语。但是相反，由于缺乏这一伦理差异意识，也就是说由于没有自知之明，他才会执意去奉承取悦他人，以此关照他自己的利益。他只言说当权者喜欢听到的话语，这样当权者就会给他提供庇护。反面的"直言"是伦理差异被侵蚀的后果与影响，伦理差异慢慢消退的后果就是产生了缺乏自制且充满阿谀奉承的负面"直言"这一话语模式。此时的民主制实践及民主直言并不是被体验认知为一种差异结构，而是一种"非差异"结构②。原本构建公民之间相互认可的差异意识现在被一种新的自我意识、一种新的主体性模式所取代，这一新的自我意识与高贵的伦理品性无关，而是摒弃任何的伦理品性，全心致力于粗俗的个人私利。

从两方面来看，福柯认为此时的民主制与"直言"是根本不相容

---

① ［古希腊］柏拉图：《柏拉图全集》第 4 卷，王晓朝译，人民出版社 2003 年版，第 91 页。

② Michel Foucault, *The Government of Self and Others. Lectures at Collège de France 1982–1983*, trans. Graham Burchell, New York: Palgrave Macmillan, 2010, p. 183.

的。首先,此时的"直言"被认为是对城邦的威胁①。原因在于,在后伯利克里的雅典时代,作为一种权利与义务的"直言"行为开始成为一种奉承与操控。鉴于此,公民大会就不再是为了城邦公共利益而言说真相、澄明真理的场所,相反,公民大会变成人们为了在城邦中获取私利而相互厮杀、互相攻讦的舞台。其次,"直言"被认为是对个体的威胁。为了城邦的至福而言说真理的行为对言说者本人来说充满危险,城邦公民不再愿意聆听"直言者"对他们的批判,公民大会只对阿谀奉承感兴趣,只愿意倾听他们喜欢的言论。根据柏拉图的描述,苏格拉底正是由于勇于言说真理,最终导致了自己的死亡。至此,福柯描摹了"直言"这一行为所经历的内部断裂:"直言"开始分裂为"坏的"直言和"好的"直言两种类型。前者是指个人为了自己的利益而讨好奉承公民大会,这对整个城邦来说是灾难性的;后者是指个体在公民大会之上勇敢地言说真理,这对言说者个人来说是危险的,因为庸众只喜欢奉承迎合而不能容忍其他言论。②

福柯认为柏拉图对于民主制的思考正是在这种对"直言"的普遍担忧与焦虑氛围之下产生的。福柯将柏拉图在《国家篇》(*Republic*)中对民主制的批判看作对当时公民大会上流行的负面直言模式的明确表征与指涉。③ 柏拉图在《国家篇》中对建立在平等原则之上的民主制城邦中的居民进行了描述,他写道:"首先,这些人不自由吗?这个城邦难道不是充满行动自由与言论自由吗?不是允许每个人都可以想做什么就做什么吗?"④ 柏拉图所描绘的当时民主制的典型特征是人

---

① Michel Foucault, *The Courage of Truth*: *The Government of Self and Others* II. *Lectures at Collège de France 1983 – 1984*, trans. Graham Burchell, New York: Palgrave Macmillan, 2011, p. 36.

② Michel Foucault, *The Courage of Truth*: *The Government of Self and Others* II. *Lectures at Collège de France 1983 – 1984*, trans. Graham Burchell, New York: Palgrave Macmillan, 2011, pp. 36 – 37.

③ Michel Foucault, *The Government of Self and Others. Lectures at Collège de France 1982 – 1983*, trans. Graham Burchell, New York: Palgrave Macmillan, 2010, p. 197.

④ [古希腊] 柏拉图:《国家篇》,557B,《柏拉图全集》第 2 卷,王晓朝译,人民出版社 2003 年版,第 563 页。

人平等（isonomia）、行动自由（eleutheria）及"直言"（parrhēsia）①：平等被认为是每一种生活方式都有各自的真理价值，没有必要区分好的与坏的生活；行动自由是指人人都有选择自己的生活方式，并坚持自己选择的自由；直言是指任何人都有以自己喜欢的方式言说自己欢喜之事的自由。柏拉图写道，如果对平等、行动自由与言论自由做如是解读的话，"很明显，每个人都会有一套生活计划，爱怎么过就怎么过"②。城邦的利益或善完全外在于个体的自由与成就，即民主制下的城邦公民只考虑自身的自由与完善，而完全无视整个城邦的公共利益。他们只关注私人利益，认为完全不受城邦政治的约束、竭尽全力完成自己所设定的私人目标就是自由的体现，而他们的目的就是要获取物质财富、名声、权力。柏拉图将这种声色犬马、争夺权力、贪得无厌的生活方式与民主政制联系在一起。福柯称之为民主制城邦中的"政治无政府主义"③。

如果雅典公民以柏拉图所描绘的方式建构自己的主体性，那么由这样一群民众聚集的公民大会将只选择聆听能够取悦他们的言论。因此，公民大会之上将充斥着阿谀奉承之音，关涉城邦生死存亡的真理及逆耳忠言都将远逝。换言之，公民大会将不再也不能分辨真实话语与虚假话语，公民大会只会听从那些"声称自己热爱人民"的人的话④。如果有人意欲在公民大会上脱颖而出、获得权力，那么他必须要言说民众喜欢听的话语。如此一来，这种民主制的存在模式将公民大会塑造成了争夺权力的场所和行使权力的象征。柏拉图将这样一种聚集在一起的民众称作"猛兽"⑤。公民大会就是如猛兽般的怪物，

---

① Michel Foucault, *The Government of Self and Others. Lectures at Collège de France 1982–1983*, trans. Graham Burchell, New York: Palgrave Macmillan, 2010, p. 198.

② ［古希腊］柏拉图：《国家篇》，561D，《柏拉图全集》第 2 卷，王晓朝译，人民出版社 2003 年版，第 569 页。

③ Michel Foucault, *The Government of Self and Others. Lectures at Collège de France 1982–1983*, trans. Graham Burchell, New York: Palgrave Macmillan, 2010, p. 200.

④ 参见［古希腊］柏拉图《国家篇》，558B，《柏拉图全集》第 2 卷，王晓朝译，人民出版社 2003 年版，第 564 页。

⑤ 参见［古希腊］柏拉图《国家篇》，493B，《柏拉图全集》第 2 卷，王晓朝译，人民出版社 2003 年版，第 485 页。

它的"拍爪与嚎叫之声"透着一股阴沉而冷酷的力量,创造、塑造并改造个体,任何形式的"私人教导"都无法与之匹敌。公民大会就如同是一种权力装置,其作用是"模制"个体,"这样一来,他就会随波逐流……他们(聚集的民众)说好他就说好,他们说坏他就说坏,他们做什么他就做什么,进而成为和他们一样的人"①。不管是在公民大会之上,还是在日常生活之中,一个人绝不可与大多数人的想法或普遍看法相抵牾。

正如克力同在苏格拉底置身监狱等候处死之际向他暗示的那样,"一个人不得不顾及众人的意见"②。个人必须要对公众意见亦步亦趋——任何忤逆众人的生活方式及言说方式,任何无法奉承公众的自由言论都与这种民主制生存模式相冲突。因此,民主成为一种非差异化的结构,借助公共意见的暴力建构政治与伦理主体。个体也以同样的方式将自身塑造为政治—伦理主体,因为他不得不去"诏媚迎合"公众意见,因为他必须要像"大家"那样去思考、去生活。如果说伯利克里时代的公民大会是通过求真理的意志发挥作用——这一真理意志是建立在伦理差异意识之上的,那么柏拉图所描述的民主制公民大会是通过求权力的意志达至自身的目的——这一权力意志是一种赤裸裸的动物法则,追求的是一种"非差异化"的权力运作。民主制生存模式,借由公民大会这一机器装置及公众意见这一强力,支撑整个社会的运转。③

福柯认为柏拉图所描述的上述场景,正是修辞术得以泛滥、正面的政治直言衰落的根源所在。④ 如果有人能够了解公民大会这一"野兽"的喜怒哀乐,能够通晓它在什么样的情况下会有何种情绪,那么他将会掌握一种技能,通过这一技能他就能控制野兽的蛮力、驾驭这

---

① 参见[古希腊]柏拉图《国家篇》,492C,《柏拉图全集》第2卷,王晓朝译,人民出版社2003年版,第484页。
② 参见[古希腊]柏拉图《克力同篇》,44D,《柏拉图全集》第1卷,王晓朝译,人民出版社2002年版,第36页。
③ Edward McGushin, *Foucault's Askēsis: An Introduction to the Philosophical Life*, Evanston: Northwestern University Press, 2007, p. 28.
④ Michel Foucault, *The Government of Self and Others. Lectures at Collège de France 1982 – 1983*, trans. Graham Burchell, New York: Palgrave Macmillan, 2010, pp. 211 – 214.

只猛兽。假设公民大会最青睐的话语模式是阿谀奉承,那么修辞术就是一种奉承的技艺,借此,欺诱之人对公众谬见大肆吹捧。为了做到这一点,这样的人必须要了解他者的想法与欲望,了解什么能取悦他、什么会刺痛他。① 柏拉图正是这样来描述修辞学家(诡辩家)获取并传授的知识的。诡辩家的技术就是对各种蛮力、惰性、影响与反应进行计算。修辞术的威力来源于对身体与激情的操控能力——它能够打磨身体、煽动激情。柏拉图阐释了智者或诡辩家是如何研究公民大会的运作,从而利用语言来获取权力的,他们认识到,面对这一野兽该如何"接近并触摸它,什么时候或用什么东西能使它变得最可怕或最温和,对了,还有知道它在各种情况下习惯发出几种什么样的吼声,什么样的声音能使它温和,什么样的声音能使它发狂。通过与猛兽长期相处,他掌握了驯兽的知识,并称之为智慧,并由此形成一门技艺,再把这门技艺教给别人"②。

修辞术操控的是"声音"(phōnē)而非话语——它是纯物质层面的运作,远没有触及意义、意志或反思的层面。修辞术仅仅是利用声音来"接近"并"触碰"个体,引起他们的反应。因此,修辞术既发轫于一种伦理差异被抹平了的机制之中,又进一步强化了这一非差异化机制;修辞术还构建了一种语言知识和语言艺术,将听众更加紧密地束缚在它所编织的语言牢笼之中。

柏拉图在《国家篇》中认为,与民主制衰落及修辞术泛滥紧密联系在一起的关键所在是一种人与自我之间的关系问题。个体对自身的感知、与自我的关系,直接呈现为本能的欲望、快感及痛苦,这些都与灵魂相关。福柯阐释到,在柏拉图看来,这一自我关系的基本特征是灵魂中"真理逻各斯(话语)"(logos alēthēs)的缺失,而这正是"民主制灵魂"的主要缺陷——它不能更好地理解欲望与快感的本质及意义所在,不能根据各自的道德价值区分不同的欲望与快感,

---

① Michel Foucault, *The Government of Self and Others. Lectures at Collège de France 1982–1983*, trans. Graham Burchell, New York: Palgrave Macmillan, 2010, p. 211.
② [古希腊]柏拉图:《国家篇》,493B—C,《柏拉图全集》第 2 卷,王晓朝译,人民出版社 2003 年版,第 485 页。

不能理性地掌握并运用快感与欲望。这一缺失之所以出现是由于雅典人没能培养一种对自我的伦理关怀，这样的伦理关怀能够在个体身上产生公正、有效的政治生活及公正、幸福的私人生活所需的伦理品性（ēthos）。

雅典人之所以忽视或无暇对自我加以关注，是由于他们致力于追逐民众"普遍意见"所规制的"幸福"。反过来说，他们之所以全神贯注于公共意见，是由于他们忽视了自我。正是这一对自我的忽视，以及由此产生的对快乐原则及权力意志的诉求，才使得作为控制技术的修辞术及作为强制暴力的"公共意见"成为可能。修辞术的目的就是利用话语来操控忽视自我并被"公共意见"所左右的个体；其效果就是将公共意见深深地铭刻在个体的存在之中，并造成了个体对自我的永久忽视。只有在忽视自我的基础之上，修辞术才有可能取得效果，公民大会的机器装置才有可能正常运作。城邦中政治无政府主义与灵魂无政府主义共同界定雅典民主政制的衰落，"真理逻各斯的缺席建构了这种民主制灵魂的基本特征；正如城邦中坏的直言游戏产生了坏的民主制所独具的'无政府状况'"①。

在柏拉图对"直言"的质疑探讨中，聚集的民众不再按照灵魂之中理性话语［逻各斯（logoi）］的指引来组织他们的生活，因此民主制公民大会不再是言说或倾听真理的场所。为了使政治生活运作良好，致力于政治实践的个体首先必须要在自己的灵魂和私人生活中培养真理的品质。由于政治领域已经对真诚坦率的言辞（即正面"直言"）闭上大门，为了应对政治生活的衰败，在与自我的关系领域，哲学开始发挥介入功能，对自我进行治愈。

福柯根据以下三个鲜明特征来描述苏格拉底—柏拉图式"伦理直言"转向所带来的变化或影响。第一，"直言"不再被当作是"居于城邦最高位"的公民在公民大会上自由言说的一种特权，主要不再关涉城邦事宜，而是首先针对个体灵魂或精神（psychē）所进行的真理

---

① Michel Foucault, *The Government of Self and Others. Lectures at Collège de France 1982 – 1983*, trans. Graham Burchell, New York: Palgrave Macmillan, 2010, p. 200.

言说实践。"精神"是直言针对的对象,也是产生直言效应的场所。换言之,"与直言相关的一切开始从城邦领域(polis)过渡到精神领域(psychē)"①。第二,直言的目标也发生了转换,不再是为了实现城邦的公共福祉与善,不再关涉"实际(政治)生活"问题,相反,"直言"是为了成功地"塑造某种存在方式、某种行为方式、某种借助他人之手引导自我的方式。言说真理的目标不再是为了拯救城邦,而是塑造个体的品性气质(ēthos)"②。第三,"直言"将采取一系列具体的实践形式来转换个体灵魂,福柯称之为"自我技术"。

经过雅典民主制的危机,"直言"行为的原初场景、目标及形式都发生了转变;"直言"开始与一系列旨在塑造品性气质的"自我实践"紧密相连。福柯认为这就是柏拉图思想得以展开的社会政治背景,柏拉图对自我经验/体验的哲学阐释与这一历史情境直接相关,福柯称之为苏格拉底—柏拉图式"哲学直言":苏格拉底—柏拉图的哲学实践相关且外在于政治领域,与修辞术格格不入,采取的是一整套的自我转变及自我塑造的形式,即排斥修辞、疏离政治、爱慕灵魂。通过福柯的读解,我们看到,欧里庇得斯为了应对不断增长的对雅典民主制实践的不信任及幻灭感,同时也为了应对雅典政治生活的腐化,从而对"直言"展开质疑、探讨。欧里庇得斯的戏剧创作不只是对当时雅典历史的简单"表征"或"再现",而是对某种政治生活加以批判,并试图提出另一种理想的政治生活模式。他试图对当时雅典民主制中政治话语存在的问题做出应对,因为他对这一问题感同身受。

苏格拉底—柏拉图哲学将自身呈现为一种不同的生存/生活模式,这种生存模式来源于一种另样的自我关系体验。为了对自我加以矫正治愈,也为了在个体的灵魂中培养真实话语理则(logoi),哲学实践将自身建构为一种新的"伦理直言"形式。正如城邦需要借助直言或自由言论才能良好运转,个体也需要聆听"哲学直言"才能在自己的

---

① Michel Foucault, *The Government of Self and Others. Lectures at Collège de France 1982–1983*, trans. Graham Burchell, New York: Palgrave Macmillan, 2010, p. 64.

② Michel Foucault, *The Government of Self and Others. Lectures at Collège de France 1982–1983*, trans. Graham Burchell, New York: Palgrave Macmillan, 2010, p. 65.

灵魂中培养起说真话的品质。① 福柯称这一过程为政治直言向伦理直言的转向，苏格拉底—柏拉图的哲学思想正是在这一转变的过程中产生的，其目的是应对雅典政治生活的衰落及雅典人忽视自我的倾向，哲学开始专注于个体灵魂的现状，这也是西方伦理形而上学传统的起源。福柯认为，从柏拉图开始，直言作为一种真理话语（说真话）模式开始从政治领域转移到"自我关注"领域，从而赋予直言以新的内涵。换言之，假如直言最初是一种"关注城邦"的实践，那么经过柏拉图的阐释，直言则成为一种"关注自我"的实践。

---

① Michel Foucault, *The Government of Self and Others. Lectures at Collège de France 1982 – 1983*, trans. Graham Burchell, New York: Palgrave Macmillan, 2010, pp. 194 – 195.

第 二 章
主体性与真理：福柯论"关心自己"

一件事情一旦澄清自己，我们就不再关注它。劝告"认识你自己！"的神是什么意思呢？也许是"停止关心你自己！"变得客观！那么，苏格拉底呢？那么"科学"人呢？

——尼采①

从 1980 年开始，福柯将理论触角延伸至早期基督教、希腊化罗马及古希腊世界。在 1981—1982 年法兰西学院课程演讲《主体解释学》中，福柯分析了主体与真理的关系、"关心自己"与"认识自己"的调转、古代哲学精神生活修行到现代科学理性理论认知的推进等问题。福柯晚期以"关心自己"这一概念对古代哲学展开全面质询，考察了古代世界围绕着"关心自己"所采取的诸种实践、形成的知识形式以及弥漫于这一概念中的真理体验，福柯将这一体验称作"精神性"。福柯正是从"精神性"这一哲学传统出发理解及阐释古代哲学真理主体化的生活实践，其最终目的是塑造一种精神品性，而不仅仅关涉一种形而上学的沉思与知识获取。

福柯 1981—1982 年法兰西学院的授课讲座题为《主体解释学》，他宣称这一课程探讨的是主体与真理两者之间的关系问题。在这一

---

① Friedrich Nietzsche, *Beyond Good and Evil*: *Prelude to a Philosophy of the Future*, Translated by Walter Kaufmann, New York：Vintage Books, 1966, p. 81.

研究计划中，福柯表明主体与真理之间的关系在历史上并非恒定不变的。① 尤其是，福柯挑战了界定当前我们思想的一系列固定范畴，我们正是借助这些思想范畴将主体性与真理知识两者的关系理解为以下问题：主体是怎样有可能认识自我的？是否存在一种与其他知识类型相似的关于主体的知识？我们是怎样有可能"在知识的领域内对主体加以客观描述的"或"是否存在一种主体的客观性知识？"②

福柯认为，关于主体性与真理的关系问题之所以架构在这些范畴之上，是由于思想史上的一个重要事件，即"关心自己"（epimēleia heautou）这一古代律令被"认识自己"（gnōthi seauton）所取代，两者之间的关系发生了一种调转，"在希腊罗马文化中，关于自我的知识是作为关心自己的结果呈现的；在现代社会，认识自己成为一个根本准则"③，这对现代哲学影响重大，"从笛卡尔到胡塞尔的理论哲学中，对自我（或思维主体）的认知的重要性与日俱增，被作为是知识理论的起步"④。福柯对笛卡尔我思主体的拒斥，对现象学主体的质疑，"为主体配备真相，均源于他对西方理性历史的梳理和考察"⑤。古代世界——古希腊、希腊化及罗马思想，甚至早期基督教——对主体性与真理关系的思索则建立在不同的范畴之上。福柯认为，对于古代思想来说，"关心你自己"这一观念要比"认识你自己"更为重要："正是……隶属于'关心你自己'的准则之下，'认识你自己'的观念才得以形成"⑥。为了让我们更好地领略古代的这一思想风格，福柯详细考察、深层挖

---

① Michel Foucault, *The Hermeneutics of the Subject: Lectures at Collège de France 1981-1982*, trans. Graham Burchell, New York: Palgrave Macmillan, 2005, pp. 3-4.

② Michel Foucault, *The Hermeneutics of the Subject: Lectures at Collège de France 1981-1982*, trans. Graham Burchell, New York: Palgrave Macmillan, 2005, p. 317.

③ Michel Foucault, *The Essential Works of Foucault, 1954-1984, Vol. 1, Ethics: Subjectivity and Truth*, ed., Paul Rabinow, New York: The New Press, 1997, p. 228.

④ Michel Foucault, *The Essential Works of Foucault, 1954-1984, Vol. 1, Ethics: Subjectivity and Truth*, ed., Paul Rabinow, New York: The New Press, 1997, p. 228.

⑤ 莫伟民：《主体的真相——福柯与主体哲学》，《中国社会科学》2010年第3期。

⑥ Michel Foucault, *The Hermeneutics of the Subject: Lectures at Collège de France 1981-1982*, trans. Graham Burchell, New York: Palgrave Macmillan, 2005, p. 4.

掘了古希腊这两个原则之间的关系。

第一节 何谓"关心自己"？

在古代哲学直至早期基督教实践中，"关心自己"都是最重要的任务，正是通过对自我加以关注，自我才能被感知体验。在"关心自己"这一总体框架之下，"认识自己"仅仅是对自己加以恰当关心的"一种形式、一种结果，一种具体的、特定的应用之一"①。对福柯而言，自我或主体——亦即古希腊的精神灵魂（psychē），并非表现为一种固定不变的本质、实体或形式，而是分散在多个不同的经验领域内，随着具体情境的转变而变化。

什么是"关心自己"呢？福柯借助柏拉图的《申辩篇》（Apology）阐释得很清楚："epimēleia"（关心/关注或勤勉/努力）是一种态度或心境，贯穿并体现在个人立身处世、与他人交往、与自己相处的行为举止之中——"是个人的生存过程中一种永久的刺激的原则、行动的原则、焦虑与担忧的原则"②，亦即海德格尔（Heidegger）所谓的"操劳"或"烦乱"（sorge）这一概念，尽管在《存在与时间》（Being and Time）中，这一概念具有否定性的意味③。在这个意义上，关心某物就是对其表示担忧、焦虑，也就是说，作为关心对象的这一"自我/自己"（heautou）是担忧焦虑的来源。

另外，关心还是对自我保持警惕、警醒的一种形式，借此个人时刻对自己加以反思，只有经过自我反思与醒悟，才有能力关心他人。最为重要的是，"epimēleia"包含一系列的行为、实践及技术，换言

---

① Michel Foucault, *Le Gouvernement de Soi et des Autres. Cours au Collège de France 1982 - 1983*, Paris: Gallimard/Seuil, 2008, pp. 4 - 5.

② Michel Foucault, *The Hermeneutics of the Subject: Lectures at Collège de France 1981 - 1982*, trans. Graham Burchell, New York: Palgrave Macmillan, 2005, p. 8.

③ 韩潮：《Epimeleia、cura、Sorge——海德格尔"操劳"概念源流考释》，载孙向晨编《复旦哲学评论·第3辑》，上海人民出版社2006年版，第161—177页。

之，"关心"并不能简化为一种静止状态——不管是一种情感状态还是一种理智态度，它是一种具体行为。为了强调这一点，福柯考察了"epimēleia"一词的原初指涉：这一词语最初指的是身体活动而非理智或情感状态，"在词源学上可以追溯到一系列的词汇，譬如 meletan、meletē、meletai，等等……Meletai 是指各种操练：体育练习、军队操练、军事训练。Epimeleisthai 不只是指一种精神状态，更多关涉的是一种行为方式，一种连续的、实用的、有序的警惕行为"①。

因此，福柯认为，"关心"（epimēleia）不仅仅是一种态度、一种对某物的认知或情感关联，它更多关涉的是或警惕、或培养、或保护、或提高等行为活动或实践操练。这些实践在前苏格拉底时期就已普遍存在，只是在柏拉图的《阿尔喀比亚德篇》（*Alcibiades*）中得到了系统的理论表述。对此，福柯列举了前苏格拉底时期与"epimēleia"有关的几类实践操练：首先是各种"净化仪式"（rites of purification），是为了使人在神谕或梦中能与诸神进行接触所做的必要准备；其次是各类"专注于灵魂"或"聚精会神"（concentrating the soul）的技术，这意味着巩固自己的灵魂、焕发生命的活力、增强生活的动力，防止人的灵魂在生活的烦乱中堕入罪恶的深渊，或防止"pneuma"（元气、精神）在人死后烟消云散；再次是一种"退隐"（retraite）的技术，这是一种人暂时脱离现实的方式，并不仅仅是指身体物理位置的变化，而是指从精神心理上将自己与现时境况脱离开来，不为身边发生的一切所动；最后还包括各种忍耐实践，它要求人能够承受各种艰难困苦的考验，克服对于痛苦的恐惧，抵制各种快感的诱惑。福柯认为围绕"关心自己"这一概念所阐发的各种实践形式一直延续到早期基督教世界，在整个古代文明中，"epimēleia"都意味着"一种为了通达真理而必须采用的自我修行技术"②。

由此看来，"epimēleia"远远不只是一种"认识"（savior）行为

---

① Michel Foucault, *The Hermeneutics of the Subject*: *Lectures at Collège de France 1981 – 1982*, trans. Graham Burchell, New York: Palgrave Macmillan, 2005, p. 84.

② Michel Foucault, *The Hermeneutics of the Subject*: *Lectures at Collège de France 1981 – 1982*, trans. Graham Burchell, New York: Palgrave Macmillan, 2005, p. 85.

或态度，亦不仅仅是一种情感状态，它关涉的也主要不是某种知识（connaissance）形式，并非首先是为了获取客观性知识。关注或关心首先主要是一个有关操练、有关"修行"（askēsis）的问题，它超出了理论知识或"学识"（mathēsis）的范围。"关心自己"是一种思维的操练实践而非仅仅是对某一事物的客观认识行为①。对此，福柯重点考察了古代世界中有关"epimēleia"的几组语言表达，从中可以看出"epimēleia"与"学识"（mathēsis）或知识认知（savior/connaissance）的区别：首先是关于"转向"（convertere）这一语言表达，这是指借助"epimēleia"这一思考活动使自己转向真理并获得拯救或自我保存；其次，作为思考行为的关注经常被描述为一种"退隐"，或与自身所处的烦乱世界暂时脱离，从而反观自身、使自己获得改观；再次，还有"关心"实践的医学、司法和宗教式的隐喻描述，在此，"epimēleia"作为一种思考行为是一种治疗性实践，一种法律的运用，或者一种卓越性的体验，在这每一种情况下，思考行为都不是为了认识自我，更多的是为了治愈、告诫、回报、解放或释放自我；最后，还有一种表达方式，将"关心"与自我控制、自我主宰以及自我愉悦紧密结合起来——"epimēleia"是可以带来快感或愉悦的思考行为。②

由是观之，不管是表现为身体训练的形式还是思想操练的形式，在"epimēleia"中，一个人要进行各种修行操练，目的是培养自我与自我之间的一种深思熟虑的关系，"这一点极为重要：你与自身应该保持的那种关系，即自我关系（rapport a soi），我称之为（自我）伦理学，它决定了个人应该如何把自己建构成为自身行动的道德主体"③。

---

① Michel Foucault, *The Hermeneutics of the Subject*: *Lectures at Collège de France 1981–1982*, trans. Graham Burchell, New York: Palgrave Macmillan, 2005, p. 85.

② 参见［法］米歇尔·福柯《主体解释学》，佘碧平译，上海人民出版社2010年版，第68页。

③ ［法］米歇尔·福柯著，汪民安主编：《福柯读本》，北京大学出版社2010年版，第306页。

第二节 "关心自己"与"认识自己"

那么，接下来的问题就是：需要加以关心的这个"自我"或"自己"（heautou）是什么呢？个人体验或经验中的哪一部分可以作为需要加以关心的对象呢？福柯认为正是在这一点上，"认识自我"这一原则得以凸显。

为了恰当地关心自己，一个人必须要认识自己，最起码要对需要关心照料的对象有明确的意识。福柯认为，在苏格拉底之前，"认识自己"这一观念始终是针对某一特定情境提出有价值的实用建议的问题，而非一种关于生活的抽象理念。福柯指出，德尔斐神庙中的"认识你自己"这一箴言被希腊人理解为对自己有用的技术性建议，譬如"别以为你自己是神"，或"当你寻求神谕，要注意你究竟问的是什么"。① 它并非指涉一种普遍生活原则，而是一种具体建议或指导，让人们明白怎样恰当地利用神谕，但在这一神谕被付诸实践之前，人们必须充分地反思自己、认识自我。

在《性史》第二卷《快感的享用》及第三卷《自我的关注》中，福柯就另一个不同的实践领域加以探讨，试图表明对希腊人而言"（性）快感"（aphrodisia）是如何成为一个道德问题的②。在这一实践领域中，伦理学的首要任务就是对自己加以关注。在此，一个人就需要对如何恰当控制及运用（khrēsis）快感采取鲜明的态度。希腊人并没有从欲望本质这一层面来理解"性"（sexuality）及其道德蕴含——并没有将主体或自我—实质作为自己思想、情感和行为的基础。"关于对自我的体验不是去发掘藏匿于自我深处的某种真相，而是去尝试在现有的自由之中，哪些事可以做，哪些事

---

① Michel Foucault, *The Essential Works of Foucault, 1954–1984, Vol. 1, Ethics: Subjectivity and Truth*, ed., Paul Rabinow, New York: The New Press, 1997, p. 226.

② Michel Foucault, *Histoire de la Secualité Vol. 2 L'Usage des Plaisirs*, Paris: Gallimard, 1984, pp. 50–85.

不可以做。"①

对希腊人而言,"快感"(性是其中之一)的范围非常广泛,包括各种各样可能的行为及快感,这些行为及快感趋向于过度,有可能使主体成为自己快感的"奴隶"从而失去自由。性伦理就是有关在自我关系中如何恰当使用快感的问题,是个人实行自我控制从而达至自由的一种劳作和修行。这种自由体现为过一种适度的生活,体现为对自己快感的掌控与管理。一个人只有掌控自己、对自己加以治理,才能掌控并治理他人。通过对自我的掌控,即对自己快感的控制,一个人才有能力去治理他人,才能致力于政治生活。政治学、爱欲论、家政学、养生法都是自我修行或自我实践的具体领域②:正是围绕着在这些领域中有可能获得的成功和出现的错误,人们为了控制自我所采取的技术与战术,由此获得的回报,等等,人们才能认识到自己的真相,从而将自己塑造为一种像艺术品般的美的存在。

通过考察,福柯认为,对古代人来说,对自我的认识是通过具体的实践而非理论静思的方式得来的,根本不存在一种关于自我的普遍本体论,也不存在一种主体的形而上学理论。自我知识并不是一种普遍的、自主的知识形式,对认识自己的探求与阐释内在于对自己加以关心的各种态度、关注实践及自我技术之中。也就是说,"认识自己"或"关于自我的知识"是围绕"epimēleia"(关心)所展开的具体任务来加以界定的。因此,认识自己的实践以及作为认知对象的这一"自我"(heautou)并不是一成不变的,而是随着关心自己模式的变化而变化,因为只有在关心自己的范围内才有可能对自我加以认识。福柯说道:

> 在关心自己的历史中,认识自己(gnōthiseauton)不是一成不变的,不是只有一种方式或功能。因此,认识自己所展现的知识

---

① [法]米歇尔·福柯著,汪民安主编:《福柯读本》,北京大学出版社2010年版,第317页。
② Michel Foucault, *Histoire de la Secualité Vol. 3. Le Souci de soi*, Paris: Gallimard, 1984, p. 97.

内容也不会在任何时候都是相同的。这就是说，需要加以探索的各种知识形式本身也不是相同的。这也意味着，由对自己加以反思所构成的主体本身，不管是适合于哪一种关注样式，也是会改变的。①

每一种"关心自己"的具体实践形式或技术都需要某种特定的"反思方式"，也就是说，需要考虑与自我之间的关系。这一反思方式本身将决定主体是如何将自身阐释为认知客体、如何获得关于"自我"之真相的。鉴于此，福柯进而分析"各种反思形式及支撑这些反思形式的自我实践（修行、工夫）史，以便使'认识你自己'这一古老传统原则重获它的意义——它的可变的、历史的、绝非普遍的意义"②。

人们所做的并不仅仅是简单地对自己进行静止的"凝神沉思"，而是说，自我认识始终是一种行为实践。一个人正是通过运用各种自我质询、自我阐释的技术才使自己变得可见，才使自己对自我有所了解。人们观看自我的方式传达了与自我之间的关系；一个人被认知的方式依赖于他如何观看自己，依赖于他采用何种技术使自己向自身显现。另外，人的"自我"并不仅仅是在他凝神观看之前就存在的一个客观对象，同时也显现于对自己加以凝神观照、仔细考察的行为之中。换言之，人们不能只是试图构思阐明一种关于主体或关于自我的客观理论知识，这样一来，人们有可能毫不质疑地认可一种特定类型的自我反思形式，并且根据这一普遍认可的反思方式推导出关于主体的"客观"知识。相反，我们应该探索自我意识或自我认知的不同方式，考察"认识"自我的各种不同实践类型。但要做到这一点就需要我们在关心自己的概念框架之下重新思考各类反思形式，这样或多或少会促使我们去认识自我，致力于自我知识的探求。最后，我们要能够在

---

① Michel Foucault, *The Hermeneutics of the Subject*: *Lectures at Collège de France 1981–1982*, trans. Graham Burchell, New York: Palgrave Macmillan, 2005, p. 462.
② Michel Foucault, *The Hermeneutics of the Subject*: *Lectures at Collège de France 1981–1982*, trans. Graham Burchell, New York: Palgrave Macmillan, 2005, p. 463.

某个具体的"问题化"(Problematics)视域之内重新对关心自己进行考察,这促使我们梳理各种类型的关注实践。

福柯并不是试图建构一种普遍性的主体理论,也并非仅仅为了展示,在历史长河中,各种理论是如何试图建构关于主体的客观知识的。正如麦古欣(McGushin)令人信服地指出的,福柯是要分析对主体进行思考的各种具体方式,以及各种炮制自我知识的模式[①]。人们将这些思考主体的方式以及由此形成的自我知识看作历史上形成的主体性模式,并借此来言说关于他们自身的真理。

第三节 关心自己与主体性塑造

在1983年的法兰西学院课程演讲《对自我与他人的治理》中,福柯阐释了柏拉图是如何将"关心自己"看作对雅典民主话语衰落这一现象的一种应对的。柏拉图认为雅典政治话语之所以发生危机,是由于缺乏一种行之有效的主体性模式。[②] 福柯认为柏拉图将以苏格拉底为代表的"哲学直言"(parrēsia)看作一种自我反思模式,通过一种对自己加以关注的修行实践来认识自我并给出关于自我的知识。在苏格拉底—柏拉图的思想中,"关注"或"关心"主要作为一种主体性形式来发挥作用,这种关注实践完全可以担负起民主政治话语的任务。然而,这样一种崭新的直言式关系模式(哲学家与门徒之间的关系)及其蕴含的真理样式(由这一关系所形成的主体性类型)在塑造"政治"主体性的同时,拥有了另外一种新的价值和意义。在福柯看来,柏拉图的思想就是一个很好的例证,表明主体性历史中的各类转变是通过不断问题化质疑的方式所产生的。[③]

---

① Edward McGushin, *Foucault's Askēsis: An Introduction to the Philosophical Life*, Evanston: Northwestern University Press, 2007, pp. 35–36.

② 参见杜玉生《从权力技术到主体修行——福柯晚期思想中的伦理—诗学之维》,《外国文学》2016年第3期。

③ Michel Foucault, *Fearless Speech*, New York: Semiotext(e), 2001, pp. 171–173.

通过对《阿尔喀比亚德篇》的系统解读，福柯认为，柏拉图的思想开启了或是至少表明了主体性历史经历了两种发展：首先，"关心自己"与"生存的技艺"（technē tou biou）两者之间的关系经历了一种转变；其次，由于这一转变，"自我"（heautou）具有了新的重要意义，这一自我既是人们需要加以认识的道德义务，同时也成为认识的对象和知识的客体。①

关于第一点，福柯发现，在苏格拉底之前的希腊文化中，"关心自己"全神贯注于对"生存的技艺"的探讨：如果关心自己表明的是对自我关系的一种担忧并力图去加以维护的话，那么生存的技艺就是个体在特定的行为领域为了正确行事而运用的手段。希腊人既将自我看作各个具体行为领域需要"精心照料"（epimēleia）的对象，也将自我看作需要在实践中加以"认识"（connaissance）的客体，譬如性经验领域、健康领域、政治体验领域等。"生存的技艺"就是对这些行为剧场上演的一系列具体情景及引发的一系列问题加以具体应对。掌握了这些艺术或技艺，人们就能够使自己的存在显得更加高贵，就能够作为一个自由理性之人在各种生活实践领域中彰显自身的荣耀与辉光。譬如，掌握了政治的技艺，人们就能在政治活动中脱颖而出，修辞术即为这种政治技艺的典型。在苏格拉底思想中，关注自我是一种准备工作，借此人们可以与自己保持良好的沟通、建立与自我之间的适当关系。通过这种良好的自我关系，人们获得各种生活的艺术，才能理解它们的价值，并适当地加以运用。譬如，在爱的领域内对自我加以关注可以使人们恰当地控制自己的激情与快感，反过来，人们通过控制自己情感的具体行为建立起与自身之间的恰当关系。一旦这种关系得以确立，人们就能发现恰当的爱之技术，并将这种技术应用于自身以及周边世界：人们就能学会怎样去求爱，或是如何照料自己之所爱。一旦建立起与自身的良好关系，人们就能正确地认识到家庭内部的关系，并恰当地处理家政事务，就能处理好与朋友、与爱人以

---

① Michel Foucault, *The Hermeneutics of the Subject: Lectures at Collège de France 1981–1982*, trans. Graham Burchell, New York: Palgrave Macmillan, 2005, pp. 81–83.

及在政治领域中与其他人的关系。因此，自我关注是一种获取目的的手段——是在"幕后"进行的准备工作，为的是日后在家政或是城邦生活的舞台上展演一出卓荦不凡的生活艺术。

但是，在苏格拉底的形象中，福柯发现"关心自己"这一概念具有了一个新的强调点——围绕着关心自己，人们越来越强调"认识自己"的义务。这样一来，关注自我的实践就不再仅仅是达至目的的手段，譬如为了习得并恰当地实践各种生活的艺术。逐渐地，关心自己、建立并维持一种正确的自我关系，本身变成了一种目的。生活的艺术被纳入到这一对自我的关注之中，成为其不可或缺的一部分。人们展演各种生活技艺的目的是获得正确的自我关系，并将这种自我关系的永续长存作为生活的终极目标（telos）。苏格拉底及柏拉图对"认识自我"的强调，以及"关心自己"与"生活技艺"两者之间关系的倒转，将有可能导致一种关于主体的普遍本体论，这成为柏拉图以后哲学史争论的焦点。

在古代世界，相比起"认识自我"，"关心自己"这一观念以及"生存技艺"这一主题要更为根本，它们在整个文化中都是显明之事，同时也是哲学反思的重要主题。柏拉图的思想本身就是在由"关心自己"所界定的视域内展开的，尽管柏拉图哲学在"关心自己"的实践中给予"认识自我"这一主题以重要意义。但是，在福柯看来，认识自我——既是认识关于自我的真相，也是认识关于主体与真理之关系——并不能简单地从现代认识论层面加以阐释。认识自我不是一种客观化的认知模式，自我知识也不是一种客观知识，福柯认为要理解古代哲学及其真理蕴含，就必须从"关心自己"的层面出发，进一步探究主体性与真理之间的关系问题。

第四节 真理主体化的"精神性"哲学传统

福柯认为，自我知识来源于"关心自己"的具体实践，与现代认识论毫无关涉，也不表现为一种主体理论形式或一种有关主体的普遍本体论。在对自我的关注实践中，主体与真理之间的关系问题不能以如下形式提出：主体是如何能够或拥有何种能力认识真理的（自我的真相是其中之一）？"关心自己"中所蕴含的主体与真理之关系必须在他所称的"精神性"（spirituality）这一经验领域中加以考察。福柯将"精神性"定义为：

> 为了达至真理所经历的必要的转变……是一整套的探究、实践与试验，诸如净化、禁欲苦行、弃绝、目不斜视、改变生存等，这些都是为了通达真理而需要付出的代价，当然不是为了获取知识，而是为了主体以及主体的存在。[①]

根据这一定义，"精神性"首先是一种"关心自己"所采取的哲学思维方式。如果自我关注是一种自我塑造的实践，人们借此赋予自己的存在以特定风格，那么"精神性"就是使人们以必要的方式发生转变从而达至真理的"关心自己"的具体实践。"精神性"中所蕴含的真理不是某一个确定真理，并不涉及正误判断、明辨是非或区分善恶等意义；这样的真理并不是有关某一认识对象的客观真理，并不是笛卡尔意义上纯粹认识论范围内的真理，而是主体对自身下工夫的真理，这关涉到主体及其存在。达至真理，就是"达至存在本身"[②]。

"精神性"也是一种体验主体与真理（或存在）两者之间关系的独特方式。福柯勾勒了主体与真理之间精神性关系的三种特征。首先：

> 精神性要求真理是绝不能不偏不倚地被给予一个法定主体的。精神性主张这样的主体没有权利也没有能力达至真理，同时认为真理不是通过一次简单的认知活动（connaissance）就给予主体的，也不能仅仅由于他是主体或他具有这样或那样的主体性结构，

---

① Michel Foucault, *The Hermeneutics of the Subject: Lectures at Collège de France 1981–1982*, trans. Graham Burchell, New York: Palgrave Macmillan, 2005, p. 15.

② Michel Foucault, *The Hermeneutics of the Subject: Lectures at Collège de France 1981–1982*, trans. Graham Burchell, New York: Palgrave Macmillan, 2005, p. 191.

这一认知活动就被认为是根本的或是合理的。①

由是观之,主体并不是先天就拥有获取真理(存在)的"权利"和"能力",因此,真理并不能通过一次简单的"认知活动"来获取。主体在能够领会外在事物或其自身真相之前,必须要改变自己的主体"存在方式","(精神性)要求,为了达至真理,主体必须要改变自己、转变自己、置换自己,并且在一定程度上与自己有所不同。真理只有以充分地调动起主体本身的存在、置主体的存在于互动之中为代价才能给予主体"②。主体必须要转变自己的存在方式,对自身展开思考,从而改变它使事物展现在面前的方式。在柏拉图看来,这样的转变要通过思想的操练才能产生,在《阿尔喀比亚德篇》中,这一点尤为明显。福柯认为,在这篇对话中,认识自我的实践将一个人转变为有能力治理城邦的主体。一言以蔽之,"精神性"需要一系列借助自我技术来"关心自己"从而转变自己的具体实践,这与现代意义上的认知(connaissance)活动无关。

其次,"精神性"的第二个要素是:"没有主体的转向(conversion)或主体的改变(transformation),就不可能存在真理。"③ 真理需要主体转变及转向自身,这是一种对自我的关注,是为了使主体发生转变而进行的精神操练实践。转变能够使主体达至真理,因为它使主体的存在方式发生改变,从而能够使事物以本来面貌呈现在主体面前。福柯界定了两种主要的转变方式:

> 这种转变可以通过让主体脱离它的当前状态和实际处境的运动(主体本身的上升运动;或是相反,真理降临它身上并使它豁

---

① Michel Foucault, *The Hermeneutics of the Subject: Lectures at Collège de France 1981–1982*, trans. Graham Burchell, New York: Palgrave Macmillan, 2005, p.15.

② Michel Foucault, *The Hermeneutics of the Subject: Lectures at Collège de France 1981–1982*, trans. Graham Burchell, New York: Palgrave Macmillan, 2005, p.15.

③ Michel Foucault, *The Hermeneutics of the Subject: Lectures at Collège de France 1981–1982*, trans. Graham Burchell, New York: Palgrave Macmillan, 2005, p.15.

然开朗的运动）来实现。我们大致根据这一运动所具有的意义将其称作：爱（erōs）的运动。然后，为了达至真理，主体能够和必须用来改变自己的另一种主要方式就是：劳作（work）。这是自我对自身的劳作，是自我对自身的精心炮制，是自我对自己的循序渐进的改变，人们在长期的苦行劳作中对自己负责，这是一种修行（askēsis）。我认为"爱"与"修行"是人们在西方精神性中用来理解主体为了最终成为能够获得真理的主体而必须有所改变的样式的两个主要方式。①

福柯强调，通达真理所需的自我改变并不是"个体的转变，而是主体之所以成为主体的'存在'（being）之转变"②。福柯在主体的"存在"（主体性）和"个体及其具体生存/生活"之间做了明确区分。福柯在对《阿尔喀比亚德篇》的解读中对主体的"存在（结构）"或作为主体的"存在模式"进行了详尽阐释：人们改变他们的实际生存方式——饮食、衣着、离家独居等，但这可能不会影响他作为主体的"存在"；然而，人们是否有可能不用改变自己的"实际生活状态"就能够使自己作为主体的"存在方式"发生转变呢？对于这一问题的探讨是福柯1984年法兰西学院课程演讲《真理的勇气》（*Le Courage de la vérité*）的重要主题之一，即对"作为生活方式的哲学"（bios philosophicos）这一概念的探讨：哲学生活作为一种"真的生活"（alēthēs bios）不同于日常的、流俗的生活方式。③ 福柯认为，在西方古代"精神性"哲学中，"爱"与"修行"是促使主体发生改变并达至真理"存在"的两种主要转变模式：《阿尔喀比亚德篇》中，爱（灵魂）促使主体发生改变；在《拉凯斯篇》（*Laches*）中，对个人生存模式或生

---

① Michel Foucault, *The Hermeneutics of the Subject*: *Lectures at Collège de France 1981–1982*, trans. Graham Burchell, New York: Palgrave Macmillan, 2005, pp. 15–16.

② Michel Foucault, *The Hermeneutics of the Subject*: *Lectures at Collège de France 1981–1982*, trans. Graham Burchell, New York: Palgrave Macmillan, 2005, p. 16.

③ Michel Foucault, *Le Courage de la vérité. Le Gouvernement de soi et des autres II. Cours au Collège de France 1984*. Paris: Gallimard/Seuil, 2009, pp. 218–220.

活方式的检验（épreuve）与修行（askēsis）使人们达至真理。

最后，精神性的第三个特征是，一旦通达真理的通道被打开，真理会对主体产生"返身效应"（de retour/rebound）。福柯阐释道，对于精神性体验来说，真理"是让主体澄明的东西；真理赋予主体以至福；真理赋予主体以灵魂的安宁"①。主体只有通过自身的转变才能通达真理；但是，这里的真理并不属于"命题"或知识真理，并不是有关真假正误的判断，而是被体验为一股拯救（salvation）之力，"它会使主体达至自身存在的完满状态"②。对古代哲学来说，主体在通达真理的路途中，必须要借助艰苦的自我修行及对灵魂的爱来改变自己、修缮自己；在这一通达真理的精神操练过程中，真理也会在主体身上发生效应，使主体发生转变，从而澄明自己、拯救自己并完善自己，使自己的存在达至完满。诚如尼采呼吁的，人们在"成为自己、成其所是"的过程中要将"精神之弓拉得圆满"③。

我们现代人很难领会古代哲学的这一"精神性"层面，也很难理解将真理（或获取真理的过程）体验认知为一种"关心自己"的精神性实践究竟意味着什么。因为通过一次历史事件，"认识自己"开始显得更为重要，从而遮蔽了"关心自己"这一主题。对"现代性"来说——根据福柯的观点，这也是现代性最为典型的特征——"认识"被认为是"对某一客体对象领域的认识"④。知识意味着客观性真理。为了获取客体对象的知识，为了客观地认识自己，人们必须要借助正确的思考方法、逻辑、分析、明证等。人们不再将认识活动看作一种精神劳作，看作为了通达真理所进行的必要的自我操练与功夫修行，而这不仅需要方法与"明证"，更需要自我的转变；人们不再将真理体

---

① Michel Foucault, *The Hermeneutics of the Subject: Lectures at Collège de France 1981 – 1982*, trans. Graham Burchell, New York: Palgrave Macmillan, 2005, p. 16.

② Michel Foucault, *The Hermeneutics of the Subject: Lectures at Collège de France 1981 – 1982*, trans. Graham Burchell, New York: Palgrave Macmillan, 2005, p. 16.

③ ［德］弗里德里希·尼采：《超善恶：未来哲学序曲》，张念东等译，中央编译出版社2000年版，第3页。

④ Michel Foucault, *The Hermeneutics of the Subject: Lectures at Collège de France 1981 – 1982*, trans. Graham Burchell, New York: Palgrave Macmillan, 2005, p. 191.

验认知为主体存在的完满状态，这样的主体受到真理的惠赐而显得更为澄明。福柯认为笛卡尔是导致这种所谓"现代性缺陷"的罪魁祸首。福柯将"精神性"模式向知识客观性模式的这一转向称为笛卡尔时刻（Cartesian moment）。自笛卡尔开始，古代哲学凸显"关心自己"（epimēleia heautou）的"精神性"（spirituality）模式转变为彰显"认识自己"（gnōthi seauton）的"知识认知"（connaissance）模式。因此，现代哲学在主体与真理的关系问题上是一种"去精神化"的哲学模式，其中，主体主要是通过知识模式来认知真理，而与自我转变和修行操练无关，方法与明证可以确保主体通达真理。

但是，福柯很谨慎地指出，笛卡尔本人并没有在现代笛卡尔主义层面上来探讨主体与真理的关系问题，他本人的哲学实践仍然属于古代哲学自我实践这一"精神性"传统，只不过由他的作品所开启的现代哲学背离了这一传统，"我们不能忘了笛卡尔曾经写过《沉思录》——而沉思录就是自我实践。但是笛卡尔的作品值得注意的是，他成功地用作为知识实践创建者的主体代替了通过自我实践建构的主体"①。正如福柯传记作者詹姆斯·米勒（James Miller）指出的，笛卡尔是古代哲学与现代哲学的过渡人物，在其《谈谈方法》（*Discours de la Méthode*）的自传性段落中，哲学仍被视为一种有固定行为模式的精神修行；但笛卡尔为一种全然不同的哲学方法奠定了基础，这种方法最大限度地独立于研究者的精神特质或生活实践，专注于对世界本来面貌的客观认知。② 因此，笛卡尔之后的哲学主流越来越重视客观阐释的研究形式，越发重视方法明证和逻辑分析，譬如，维特根斯坦（Wittgenstein）在《逻辑哲学论》（*Tractatus Logico-Philosophicus*）中，利用现代符号逻辑，试图以一组基本命题来表现一切发生的事实。

福柯对整个古代哲学的研究正是为了重新凸显哲学实践的"精神

---

① ［法］米歇尔·福柯著，汪民安主编：《福柯读本》，北京大学出版社2010年版，第319页。
② 参见［美］詹姆斯·米勒《思想者心灵简史：从苏格拉底到尼采》，李婷婷译，新华出版社2015年版，第192—193页。

性"这一面向,这样可以使现代人重新反思与自我之间的关系问题,目的是形成一种自我治理的技艺,塑造一种精神品性(ethos)和风格化存在,培养一种深思熟虑的不盲目服从的生活艺术——即"生存美学",以此来应对当前社会权力—知识关系对现代人主体性的钳制。正是在这一点上,福柯宣称:"如果只能在与自我的关系中才能抵制政治权力,那么建立一种自我伦理(关于自我的伦理学)也许是一种紧迫的、根本的和在政治上不可或缺的任务。"[①]

---

① Michel Foucault, *The Hermeneutics of the Subject: Lectures at Collège de France 1981–1982*, trans. Graham Burchell, New York: Palgrave Macmillan, 2005, p. 251.

第 三 章
哲学直言与关心自己:福柯对苏格拉底—柏拉图的读解

> 柏拉图问一个正在听他的美德课的老人:"你最后什么时候开始有德行的生活?"重要的不是冥思苦想;我们最终必须考虑实际的行动。但是,在今天,谁用与自己教导东西相一致的方式去生活,谁就会被看作是做梦者。
>
> ——康德①

本章将要考察福柯对四篇柏拉图文本的读解:《书信七》(*Seventh Letter*)、《申辩篇》(*Apology*)、《阿尔喀比亚德篇》(*Alcibiades*)及《拉凯斯篇》(*Laches*)。②福柯的读解表明,苏格拉底—柏拉图哲学是

---

① 转引自[法]皮埃尔·阿多《古代哲学的智慧》,张宪译,上海译文出版社2012年版,第290页。

② 福柯对柏拉图的其他作品也进行了大量解读:在1983年年度法兰西学院课程演讲的最后一次讲座中,福柯详细读解了《高尔吉亚篇》(*Gorgias*)及《斐德罗篇》(*Phaedrus*),揭示了苏格拉底对话中的"直言"问题。同时,在本年度的课程中,福柯也偶尔提及《法律篇》(*Laws*),并对柏拉图其他书信加以读解。但是,福柯从1982年直到1984年最后一次讲座中,重点围绕《书信七》、《申辩篇》、《阿尔西比亚德篇》及《拉凯斯篇》对苏格拉底—柏拉图思想及其开创的哲学传统加以阐释,其他文本只是作为补偿性参考文献。在《书信七》及《申辩篇》中,福柯重点考察了苏格拉底—柏拉图思想产生的政治语境;在《阿尔喀比亚德篇》及《拉凯斯篇》中,福柯详细阐释了"直言"与"关心自己"是如何在苏格拉底身上得以彰显的,同时福柯认为这两篇文本分别开创了两种不同的西方哲学传统。

对民主制危机及民主"政治直言"衰落的一种反应与应对。福柯明确阐释道，在苏格拉底和柏拉图的思想中，直言从政治领域转移到伦理领域，福柯称苏格拉底为"伦理直言者"或"哲学直言者"，并将伦理或哲学直言作为"关心自己"（epimēleia heautou）的哲学"精神性"的一个要素。这种"关心自己"的实践将作为一种准备工作以及一种与他人之间持续的伦理关系发挥作用，其目的是塑造有能力争取自由与通达真理的政治主体。

苏格拉底式"直言"作为一种言说真理的伦理实践并不仅仅体现为一种崭新的真理话语形式以及由之产生的新的主体性模式，它同时会产生出一系列的技术和范畴，其目的是在话语中使主体得以客体化，生产出关于自我的知识。它将运用各种手段来引导一个人的注意力转向"自我"（self），这一"自我"以灵魂［psychē］和生存［bios］的形式在苏格拉底—柏拉图的哲学中得到详尽的阐释。这种借助"伦理直言"及"关心自己"所展开的主体化实践是一种自由实践。

福柯认为，苏格拉底和柏拉图所开创的哲学生活及哲学话语是为了对民主制陷入危机时的政治伦理主体进行"解主体化"。他们力图将主体从其以"忽视自我"为特征的自身关系中分离出来，将主体从它已被纳入的各种控制形式中解脱出来，而主体正是由于"公共意见"的操作以及修辞话语的泛滥陷入各种控制之中。福柯认为，对苏格拉底和柏拉图来说，个体如若想成为合格的政治主体，就必须首先检测自己的生存模式，将自己的生活（bios）置于各种检验之下，同时对自己的灵魂（psychē）状况进行检查：努力地通过自我审查的技术（有关于灵魂的"本体论"）及深思熟虑的日常生活实践（有关于"生存的检验"）使个人发生转变。哲学家将伦理直言当作是自己的一项重任，他们也正是通过敦促他人对自我加以关注这一任务而界定了自身的哲学主体性，确保了讲真话及言说真理的自由。①

---

① Edward McGushin, *Foucault's Askēsis: An Introduction to the Philosophical Life*, Evanston: Northwestern University Press, 2007, p. 44.

第一节　说真话者苏格拉底：福柯对《申辩篇》的读解与阐发

福柯在 1982—1984 年法兰西学院课程演讲中围绕着"直言"和"关心自己"这两个概念对苏格拉底的哲人形象进行了详细的另类解读。福柯将《申辩篇》（Apology）中苏格拉底在法庭之上的言说话语描述为一种典型的"哲学直言"（philosophical parrhēsia），并围绕着以下三个主题对之展开细致解读。第一，苏格拉底是如何将他的言说与原告的修辞相区分的，即哲学直言排斥修辞；第二，苏格拉底是如何实践一种外在但与政治相关的伦理直言的，即哲学直言相关于政制（politeia）；第三，苏格拉底是如何将直言界定为"关心自己"的实践的，即哲学直言操练于灵魂（psychē）与生活（bios）、爱慕于真理（alētheia）与品性（ēthos）。这三个主题相互缠绕、互相关联：为了反对蛰伏在政治领域、左右所有政治事务的修辞术，直言从政治领域转向"关心自己"的伦理领域。福柯阐明，这三个主题共同刻画了"苏格拉底作为'伦理直言者'的形象"。[①]

一　哲学直言排斥修辞

《申辩篇》中，苏格拉底一开始就以谴责的方式来为自己辩护，他指控他的诬告者犯下的一系列罪行——既危害到苏格拉底本人，也危害到法官与陪审人员。苏格拉底描述他们具有以下三个典型特征：说假话，具有煽动性，奸诈狡猾。他们谗邪奸佞、虚言妄语却极端具有说服力及煽动性，这说明原告的言论有巨大威力，但这种力量不是出自真理，而是另有来由。

[①] Michel Foucault, *The Courage of Truth: The Government of Self and Others* II. *Lectures at Collège de France 1983 – 1984*, trans. Graham Burchell, New York: Palgrave Macmillan, 2011, p. 85.

苏格拉底说道，他们是一些"技艺高超的言说者"①，他们言论的力量正在于他们说的话经过细致打磨，是"一组经过精心修饰的词句"②。他们如此具有蛊惑力，以至于苏格拉底本人也备受迷惑，苏格拉底这样说道，"他们能言善辩，几乎让我忘记自己是谁了"③。福柯认为这种使人"忘记自己是谁"的"修辞术"（rhetoric）正切中当时雅典民主制的要害——自我忘却及自我忽视是雅典政治生活产生危机的罪魁祸首，"修辞术集一切'诡计'（tekhnē）于一身，既发轫于人的自我忽视，同时也以强化人的自我忽视为鹄的"④。与此相反，"直言"作为一种直接的、毫无修饰的言说，可以使人回到自身、认识到真实的自我，并促使人们对这一真实自我加以关注，"如果言说技巧导致自我忘却，那么简洁朴实、毫无修饰、晓畅易懂、直截了当的言辞，也就是我们所谓的'直言'，则可以引领我们返回到真实的自己、认识到自我的真相"⑤。

苏格拉底认为，他的言说方式与他的控告者截然对立：他的控告者言辞华丽且蛊惑人心，苏格拉底则了无生气、嘴拙词穷；他们话语的效果来自于修辞术的威力，苏格拉底却只依靠真理的力量。他将自己描述为直截了当地说真话的人。为了阐明这一点，苏格拉底陈述说他从未在公民大会上进行过争辩，也从未在法庭上做过抗辩，因此他不知道如何来应对当前的境况。他就像是个"异邦人（xenos），言说一种他们并不熟悉的话语"⑥。福柯指出，苏格拉底的这一陈述是一种典型的抗辩策

---

① Plato, "Apology 17b", in Plato, *Complete Works*, ed., John M. Cooper, Indianapolis: Hackett Publishing Company, 1997, p. 18.
② Plato, "Apology 17b", in Plato, *Complete Works*, ed., John M. Cooper, Indianapolis: Hackett Publishing Company, 1997, p. 18.
③ Plato, "Apology 17b", in Plato, *Complete Works*, ed., John M. Cooper, Indianapolis: Hackett Publishing Company, 1997, p. 18.
④ Michel Foucault, *Fearless Speech*, New York: Semiotext(e), 2001, p. 21.
⑤ Michel Foucault, *The Courage of Truth: The Government of Self and Others II. Lectures at Collège de France 1983 – 1984*, trans. Graham Burchell, New York: Palgrave Macmillan, 2011, p. 75.
⑥ Michel Foucault, *The Government of Self and Others. Lectures at Collège de France 1982 – 1983*, trans. Graham Burchell, New York: Palgrave Macmillan, 2010, p. 312.

略。在古代法庭文献中将自己描述为一个语言不通、备感无助的"异邦人",因此没有能力花言巧语,只能粗拙地陈述真相,这是一种常见的修辞策略,"这一策略的目的是赢得陪审团的同情,同时掩饰自己的雄辩"①。这是一种稀松平常的修辞伎俩,对这样说话的人来说,我们很难称之为朴实无华、真诚坦率;任何人都有可能在这种情况下说这样的话。因此,表面上看,苏格拉底在《申辩篇》中一开始的自我陈述只不过是一种陈词滥调,并不能一目了然地显示出他话语的特征。

然而,福柯论证苏格拉底在此说的是真话,尽管苏格拉底一开始的法庭陈述是一种标准的修辞话语,但"他对这一话语的'使用方式'(khrēsis)却不一样"②。福柯所分析的"真理话语模式"(modality of veridiction)恰恰关涉语言的运用(usage),这一方面涉及言说者与他所言说的话语之间的关系,另一方面关涉聆听者与话语的关系。苏格拉底与他的控告者之间言谈方式的差别正是体现在他们各自的话语"运用"之中,体现在他们各自是如何利用话语来展示或隐藏真相、解放或控制聆听者、关心或忽视自身的。从何种角度来看,苏格拉底的声明看起来像是异邦者说的那样的真话,而不仅仅是一种法庭之上的陈词滥调或修辞伎俩呢?

做了这一声明之后,苏格拉底继续以一种对法庭来说相当陌生的方式进行言说。福柯认为接下来的话语才真正凸显了苏格拉底言说方式的"怪异性"或"异质性"(xenos)③。首先,苏格拉底表明他将以平时的说话方式来发言,就如他在集市上与朋友进行交谈一样自如坦诚,他的法庭陈词与他日常的言说方式并无二致。其次,他在法庭上说的话将是"直截了当、脱口而出"的,他"思想的走向将直接地、

---

① Michel Foucault, *The Government of Self and Others. Lectures at Collège de France 1982 – 1983*, trans. Graham Burchell, New York: Palgrave Macmillan, 2010, p. 312.

② Michel Foucault, *The Government of Self and Others. Lectures at Collège de France 1982 – 1983*, trans. Graham Burchell, New York: Palgrave Macmillan, 2010, p. 313.

③ Michel Foucault, *The Government of Self and Others. Lectures at Collège de France 1982 – 1983*, trans. Graham Burchell, New York: Palgrave Macmillan, 2010, p. 313.

毫无更正地转化为言辞形式"①。他的言辞之所以"直截了当",正在于他并不借助任何技术来重新组织自己的思维,在思想到言辞之间,并不存在任何的修辞技艺作为中介。最后,苏格拉底完全相信他所言说的就是事实真相,就是他的真实想法,苏格拉底在他自己与他的话语之间建立了一种契约,"我坚信,我承诺:我所说的一切都是确切的"②。总而言之,苏格拉底的话语模式在以下三个方面与他的控告者截然相反:这是他日常的说话方式,而非一种独特的说服艺术;这是他思想的直接表达,而非为了取悦听众的华美言辞;他坚信所说的是真理与正义,而他的控告者则谎话连篇。

以上三个特征不仅将苏格拉底的说话方式与控告者的修辞话语区别开来,并且正是这三点奠定了柏拉图-苏格拉底式哲学直言的真理基础。福柯认为这反映了"源初语言"或"本真语言"(logos etumos)这一整个古希腊哲学独特的语言观,即语言与真理原初关联:

> logos etumos 没有任何的修饰,不关涉任何的装置、组织和重组,是一种处于赤裸状态的语言,是最接近真理、最能清晰表达真理的语言。并且我认为这是哲学话语的最基本特征之一,你也可以说,是哲学话语区别于修辞话语的本然状态之一……哲学话语的本然状态就是"etumos",也就是赤裸、简单、纯粹,直接反映或紧紧跟随思想的运动……不假借任何的装饰、规则和技术。③

语言中的错误与虚谎皆由修辞技术所致,修辞术使话语与它们的原初真理相脱节。说真话即意味着放弃修辞而自然言说,但福柯认为

---

① Plato, "Apology 17c", in Plato, *Complete Works*, ed., John M. Cooper, Indianapolis: Hackett Publishing Company, 1997, p. 18.

② Plato, "Apology 17c", in Plato, *Complete Works*, ed., John M. Cooper, Indianapolis: Hackett Publishing Company, 1997, p. 18.

③ Michel Foucault, *The Government of Self and Others. Lectures at Collège de France 1982–1983*, trans. Graham Burchell, New York: Palgrave Macmillan, 2010, pp. 314–315.

这并不仅仅是选择一种话语风格的问题，它还关涉到一个人的生活方式。只有当一个人过着自然真实的生活，他才能够言说这种与真理原初关联的自然语言。吊诡的是，自然真实的生活，即"真正的生活"（alēthēs bios）或与真理共处的生活，并非触手可及、唾手可得。虚假欲望、浮夸关系、粗浅礼习的文化矫饰侵蚀着自然真实的生活，正如修辞技艺对语言的侵蚀。由此，为了过一种真实的生活，为了获得言说真理语言的权利与才能，一个人需要转变自己。只有通过关注自我、关心自己，只有借助一系列完成自我转向的个人操持，才有可能实现与真理的原初共在。这一主题在《书信七》（The Seventh Letter）中有明确阐释，在对《阿尔喀比亚德篇》（Alcibiades）及《拉凯斯篇》（Laches）的读解中，福柯对此也做了细致描述。苏格拉底能够言说真理，原因正在于他对自己加以关注，目的是敦促他人过一种真实的生活。因此，当苏格拉底问他的对话者"你是否正确地关注自己"的时候，其"重点在于提出生存风格、赋予自己生命那一种可见形式、及将自己生命形塑成艺术作品"①。

福柯认为，《申辩篇》中苏格拉底的话语是一种"直言"形式，因为他"言无不尽"，尽管认识到这样的言说极端危险，但他还是坚持说出他认为是真理的话语。另外，苏格拉底清醒地认识到他的说话方式并不受欢迎，也毫无说服力——他并不想要为了取悦陪审团而言不由衷，说一些他人想听到的话语。相反，控告者的话语借助对语言的技术操控取悦聆听者，成功地说服他们，从而使聆听者认为他们言说的即为真实，通过这样的方式，控告者控制并引导陪审团的行为与决策。由此，控告者运用语言技术导致了苏格拉底的有罪判决。苏格拉底的目的并不在于蛊惑听众做出某一种裁决，而是向听众展示他自身所坚信之事，即是说，展示他自身之所是，这是一种与修辞术截然对立的哲学话语——"与修辞语言截然不同，界定哲学话语本然状态的是它与言说主体之间的关系，而非与聆听个

---

① ［法］弗雷德里克·格霍：《福柯考》，何乏笔等译，华东师范大学出版社2017年版，第179页。

体之间的关系。这是在苏格拉底的申辩中得出的对哲学直言的第一种思考"①。

二 哲学直言疏离政治

福柯对《申辩篇》的阐释试图让我们注意的第二个方面是苏格拉底独特的政治抉择，即他"为何不作为一名'政治直言者'直接介入城邦政治"②。

苏格拉底说道，他走来走去就像"父亲或兄长"那样关心城邦每个人，建议他们去认识自己、去对自己加以关注。他接着说："有人可能会感到奇怪，为什么我到处提供这样的建议，忙于民众私事，而从来不愿在公共场合公开地就国家大事向你们提出建议？"③ 福柯将苏格拉底的这一陈述看作对民主制场景的明显指涉。在这样的场景下，一个人在公民大会上言说自己知道的真相，以此来引导他人与城邦。苏格拉底宣称他言说的是关涉每个人最好生活的真理，关涉每个公民及整个城邦的公共福祉，按道理他原本应该参与公民大会或议事会议，走向公众，担负起"政治直言者（parrhēsiast politician）的角色"④。但苏格拉底却明确拒绝参与到"民主直言"游戏中，拒绝将自身塑造为"政治直言者"，原因何在？

苏格拉底继而解释道，他的守护神（daimōn）阻止他直接介入政治生活，不要在政治场景中直接言说真理。因为在当时的情况下，任何人试图在公民大会上说真话都可能会导致死亡，正如苏格拉底

---

① Michel Foucault, *The Government of Self and Others. Lectures at Collège de France 1982 – 1983*, trans. Graham Burchell, New York: Palgrave Macmillan, 2010, p. 315.

② Michel Foucault, *The Courage of Truth: The Government of Self and Others II. Lectures at Collège de France 1983 – 1984*, trans. Graham Burchell, New York: Palgrave Macmillan, 2011, p. 75.

③ Plato, "Apology 31b – c", in Plato, *Complete Works*, ed., John M. Cooper, Indianapolis: Hackett Publishing Company, 1997, pp. 28 – 29.

④ Michel Foucault, *The Courage of Truth: The Government of Self and Others II. Lectures at Collège de France 1983 – 1984*, trans. Graham Burchell, New York: Palgrave Macmillan, 2011, p. 76.

所言：

> 如果我很久以前就去搞政治，那我一定老早就送命了……请别因为我说了真话就感到自己受了冒犯。凡是凭良心反对你们，或者反对任何别的有组织的民主制的人，公开阻止他的国家犯下重大错误和做不法之事的人，都不可能保全性命。正义的真正斗士，如果要想活下来，哪怕是很短暂的时间，也一定要把自己限制在私人生活中，远离政治。①

福柯将之视为对当时民主制"直言"衰落的明确指涉。在当时的情形下，直言并不能发挥其功能，并不能通过言说关涉善好的真实话语来引导城邦的公共福祉，公民大会之上，人们不再聆听和接受真相。尽管苏格拉底拒绝参与到"政治直言"游戏之中，但却有两次分别在民主政制和"三十寡头政制"的情况下涉足过政治事宜。其中，他都明确反对大众权威，认为大多数人并不能公正地采取行动。苏格拉底以法律为准绳，以此对抗大众意见。为了避免犯下不公正的过错，他甚至甘愿冒生命之危险："我必须站在法律和正义一边面对可能的危险，而不能由于害怕监禁与死亡与你们同流合污。"②

但这两次政治介入，他都非自愿，并非为了引导他人、展现自己的卓荦不凡而对政治事宜加以评点。事实上，苏格拉底是被迫卷入政治游戏，不得不在当时的政治结构和功能之中表明自己的立场，建构自己的政治主体性的，这绝不是为了争夺权力而自愿地扮演直言者的角色。在此情景下，苏格拉底通过拒斥非本真及不正义的政治行为，塑造了作为"直言者"的主体性，展现自己的自由及勇气："我以自己的行为而非话语表明我一点都不在意死亡（请大家注意'在意/关心'[melei]一词，以后我们会经常遇到它——福柯注），而是希望不要做任何非正

---

① Plato, "Apology 31d-32a", in Plato, *Complete Works*, ed., John M. Cooper, Indianapolis: Hackett Publishing Company, 1997, p.29.

② Plato, "Apology 32c", in Plato, *Complete Works*, ed., John M. Cooper, Indianapolis: Hackett Publishing Company, 1997, p.29.

义和邪恶的事,这才是我最在意的事情(toutou de to pan melei)。"①

苏格拉底为何冒生命危险拒斥非正义的政治行为呢?福柯认为这里关涉到"关心自己"(epimēleia heautōn)这一古代哲学精神性问题,"正是由于关心自己,对自己加以关注,对自我之所是加以操持,他才会拒绝任何非正义的行为"②。雅典人非常看重公民大会这一政治场景,因为正是在这一政治舞台上,他们勇敢地参与到争夺权力与真理的斗争之中;而苏格拉底却将之看作一种障碍,不能使自己体验到应有的自由与该负的责任。苏格拉底是在另一情景下践行真理话语的言说。他宁愿将生命置于危险之中,也不愿与"随便什么人"同流合污制定政治决策,使自己的政治及伦理自我像"他们"那般得以塑造并受到钳制。正是通过这一死亡游戏,甘愿冒死亡的危险,苏格拉底将自己的生活与存在展现为一种对自我的操持与试炼,体现了自身的自由。换言之,苏格拉底坚持认为自己不能随意地参与到公民大会,加入民众的行列,冒扭曲真相的危险去领导他人。在当时的情境下,对他而言,"关注城邦"并不能成就他一生吁求的自由与勇气。相反,出于关心自己的缘故,他力图避开以上政治场景,在其他领域追求真理,上演一出关涉他自身的真理戏剧。他两次冒生命危险所进行的政治抵抗,目的是不要丧失自我、忘却自己,力图避免被千人一面的非差异性结构所捕获,沦落到一般"民众"的境地。

由此看来,守护神警告苏格拉底远离政治,是为了赋予他另一项任务:关心他自己,并使用一种与陷入危机的民主制"政治直言"迥异的话语形式来关心其他人。因此,尽管苏格拉底并不惧怕死亡,但也要竭力避免死亡,因为"如果死了,他就不可能再……对自己、对

---

① Michel Foucault, *The Courage of Truth*: *The Government of Self and Others* II. *Lectures at Collège de France 1983 – 1984*, trans. Graham Burchell, New York: Palgrave Macmillan, 2011, p. 78.

② Michel Foucault, *The Courage of Truth*: *The Government of Self and Others* II. *Lectures at Collège de France 1983 – 1984*, trans. Graham Burchell, New York: Palgrave Macmillan, 2011, p. 79.

整个雅典人发挥作用,这对他自己及雅典人都没有好处"①。他生活中不可或缺的守护神发出声音,呼唤他转回到"关心自己,并对他人加以关注"的任务,远离任何背离这一任务的行为:

> 这一神谶使他远离政治,是为了让他避免死亡,这并不是说死亡是一种需要竭力避免的邪恶,而是说死亡可能会阻止苏格拉底对城邦作出更大的贡献。(如果他死了)他就不能够建立一种与他人和与他自己之间无价的、有用的、获益匪浅的关系。因此,这一神谶产生了效果——毫无疑问,这也是神谕的功能所在——确保苏格拉底践行(从神那里)收到的任务及使命。②

三 哲学直言爱慕灵魂

在《申辩篇》中,苏格拉底宣称:尽管他拒绝直接参与当时的政治游戏,但他的行为却对城邦具有更为重要的价值。除了将自己置于与政治的外在性间接关联之中,他在哲学领域而非政治领域加以操练,发挥一种积极的"直言"功能。

福柯认为,守护神的声音呼吁苏格拉底所从事的任务是"某种特定的操练,一种言说真理与真相的实践,某种特定的真理话语模式之展现,完全不同于直接在政治场景中进行的言说"③。苏格拉底哲学表现为一种新颖的真理游戏、一种崭新的真理话语模式、一种新型的"直言"模式,它外在于政治话语及权力,但却对城邦的政治生活发挥积极

---

① Michel Foucault, *The Courage of Truth*: *The Government of Self and Others* II. *Lectures at Collège de France 1983 – 1984*, trans. Graham Burchell, New York: Palgrave Macmillan, 2011, p. 80.
② Michel Foucault, *The Courage of Truth*: *The Government of Self and Others* II. *Lectures at Collège de France 1983 – 1984*, trans. Graham Burchell, New York: Palgrave Macmillan, 2011, pp. 81 – 82.
③ Michel Foucault, *The Courage of Truth*: *The Government of Self and Others* II. *Lectures at Collège de France 1983 – 1984*, trans. Graham Burchell, New York: Palgrave Macmillan, 2011, p. 81.

作用、产生积极影响。言说哲学直言的主体并不会进入到众生喧哗的公民大会或议事厅的竞技场来陈述自我,参与到争取权力的斗争之中,也不会公开就城邦具体事务慷慨陈词、激扬文字,强加自己的利益于城邦之上。相反,哲学直言者以完全不同于梭伦(Solon)或伯利克里(Pericles)式"政治直言者"的方式将自己塑造为言说真理的主体。

为了阐明这一点,福柯将苏格拉底的哲学直言实践分离为三个基本"时刻"或三个基本面向①。第一个时刻有关于苏格拉底对待德尔斐神谕的方式。苏格拉底的朋友凯勒丰(Chaerephon)请示阿波罗神谕是否有人比苏格拉底更有智慧,神谕回答说"没有人比苏格拉底更有智慧"②。尽管苏格拉底也认为这一神谕令人费解,"他为什么不明明白白地把他的意思讲出来呢?"③ 但他并没有像普通人那般竭力对这一神谕的深层意义展开阐释(interpretation),而是将神谕置于精密的"探察"之下,以此检验神谕言说的"真意"。神谕的意义原本是要对现实有所预测或启示,这关涉"现实领域",苏格拉底却将之转移到"逻各斯"(logos)领域,将它当作是一种断言或宣示,置于真假游戏之中加以探查。

因此,苏格拉底并不是无条件地接受这一神谕并对神谕言说的内容展开"阐释"与"解读",而是对神谕本身加以"检测与验证"(elegkhein)。为此,他对"苏格拉底最为聪明"这一神谶"展开查证"(verification),加以"质询"(investigation)与"盘查"(interrogation)。换言之,为了弄清这一预言是否真的是"无可辩驳、确证无疑"(anelegktōs),苏格拉底踏上了"质询与探查的艰辛之路"(planē)④。

---

① Michel Foucault, *The Courage of Truth: The Government of Self and Others II. Lectures at Collège de France 1983 – 1984*, trans. Graham Burchell, New York: Palgrave Macmillan, 2011, pp. 82 – 91.

② Plato, "Apology 21a", in Plato, *Complete Works*, ed., John M. Cooper, Indianapolis: Hackett Publishing Company, 1997, p. 21.

③ Plato, "Apology 21b", in Plato, *Complete Works*, ed., John M. Cooper, Indianapolis: Hackett Publishing Company, 1997, p. 21.

④ Michel Foucault, *The Courage of Truth: The Government of Self and Others II. Lectures at Collège de France 1983 – 1984*, trans. Graham Burchell, New York: Palgrave Macmillan, 2011, p. 82.

亦即说，只有当这一神谕经过严密探查之后被确证无疑之时，他才能确定这一神谕所言是否"真实"。福柯认为苏格拉底的哲学实践起始于对这一神谕"真相"的质疑与探查，这种质疑与探查将成为以后苏格拉底式"哲学直言"的普遍形式。因此，苏格拉底哲学直言实践的第一个时刻或面向就是对神谕进行"探究"，将神谕本身置于严谨的检查之下，对之加以检测与验证。

苏格拉底如何对神谕进行检查与验证呢？这条质询之路指向何处？在此，福柯分析了苏格拉底直言实践的第二个时刻或面向。为了检测神谕言说的真相，苏格拉底游走于城邦各处，询问其他公民他们都知道些什么，看看他们是否比自己知道得更多。他首先根据他们自称拥有的知识将公民区分为三类。当时人们普遍认为政治家是最聪明的，其次是诗人，再次是匠人。① 因此，苏格拉底认为只有面对这些被认为是最聪明的人，对他们进行"询问"、"检查"、"质询"与"交锋"，他才能弄清神谕所言是否属实，即他自己是否是最聪明之人。这样，对神谕本身的质询转变为对城邦其他公民的质询。在对其他公民检查的过程中，苏格拉底可以了解到他们与真理的关系如何，他们拥有何种学识或智慧。因此，对神谕的检测在此采取的是"检查"（exetasis）的形式。苏格拉底是在公民大会之外接近其他公民并与其交谈，与他们保持私人接触，就他们自称拥有而实际上并没有掌握的知识类型，对他们进行检查。因此，接下来的交谈与对话就是一种灵魂的碰撞与对峙，苏格拉底用自身的灵魂对他人灵魂进行考察。通过灵魂的碰撞，对神谕言说的内容是否是真理的调查得以展开。

对苏格拉底来说，这种碰撞与检查的目的是要获知神谕所言是否属实。但是，福柯认为，在这一过程中，神谕言说的真理同时彰显了苏格拉底本人的真相，神谕所揭示的真理关涉到苏格拉底自己的灵魂状况。也就是说，在与他人的对话盘问中，苏格拉底一方面揭示了雅典公民的无知、自我忘却以及自我忽视等特征，但同时苏格拉底也认

---

① Plato, "Apology 21c – 22e", in *Complete Works*, pp. 21 – 22.

识到他自身的真相。在苏格拉底质询的过程中，其他人都宣称自己无所不知，实际上却一无所知。颇为吊诡的是，正因为苏格拉底知道自己一无所知，所以他最终意识到他确实比别人要聪明，"在此意义上，苏格拉底的灵魂成为试金石（basanos）——他者灵魂的试金石"[①]。因此，苏格拉底哲学的第二面向就是对自我进行检查，这一检查是在与他人灵魂碰撞的过程中展开的，最终产生了关于自我的认识。

在对《申辩篇》的读解中，福柯首先将苏格拉底的"探查"视作其对神谕权威所做的陈述加以考察。这一陈述将自身作为真理，关涉到所言说对象的身份状况。苏格拉底的检查并非要发掘和阐释这一陈述隐含的意义，而是将之置于反复的探查之下。这一探查的过程并非个人单独的冥思苦想，而是一种对话过程，在这一对话中人们才能获得神谕陈述的真意，借此获得自身真相，这既是一种对话，也是一种检验，是与他人灵魂的碰撞。即是说，这一检查的出发点，或需要加以检验的实体，并不是某种内在真理、某种内心文本或自然本性，而是来自外部的一种陈述或声音，这一陈述必须要在与他人的碰撞交集过程中接受公开的检验与考察。苏格拉底的哲学实践首先将譬如神谕这样的专业权威陈述转化为陌生新奇且需要探查的对象，然后以对这些陈述的质疑或"问题化"（Problematics）为起点，对我们自身进行探究与塑造，而不是将权威话语当作界定我们之所是的明确答案，这样一来，这些话语将不再是关于我们自身之必需或天命之所在的确定陈述，而是充满了各种可能性。

苏格拉底的哲学实践使他能够认识自己，这种自我认识并不是通过"知识传授"的方式获得的，而是一种通过与他人的碰撞与交集揭示自身真相的过程。在此，福柯分析了苏格拉底哲学直言实践的第三个时刻或面向，即灵魂的碰撞启迪了苏格拉底"认识自己"（gnōthi seauton），这是一种更深层次的自我与真理之间的关系，这一关系能够使

[①] Michel Foucault, *The Courage of Truth: The Government of Self and Others* II. *Lectures at Collège de France 1983–1984*, trans. Graham Burchell, New York: Palgrave Macmillan, 2011, p. 84.

自己发生转变。由此，福柯将苏格拉底式认知归于哲学"精神性"（spirituality）这一视域之内①。在与那些自称拥有各种知识、智慧的人交谈之后，苏格拉底发觉他自己的确如神谕所言是最聪明的。但也正是借由这一发现，苏格拉底才认识到神谕的真正意义——神谕的目的是要苏格拉底承担起这样一项使命：与他遇到的每一个人交谈，并对他们进行检查，通过这样的方式使他们每个人意识到对自己的疏忽与无知。苏格拉底认识到他与真理之间的关系，即他知道自己无知，这实际上是一种真理形式，一种与自我之间的崭新关系，一种自我关注的样式。通过这样的真理体验，一个人认识到必须要关心自己的灵魂。苏格拉底开始不断地与他人发生交谈，对他人进行检查与试验，揭示他们与真理之间关系的实际状况，但这不再是对神谕言说陈述的检验。苏格拉底最终认识到神赋予他的重任实际上是去关心其他人是否对自己加以"关注"与"照料"（epimēleia），福柯认为这才是苏格拉底哲学直言的精髓与本质所在。

这是一种从内部发生的精神转变。苏格拉底被神指派到众人之中，就像一名勇敢的战士，担负起"照看"城邦公民的重任，而这种"照看"就是要不断地与他们交谈，对他们进行检验，刺激他们全身心地关心自己，关注理性（phronēsis）、真理（alētheia）及他们的灵魂（psychē）。正如苏格拉底所说的：

> 我的朋友，你是一名雅典人，属于这个因其智慧和力量而著称于世的最伟大的城市。你只关注尽力获取金钱、名声和荣誉，而不关注或思考真理、理性和灵魂的完善，难道你不觉得可耻么？②

福柯认为，苏格拉底的哲学实践，他对自己及他人的检查，是一

---

① Michel Foucault, *The Hermeneutics of the Subject: Lectures at Collège de France 1981 - 1982*, trans. Graham Burchell, New York: Palgrave Macmillan, 2005, p. 15.

② Plato, "Apology 29d - e", in Plato, *Complete Works*, ed., John M. Cooper, Indianapolis: Hackett Publishing Company, 1997, p. 27.

种关心自己及他人的实践。通过灵魂的碰撞与交锋,一个人才能认识到自己的无知。这样一种认识能够激励个人开始关心自己,关心自己的灵魂、关心理性与真理。这样一来,关心自己就成为行之有效的政治生活的可能性条件,因为它使人们摆脱了不切当的自我理解,使人们能够对自己有正确的认识,而不准确的自我认识与理解既造成了对自我的全面忽视,又是这种自我忽视的表现与后果,而疏于自我的完善正是雅典政治生活陷入混乱与虚妄的罪魁祸首。苏格拉底"对自己的关注主要表现在对他人的关心,苏格拉底关注的是他人是否真正地关心过他们自己"①。

对苏格拉底而言,神与整个人类以及神与每一个体之间的关系表现为一种关心与忧虑——正是出于对人类和每一个体的关心,神利用德尔斐神谕将苏格拉底指派给城邦;也正是由于这种关心,神利用"守护神"的声音让苏格拉底远离城邦政治舞台,以此保护苏格拉底免受公民大会的攘扰,使其更好地履行对城邦同胞进行检查的重任。反观之,也正是由于对神谕持有一种真切的关注,苏格拉底并不是想当然地接受神的话语、敬候真理的降临。相反,他承担起一项重任,全身心投入到对神谕陈述的检验与考查,以此认识到人与自己、与他人、与诸神的基本关系的支点正在于"关心"(epimēleia)。苏格拉底的自我认知实际上是一种"关心自己"的精神操练和实践,建立在自我与真理的关系的基础之上。

四 哲学直言与关心自己

通过福柯对《申辩篇》的读解,我们看到雅典当时的政治伦理主体的典型特征是"忽视自我",这决定了雅典政治生活的状况,即民主制陷入危机,"不能践行一种行之有效的政治话语"②。正是由于自

---

① Michel Foucault, *The Courage of Truth: The Government of Self and Others II. Lectures at Collège de France 1983–1984*, trans. Graham Burchell, New York: Palgrave Macmillan, 2011, p. 91.

② 杜玉生:《从权力技术到主体修行——福柯晚期思想中的伦理—诗学之维》,《外国文学》2016年第3期。

我忽视，政治公民大会成为人们利用各自言说来争夺权力的舞台。在这样的政治场景之中，真理无从现身。因此，苏格拉底不会在公民大会这样的公开场合直言不讳，而是转向私人关系领域。苏格拉底的"哲学直言"外在于政治领域，但并非不关心政治，而是与政治保持既密切又紧张的关系。苏格拉底力图利用"哲学直言"使与他相遇的个体发生转变，他将个体召唤到身边加以教导与检验，以此使他们能够暂时远离充满虚假矫饰、腐化堕落的政治体验场域。

另外，苏格拉底的直言并非向人们传授一组学说，使之信以为真，至少，传授知识或学说并不是苏格拉底哲学直言实践的核心所在。作为"直言者"（parrhēsiast），苏格拉底不是要说服他人接受某种观点或主张，以此界定他人的行为模式。苏格拉底与他人的碰撞与交集是为了引导他们去发现自身的真相。苏格拉底的直言试图让对话者发现他们"忽视自我"这一现象，使他们认识到与自我之间关系的现状。从这个角度看来，苏格拉底的直言就是一种"关心自己"的模式，激发聆听者去对自我加以关注，克服当时弥漫于雅典社会的自我忽视这一现象。这种直言式（parrhēsiastic）对话本质上就是关心自己、关注自我，它关心的这一自我由理性（phronēsis）所界定，由灵魂（psychē）与真理（alētheia）之间的关系所界定。只有从关心自己的实践而来的理性才是一种真正、真实、真理的力量，因为只有这种理性才能使人选择向善、避免丑恶。苏格拉底的直言及关心自己是对"自我忽视"这一疾病的治疗，因为它能促使个体建立与自我之间的良好关系，真正地关注理性、真理与自己的灵魂，从而有效地抵制以修辞术与公众意见为基础的政治宰制。"关心自己"可以塑造抵制政治宰制、摆脱政治屈从化的崭新主体，但这需要极大的勇气改变自己，正如尼采所肯定的："除了不惜伟大的生命，在伟大而不可为的事情上撞得粉身碎骨，我不知道生命还有什么更好的目标。"①

福柯认为，修辞与政治同流合污、共同发挥作用，这导致了一系

---

① ［美］詹姆斯·米勒：《思想者心灵简史：从苏格拉底到尼采》，李婷婷译，新华出版社2015年版，第23页。

列的问题,因此苏格拉底的"直言"及"关心自己"就是一种抵抗形式。福柯对当时雅典社会修辞话语及政治统治本质的描述,很明显对应于他对当前社会"规训"(discipline)、"规范化"(normalization)及"生命权力"(biopower)的质疑考察①。修辞术是一种权力技术、一种知识形式,目的是要控制个体,"以所说的东西与言说所针对的对象之间,建立起一种约束性的连接、一种权力连接为目标"②;当时的政治生活完全被这一技术所宰制,政治的主要目标是控制并规制个体,强制公民顺从与臣服。

诚然,雅典社会的修辞术与政治权力绝不应该被视为一种规训、规范化或生命权力,但两者确实导致了权力与知识的危险交会。福柯所处的情境(也是我们自身现在的处境)与苏格拉底不同,然而,既然苏格拉底的所言所为是对当时权力与知识的一种抵抗,那么很明显,福柯从中看到了应对当前境况的另一种可能性。我们看到,苏格拉底通过自我实践、自我操持抵抗当时的修辞话语及其对公众意见的宰制。如果说对自我的忽视导致了个体被修辞术所操控,那么只能通过培养及塑造一种切实可行的"关心自己"的"品性"(ēthos)③,并真正用心地对自我加以操持,才有可能抵制这种操控。尽管我们在阅读"苏格拉底"的时候,不应该总是生搬硬套"福柯"对当前社会的诊断,但很明显,福柯本人对苏格拉底的阅读及阐释为我们开辟了一条崭新的路径:对自我加以精心关照可以被当作是对当前权力与知识精密交织的一种有效的抵制手段。这可以启发我们设想或创造出一种现代抵抗艺术,从而应对以规范化、规训及生命政治等权力与知识的相互交织为主要特征的现代治理术(governmentality)的泛滥。

---

① Thomas Flynn, "Foucault as Parrhesiast: His Last Course at the College de France (1984)", in James Bernauer and David Rasmussen, eds., *The Final Foucault*, Cambridge: MIT Press, 1988, p.105.

② [法]米歇尔·福柯著,汪民安主编:《自我技术:福柯文选 Ⅲ》,北京大学出版社2016年版,第402页。

③ James Lee, "Ethopoiesis: Foucault's Late Ethics and the Sublime Body", *New Literary History*, Vol.44, No.1, Winter 2013, p.179.

五 苏格拉底临终之言再解读

福柯对苏格拉底临终前的最后一句话进行了创造性的解读。经过考察,福柯遗憾地发现,到目前为止评论界尚未对苏格拉底的临终之言"克力同,我们还欠阿斯格雷彪(Asclepius)一只公鸡……记得,别忘了(allaapodote kai mēamelē se te)"① 做出令人满意的解读。那苏格拉底这句话到底是什么意思?福柯是如何解读的呢?

根据兴盛至今的柏拉图主义的阐释,苏格拉底是一位智者,宣扬灵魂的不朽与圣洁:通过向古希腊医神阿斯格雷彪献祭公鸡,苏格拉底希望向医神表达自己的感激之情,因为医神终于治愈了他的灵魂,使之摆脱了肉体的羁绊与疾患、生活的不幸与痛苦。尼采甚至直接将苏格拉底的临终之言翻译为:"噢,克力同,生命就是一场疾病。"尼采认为苏格拉底的最后言说与他一贯的哲学活动相悖,因此对苏格拉底提出了批判:

> 我十分心仪苏格拉底,他的言行、甚至他的沉默所表现出来的勇气和智慧使我倾慕不已。雅典城里这位语含讥讽的"歹徒"、"蛊惑民心者"能把恃才傲物的青年感动得浑身颤抖、啜泣,诚为有史以来谈锋最健的绝顶智者,他即使沉默也显出他的伟大。我真希望他在生命的最后一刻也是保持沉默的,果真如此,他在天才队伍里的身价会更高。
>
> 然而,不知是死神、毒药,还是好心或恶意,总之有某个东西使他临死时终于开口说话了:"噢,克力同,我还欠阿斯格雷彪一只公鸡呢。"听见这句既可笑又可怕的"遗言",有人明白了它的含义:"噢,克力同,生活是一种疾病啊!"可谓一语中的!
>
> 作为须眉男子,苏格拉底在众人眼前犹如猛士,活得潇洒、

---

① Michel Foucault, *The Courage of Truth: The Government of Self and Others II. Lectures at Collège de France 1983–1984*, trans. Graham Burchell, New York: Palgrave Macmillan, 2011, p. 96.

快乐,可谁料到,他竟然是个悲观主义者呢!他直面人生,强颜欢笑,而把自己最深层的情愫、最重要的评价隐藏,隐藏了一生呀!苏格拉底啊,苏格拉底深受生活的磨难!但他对生活也实施报复——使用隐晦、可怖、渎神的言语!像苏格拉底这类人是否必然自食其果呢?与苏氏那车载斗量的美德相比,一点点宽容是否太吝啬了呢?噢,朋友们,在这方面,我们必须压倒希腊人!①

但福柯认为,在这句话中,苏格拉底所呈现的并不是一位先知、智者或导师的形象,而是一位"直言者",担负着改造精神气质或塑造精神品性的重任。"生活即疾病"这种解读实际上是强化柏拉图主义"身体是灵魂的监狱(Phroura)"这一核心主题。福柯认为,这种主观理想化的解读问题多多,因为在论述苏格拉底思想的文本中(譬如柏拉图的对话中)根本不存在诸如"生活是场疾病"这样贬低日常生活的暗示和痕迹。

参考杜梅泽尔(Dumézil)的解读方法,以及《斐多篇》中描述苏格拉底诚邀人们关心自己的本文,福柯认为苏格拉底被治愈的疾病并不是劣于灵魂的身体,而是指一种话语的顽疾,是指缺乏言说真理的勇气,是指不能从浮夸矫饰的言辞中摆脱出来从而真正地关心自己的灵魂。因此,苏格拉底并不是耽于理论静思,并非意图从错误的理论静思中摆脱出来,追求一种更高贵、更高级的知识,而是要通过赋予他自己的实际行动、他的实践、他的"品性"以优先地位,从而摆脱寻求更好知识形式的静思执念和理论探索。尽管福柯做出了这样的解读,但他仍然认为苏格拉底的事业(以及这一时期总体的"直言"活动)是高度精神性的,而通过精神修炼塑造个体品性气质、促成人的自我转变是苏格拉底哲学的本质所在。在1984年的一次访谈中,福柯就曾将精神灵性定义为一种自我转变的事业:"就精神灵性来说,我指的是主体获得一种特定的存在方式,以及为了达成这一存在方式

---

① [德]弗里德里希·尼采:《快乐的科学》,黄明嘉译,华东师范大学出版社2007年版,第316—317页。

而必须对自身实施的诸种转变。我相信，在古代的精神修炼中，精神灵性与哲学两者是同一的或几乎是同一的。"①

福柯指出，在苏格拉底的临终之言中，最重要的是"关心"（epimēleia）这一主题，它是贯穿《申辩篇》、《克力同篇》和《斐多篇》这三篇对话的一条引线，这三篇对话全面讲述了苏格拉底从抗辩、审判到死亡的整个过程，共同形成了"苏格拉底之死"的一个"圆环"，② 而"苏格拉底之死"则处于整个西方理性的核心，为哲学话语、实践及哲学理性奠定了基础③。因此，福柯借助杜梅泽尔的读解方法对苏格拉底临终之言及其死亡的重新阐释和问题化质疑（problematization），一定程度是对西方整个理性史的反思与戏拟，是福柯自己的一次思想实验（épreuve）、精神操练（tribē）。

福柯阐释道，在《克力同篇》中，苏格拉底拒绝逃离监狱的建议，拒绝逃避法庭对他的判决，原因在于，一旦如此他就会置他一生所遵循的城邦法律于不顾。城邦法律呵护苏格拉底一生，保护他、教育他，使他得以在城邦中立足，使他的整个生存得以可能。作为回报，他要尊重法律、呵护法律："保卫那曾经关爱你一生的法律。"对苏格拉底而言，逃避是对法律的亵渎，抱怨是对法律的污蔑，逃避与抱怨都是无视法律的表现，都是将法律作为获得私利的手段。换言之，法律的意义并不仅仅表现为一种强力手段，而是一种目的，通过关爱每个公民使城邦得以运转。城邦本身建立在"关心自己"的各种制度、习俗、实践基础之上。④

《斐多篇》中苏格拉底之所以引用毕达哥拉斯"晦涩难懂"（ou-

---

① Michel Foucault, *Foucault Live*: *Collected Interviews*, *1961–1984*, ed., Sylvère Lotringe, New York: Semiotext(e), 1996, p. 443.

② Michel Foucault, *The Courage of Truth*: *The Government of Self and Others* II. *Lectures at Collège de France 1983–1984*, trans. Graham Burchell, New York: Palgrave Macmillan, 2011, pp. 91, 110–113.

③ Michel Foucault, *The Courage of Truth*: *The Government of Self and Others* II. *Lectures at Collège de France 1983–1984*, trans. Graham Burchell, New York: Palgrave Macmillan, 2011, p. 120.

④ 参见［古希腊］柏拉图《克力同篇》，50B—54E，《柏拉图全集》第1卷，王晓朝译，人民出版社2002年版，第44—50页。

radiōs diidein）的说法"我们就像被关押的囚徒（Phroura）"，是因为我们每个人都在诸神的"关爱看护"（epimeleisthai）之下，蒙受神的恩泽，因此我们都是神的"财产"（ktēmata），疏忽诸神暂时寄存在我们身上的财产，就是对诸神的亵渎。① 因此，人类与诸神的关系是一种人与自我的关系，表现为对自我加以精心照料与细心呵护。也正是这种关心、关注、照料、呵护关系将苏格拉底与他的同伴紧密联系在一起。在《申辩篇》、《克力同篇》和《斐多篇》中，苏格拉底均表示他的主要任务就是要对他人加以关注、呵护与照料。《斐多篇》中记载，在苏格拉底说出临终之言之前，克力同问道："关于你的孩子或其他事情，你还有什么需要交代别人或我去做的么？我们怎样做才能让你最满意？"苏格拉底回答："没有什么新的事情要说，克力同……只有我一直在跟你说的那些事。只要你'关心好你自己'（humōn autōn epimeloumenoi），你无论做什么都会使我、我的家人高兴，你自己也会感到欣慰。"②

福柯认为苏格拉底的这一回答正是其临终"最后一句话"（ho dē teleutaion ephthegxato）的意义之所在——"克力同，我们还欠阿斯格雷彪（Asclepius）一只公鸡……记得，别忘了（mēamelē se te）"③。这最后一句话的最后一个词"mēamelē se te"实际上是指"关心"（epimēleia）。希腊词"ameles"译为"忘记"（forget）或"忽视"（neglect），与"epimēleia"在词源学上紧密相连，它们共同的词根为"mēles"，"ameles"是这一词根的否定形式。④ 由此可见，苏格拉底的最后要求

---

① 参见［古希腊］柏拉图《斐多篇》，62B，《柏拉图全集》第 1 卷，王晓朝译，人民出版社 2002 年版，第 58 页。

② Michel Foucault, *The Courage of Truth*: *The Government of Self and Others* II. *Lectures at Collège de France 1983 – 1984*, trans. Graham Burchell, New York: Palgrave Macmillan, 2011, p. 111.

③ Michel Foucault, *The Courage of Truth*: *The Government of Self and Others* II. *Lectures at Collège de France 1983 – 1984*, trans. Graham Burchell, New York: Palgrave Macmillan, 2011, p. 96.

④ Michel Foucault, *The Courage of Truth*: *The Government of Self and Others* II. *Lectures at Collège de France 1983 – 1984*, trans. Graham Burchell, New York: Palgrave Macmillan, 2011, pp. 113 – 118.

采取的是一双重否定形式,"不要(mē)忽视","不要(mē)不关心(a-melē)",也就是呼吁人们去"关心"。苏格拉底的临终之言颇为晦涩难解,表面看来说的是一种献祭仪式,当人们从疾病中痊愈之后要向希腊医神阿斯格雷彪献祭公鸡,而福柯认为这是一种要求人们从事哲学直言及关心自己的吁求,将自己置于"伟大的关注之链"之中,从而赋予整个人类及宇宙以意义与结构。福柯直陈,苏格拉底临终最后一句话的意义为,"不要忘记向这位神举行献祭,因为当我们'关心自己'的时候,这位神曾经帮助我们治愈了自己"①。

正是通过哲学直言式的灵魂交集与碰撞,苏格拉底发现了自己的真相。同时,疏忽自己这一"疾病"(nosos)——将自己置于非差异、反卓越性的公众意见之中,追逐财富、权力与名声——被苏格拉底的直言所"治愈"(iasato)。由此可见,"关心"是一种治疗活动:它治愈了人的自我忽视这一灵魂的疾病。②借助伦理直言,人们才能认识自己;只有正确认识自己,人们才能合理地治理自己、引导自己,使自己举止得体,才能真正地关心自己,从而治愈自己。没有这种伦理品性(ēthos),有效的政治生活无从谈起,因为雅典公民缺乏必要的知识来"做出正确的决定……以及避免谬见与错误的决定"③。

哲学直言即关心自己,通过塑造一种有能力言说及聆听真相、真理的自我主体,应对当时陷入危机的政治生活、政治话语及政治主体性。苏格拉底通过与他人的碰撞塑造了自己的主体性,他的生活模式就由这种碰撞、交集、谈话所塑造。在这一碰撞过程中,他用自己的

---

① Michel Foucault, *The Courage of Truth: The Government of Self and Others II. Lectures at Collège de France 1983–1984*, trans. Graham Burchell, New York: Palgrave Macmillan, 2011, p. 113.

② Michel Foucault, *The Courage of Truth: The Government of Self and Others II. Lectures at Collège de France 1983–1984*, trans. Graham Burchell, New York: Palgrave Macmillan, 2011, pp. 106–107.

③ Michel Foucault, *The Courage of Truth: The Government of Self and Others II. Lectures at Collège de France 1983–1984*, trans. Graham Burchell, New York: Palgrave Macmillan, 2011, p. 110.

灵魂对他人进行检验，以此发掘他自己拥有何种智慧，以此检验他自己灵魂的真相。他冒生命之危险，放弃财富、权力与名誉，目的是对雅典同胞的生活与灵魂保持持续的警惕。这种生活模式与话语模式能够使城邦本身受益匪浅，因为在与公民个体碰撞的过程中，这种生活和话语模式力图将真理灌输到他们的灵魂之中，力图使他们对自己加以关注与照料。哲学直言并不直接介入政治领域，而是对行使权力的主体进行干预。这对良好的政治生活来说是不可或缺的，因为个体如果想要参与到政治竞技之中来言说和聆听真相，他们必须要具有某种特定的伦理品性，他们必须首先要关心自己。只有借助伦理直言及关心自己，他们才能了解如何遵循真理的指引，而不再被精心设计的取悦或蛊惑所征服。

第二节　哲学事功与主体修行：福柯对柏拉图《书信七》的读解

福柯在20世纪80年代法兰西学院课程演讲中以哲学实践与主体塑造为着力点，对柏拉图的《书信七》（*The Seventh Letter*）展开详细解读，重点突出了如下事实：由于现实政治制度（尤其是雅典民主政制）的缺陷，柏拉图对自由及真理的追求以及对自我实现的渴求不再寄予政治领域，而是转向哲学，专心于对自我的治理。① 福柯认为，柏拉图的《书信七》主要是对哲学话语的本体论探讨，对哲学话语及言说这一话语的哲学家得以现实化的可能性条件加以说明。它要回答的问题就是：哲学以什么样的方式或形式在现实中得以存在？探讨的主要是哲学的现实性、哲学的实现或哲学事功问题。借助柏拉图关于"哲学与治术"两者关系的考量以及哲学如何创建为落地的现实这一问题的思考，福柯探索了另一种哲学话语的本体论阐释。通过福柯对

---

① Michel Foucault, *The Government of Self and Others. Lectures at Collège de France 1982–1983*, trans. Graham Burchell, New York: Palgrave Macmillan, 2010, pp. 215–219.

《书信七》的读解,我们也可管窥到福柯本人的哲学实践的深层意蕴,同时也可体味到一种未来哲学话语的痕迹。

一 柏拉图《书信七》中的政治抉择

福柯认为,自伯利克里后,雅典"政治直言"(political parrhēsia)的衰落促使柏拉图转向哲学,致力于过一种哲学家的生活。但是,这一向哲学世界的转向并不意味着从现实世界中退隐,专心致志于与世无争、超然世外的哲学沉思。柏拉图对哲学现实化这一问题的关注与思考基于对"事功"(ergon)与"言说"(logos)两者的区分。① 对柏拉图而言,为了避免落入仅仅是一种理论话语的窠臼,全面地体现哲学之所是,哲学必须要在具体的行动中实现自身。话语如若成为一种哲学,必须要体现为一种事功,一种"行动"、"操练"或"劳作",只有这样,哲学才能实现自身,才能体现哲学话语的现实作用。柏拉图转向哲学并不是要逃离政治生活,而是将哲学看作可能挽救真实有效的政治生活的唯一途径。②

福柯认为柏拉图在《书信七》中对自己叙拉古之旅的描述印证的正是这一点。柏拉图描述道,他的学生及朋友狄翁(Dion)坚持认为叙拉古当时的僭主狄奥尼修二世(Dionysus the Younger)对哲学充满热情,鉴于此,狄翁认为这对柏拉图来说是一次机遇,可以实现他的哲学抱负,将自己开创的哲学理念付诸实践:通过在哲学(智慧)及正义方面培养训练这位年轻僭主,可以在叙拉古实现一种公正的政治体制。

福柯认为,从某种意义上说,《书信七》是柏拉图的"政治自传"③。但这一自传并不仅仅是关于柏拉图个人的描述,而且勾勒了一

---

① Michel Foucault, *The Government of Self and Others. Lectures at Collège de France 1982 – 1983*, trans. Graham Burchell, New York: Palgrave Macmillan, 2010, p. 218.

② Gideon Baker, *Nihilism and Philosophy: Nothingness, Truth and World*, London: Bloomsbury Academic, 2018, p. 198.

③ Michel Foucault, *The Government of Self and Others. Lectures at Collège de France 1982 – 1983*, trans. Graham Burchell, New York: Palgrave Macmillan, 2010, p. 216.

种崭新的主体性形式、一种新颖的生活方式。柏拉图描绘了一种主体性模式,对这样的主体来说,自由的追求与获取以"哲学直言"(philosophical parrhēsia)的形式得以表达。这就是说,柏拉图将作为一种政治职责的"直言"转化为一种哲学责任,从而重塑了哲学家这一主体内涵。柏拉图将哲学刻画为对政治生活的干预与介入,但哲学并不是直接介入政治生活:哲学家这一角色并不意味着要在公民大会上直抒己见,提出法令或者制定行动方案。毋宁说,哲学面对的是制定法律并行使权力的主体。柏拉图哲学的核心在于对参与政治生活的主体及其存在状况加以关注。《书信七》将哲学主体性描述为一项具体任务、一种特定的生活及言说实践,这就向我们展示了一种崭新的真理形象、一种崭新的真理话语(说真话)的样式,这一真理形象即"哲学直言者"(parrhēsiast)。

福柯阐释道,柏拉图之所以决定远赴叙拉古是基于以下两点考虑:首先,柏拉图写道,他主要是出于一种"自我尊重",他"担心自己最终除了空谈以外将一事无成"①。因此,第一点考虑是有关他自身的,是为了对他自己加以关注。如果拒绝了这次机会,柏拉图将不能达至自我实现的理想,他将除了空谈一无是处。为了实现自己的理想、体现自己的价值,柏拉图就不应该只满足于书写或讨论哲学,如果仅止于此的话,他的主体性将仅仅体现为一种话语、一种逻各斯(logos)的产物,这对于他所倡导的哲学来说无异于一种贬斥。为了实现他自身的主体性,柏拉图必须要致力于"具体事务"(pragmata)②。

其次,柏拉图写道,假设当时拒绝了这样一种难得的机遇,那么他很可能"就背叛了……哲学",柏拉图感受到"理性与正义"的义务,决定接受这一机会,不要"给人们埋怨哲学留下任何根据或口实"③。

---

① Plato, "Letter Ⅶ 328c", in Plato, *Complete Works*, ed., John M. Cooper, Indianapolis: Hackett Publishing Company, 1997, p.1649.

② Michel Foucault, *The Government of Self and Others. Lectures at Collège de France 1982–1983*, trans. Graham Burchell, New York: Palgrave Macmillan, 2010, p.238.

③ Plato, "Letter Ⅶ 329b", in Plato, *Complete Works*, ed., John M. Cooper, Indianapolis: Hackett Publishing Company, 1997, p.1650.

因此，这第二点考虑就是，如果拒绝了这一应该采取具体行动的时刻或"时机"（kairoi），柏拉图将会使哲学蒙羞。对柏拉图而言，如果仅仅将哲学保持在言谈、逻各斯的阶段，那么哲学的任务将难以实现；哲学如果要实现自身，就必须要体现为一种行为或劳作。更为重要的是，只有知道什么时刻应该采取行动并真正地采取了具体行动，哲学才步入正途，否则将有悖于哲学的要求并可能使哲学蒙羞。

柏拉图的哲学作为一种直言模式，必须要面对政治领域，但不是以政治话语的形式直接介入政治生活。哲学直言者（parrhēsiast）并不会就城邦的政治方案发表意见，也不会断言该如何行事。哲学家的介入功能主要在于，产生一种旨在使统治主体（君主）发生改变的伦理话语。哲学家探讨的是"我是谁"及"我能够（或必须）成为谁"这样的问题，哲学家的话语模式是一种"伦理直言"（Ethical Parrhēsia）。另外，哲学或伦理直言"将不会也绝不能采取奉承或修辞的形式"[①]。修辞术直接干预政治领域，并伪装成为真正的权力技术。就此而言，修辞术自称能够教导别人掌握作为一种说服技艺的统治艺术；修辞术自称能够提供控制他人的技术。与此相反，哲学并不是要教导别人该如何统治、如何控制他人，而是要激励人们对自我加以治理、对自我加以关注。

通过什么类型的具体行为，哲学才能实现自身呢？在什么样的条件下，哲学会选择达至自身或选择忽视自身呢？福柯就上述问题对《书信七》加以详尽阐释，同时也是对上述问题的一种解答。

二 哲学事功的本体论探讨

在向我们表明柏拉图是从"伦理直言"及"关心自己"的角度来界定哲学事功或任务之后，福柯详细分析了使这一哲学任务得以实现的可能性条件。首先，致力于哲学的修习者一定要有"聆听的意志"。其次，哲学只有通过不断地自我劳作才能存在，这种自我劳作发生在日常生活世界以及与他人的关系之中，从而赋予哲学生活以具体形式。

---

① Michel Foucault, *Fearless Speech*, New York: Semiotext(e), 2001, p. 9.

最后，这样的自我实践是种灵魂操练，正是通过这种操练，哲学知识在人的灵魂中得以现实化、具体化，而这种知识形式"既不能通过命题（mathēmata）的方式也不能仅仅借助认知（epistemē）的行为加以获取"①。

关于第一点，柏拉图在《书信七》中阐释道，哲学只能通过对有聆听意愿的人加以言说才能实现自身。如果要成为一名合格的哲学门徒或学徒，一个人必须要真正地聆听并努力地领会哲学家的话语。为了阐明这一点，柏拉图使用了医生的隐喻。医生治疗病人"就必须首先使他的生活方式发生变化"②，如果病人听取建议采取了健康的生活方式，那么医生可以继续对他加以治疗，否则，所有的后续诊疗将毫无意义。这一道理同样适用于哲学家：一个人对待哲学家言论的方式、对哲学家话语所持的态度反映了他是否具有聆听的意愿。在这一点上，哲学直言与修辞话语完全对立：修辞术完全不用考虑聆听者的意愿，实际上，修辞术的本质和核心就是要捕捉并掌控他人的意志，其目的就是对他人的意志加以限制与利用，但同时却宣称是为聆听者的利益着想。与此相反，柏拉图陈述道，他既不会"限制也不会奉承他人"③。在与聆听者的关系上，这两种话语模式的区别一目了然。修辞术竭力掌控聆听者的意见、选择及行为，它在聆听者与他的选择之间巧妙地周旋，聆听者看似自由选择的过程实际上蕴含了修辞术的陷阱。因此，某种程度上，修辞话语扼杀了聆听者的主体性及其自由。

在福柯看来，修辞术是假装为了他人的自由来对他人的生活加以限定，通过这样的方式，修辞术可以不用考虑聆听者的聆听意志而获得自身存在的理由。但柏拉图所阐释的"哲学直言"与聆听者的关系则大异其趣，哲学直言必须在聆听者的自由之中展现自身。自由是我

---

① Michel Foucault, *The Government of Self and Others. Lectures at Collège de France 1982–1983*, trans. Graham Burchell, New York: Palgrave Macmillan, 2010, p. 233.

② Plato, "Letter Ⅶ 330d", in Plato, *Complete Works*, ed., John M. Cooper, Indianapolis: Hackett Publishing Company, 1997, p. 1651.

③ Plato, "Letter Ⅶ 331c", in Plato, *Complete Works*, ed., John M. Cooper, Indianapolis: Hackett Publishing Company, 1997, p. 1652.

们聆听哲学的目标所在，也是哲学的本性所在。一种话语如若成为哲学，哲学如若实现它的"事功"，那么"第一要义就是聆听者必须自由地聆听并思考这一话语"①。哲学直言并不是试图替他人思考或统治他人，并不是试图传授如何去治理和说服别人的技艺；相反，它激励他人去关心自己、治理自己。就此而言，哲学话语必须依赖于聆听者的自由意志。

那么哲学家如何在他者身上辨识出聆听意志呢？福柯阐释道，对柏拉图而言，这一问题关涉到哲学"事功"的第二个条件。柏拉图描述了他为了检测聆听者是否拥有这样的意志、是否热衷于哲学所采用的"实验方法"。这种方法是指对哲学的"具体事务"（pragmata）或"做哲学必需的各种劳作加以详尽阐释"②。

柏拉图为聆听者描绘了通往哲学之途所必须经历的艰难险阻。真心致力于哲学的聆听者会对这一描述着迷不已，并且认为通往哲学之路"充满了喜悦与魔力，他必须马上竭尽全力地追随，或者在尝试中死去"③。因此，哲学实现或哲学现实化的第二个条件就是，聆听者必须要选择一种"永远不会停止实践哲学（philosophizing）的生活方式"④。他必须全身心地去过这样一种哲学生活，但这并不意味着要弃绝日常生活世界，而是要在日常生活世界之中去对自己及其生活方式加以改变，这样一来，他可以"更大程度地开发自己的聪明才智（eumathēs）、记忆力及恒心（mnēmōn），从而能够运用理智做出合理选择"⑤。构成哲学的这一事务是一种自我对自我的艰苦劳作，这样的

---

① Michel Foucault, *The Government of Self and Others. Lectures at Collège de France 1982–1983*, trans. Graham Burchell, New York: Palgrave Macmillan, 2010, p. 235.

② Michel Foucault, *The Government of Self and Others. Lectures at Collège de France 1982–1983*, trans. Graham Burchell, New York: Palgrave Macmillan, 2010, p. 237.

③ Plato, "Letter Ⅶ 340c", in Plato, *Complete Works*, ed., John M. Cooper, Indianapolis: Hackett Publishing Company, 1997, p. 1658.

④ Michel Foucault, *The Government of Self and Others. Lectures at Collège de France 1982–1983*, trans. Graham Burchell, New York: Palgrave Macmillan, 2010, p. 239.

⑤ Michel Foucault, *The Government of Self and Others. Lectures at Collège de France 1982–1983*, trans. Graham Burchell, New York: Palgrave Macmillan, 2010, p. 240.

自我实践可以赋予个人生活及其自身以特定形式与风格:

> 这是(一种)选择,一条永不间断的生活路径,自始至终的一种进步与发展以及在日常生活中……对(哲学)的坚守……所有这些构成了哲学实践的特征。①

哲学得以现实化的第三个条件与对这些自我实践的本质的探讨有关。个人在日常生活中所进行的自我实践是通过哲学的知识火花在灵魂中的"突然点燃"(phōs)② 来达至完满的。在此,福柯基于柏拉图在《书信七》中非常简短且意义含混的评论(即所谓的"哲学的离题"),对这些自我实践的性质进行了暂时性的说明。

福柯认为,哲学知识的重要特征之一在于它不呈现为由"命题"、"定理"(mathēmata)所组成的书写形式。在福柯看来,"mathēmata"既是可以被教师用来向学生传授信息的"公式"(formulae),也是指以这样的方式得到传播的"学识"(mathēsis)本身。③ 哲学知识不能被框定为定理命题,也不能以定理的方式加以传授。简言之,哲学之途并不遵循信息习得之路。也就是说,哲学知识与其他知识形式存在本质差异。譬如,在教学这一技术式真理话语模式中,教师或技术专家以命题或指导的形式言说真理,其目的在于向学生传授自己的学识与技能;学生通过不断地积累与消化传授给他的命题而"学到了"知识,完成了"学习"这一过程。④ 但是,要掌握哲学知识,人们则必须要选择与哲学"同在"(suggenēs),亲身体验一种哲学生活。这就

---

① Michel Foucault, *The Government of Self and Others. Lectures at Collège de France 1982–1983*, trans. Graham Burchell, New York: Palgrave Macmillan, 2010, p.239.

② Michel Foucault, *The Government of Self and Others. Lectures at Collège de France 1982–1983*, trans. Graham Burchell, New York: Palgrave Macmillan, 2010, p.248.

③ Michel Foucault, *The Government of Self and Others. Lectures at Collège de France 1982–1983*, trans. Graham Burchell, New York: Palgrave Macmillan, 2010, p.247.

④ Thomas Flynn, "Foucault as Parrhesiast: His Last Course at the College de France (1984)", in James Bernauer and David Rasmussen, eds., *The Final Foucault*, Cambridge: MIT Press, 1988, p.104.

"并不是将现成的陈词滥调强塞进混乱的灵魂中,而是人们对自我所施展的持续劳作"①。

这项劳作的本质是什么?对柏拉图而言,哲学只有通过特定方式的生活实践才能够实现自身。这样的一种哲学生活实践要求人们在具体的操练中充分施展个体的认知才能(eumathēs),"最终的目的是走向一种真理体验,只有在这种对真理的体验中,个人才能接近'存在'(Being)"②。在《书信七》中,柏拉图简单地描绘了可以导向真理体验的活动。首先,柏拉图分析了哲学认知所涉及的元素:

> 每一存在的事物都有三样东西,关于这一存在物的知识必定通过这三样东西而来;知识本身是第四样东西,我们还必须添上作为知识真实对象的那个真正的"实在",当作第五样东西。所以,我们有:第一,名称;第二,描述;第三,形像;第四,关于对象的知识……在这四样东西中,理智就其亲缘性和相似性来说显然最接近第五样东西,即"实在",其他东西则离开"实在"较远。③

前四样元素是指这一存在物的"名称"(onoma)、"定义"(logos)、"型相"(eidōlon)及我们头脑中对这一事物的"理解认知"(epistemē)(包括"准确看法"[orthē-doxa]及"智性"[noūs])。这每一种元素都与我们借助它们所力求认识的那个"实在"(pragma)截然不同。前四样元素都可以通过语言、符号或表征代现来加以传递,人们并不需要对事物本身的"存在状态"(to on)进行切身感知就可

---

① Michel Foucault, *The Government of Self and Others. Lectures at Collège de France 1982–1983*, trans. Graham Burchell, New York: Palgrave Macmillan, 2010, p. 248.

② Michel Foucault, *The Government of Self and Others. Lectures at Collège de France 1982–1983*, trans. Graham Burchell, New York: Palgrave Macmillan, 2010, p. 247.

③ Plato, "Letter Ⅶ 342b–d", in Plato, *Complete Works*, ed., John M. Cooper, Indianapolis: Hackett Publishing Company, 1997, pp. 1659–1660. 亦可参见[意]吉奥乔·阿甘本《潜能》,王立秋等译,漓江出版社2014年版,第7页。

以获得前四种元素。但即使能够占有并掌握前四类元素，如果对事物真实的存在状态没有切身体验，那么我们并不能获得事物的真正"实在"，而"实在"才是哲学知识的本质所在。

一个人如何能够超越由前四个知识元素所构成的认识水平呢？一个人如何能够接近那一事物的真实存在从而获取哲学知识呢？柏拉图解释道，一个人只有通过"操练"（tribē）（持久永恒的琢磨、切磋、磨炼、砥砺、修习）才能够获得哲学知识，而"操练"是指轮流对前四种知识元素"反反复复、颠来倒去地"不断进行考察、琢磨，"通过不带个人喜恶地问答，在充满善意的论争中对它们进行细察"，最终，"智慧与理智之光才能在人可承受的全部力量之下被点燃起来"①。因此，福柯认为，对柏拉图而言，哲学必须是一种"关心自己"的实践，必须是自我对自身的操练，人们必须使自我发生转变才能达至真理。在此意义上，真理是存在的完满，只有经过漫长而艰苦的自我劳作，这样的真理才会如"点燃的火花"照亮人的存在。因此，在柏拉图的思想中，"哲学即关心自己的精神修炼"②。

三 柏拉图对书写的批判

为了凸显柏拉图"哲学即关心自己的精神操练"这一观念，福柯进而考察了柏拉图在《书信七》中对书写的著名批判。柏拉图认为，人们不能将真正的哲学知识付诸书写形式，其原因在于哲学话语不能以断言、定理实现自身。哲学"并不会以命题的形式存在，也不能以命题的形式传播"③。福柯指出，同样的批判也适用于口头语言。哲学话语不会仅仅存在于理论层面、纯逻各斯（logos）层面，而是以修行（askēsis）、特定生活方式（bios）、事功（ergon）的形式得以存在。哲

---

① Plato, "Letter Ⅶ 344b", in Plato, *Complete Works*, ed., John M. Cooper, Indianapolis: Hackett Publishing Company, 1997, p.1661.

② Michel Foucault, *The Government of Self and Others. Lectures at Collège de France 1982–1983*, trans. Graham Burchell, New York: Palgrave Macmillan, 2010, p.254.

③ Michel Foucault, *The Government of Self and Others. Lectures at Collège de France 1982–1983*, trans. Graham Burchell, New York: Palgrave Macmillan, 2010, p.252.

学话语的实现具体体现在它与言说主体（哲学家）以及聆听主体（哲学学徒）的关系之中。

一方面，从哲学学徒的角度来看，哲学的实现表现为一系列的实践。借助这些实践，修习哲学的学生赋予自己的生活以具体形式与风格，这一切都是借助思想的操练而使哲学知识照亮灵魂来完成的。通过这样的方式，哲学门徒才能够胜任政治生活，才能成为有能力采取正义政治行为及做出公正政治决定的主体；通过对自我加以关注与治理，他才能够关注他人并对他人加以治理。

另一方面，哲学话语的存在模式还与哲学家本人密切相关。在此，哲学的实现表现为哲学家出色地完成了自己的职责，他运用"哲学直言"介入到政治领域。这种介入不是直面公民大会进行言说，也不是直接给出政治建议，而是激励行使权力的主体对自己加以关注。因此，哲学的事功表现在对哲学家本人及其他哲学门徒的灵魂与生活的治理过程之中，"哲学的实现乃在于自身与自身的关系中。事实上，正是在对自我的治理与对他人的治理这一点上，哲学形成了它的事功（ergon），这是哲学的任务也是哲学的现实性所在"①。

福柯还得出了对他了解柏拉图著作异常重要的另一个结论。在《书信七》中，柏拉图写道，哲学知识不可能体现为"语言"（logoi）的形式（不管是书面的还是口头的），也不能被看作一种理论形式。柏拉图说他从来没有试图去做这样的事情，即书写哲学，"由此，这是一个不可避免的结论，如果某人在某处看到有人写过这样的作品……那么他所描述的这个主题一定不是他最严肃关切的"②。

福柯将这一表述视为理解柏拉图对话的关键线索。如果柏拉图的对话并不是将哲学知识阐述为一种理论认知形式，或者至少说，如果这一理论形式并不是柏拉图对话最基本、最严肃的任务，那它肯定另有所指。鉴于此，柏拉图的著作很有可能并不是为了书写一

---

① Michel Foucault, *The Government of Self and Others. Lectures at Collège de France 1982–1983*, trans. Graham Burchell, New York: Palgrave Macmillan, 2010, p. 255.

② Plato, "Letter VII 344c", in Plato, *Complete Works*, ed., John M. Cooper, Indianapolis: Hackett Publishing Company, 1997, p. 1661.

种宣扬某一教义的哲学理论。福柯认为，柏拉图著作的深层意蕴体现在它促使读者与某种哲学活动、哲学实践发生交集。对此，柏拉图详细刻画了苏格拉底作为第一个"哲学直言者"的形象，目的是详尽阐述这种哲学活动与实践的本质。因此，福柯将柏拉图的对话、著作看作苏格拉底的画像，认为柏拉图在《申辩篇》（Apology）、《拉凯斯篇》（Laches）及《阿尔喀比亚德篇》（Alcibiades）等对话中详尽阐释了苏格拉底的直言式"真理话语模式"（the modality of veridiction）之展演，正是这一"真理话语模式"赋予了苏格拉底的言论与话语以风格，塑造了他作为哲学直言者的主体性。

正如《书信七》可以被视为柏拉图的自传，《申辩篇》也是苏格拉底的哲学传记，"标志着西方传记的第一次重要尝试"[①]。《申辩篇》详细描述了苏格拉底作为哲学直言者的生活。福柯阐释道，苏格拉底将他的直言活动看作对自我的关注，而不是对政治的介入，因为当时的政治生活已经不再可能容许真理话语的存在，因此他的直言活动远离政治领域：不同于伯利克里式民主制"政治直言"，也不同于柏拉图式君主制"政治直言"，苏格拉底直接对公民个体进行言说，但不是为了命令或引导他们，而是督促、激励他们对自己的"灵魂—自我"加以关注。

在《拉凯斯篇》中，福柯也对苏格拉底的哲学直言做了细致描述。其中，他人被要求对自己加以"交代"，苏格拉底的哲学直言表现为一种质询：对他人进行检测，看他们是否言行一致、他们的生活与言论是否存在不和谐之处，借此，主体被引导去关注自己的生活方式（bios），关注自己的生存实践与生活选择，福柯称之为"生活—自我"[②]。在《阿尔喀比亚德篇》中，苏格拉底的直言呈现为不同的形式，其中，苏格拉底引导阿尔喀比亚德"对自己进行描述"，但并不关涉他是否言行一致，而是要对他的灵魂以及灵魂中展现的真理加以

---

① ［美］詹姆斯·米勒：《思想者心灵简史：从苏格拉底到尼采》，李婷婷译，新华出版社2015年版，第19页。

② ［法］弗雷德里克·格霍：《福柯考》，何乏笔等译，华东师范大学出版社2017年版，第178页。

描述，主体通过对灵魂、精神（psychē）的思考与追问来认识自己。福柯认为，《拉凯斯篇》和《阿尔喀比亚德篇》这两篇对话展示了两种不同的哲学直言模式，由此导致了两种不同的自我认识模式和两种不同的自我知识形式。①

四 自我书写与异质真理游戏

尽管福柯认为柏拉图的哲学话语并不能仅仅归于"logos"层面，而是体现为一种"事功"、一种具体的事务、一种"关心自己"的精神操练，但他同时认为柏拉图的《书信七》对后世来说确实是一部"政治自传"式的哲学书写，其在古代哲学中的地位类似于笛卡尔的《沉思集》对现代哲学的影响：柏拉图本人秉承古代哲学"事功"这一传统，反对任何形式的理论话语形式（不管是书写话语还是口头话语），但他却开启了古代哲学"精神性"（spirituality）理论话语的先河；笛卡尔本人的沉思"属于古代自我修行与转变的'精神性'传统，但他却开了现代客观认识论及形而上思辨哲学的先河"②。

但福柯认为这种哲学书写的重要意义在于，它并不仅仅是柏拉图对生活事件的简单叙述，而是对一种新的哲学主体性模式、一种新的生活方式的反思书写。因此这种自传式自我书写更多地与创造新的生活方式、新的主体性模式相关，而不仅仅是关于个人历史的描述。这种类型的哲学书写并不指向过去，而是意在未来，其目的不是树立自我的丰碑，而是开创转变自我、使自我发生改观的可能。在此意义上，书写是一种精神操练，即福柯所谓的"品性—塑造"（ethopoetic）③。这样一种品性—塑造的自传式自我书写是一种"真理话语的主体化"模式，在这一过程中，话语不仅仅呈现为主体的记忆、主体的一种所

---

① ［法］弗雷德里克·格霍：《福柯考》，何乏笔等译，华东师范大学出版社2017年版，第177—179页。
② Michel Foucault, *The Essential Works of Foucault*, *1954 – 1984*, *Vol. 1*, *Ethics: Subjectivity and Truth*, ed., Paul Rabinow, New York: The New Press, 1997, p. 286.
③ James Lee, "Ethopoiesis: Foucault's Late Ethics and the Sublime Body", *New Literary History*, Vol. 44, No. 1, Winter 2013, p. 179.

属物，话语本身塑造并彰显了这一主体的伦理品性（主体性），"它是将真理（alētheia）转变为品性（ēthos）的一个动因"①。福柯在1983年的一篇访谈中对此也有明确的阐释：

> 确实，一个人开始写作既不是为他人书写，也非为保持原态：一个人写作，是为了把自己变成不同于自己的另一个人。归根结底，人们有一种通过写作行为来改变自己的存有方式的企图……这样一种劳作，远远不止于工作本身：从事写作的主体本身即为这种创造工作不可分离的一部分，主体本身即是一部赏心悦目的作品。②

福柯晚期对柏拉图的读解工作也具有这一哲学自传或自我书写的面向，但这并不是对他私人生活的隐秘表达，也不能简化为他的个人韵事，而是说福柯通过他的晚期工作开创了一种崭新的哲学主体性。成为一名哲学家就意味着要不断地重新书写。如果我们说福柯是他著作的主体，这并不意味着他是发掘其作品深层意义的解释主体，也不是说他本人就是他作品需要阐释的主体；毋宁说，"福柯之所以作为主体而存在正在于他是这些作品的效应与产物"③。另外，福柯对《书信七》的考古挖掘首先并非关涉过去，而是面向充满各种可能性的未来。福柯并非意在完好无损地复活"关心自己"的古代"精神性"哲学体系。对福柯而言，与古代哲学的相遇并不是要恢复早已烟消云散的过往，而是要产生"崭新的东西"：

> 下面这个概念对我来说最为陌生，即在某一时刻，哲学偏离

---

① Michel Foucault, *The Essential Works of Foucault, 1954–1984, Vol. 1, Ethics: Subjectivity and Truth*, ed., Paul Rabinow, New York: The New Press, 1997, p. 209.

② Michel Foucault, *Foucault Live: Collected Interviews, 1961–1984*, ed., Sylvère Lotringe, New York: Semiotext(e), 1996, p. 405.

③ Edward McGushin, *Foucault's Askēsis: An Introduction to the Philosophical Life*, Evanston: Northwestern University Press, 2007, p. 53.

正途或者忘却了某种事物，在它历史的某处，存在一个必须重新得到发现的原则和基础。我觉得，所有这种形式的分析，不管它们采取激进的形式并且宣称哲学从一开始就是一种忘却，还是采取一种更加具有历史性的观点并且声称"某某哲学家忘却了某种东西"，这两种方法都不是特别有吸引力或者有用。这并不是说，与某某哲学家接触不会创造某种事物，不过，必须强调的是，这将是某种崭新的事物。①

如果福柯并不是要唤醒出现在柏拉图作品中的古代哲学家形象或古代真理样式，那么我们应该遵循什么样的线索来理解福柯古代哲学研究所开启的各种可能性呢？在此，我们听到了福柯在《自我书写》（*Self Writing*）一文中的以下论述：

> 书写是自己对自己的个人训练，是一种异质真理的艺术——或者更准确地说，是一种有目的的结合方法，即把已经说出来的传统权威与被确证的独特真理，以及决定真理使用的特定环境结合起来。所以你应该总是阅读权威性的作者；当你渴求改变时，退守到那些你之前读过的作者那里。……从我读过的许多东西中，我索取一些为己所用……因为我惯于跨越……不是作为一个逃跑者，而是作为一个侦察者（tanquam explorator）。②

由此可见，福柯对古代哲学的研究采取的是一种"折衷主义"立场。从古代各种哲学实践、话语模式以及生存方式中，发掘出或选择、或借鉴、或拒斥等不一而足的各种可能性。因此，如果说福柯是在为哲学话语及主体性开创新的可能性，那么这种可能性或许正是由古代哲学异质性的元素所组成，这是一种深思熟虑的异质真理的艺术或游

---

① Michel Foucault, *The Essential Works of Foucault*, 1954-1984, Vol. 1, Ethics: *Subjectivity and Truth*, ed., Paul Rabinow, New York: The New Press, 1997, p. 295.

② [法] 米歇尔·福柯著，汪民安主编：《自我技术：福柯文选 Ⅲ》，北京大学出版社2016年版，第231页。

戏，这与福柯晚期所推崇的"一种反对一元和总体化、注重多元和差异化、强调游牧而非定居的生存美学"① 具有密切的内在关联。

可是，是什么指引他对这些异质性元素进行选择呢？如果这些异质性元素并不涉及某种"本真性"的哲学、某种本源性的哲学体验，那么这是否意味着福柯对它们的选择是随意的呢？我们认为福柯的工作远非随机、任意、专断的，并非无源之水、无本之木。指引福柯选择的是他对现代权力、知识及主体性三者之间关系的质疑探讨，这一质疑探讨是贯穿福柯工作的一条红线。因此，为了把握福柯所开创的到底是何种可能性，我们应该仔细留意福柯对权力/知识/主体性的质疑探讨与他对古代哲学实践的考察之间发生了何种交集。这对我们理解福柯思想的整体面貌具有重大启发意义。

福柯力图对某种权力形式加以抵抗——这一权力会对主体及其存在产生重大影响——正是这一努力引导福柯走向柏拉图的文本。在《书信七》中，柏拉图将哲学话语描绘为针对权力行使主体（即君主）的直言实践，其目的是唤醒君主，使其对自己加以关注，通过对自己的灵魂（psychē）及生活（bios）加以治理的方式来治理他人及城邦，这也是柏拉图所倡导的"哲人王"的理想状态。如果"政治直言"是对权力与政治领域的直接介入，那么"哲学直言"则是通过对权力主体进行言说的方式间接地介入政治生活。

福柯的哲学话语也同样着眼于"权力主体"，即经过对权力与知识的操作而具有某一特定主体性的个体。与柏拉图类似，福柯的工作就是要开启一种可能性，即将关心自己或自我关注作为对权力及自我忽视现象的抵抗。关心自己被当作是抵抗的关节点，因为这一"自我"（heautou）既是现代权力得以运作的舞台，也充满了通过"修行"（askēsis）带来转变、变化，使事物有所不同的巨大潜能。而这一潜能具有一定的美学和伦理向度，于福柯而言，"伦理和美学既受制于政治（权力），又要僭越政治，它以这种僭越的方式既超脱出政治，又

---

① 王嘉军：《文学和伦理面对"上帝之死"：列维纳斯与福柯的文论比较》，《文艺研究》2017年第1期。

以此种方式创造出另一种政治关系，从而进一步投身于政治"①。如果福柯确实使哲学实践产生改观，将它重新塑造为一种伦理直言的实践及关注自我的样式，那么他关于"哲学直言"或哲学话语本体论的陈述将会更加意味深长。借助福柯关于哲学话语的本体论阐释，我们也可以管窥到福柯本人的哲学实践到底意味着什么，同时也可以体味到一种未来哲学话语的痕迹。

我们应该仔细考虑福柯在《书信七》阐释过程中所分析的哲学"事功"得以现实化的可能性条件，因为，这些条件不仅关涉哲学话语本身，而且与作为聆听者的人有关。换言之，福柯的话语如果要归入哲学之列，那它必须要对有聆听意愿的人进行言说。这就要求我们作为哲学学习者或爱好者，首先，必须懂得如何切当领会及妥善处理福柯所说的话语，即要努力成为一名合格的"聆听者"。其次，只有当我们作为聆听者切实地将哲学作为一种生活方式来加以实践，将哲学看作需要通过"修行"（askēsis）而使生活发生改观的日常生活实践，聆听的意志才会展现。最后，这一哲学修行必须要在哲学实践主体身上产生某种形式的"返归效应"（de retour）②。

现代学院派哲学实践是对某一特定类型的主体性不断体制化的过程。福柯认为，在现代哲学中，"主体与真理的关系是一种认知（connaissance）模式"③，这意味着现代哲学实践被限定为根据不同的方法来生产知识和进行论辩，这实际上是一种哲学的"规训"（discipline），它发生在我们的主体性层面。在现代哲学体制内，凭借哲学学科规则及要求，我们训练自己以特定的方式来体验哲学话语。即是说，规训约束了我们应该如何来聆听及把握哲学话语，我们的聆听意志是由规训来锻造的，这种规训恰似柏拉图文本中分析的修辞术对人

---

① 王嘉军：《文学和伦理面对"上帝之死"：列维纳斯与福柯的文论比较》，《文艺研究》2017年第1期。

② Michel Foucault, *The Hermeneutics of the Subject: Lectures at Collège de France 1981–1982*, trans. Graham Burchell, New York: Palgrave Macmillan, 2005, p. 19.

③ Michel Foucault, *The Hermeneutics of the Subject: Lectures at Collège de France 1981–1982*, trans. Graham Burchell, New York: Palgrave Macmillan, 2005, p. 191.

自由意志的捕捉与限制。为了以不同的方式倾听哲学话语，我们必须要改变这种状态。但是要改变我们的聆听方式——我们的倾听意志——就意味着要转变我们的生活方式。

福柯指出，柏拉图对书写的批判并不是倡导一种"逻各斯中心主义"或"语音中心主义"（这也是福柯最后一次对德里达做出强力回应），而是为了让我们注意到以下区分：对真理的理解是应该从命题（mathēmata）角度入手，还是应该从修行（askēsis）角度入手。现代哲学是从各种命题出发来掌握真理与知识。然而，柏拉图认为，哲学知识不能体现为命题形式，也不能以命题的方式加以传授。假若福柯表明哲学不只是一种知识形式，还是一种旨在使言说主体与聆听主体一并产生改变的话语风格，那么这将关系到我们的聆听方式，关系到我们如何能够或者应该如何领会福柯的话语。换言之，只有当存在一种自由的聆听意志的时候哲学话语才能完成它的事功，否则，除了言谈它将一无是处。

第三节 哲学直言与"灵魂本体论"：福柯对《阿尔喀比亚德篇》的读解

《阿尔喀比亚德篇》是否由柏拉图所著，目前学术界尚存争议。[①]但这篇对话对福柯晚期的主体谱系学而言至关重要，此对话是关于"关心自己"这一概念的系统描述。福柯认为这篇对话明确界定了既作为主动主体又作为对象客体的"自己/自我"（heauton）之具体含义，同时界定了关心实践所采取的诸种技术和关心自己的目的，也指明了"关心自己"的传承及对后世哲学的影响。[②]

另外，在这篇对话中，福柯发现一种从"关心自己"向"认识自

---

① Michel Foucault, *The Hermeneutics of the Subject: Lectures at Collège de France 1981 – 1982*, trans. Graham Burchell, New York: Palgrave Macmillan, 2005, p. 79.

② Michel Foucault, *The Hermeneutics of the Subject: Lectures at Collège de France 1981 – 1982*, trans. Graham Burchell, New York: Palgrave Macmillan, 2005, pp. 46 – 47.

己"的苏格拉底—柏拉图式转向。当然，在描述苏格拉底的大多数对话中都存在大量关于早期精神性操练形式的指涉，譬如，《会饮篇》中苏格拉底的忍耐测验，他的退隐独处，他对痛苦与诱惑的无动于衷，等等。但是，福柯认为在《阿尔喀比亚德篇》中，"关心自己"很明显重新围绕"认识自己"这一义务展开。另外，"认识自己"需要一种由苏格拉底所开创的"直言"游戏和自我实践或修行技术。① 最后，这一对话在整个柏拉图主义传统，甚至对古代哲学的谱系考察上很有分量，因为它以特定的方式被后来的新柏拉图主义者所评论吸收、改造继承，"这篇对话……被置于柏拉图作品之首，而且人们必须通过它来研究柏拉图或柏拉图主义，以及一般哲学"②。福柯认为，这反映了古代哲学主要是一种精神性的直言实践，在伦理主体性和"关心自己"的谱系中，《阿尔喀比亚德篇》是一核心文本。

一 伦理直言与"真理之爱"

在《阿尔喀比亚德篇》对话一开始，苏格拉底向阿尔喀比亚德声明自己是他第一个也是最后一个爱人。③ 苏格拉底的这一举动与众不同，因为向阿尔喀比亚德求爱的时机已过——他即将成人，不再是求爱的理想对象。

根据对话记载，苏格拉底说他是阿尔喀比亚德的最后一个爱人，是因为别的求爱者都弃阿尔喀比亚德而去，他意识到阿尔喀比亚德不再被宠爱；他说自己是阿尔喀比亚德的第一个爱人，是因为（正如苏格拉底将要阐明的）那些纠缠、追求他的人并不是真正地爱他。另外，当阿尔喀比亚德年华正茂、容颜姣好，是求爱的理想对象的时候，苏格拉底却一言不发，与之保持距离。他保持沉默，是因为一种"远

---

① Michel Foucault, *The Hermeneutics of the Subject: Lectures at Collège de France 1981–1982*, trans. Graham Burchell, New York: Palgrave Macmillan, 2005, pp. 49–50.

② Michel Foucault, *The Hermeneutics of the Subject: Lectures at Collège de France 1981–1982*, trans. Graham Burchell, New York: Palgrave Macmillan, 2005, pp. 170–171.

③ Michel Foucault, *The Hermeneutics of the Subject: Lectures at Collège de France 1981–1982*, trans. Graham Burchell, New York: Palgrave Macmillan, 2005, pp. 32–71.

第三章 哲学直言与关心自己:福柯对苏格拉底—柏拉图的读解

超过人的力量"不让他说话,这就是经常阻止他犯错的守护神的声音。① 守护神的声音曾经阻止苏格拉底介入政治生活并阻止他言说"政治直言",此时这同一个声音阻止苏格拉底对阿尔喀比亚德表达爱慕之情,使他保持长久的沉默。直到阿尔喀比亚德不再是爱欲的被动客体,而成为政治生活的行动主体的时候,苏格拉底才开口说话。福柯已经论证过守护神阻止苏格拉底介入政治直言具有更为重要、更为积极的意义,即为伦理直言敞开了空间。与此类似,在这篇对话中守护神阻止苏格拉底介入当时流行的爱情游戏,也具有另一种类型的积极意义:有可能形成一种以"关心自己"为主要特征的新型爱欲模式。

苏格拉底的爱情生活与政治—伦理生活均受到守护神声音的干涉,这绝非偶然。正如福柯在《快感的享用》中指出的,在柏拉图的思想中,爱欲与政治紧密交织在一起,在古希腊,爱欲关系一定程度上是对政治关系的反映:"人们使用与社会竞争、等级制领域一样的范畴来对快感实践加以概念化、对之展开反思:类似的争胜结构、类似的对立与区分、类似的赋予爱恋双方各自角色的价值定位。"② 但更为重要的是,这一爱欲体验领域为雅典年轻人的成长与自我塑造提供了重要的契机,促使他们去了解自身的状况,了解与他人之间的关系问题,去思考是什么样的欲望形式及目的决定了他们自身与其他人之间的关系。

福柯认为,在苏格拉底与柏拉图看来,雅典的爱欲关系同样被导致了修辞术泛滥及公众意见肆无忌惮的"自我忽视"这一现象所侵蚀。爱欲领域充满了各种复杂微妙的私密关系及身份类型,由于年龄及经验不同,相爱双方的关系并不均衡,这本来应该成为关心自己的理想场所,但雅典人并没有在这一理想领域就"关心自己"大展宏图,而是将其作为争夺权力与满足自我欲望的另一个舞台。换言之,

---

① [古希腊]柏拉图:《阿尔喀比亚德》,103a,梁中和译/疏,华夏出版社2009年版,第53页。

② Michel Foucault, *The History of Sexuality*, Vol. 2: *The Use of Pleasure*, trans. Robert Hurley, New York: Vintage Books, 1990, p. 215.

求爱者将爱欲关系作为体现其"快乐原则"及"权力意志"的机遇，力图利用这样的机会去说服、操纵、引诱在爱欲游戏中处于不利地位的被爱者。这样一种爱欲关系尤其危险，其原因在于它没有将自我作为主体来加以恰当关注，而是将被爱者作为需要捕获与控制的对象客体，促使人们参与到控制他人以使他人对象化、客体化的危险游戏之中。这样一种爱欲关系肆虐于当时的雅典爱情生活并深深地灌注于当时的"公众意见"之中，对当时陷入泥淖的"公众意见"推波助澜，形成一种宰制当时政治与伦理生活的强力。

苏格拉底—柏拉图对这一情景的应对是要充分"利用"（khrēsis）（se servir）这种爱欲关系，将其作为关心自己的独特场所，对被爱者加以塑造与培养。考察苏格拉底和柏拉图的著作，福柯发现爱欲和性爱关系具有或发挥一种伦理功能。苏格拉底代表一种新的求爱者形象，这就是关心被爱者灵魂的哲学家。他既是一位哲学家，也是一名求爱者，他关心被爱者的灵魂。性爱论将转变为一种关注实践、一种关心行为，被爱者也相应地发生转变，从被动消极的求爱对象转变为必须对自己加以关注的积极主体。[①] 在柏拉图的著作中，爱欲关系成为真理展现的场所，人们可以在这一场所中利用伦理直言去关心他人，培养他们形成一种良好的品性（ēthos），从而更好地投入政治生活之中。

苏格拉底接近阿尔喀比亚德，对他展开质询，其目的是促使他认识到自身的当前状况。阿尔喀比亚德即将成为一名政治行动者，准备投入政治领域，使自己引以为傲的地位、财富、家族荣耀及他自身的自由得以彰显，从而证明自己的卓越价值。正是在这一关键时刻，他所有以前的求爱者都弃他而去。苏格拉底在这个"时刻"（kairos）走向前去与阿尔喀比亚德交谈，是要促使他认识到他一直被想要统治雅典的强大野心与强烈欲望所驱使。另外，苏格拉底就"如何治理雅典"这一问题不断地质询与挑战阿尔喀比亚德，其目的是让阿尔喀比

---

① Michel Foucault, *The History of Sexuality*, Vol. 2: *The Use of Pleasure*, trans. Robert Hurley, New York: Vintage Books, 1990, pp. 229–246.

亚德意识到他对如何治理这一问题完全无知，他缺乏有效治理雅典的"技艺"（technē）。

苏格拉底的追问向我们表明，在当时的状况下，爱欲关系并没有发挥应有的伦理塑造功能。爱慕追求阿尔喀比亚德的那些雅典人并没有真正关心过他，他们并没有为了使阿尔喀比亚德成为善于治理的主体而关心照料他这一事实，也证明他们并没有真正地爱过他。阿尔喀比亚德的爱慕者、追求者在他最需要从真正的爱欲关系中形成精神品性、获得治理技术及实现自身自由的关键时刻却遗弃了他。苏格拉底的目的是要真正地关心阿尔喀比亚德，纠正他的当前状态。他要向阿尔喀比亚德展示真正伟大的爱情，因为他将阿尔喀比亚德作为主动主体来加以关注，而并非将其视为追逐、控制的被动客体。也就是说，苏格拉底对阿尔喀比亚德的关心主要表现为帮助他学会如何关心他自己、如何通过关心他自己成为行动主体，而不再是别人意欲捕获的猎物。

福柯指出，在对话的三个关键时刻，苏格拉底的爱欲都引入并凸显了"认识自己"这一原则。第一个时刻上文已经讲过：苏格拉底走向前去第一次与阿尔喀比亚德交谈，使他认识到自己的困惑与问题。由此，阿尔喀比亚德对自己的境况加以反思，并且认识到自己当前的状况首先是想要统治雅典，但是他不知道如何来执政。苏格拉底告诉阿尔喀比亚德必须要关心自己，也就是说，他必须要认识到当前的自身条件或素质。[①] 只有认识到自己的当前条件或状况，苏格拉底说，阿尔喀比亚德"才将会更多地关心照料自己"[②]。对阿尔喀比亚德质询的目的是让他变得焦虑，使他对自己的不足有所警觉，同时激励他去纠正自己、治愈自己，使自己摆脱当前的不足状态。

苏格拉底将自己视为阿尔喀比亚德的引导者，阿尔喀比亚德意识到自己的不足状况后，也甘心接受苏格拉底的治理与引导，跟从他并

---

① Michel Foucault, *The Hermeneutics of the Subject: Lectures at Collège de France 1981-1982*, trans. Graham Burchell, New York: Palgrave Macmillan, 2005, p. 33.

② Michel Foucault, *The Hermeneutics of the Subject: Lectures at Collège de France 1981-1982*, trans. Graham Burchell, New York: Palgrave Macmillan, 2005, p. 33.

向他学习。为了有能力治理他人，阿尔喀比亚德首先必须要"被治理"。因此，他遵从苏格拉底，但这并不是要放弃自己的意志，而是要使自己的意志更加强劲，使自己的意志强大到足够承担起政治生活的重任。换言之，正如福柯所认为的，此处文本主要解决的问题是对自我及对他人的治理问题。

苏格拉底与阿尔喀比亚德之间建立的关系，并不体现在苏格拉底向阿尔喀比亚德传授治理城邦的知识和技艺。[1] 这是诡辩家采取的策略，他们传授学生说服及控制他人的技术，譬如，修辞术。与此不同，苏格拉底的方法建立在"关心自己"这一原则之上，他并非是要向阿尔喀比亚德传授技能，而是要帮助他转变自己的存在方式，以此帮助他成长为主体。通过自己存在方式的转变，阿尔喀比亚德才能发现和了解如何切当地运用治理艺术。阿尔喀比亚德必须要使自己摆脱当前以忽视自己为症状的存在方式，他必须要在希望能够治理他人之前学会如何关心自己、治理自己。由此，爱欲关系也从以前的状态中摆脱出来，不再是求爱者与被爱者之间表现为征服与引诱的权力争斗。爱欲关系在哲学家与门徒之间得到很好的体现，前者实践一种关心自己的艺术，后者必须开始对自己加以关注。

二 关心自己与"灵魂—自我"

阿尔喀比亚德认识到自己的状况之后，表示愿意开始关心自己。然而，问题也随之出现：阿尔喀比亚德当前存在的主要问题之一是他无知，他既不知道同时作为关心主体与对象客体的这一"自我"是什么，也不知道如何来关心他自己。接下来，苏格拉底和阿尔喀比亚德两人重点谈论了以下两个问题：什么是"自己"？如何来"关心"自己？

首先，什么是"自己"呢？什么是既是关心主体又是对象客体的这一"自己"呢？就此，苏格拉底第二次引入了德尔斐神谕的指示："必须认识你自己。"正如前面所述，"认识自己"这一原则在对话中

---

[1] Michel Foucault, *The Hermeneutics of the Subject: Lectures at Collège de France 1981–1982*, trans. Graham Burchell, New York: Palgrave Macmillan, 2005, p. 51.

第一次出现的时候，意思是让阿尔喀比亚德认识到自身的当前状况，认识到他的欲望与匮乏。亦即说，认识自己的第一个功能在于促使人们去关心自己。而在此处，即苏格拉底第二次提及"认识自己"这一原则时，福柯认为这是一个"形式或方法论"问题。① 也就是说，人们必须要认识作为关心对象的这一自己是什么，人们必须要对作为关心客体的这一自我有所认识。

《阿尔喀比亚德篇》以一种独特的方式对这个"自己"加以界定。苏格拉底不断地对阿尔喀比亚德提问，促使他加以应答，最终使他认识到自我或自己即"灵魂"（psychē）。福柯指出，此处的灵魂不能被理解为一种实体，或传统的三重等级结构，或是像被囚禁于身体之内的真正本质，或死后能够在彼岸世界得以存活的永恒存在，等等。为了把握及理解灵魂，使之成为需要关心的对象，柏拉图使用了"khrēsis/khrēsthai"这一术语，法语意为"运用/利用/使用"（se-servir）。在《阿尔喀比亚德篇》中，认识自己指的是认识作为行动主体的灵魂，这一灵魂—主体"超越"它的周围环境、它的身体、它所具有的品质及它所使用的工具。

"khrēsis"这一术语具有丰富的引申意义。② 这一词语所涉及的主要不是一种与世界、与身体或与他人的工具性关系，而是体现了在与其他事物、与自己及与他人发生交集的时候自己立身处世、行事为人或表达情感态度的方式。福柯举例论证道，当"khrēsis"一词涉及人与诸神之间的关系时，它指的并不是人"使用"诸神，而是说人们要尊重诸神的指示行合宜之事，根据适当的技艺适当行事，从而维持与诸神的关系，也就是说要尊崇诸神、侍奉诸神、服务诸神。③

---

① Michel Foucault, *The Hermeneutics of the Subject*: *Lectures at Collège de France 1981–1982*, trans. Graham Burchell, New York: Palgrave Macmillan, 2005, p. 52.

② 福柯将希腊词语"khrēsis"法译为"se servir"。这一法译可能比英译"to use"一词更接近"khrēsis"所具有的丰富复杂的含义。如要翻译成英文，"服侍"（to serve）、"服务某人"（to serve oneself）或"服务"（service）可能比"使用"（to use）一词更好，因为"服务"（serve）不仅表示使用某物，还表示对某物有用的意思。

③ Michel Foucault, *The Hermeneutics of the Subject*: *Lectures at Collège de France 1981–1982*, trans. Graham Burchell, New York: Palgrave Macmillan, 2005, pp. 55–56.

关于"khrēsis"这一概念,柏拉图指的是相关于周围一切事物"主体独特的、超越的立场或位置"。这一主体不等于与己有关的任何事物,甚至也不是它自己的身体、思想或品格;而是指它与这些事物,与它的身体、思想或品格之间所保有的关系,是从这些关系中所透露出来的主体的态度、行为或立身处世的方式。① 在"关心你自己"这一准则下,"自己"既是主体也是对象。"关心自己"所隐含、要求及产生的自我转变必须要求个人修正自己与自我、与他人及与处身其中的世界的相处方式、态度或风格。"自己"是灵魂,灵魂是主体,这一主体置身于周遭世界并与其发生关联,但又超越周围的一切,因此这一"自我"即灵魂—主体,但这是一种由关心实践与修行操练所界定的主体,而非理论沉思的客体化主体。

《阿尔喀比亚德篇》中的主体是致力于关心实践的主体,在其中,关心自己就是一种实施关心的活动与实践,对他人关心自己的方式加以关注,这样的关心实践将界定作为灵魂—主体的"自我"之所是。"khrēsis"这一术语也是福柯在《快感的享用》中对希腊"(性)快感"(aphrodesia)实践加以分析的核心概念。其中,"快感的享用"(khrēsis aphrodisōn)指的不是一种工具性、目的性的使用和利用,"运用"快感不是确定人们的哪些欲望活动属合法或禁止范畴,不是制定何为节欲、何为纵欲的价值法则,它指的是这样一个问题:个体为了把自己塑造为伦理主体,就必须把自己的生活与生存塑造成一件艺术品,为此,个体不是将自己的行为准则普遍化,而是通过不断调整自己围绕着"快感"问题所采取的行为、所持有的态度或所拥有的追求,使自己的生存个性化、风格化。②

至此,从福柯对这篇对话的阐释中,我们看到阿尔喀比亚德必须要关心他自己,他必须要关心作为"灵魂—主体"的自己。那么接下来需要回答的问题是:作为"使用"(khrēsis)的主体如何来关心自

---

① Michel Foucault, *The Hermeneutics of the Subject: Lectures at Collège de France 1981–1982*, trans. Graham Burchell, New York: Palgrave Macmillan, 2005, pp. 55–56.

② 参见赵灿《诚言与关心自己——福柯的古代哲学解释研究》,博士学位论文,复旦大学,2010 年,第 138 页。

己？这时候，对话第三次返回到"认识你自己"这一原则。①

在《阿尔喀比亚德篇》中，关心实践被定义为一种认识自己的实践。为了关心自己，为了获得正确治理（城邦）的技术，一个人必须要从事认识自己的实践。而认识自己采取的认知模式是对自我、对灵魂的沉思，借此，一个人才能够把握作为灵魂—主体的"自己"的存在状态。柏拉图利用眼睛和视觉的隐喻来描述这一沉思行为。一个人要沉思自己、观看了解自己，就需要一面"镜子"。眼睛能够从中观看到自己的那面理想的镜子是另一只眼睛，这是因为眼睛能够看到自己反映在另一只眼睛最卓越、最独特的部分之中，这一最卓越的部分就是形成视力、发挥眼睛特有视觉功能的瞳孔。② 眼睛在瞳孔的"视觉反射"之中观看到自己。与之类似，灵魂若要认识它自己，就应该去观看另一个与之本性相同的灵魂，或与之类似的另一个东西；它若要认识自己，就必须在一个"相似的对应物"中观看感知到自己。那么，这个能够揭示灵魂真正自然本性的他者或对应物是什么？灵魂必须要在"属神的因素"（ho theos）之中来沉思自己，因为，这一"属神的因素"正如眼睛的瞳孔，是灵魂中最卓越的部分，只有在神之中，灵魂才会感知到自己的本性，这才是纯粹的认识活动。只有通过对属神部分的沉思，才能认识自己，获得自我知识。因此，在神之中，一个人会发现知识，发现真与假、好与坏的基础，发现真正的治理艺术。

对话到目前为止，福柯分析了《阿尔喀比亚德篇》的发展进路："首先认识到自己的不足，从而引出关心自己，然而关心自己必须要认识自己，要认识自己就必须在自身中反观自身的要素，而这个要素就是神，最终结论，认识自己就是认识神。但要注意的是，《阿尔西比亚德》中的认识自己、认识神的论述距离基督教思想还很遥远，它不仅不是通过自我内省和自我分析，走向一种隐藏的、不为他人所知

---

① Michel Foucault, *The Hermeneutics of the Subject*: Lectures at Collège de France 1981–1982, trans. Graham Burchell, New York: Palgrave Macmillan, 2005, pp. 67–71.

② Michel Foucault, *The Hermeneutics of the Subject*: Lectures at Collège de France 1981–1982, trans. Graham Burchell, New York: Palgrave Macmillan, 2005, pp. 69–70.

的'自我',而是处于那种看见与被看见、自己与他人的相互依赖性中,而这种彼此关系,构成了跟错误与责任的文化相对立的羞耻与荣誉的文化的一个特征。"①

三 关心自己与政治正义

福柯继而分析到,在对话的结尾,阿尔喀比亚德的意志好像得到了净化,但他脱离了苏格拉底的质询方向,话锋一转,承诺说他要去关心的不是他自己,而是"正义和公正"(dikaiosunē)。② 福柯指出,这一决定乍看上去有点令人摸不着头脑。因为,整个对话都是关于一种"关心自己"的理论探讨,但在此时,在对话结尾的最高潮处,阿尔喀比亚德却承诺要去关心"正义"而不是他"自己"。这一转变的意义在于:通过对自己属神的本性(即灵魂—自我)的沉思,通过正确地关心自己,一个人自然会去关注正义问题。认识自我就是要认识到何谓正义、何谓对自我与他人的最优治理,自我知识就是关于何谓正义的知识、关于如何最好地治理自我与他人的知识。③ 关心自己就是要去关心如何对自己的灵魂加以良好治理——建立自己与自己之间正确、正直且公正、合理的关系。

福柯提醒我们注意,对柏拉图来说,公正、正义既是一个心理学概念,也是一个政治学观念:认识到并能够在灵魂之中树立公正意识与认识到并能够在城邦中实施正义是同一回事。也即是说,在柏拉图看来,"公正"(dikaiosunē)这一概念适用于灵魂与城邦双重领域:

> 当阿尔喀比亚德听从苏格拉底的教导,信守承诺去关心自己是否公正时,一方面,他要关心自己的灵魂、自己灵魂的内在等

---

① 赵灿:《诚言与关心自己——福柯的古代哲学解释研究》,博士学位论文,复旦大学,2010 年,第 140 页。

② Michel Foucault, *The Hermeneutics of the Subject: Lectures at Collège de France 1981 – 1982*, trans. Graham Burchell, New York: Palgrave Macmillan, 2005, p. 71.

③ Michel Foucault, *The Hermeneutics of the Subject: Lectures at Collège de France 1981 – 1982*, trans. Graham Burchell, New York: Palgrave Macmillan, 2005, pp. 71 – 72.

级制，控制其灵魂各部分的秩序和主从关系，与此同时，他还要让自己能够监督城邦，维护它的法律、政制（poleteia），切当地保持公民之间正当关系的平衡。①

关心自己能够引导人关心正义，这是政治生活与政治行为的基础。通过福柯的阐释，我们看到，在《阿尔喀比亚德篇》中，关心自己围绕着对灵魂中"属神的因素"的沉思展开，从这一沉思出发，人们获得一种"灵魂的本体论"。通过对作为"灵魂—主体"这一"自我"的真实本性的认知，一个人将能够转变自己，并成长为有能力治理自己与他人从而切当参与政治生活的主体。但这样一种"关心"实践必须发生在适当时刻，要把握好它的"时机"（kairos）：这就是当一个人被那些自称为他的"情人"、他的看护者的人所抛弃，而他也即将参与政治生活之时。爱欲关系发挥促使他人关心自己的这样一种伦理功能。通过沉思的形式，关心自己使受公众意见影响并被其腐蚀的个人意志得以"净化"（cathartic）②。

在《书信七》和《申辩篇》中，福柯发掘了苏格拉底—柏拉图哲学中"伦理直言"这一面向。福柯指出，柏拉图及苏格拉底将哲学建构为一种言说和聆听真理的伦理关系，从而激发他人对自我加以关注。在《阿尔喀比亚德篇》及《拉凯斯篇》中，围绕着"关心自己"（epimēleia heautou）这一主题，福柯阐释了两种类型的哲学实践，这两种哲学实践都是为了抵制雅典人普遍忽视自我这一现象，其中，德尔斐神谕"认识你自己"（gnōthi seauton）被认为是"关心自己"所采取的各种行为中的重中之重。认识自己不仅仅是为了理解神谕，更是为了过一种直言式的生活。因此，福柯认为，尽管"关心自己"这一律令将柏拉图与古代精神性传统及古代自我转变实践紧密联系在一起，但他同时也突出了"认识自己"这一义务，将其作为围绕关心自己所采取的各种自我

---

① Michel Foucault, *The Hermeneutics of the Subject: Lectures at Collège de France 1981 – 1982*, trans. Graham Burchell, New York: Palgrave Macmillan, 2005, pp. 174 – 175.
② Michel Foucault, *The Hermeneutics of the Subject: Lectures at Collège de France 1981 – 1982*, trans. Graham Burchell, New York: Palgrave Macmillan, 2005, pp. 175 – 176.

转变实践的核心要素,对关心自己的各种实践进行了彻底修正与重组。

经过读解,福柯认为《阿尔喀比亚德篇》及《拉凯斯篇》阐明了一种崭新的关心自己及直言类型,目的是为"政治直言"做准备。在这两篇对话中,苏格拉底要关注的是他人如何关心自己,但每一篇对话均展示了各自不同的伦理直言类型。在《阿尔喀比亚德篇》中,伦理直言表现为"灵魂的本体论",哲学直言即关心自己,要求人们理性地讲述(logos)自己灵魂(psychē)的状况及本质;在《拉凯斯篇》中,伦理直言表现为"生存的检验",要求人们对自己的生活(bios)做出理性描述(logos),在与苏格拉底的交谈中,人们必须要将注意力转向自己的生活方式、必须要对自己的生活方式加以检验与陈述。因此,自我就在灵魂(psychē)与生活(bios)这两个领域成为话语(logos)的表达对象。[①]

作为一种关心自己的技术,伦理直言表现为一种关于精神(psychological)及关于生活或生命(biological)的艺术。福柯认为这两种关心自己的模式将会产生两种不同的哲学传统:前者将重点探讨精神实践问题,关注作为"灵魂—主体"的那一自我——斯多葛派是这一传统的代表;后者将对生活进行持续的检验,关注作为"生活—主体"的那一自我——这一传统的代表是犬儒主义及基督教禁欲主义。[②]

第四节　伦理直言与生活的检验:福柯对《拉凯斯篇》的读解

在福柯谓之"伦理直言"的苏格拉底—柏拉图式直言中,哲学直

---

① Michel Foucault, *The Courage of Truth*: *The Government of Self and Others* II. *Lectures at Collège de France 1983 – 1984*, trans. Graham Burchell, New York: Palgrave Macmillan, 2011, p. 127.

② Michel Foucault, *The Courage of Truth*: *The Government of Self and Others* II. *Lectures at Collège de France 1983 – 1984*, trans. Graham Burchell, New York: Palgrave Macmillan, 2011, p. 128.

言被苏格拉底定义为塑造一种伦理品性（ēthos），即：人们围绕"自我"这一概念进行阐释。《阿尔喀比亚德篇》声称找寻真正的自我务必要探讨灵魂深处的本质属性，即灵魂（psychē）的本体论；而《拉凯斯篇》却将生活（bios）和行为（erga）作为重点，强调描述自己的"生活方式"或"生命形式"（bios）①。对此，福柯认为，这既非个人生活琐事的记录堆砌或对个人内在渴望、想法、憧憬的分析，也非反思过往的忏悔录，绝非是对其进行定义或定性。究其本源，直言是为了探讨是否有"一种和谐关系"② 存在于谈话者的所述（logos）与现实生活（bios）之中。于福柯，本对话隶属对政治直言的探讨，即：如何来治理、谁来治理、赋予人们治理能力的究竟是什么。

《阿尔喀比亚德篇》在篇首指出阿尔喀比亚德要意识到他需要关心自己；然而，与之不同，《拉凯斯篇》却认为要想过上美好生活，就必须先关心自己。起初，《拉凯斯篇》中的对话人物对于谁人真正"关心自己"，如何关心自己，并没有答案。而后，苏格拉底与他们进行对话，并更改了对话主题，苏格拉底并非直接提问何为关心、何以关心，而是换而言之地让他们说出自己的生活方式。对话的末尾也显示出，这些对话人物都意识到了苏格拉底是真正"关心自己"的大师。而苏格拉底采用的方法并非是回答他们的提问，反之，是循循善诱地抛出问题，提出质询，通过他的"伦理直言"表明到底何为关心自己，谁人能够做到真正关心自己与他人。

一 福柯解读《拉凯斯篇》的原因

福柯之所以选取《拉凯斯篇》为苏格拉底式直言的代表，原因有

---

① Michel Foucault, *The Courage of Truth: The Government of Self and Others* II. *Lectures at Collège de France 1983 – 1984*, trans. Graham Burchell, New York: Palgrave Macmillan, 2011, p. 127.

② Michel Foucault, *The Courage of Truth: The Government of Self and Others* II. *Lectures at Collège de France 1983 – 1984*, trans. Graham Burchell, New York: Palgrave Macmillan, 2011, p. 146.

如下四点①。其一,《拉凯斯篇》重现了《申辩篇》的三大主题,这也恰恰是最能体现苏格拉底话语特点的:"直言"的概念不止一次出现在《拉凯斯篇》中,不仅从头到尾奠定了对话的基调,还体现了对话者的主要特点。《拉凯斯篇》中有一个核心概念为"检查"(exetasis),而检查与测验他人正是苏格拉底式直言的一大特点。此外,"关心"(epimēleia)这一概念也反复出现于《拉凯斯篇》,这也正是苏格拉底式直言体现的另一特点。这篇对话的初衷是帮助年轻人,希望借助对话谈论怎样关心年轻人,关心这一群体的教育、训练,怎样使他们收获"在政治领域有所作为所必需的品性美德"。综上所述,表现苏格拉底话语特征的三大主题"直言"、"检查"及"关心"再度交会。福柯对此三大主题也做出了解释,他认为,"直言"即有勇气实事求是地说真话;"检查"即检查他人、检验灵魂;"关心"则是勇气和实事求是说真话的聚焦之处。②

其二,苏格拉底展开交谈与检验的对象是尼西亚斯(Nicias)与拉凯斯(Laches),二者在雅典城邦有着举足轻重的地位,均为政治家、军事家。苏格拉底并非政治家,也绝不直接参与政治话语。虽然他存在于《拉凯斯篇》的政治场景之中,与尼西亚斯和拉凯斯展开了交谈,却只是为了使二人采取另一种对于关心自己尤为重要的话语模式,而这一话语模式完全不同于政治话语。福柯指出:"苏格拉底与政治场景建立了一种直接的联系。在直接跟政治人物进行交谈的过程中,也可以说在直接与政治活动发生关联的过程中,整个的对话游戏将表明苏格拉底是如何提出一种不同于政治游戏的另一种游戏形式。他将提出一种特殊的话语类型或说真话(veridiction)的模式,这不是政治话语,不是政治直言,而是将这两位政治人物带入另一种不同的

---

① Michel Foucault, *The Courage of Truth*: *The Government of Self and Others* Ⅱ. *Lectures at Collège de France 1983 – 1984*, trans. Graham Burchell, New York: Palgrave Macmillan, 2011, pp. 121 – 126.

② Michel Foucault, *The Courage of Truth*: *The Government of Self and Others* Ⅱ. *Lectures at Collège de France 1983 – 1984*, trans. Graham Burchell, New York: Palgrave Macmillan, 2011, p. 122.

话语模式。"①

其三,"勇气"这一主题出现于全篇对话之中,并贯穿始末。通读本篇即可发现,对话的主旋律为究竟何为勇气。而在福柯看来,决定主角对话人物特征的却是——"是否有勇气",这不仅可以对对话者过往的行为做出解释,还可进一步说明他们到底具不具备勇气去辩论。福柯认为,这篇对话的真正用意并不在于对何为勇气进行定义,而在于寻求另一问题的答案,即:在哪些方面、用何种方法、在何种程度上,"真理的伦理学"(ethics of truth)——主体通达并阐释真理所需的道德前提,需要勇气,或与其相关? 有何伦理关系存在于真理与勇气二者之间?② 关于勇气这一主题,最重要的并非对话中的"内容",而是对话展现的形式、程序及主要对话人物采用并呈现的言说方式。本篇对话主要探讨精神性问题,即:拥有哪种伦理品性、实施哪种修行操练,主体才可通达真理。对此,福柯再度强调,这一问题也正是所有西方思想的中心所在。

然而,福柯也申明,大体上在现代哲学中,对于精神性的理解基本都从主体的净化方面入手,如:对生活琐事的忽略,对肉体的无感,对私欲的克制,对感官的抑制,等等。意即,若要使现代主体与真理相通,就不得不在一定程度上"灭人欲",避免自己迷失在满是错愕、欲望横生、快感无处不在的感官世界里,"从不纯洁到纯洁,从模糊到透明,从转瞬即逝到永恒统一,表现了主体在通达真理的过程中所走过的道德轨迹,只有发生这样的道德转变,主体才有能力理解真理并言说真理"③。在福柯看来,在哲学领域,无论是以毕达哥拉斯为代

---

① Michel Foucault, *The Courage of Truth*: *The Government of Self and Others* Ⅱ. *Lectures at Collège de France 1983 – 1984*, trans. Graham Burchell, New York: Palgrave Macmillan, 2011, p. 123.

② Michel Foucault, *The Courage of Truth*: *The Government of Self and Others* Ⅱ. *Lectures at Collège de France 1983 – 1984*, trans. Graham Burchell, New York: Palgrave Macmillan, 2011, p. 124.

③ Michel Foucault, *The Courage of Truth*: *The Government of Self and Others* Ⅱ. *Lectures at Collège de France 1983 – 1984*, trans. Graham Burchell, New York: Palgrave Macmillan, 2011, p. 125.

表的哲学，还是以笛卡尔为代表的现代哲学，"真理的伦理学"所涉及的主体精神性问题基本在"净化"这一范畴内，换言之，要通达真理的精神性就必须实现主体的净化，福柯将此称为"真理之净化"（cathartics of truth）。①

此外，历史上还有其他精神性要求可作为主体通达真理的必要条件，福柯称其为"求真理的意志"（will to truth）②，但却不是从主体净化的层面分析，取而代之的是从求知欲、好胜心、勇气、承受力等情感方面入手。《拉凯斯篇》正是从勇气层面切入，从而对真理的精神性问题一探究竟，福柯将之称为"真理之勇气"（courage of truth），这也正是1984年福柯所授内容的题目。不得不说，要想理解福柯最后两年的学术及思想，本篇对话尤为重要。"求真理的意志"即为通达真理的精神性条件所不可或缺的。

要想通达真理，无论是关乎自身内在，或是事关生活本身，都必须具备求真理之勇气。《拉凯斯篇》中，通达真理并非"献祭牺牲而是战斗抗争"，"一个人为了通达真理，他能够面对什么样的决心、什么样的意志、什么样的斗争而不是献祭？"③ 要衡量真理的价值，或审视通达真理所需的付出，绝不是通过主体的献祭牺牲或净化程度，而是要通过主体本身所要承担的风险。

其四，《拉凯斯篇》与《阿尔喀比亚德篇》二者对比鲜明，这也正是福柯将其作为力证苏格拉底直言的论据的原因之一。同样地，在这两篇对话中，"认识自己"均在"关心"实践中占有一席之地，而要实现此类自我认知式的关心实践，就需要检验自己、对自己提出质询。然而，不同之处在于，两篇对话对于"认识自己"所采用的方式

---

① 参见［法］米歇尔·福柯《主体解释学》，佘碧平译，上海人民出版社2010年版，第12—16页。

② Michel Foucault, *The Courage of Truth: The Government of Self and Others II. Lectures at Collège de France 1983 – 1984*, trans. Graham Burchell, New York: Palgrave Macmillan, 2011, p.125.

③ Michel Foucault, *The Courage of Truth: The Government of Self and Others II. Lectures at Collège de France 1983 – 1984*, trans. Graham Burchell, New York: Palgrave Macmillan, 2011, p.125.

及对其所关涉的"自己"所衍生的认识与关心的方式大不相同。存在于《阿尔喀比亚德篇》这一对话中的"关心自己"的哲学直言,需要对灵魂(psychē)中的"属神因素"(hotheos)进行思考,所采用的方法是"灵魂的本体论"。而存在于《拉凯斯篇》这一对话中的苏格拉底式哲学直言却与上述沉思无关,反之,则是尝试"给予生活以理性"。对于个人来说,极有必要叙述过往的所作所为及将来的计划之事,灵魂的本体论这种认知方法对于关心而言并非必要的,真正不可或缺的实则是"检验"(épreuve)自己的生存或生活方式(bios)。①

二 福柯对《拉凯斯篇》的"博尔赫斯式"评注

《拉凯斯篇》的对话语境极为复杂,就此,福柯层层分解,展开深度剖析,堪称"博尔赫斯式"文本分析的范例。对话涉及的人物除了苏格拉底还有其他人,他们被福柯分为两组:一组是利西马科斯(Lysimachus)和麦列西阿斯(Melesias),这两人为对话的展开做了前期工作,并使得对话得以展开,且在整个对话过程中都作为引导者;另一组是拉凯斯(Laches)和尼西亚斯(Nicias),二人均为彼时雅典赫赫有名的军事家、政治家,受到利西马科斯和麦列西阿斯的邀约,共同欣赏一位颇有盛名的"武术"教师的器械格斗演出。②

对话始于上述武术教师的格斗演出之际,也正是在此时,利西马科斯和麦列西阿斯告诉大家欣赏本次演出的原因。其二人均有着显赫的出身,是雅典的名门望族之后,两位的父亲在雅典城邦享有盛誉,有着举足轻重的地位,但这二人却碌碌无为。③ 即便如此,为了减轻愧疚感,与自己达成和解,二人还是诉诸于"直言"——即便他们的

---

① Michel Foucault, *The Courage of Truth: The Government of Self and Others* II. *Lectures at Collège de France 1983 – 1984*, trans. Graham Burchell, New York: Palgrave Macmillan, 2011, pp. 126 – 127.

② 参见[古希腊]柏拉图《拉凯斯篇》,178A—180A,《柏拉图全集》第1卷,王晓朝译,人民出版社2002年版,第169—170页。

③ 参见[古希腊]柏拉图《拉凯斯篇》,179C—D,《柏拉图全集》第1卷,王晓朝译,人民出版社2002年版,第169—170页。

所言可能会令自己无地自容，也依然选择勇于坦白这一切。

> 利西马科斯：尼西亚斯和拉凯斯啊，无论讲来有多么啰嗦，我还是想把我们是怎么想起这件事来的缘由告诉你们……像我一开始就说过的那样，现在我要坦白地把事实真相告诉你们。我们经常向孩子们讲述先辈们的高尚业绩，讲他们在战争年代与和平时期如何处理城邦联盟和各城邦的事务，但我们自己却没有什么光辉业绩可以告诉他们。在孩子们的眼中，我们与先辈们的业绩形成很大的反差，这使我们感到羞耻，于是我们指责我们的父辈在我们年轻时把我们给耽误了。①

利西马科斯和麦列西阿斯毫无保留地言说一切缘由。他们讲到，造成他们成为平庸之辈的原因是二人的父亲未曾给予他们足够的关心，儿时未被精心照料与关爱导致他们成年后一事无成。他们的父亲只在意城邦的一切和他人的事情，也因此忽略了对自己孩子的关心教育，使得孩子没能很好地成长。因此，利西马科斯和麦列西阿斯吸取教训，为避免同样的悲剧发生，他们尽其所能地为自己的子女寻求并提供最好的教育。同样身为父亲，拉凯斯和尼西亚斯却与利西马科斯和麦列西阿斯大不相同，拉凯斯和尼西亚斯在城邦占有一席之地，由于十分出众，受到整个城邦的尊重与爱戴。

正是拉凯斯和尼西亚斯立下了丰功伟绩，对军事了如指掌，对政治颇有见地，且同时又作为需要呵护教育子女的父亲，因此，利西马科斯和麦列西阿斯向二人发出观看格斗演出的邀约。也就是说，拉凯斯和尼西亚斯在军事训练方面有着杰出的才干。作为管理者，人品出众，战功显赫；作为父亲，有数个儿女承欢膝下，所以他们二人势必清楚关心教育子女到底需要做些什么。正是为了取经，利西马科斯和麦列西阿斯向二人发出邀约。他们很想知道，表演的专业武术老师具

---

① 参见［古希腊］柏拉图《拉凯斯篇》，179C—D，《柏拉图全集》第1卷，王晓朝译，人民出版社2002年版，第169页。

第三章　哲学直言与关心自己：福柯对苏格拉底—柏拉图的读解

不具备精心照料、培养子女的能力。此外，使利西马科斯和麦列西阿斯向另一组人物征求建议的还有其他原因。据利西马科斯所言，拉凯斯和尼西亚斯绝非"阿谀奉承之人"，他们敢于说出心中所想：

> 利西马科斯：我想我可以坦白地把原因告诉你们，因为我们对你们一定不能有什么隐瞒。向别人请教常会引来嗤笑，而在别人向自己请教的时候，人们也经常不肯说出心中的想法。他们只是胡乱猜测请教者的想法，迎合他们的心理作出回答，而且不说真心话。但是我们知道你们有很强的判断力，肯说实话，所以我们想要听取你们的建议。①

据此，福柯认为，诉诸"直言"或肯说真话是切当"关心自己"的首要前提。对个人而言，生于名门望族不足以使之在生活中取得一定的成就，若要取得一番业绩，还务必要对自己足够关心，悉心照料并不遗余力地培养自己；若是自我关心不够、不发展自己，就只能活在愧疚之下。然而，关心、培养自己绝非易事，要达成这一目标就需要遇到真正通达真理的人生导师，对求教者的生活给予必要的指导和建议，这位师者必须敢于表达内心所想并且有能力正确使用直言。但问题在于，并非所有人都可以诉诸直言，因为，他的勇敢表述除了是对心中所想的坦白，还必须为事实的真相——所言说的必须是真理。利西马科斯和麦列西阿斯就可以作为例子，诚然，他们敢于说出自己内心深处最真实的想法，然而目的却只是承认自己的不足——对于关心自己和子女一无所知。虽然二人出身名门，但对于真理却不甚了解。在这一问题上，他们没有给予自己或子女足够的关心照料，他们的能力也不足以使用直言通达真理。对他们而言，坦白这一切仅仅是承认自己的能力不足，对自己、对子女的关心远远不够。

---

① Plato, "Laches 178a – b", in Plato, *Complete Works*, ed., John M. Cooper, Indianapolis: Hackett Publishing Company, 1997, p. 665. （译文参见［古希腊］柏拉图《拉凯斯篇》，178A—B，《柏拉图全集》第1卷，王晓朝译，人民出版社2002年版，第169页）

由此可见，真正的问题是，能够通过直言言说真理的究竟为何人？宗族出身本为约定俗成的真实话语基础，然而，当涉及通过直言言说真理时，这一概念似乎显得微不足道。这也正是拉凯斯和尼西亚斯的直言被寄予厚望的原因，人们渴望向他们借鉴经验。

紧接着，就武术表演者及其技艺，拉凯斯和尼西亚斯通过直言的方式提出了他们的看法。他们的个人生活、平日里的所作所为、治邦治军的丰功伟绩赋予他们资格和能力以直言，所以说，此处起到关键作用的正是"伦理差异"的概念。也正是因为"伦理差异"的存在，利西马科斯和麦列西阿斯才会甘愿听从二人意见并虚心接受其教导。换言之，拉凯斯和尼西亚斯之所以可以称为言说真理的主体，正是因为他们的"精神品性"（ēthos）。他们有所作为、德高望重，可见，对自己的关心治理到位；此外，他们通晓军事、对政治颇有见地，并取得了一番业绩，这一切赋予他们通过直言言说真理的身份。总的来说，他们之所以得以言说真理，正是因为所具备的"精神品性"。"伦理差异"这一概念，使拉凯斯和尼西亚斯自信自己所言即是真理，而二人的"精神品性"赋予其言说真理的资格与身份。

然而，在评论武术表演者及其技艺这一问题上，他们的意见完全相左。尼西亚斯首先提出自己的看法，由于以名声赫赫的诡辩家达蒙为师，他被拉凯斯视为哲学家。[①] 尼西亚斯热衷言辞、能言善辩、是非分明，在他看来，善好与知识息息相关，也就是说，善好就是知识，而话语即为传授方式，最有力、最有效的话语当出自为大家所认可的专业教师之口。因此，尼西亚斯觉得，这位武术表演者"舞刀用剑"技艺高，具备一定的专业知识，可作为话语者教授本领（tekhnē），利西马科斯和麦列西阿斯的子女可从中获益。

然而，拉凯斯却不以为然，作为一名勇士，他对言语并不关心，最为注重行动。他不喜辩证，对语言层面的"咬文嚼字"甚是厌恶，却对"好的行为"大加赞赏。他对专业教师的话语传授嗤之以鼻，反

---

① 参见［古希腊］柏拉图《拉凯斯篇》，200C，《柏拉图全集》第 1 卷，王晓朝译，人民出版社 2002 年版，第 196 页。

之,对在"现实世界"中行为出众的人赞不绝口。拉凯斯是经验主义者,他曾经目睹这位武术教师在实际斗争中一败涂地,认为其不足以服众。① 事实上,这位武术教师的表演确实令人眼前一亮,然而,他所具备的技艺却与现实战斗所需的勇气相差甚远,因而,他的技能百无一用。在拉凯斯心中,勇气而非"才艺"是赢得战斗的必需品,所以,具备勇气这一精神品性(ēthos)才是关心自己的一大前提。在拉凯斯看来,对利西马科斯和麦列西阿斯的子女而言,这位武术教师并非良师。②

福柯提出,拉凯斯与尼西亚斯的意见相左也揭示了本对话的重点:尼西亚斯崇尚言语,拉凯斯崇尚行为;但只有言语和行为达到平衡,才能孕育出真相和真理。虽然对话伊始,苏格拉底就出现在场地中,然而,直到二人意见不可调和时,苏格拉底才出面介入对话之中解决冲突。③ 苏格拉底的目的在于调和二人的分歧,使尼西亚斯推崇的言语与拉凯斯推崇的行为达成和谐一致。言语和行为的和谐状态至关重要,只有达成这一状态,才能得出结论——究竟谁人能够通过直言揭示真相、言说真理;究竟是何使得直言得以表述真理。

福柯由此证明,传统的宗族出身这一话语基础在直言中的作用显得微不足道。利西马科斯和麦列西阿斯的确出身显赫,然而,二人的直言只是袒露了他们的无知以及对自己的关心不足。尼西亚斯和拉凯斯因其丰功伟绩和精神品性广为人知,因此可以成为令人信服的直言者。他们行为得当,生活美满幸福,雅典城邦在其治理下井然有序,若是他们直言不讳、勇敢言说,人们就会毋庸置疑地认为其言说就是真相、真理。不料,当二人均客观表述自己的见解之后,其意见却完

---

① 参见[古希腊]柏拉图《拉凯斯篇》,183C—184A,《柏拉图全集》第1卷,王晓朝译,人民出版社2002年版,第173—174页。
② Michel Foucault, *The Courage of Truth*: *The Government of Self and Others* II. *Lectures at Collège de France 1983 – 1984*, trans. Graham Burchell, New York: Palgrave Macmillan, 2011, p.133.
③ Michel Foucault, *The Courage of Truth*: *The Government of Self and Others* II. *Lectures at Collège de France 1983 – 1984*, trans. Graham Burchell, New York: Palgrave Macmillan, 2011, p.134.

全相左、截然不同。这就说明，起码有一方言说的不是真理。而我们如何判别究竟谁是值得信赖的真理的言说者呢？"伦理差异"本来可以用来解决这一问题，然而，尼西亚斯和拉凯斯的精神品性（ēthos）不相上下，但意见却相左。

由是观之，在《拉凯斯篇》中，对话者的"精神品性"依然不能作为言说真相、通达真理的有力保障。苏格拉底接下来的调和将改变对话原本的基调，不再为武术教师的技艺问题所困，新的主题将关注点置于拉凯斯和尼西亚斯本身，对二人与真理之间的存在关系加以探讨。在苏格拉底介入的对话中，福柯发现了一个问题——以"关心自己"为主题展开的对话本质上即为关心自己的实践；而对何以照料自己提出质询并寻找答案也是一种实践，不仅关乎自己，还关乎他人。对话的重点并非武术表演者的技艺高超与否，而在于拉凯斯和尼西亚斯本身：他们具备的何种品质和能力使得他们成为被认可的"导师"来关心、治理他人？他们采取了哪种言说方式以关心他人？

在福柯看来，苏格拉底出现于对话之中并提出质询说明，拉凯斯和尼西亚斯的对话方式不但表明了二人对"关心自己"的认知程度，还表明了他们并未实现真正意义上的"关心自己"。从他们的对话模式可见，对话者并未对"关心自己"的实践进行具体界定，也未在他们自己与他人之间建构起"关心实践"。换而言之，本对话是对"对话本身存在模式"的反思，探讨的是对话主体存在模式的转变。

三　福柯对《拉凯斯篇》话语推论程序的分析

"苏格拉底的介入并不仅仅是从不同的角度重新概括了对话主题，而是使对话的推进方式发生了彻底的转变"①，福柯细致探究了苏格拉底是如何循序渐进扭转对话的"推论程序"，使对话的苏格拉底效应更为显现的。福柯认为，在苏格拉底还未介入并成为对话的引导者时，

---

① Michel Foucault, *The Courage of Truth*: *The Government of Self and Others* II. *Lectures at Collège de France 1983 – 1984*, trans. Graham Burchell, New York: Palgrave Macmillan, 2011, p. 134.

拉凯斯和尼西亚斯就教育问题展开的对话所采用的模式或推论程序与诸如公民大会等政治竞技舞台有异曲同工之处，是一种"政治场景的模拟（analogon），对公民大会的模拟"①。二人的对话方式是"政治—司法式"（political-judicial model）②的，在此类对话中，对话者依次表明自己的政治见地，并渴求博取他人的支持。换而言之，拉凯斯和尼西亚斯的直抒己见、诉诸直言实则属于"政治直言"的范畴。二人均声明各自所持的见解即为真理，并竭力借此为自己赢得支持从而获得公民大会或陪审团的选票。鉴于二人意见完全相左，苏格拉底不得不出面"投出自己的一票"③。显然，以上表明，对话的推论场景与公民大会或法庭模式相似，而政治—司法模式正是对话至此所采用的主要推论程序。

在福柯看来，政治—司法模式是程式化、规范化的模式，此类模式制定并统一律法、详细界定他人需要做什么以实现关心实践。本质上，政治—司法式的话语模式具备立法性质，关键在于立法内容，立法程序，如何依法判别，等等。换而言之，对话伊始，拉凯斯和尼西亚斯的"伦理直言"实则是一种"政治直言"。为解决个人何以参与政治生活这一难题，规范性—司法话语现身其中并详细介定了哪些行为与实践是真正的关心自己。在规范性—司法式话语中，一自主主体被认为存在其中，且此主体具备立法及依法判别的能力。然而，该话语的主体却发生极大转变，由本该实现关心实践的主体变为依法、守法的主体。个体要参与政治生活，就必须依法行事。由此可见，个体作为自主主体，首先要具备自我立法的能力，才得以对自己和他人加

---

① Michel Foucault, *The Courage of Truth: The Government of Self and Others* II. *Lectures at Collège de France 1983–1984*, trans. Graham Burchell, New York: Palgrave Macmillan, 2011, p. 133.

② Michel Foucault, *The Courage of Truth: The Government of Self and Others* II. *Lectures at Collège de France 1983–1984*, trans. Graham Burchell, New York: Palgrave Macmillan, 2011, p. 134.

③ Michel Foucault, *The Courage of Truth: The Government of Self and Others* II. *Lectures at Collège de France 1983–1984*, trans. Graham Burchell, New York: Palgrave Macmillan, 2011, p. 134.

以关心照料，这样一来，即可实现关心实践，大可不必再寻觅有能力和资质的大师给予指点。很显然，本篇对话表明，利西马科斯和麦列西阿斯二人并不具备关心实践所需的伦理属性以关心自己和他人，因此才会找寻真正的大师指点迷津，想要转变为有能力对自己和他人加以关心治理的主体。这就提出了新的要求，必须要有一种与司法话语截然不同的新的话语实践类型。

福柯于 1983 年讲授柏拉图的《法律篇》（*Laws*）之时，也对政治—司法式的话语模式提出了自己的见解与分析。彼时，福柯的关注重点在于"直言"在此文本中扮演了何种角色、起到了何种作用。① 在《法律篇》中，城邦赖以建立的基础正是完善的律法，柏拉图提出，"直言者"（parrhēsiast）在完善的律法中扮演着不可替代的角色：

> 但有一件极为重要的事很难令人听得进去。假如真能从神那里得到命令的话，这件事确实是只有神本身才能决定的事情之一。事实上，也许需要有一个勇敢的人，他要能够公开声明他的真实信念，指出什么是国家与公民的真正利益，要能在一个普遍腐败的时代，为整个社会体系提供所需要的法规——他要能够反对人们最强烈的欲望，忠于真理，独立自存，世上无人能够与他比肩而立。②

福柯认为，存在于城邦之中的法律若要发挥效力，务必要通过某一个体对其进行解读并据此进行审判裁决。每一种法律的生效都离不开"中介"，因此绝无任何法律可单独存在并充当审判官、仲裁者。

---

① Michel Foucault, *The Government of Self and Others. Lectures at Collège de France 1982–1983*, trans. Graham Burchell, New York: Palgrave Macmillan, 2010, pp. 204–205.

② Plato, "Laws 835b – c", in Plato, *Complete Works*, ed., John M. Cooper, Indianapolis: Hackett Publishing Company, 1997, p. 1497. （译文参见 [古希腊] 柏拉图《法律篇》，835B—C，《柏拉图全集》第 3 卷，王晓朝译，人民出版社 2003 年版，第 594 页）

一言以蔽之，法律的基础绝不是单一的政治—司法话语，只有借助另外的话语或实践，通过类似的中介，才能生效，起到法律效力，助城邦善好以一臂之力。换言之，规范性—司法话语本就是矛盾体，这一话语类型以其创造之物作为其发挥效力的先决条件。

在贵族寡头政治的体制下，政治—司法话语假定存在立法和守法两类主体，而界定两类主体的标准为能否实现关心实践，对自己和他人加以关心治理。问题在于，这样的主体是不可能存在于规范性—司法话语之中的。换言之，主体同时作为话语的前提和结果本就是不可能之事。在民主体制中，此话语也假定了一种主体——集体主体：集体成员之间相互平等，各抒己见，投出自己的一票，以此实现立法与执法。在民主制度下的"政治直言"话语模式中，言说者根据所谈论之事表达自己的见解，竭力为自己赢得公众投票与支持，汇集多数人的意愿以升级为法规，并以此令公众信服并遵守。共同点在于，民主制模式中的政治—司法话语也将能够实现关心实践，对自己和他人加以关心治理的主体视为前提条件。因而，在民主体制之中，公民平等议事，共同商讨城邦之事，也并非塑造主体的技术，难以塑造出假定存在的政治主体，顺应并保障民主制顺利运转。结果与先决条件不能为同一物，福柯将之视为政治—司法话语中的一大悖论。柏拉图认为，面对这样的难题，"就需要作为个体道德指引者的直言者的补充介入，在此，直言者担负的是对公民个体整个生活的道德指引的重任，就像一名居于城邦高位的道德公仆"①。

在这篇对话中，存在于规范性政治—司法话语中的上述两类模式都起到了一定的作用。在贵族寡头政治的模式下，伦理差异原则区分了立法主体与守法主体；在民主制模式下，允许众人各抒己见，最终的法律会采取某些贵族的直言。然而，在福柯看来，在探讨何以对自己加以关心时，若采用规范性话语模式，对话内容与对话者的初衷就会有所出入，从而导致对话者忽视自己。换言之，在利西马科斯和麦

---

① Michel Foucault, *The Government of Self and Others. Lectures at Collège de France 1982–1983*, trans. Graham Burchell, New York: Palgrave Macmillan, 2010, p. 206.

列西阿斯的问题上,如果继续使用政治——司法式话语模式,二人必然学不会如何实现关心实践,对自己和子女加以关心照料。即便苏格拉底介入并表达自己的见解,利西马科斯和麦列西阿斯也难以认识到,武术教师的技艺能否助益二人关心教育自己的子女。原因在于,在这样的政治场景之中,不可能真正实现关心自己。

因而,在后面的对话中,苏格拉底终止了如此的"政治直言"。在福柯看来,正是由于这样,"话语的推论程序"被苏格拉底扭转,在探讨关心自己的问题上,政治直言不再扮演重要角色。[①] 于苏格拉底而言,哲学的本质是指导他人实现关心实践,使之关心自己、关心他人,而关心自己和伦理直言式的哲学话语并不属于规范性——司法话语的范畴。那么,在探讨何以关心自己的问题时,倘若司法——规范性的话语模式或政治直言并不能发挥作用,不能实现对自己的关心治理,那么究竟什么才能?福柯认为,正是此时,苏格拉底改变了对话的推论程序,使技术(tekhnē)模式替代了"政治直言"话语模式。[②]

技术模式下的真理并非取决于言说者是否具备勇气、家世显赫与否、有无政治经验、个人品行好坏,而是取决于直言者与他所在的知识传统之间究竟有何关系。在福柯看来,至此,苏格拉底所认为的"何为最好教育的问题"已不属于政治范畴,而是与技术相关;真正的解决办法不在于投票,而在于向对教育问题颇有见地、成就斐然的专业导师寻求帮助:

> 苏格拉底:那我们现在就该首先研究一下,在我们商议的这件事情(关心自己)上,我们中间是不是有一个人是行家?如果有,尽管他只是一个人,我们就听他的,不理其他人;如果没有,

---

① Michel Foucault, *The Courage of Truth: The Government of Self and Others* II. *Lectures at Collège de France 1983–1984*, trans. Graham Burchell, New York: Palgrave Macmillan, 2011, p. 134.

② Michel Foucault, *The Government of Self and Others. Lectures at Collège de France 1982–1983*, trans. Graham Burchell, New York: Palgrave Macmillan, 2010, pp. 134–136.

那就到别处找。①

到底哪些技术专家可以作为求教的导师呢？福柯分析，苏格拉底给出的建议是，向"灵魂的诊疗师——关心灵魂的技师（teknikos peri psukhēstherapeian）"② 求教。在改变推论程序之后，于苏格拉底而言，如何实现关心实践，对自己与他人的知识技术加以关心治理这一问题就属于技术（tekhnē）范畴。苏格拉底不再将对话视为类似公民大会的政治场景，并未投出自己的一票；也不似拉凯斯和尼西亚斯二人，由于具备一定的精神品性、行为经验或显赫的家世而诉诸直言。取而代之的是，苏格拉底告知对话者：在教育问题、灵魂引导问题上，最好的求教者应当是具备专业知识或技能的技术专家："我们中间是不是有引导灵魂的行家，引导得非常好，而且受过名师传授——这是我们必须研究的。"③

福柯进一步说明，在界定"技术专家"是否合格的评判标准时，苏格拉底提出了两条建议：第一，此人的导师为何人，据此了解他精通哪一类技术知识；第二，此人有无独立的"代表作"，是否曾用自己的专业技术知识产出"良善且高贵的"个体或对其表示过关切：

> 苏格拉底：拉凯斯和尼西亚斯啊，由于利西马科斯和麦列西阿斯渴望非常出色地培养儿子的灵魂，曾经要求我们给他们出主意，我们必须给他们说出自己从过的老师——这些老师首先是能干的人，很好地培养过许多年轻人的灵魂，后来也教过我们。如

---

① Plato, "Laches 185a", in Plato, *Complete Works*, ed., John M. Cooper, Indianapolis: Hackett Publishing Company, 1997, p. 670.（译文参见［古希腊］柏拉图《拉刻篇》，185A，《柏拉图对话集》，王太庆译，商务印书馆2004年版，第115页）

② Michel Foucault, *The Courage of Truth: The Government of Self and Others* II. *Lectures at Collège de France 1983 – 1984*, trans. Graham Burchell, New York: Palgrave Macmillan, 2011, p. 134.

③ Michel Foucault, *The Courage of Truth: The Government of Self and Others* II. *Lectures at Collège de France 1983 – 1984*, trans. Graham Burchell, New York: Palgrave Macmillan, 2011, p. 134.

果我们有一个人说自己并没有老师，那就必须拿出自己的作品，说出有哪些雅典人或外邦人、奴隶或自由人曾经承认自己由于他的缘故变好了。①

苏格拉底提出的两条标准目的在于，界定何人能够在技术问题上成为令人信服的发言者、真理的言说者。这种真理模式与技术息息相关，要求真理的言说者必须既具备知识技能，又具备教授指导的能力。

福柯读解到，在本篇对话中，苏格拉底带来的转变有两次。第一次转变，将对话话语模式由政治模式转变为技术模式；第二次转变，话题不再围绕武术教师是否合格，转而对他是否具备对自己加以关心治理的能力进行探讨。在福柯看来，在下面的对话中，苏格拉底清楚展示了对话的场景本就是关心自己的实践：对话是如何展开的、对话者是如何进行对话的，均可作为对话者是否有能力关心自己的依据。苏格拉底提出，在对武术教师是否具备专业知识技能及教授能力进行评判之前，对话者首先应该开展自我认知，围绕自己展开直言，审视自己有无关心自己。② 那么，该如何展开围绕自我的直言呢？

苏格拉底先表明，自己并不掌握可对自己加以关心照料的技术。他坦言，自己未曾作为任何技术专家的门下弟子，原因是他"太穷，付不起智者学费，智者是惟一能改善道德的教师。所以到目前为止，我自己也没能发现这种技术"③。由此可见，苏格拉底并不将自己视为具备关心治理能力的技术专家，同时否认自己具备讲授指导能力。此后，他向拉凯斯和尼西亚斯提出建议，要求二人围绕自我展开直言，

---

① Plato, "Laches 186a–b", in Plato, *Complete Works*, ed., John M. Cooper, Indianapolis: Hackett Publishing Company, 1997, p. 671.（译文参见［古希腊］柏拉图《拉刻篇》，186A—B，《柏拉图对话集》，王太庆译，商务印书馆2004年版，第116—117页）

② Michel Foucault, *The Courage of Truth: The Government of Self and Others* II. *Lectures at Collège de France 1983–1984*, trans. Graham Burchell, New York: Palgrave Macmillan, 2011, p. 136.

③ ［古希腊］柏拉图：《拉凯斯篇》，186C，《柏拉图全集》第1卷，王晓朝译，人民出版社2002年版，第177页。

审视自己是否具备关心自己的技术,在苏格拉底看来,他们二人"要富裕得多……他们有可能向别人学到这种技艺,他们也比较年长,所以他们有更多的时间进行这种发现"①。福柯指出,从上述提议就可知晓,至此,苏格拉底已然转变了对话程序,对话者的任务不再只是直抒己见、为自己争取选票,更为重要的是审视自我、围绕自己的能力和技术展开论述。②

而对话话语模式的转变也使得对话的主题发生变化:对话不再围绕武师展开论述,取而代之的是,谈论苏格拉底、拉凯斯和尼西亚斯是否为具备能力之人。福柯进一步说道,政治话语模式向技术话语模式的转变并非易事,其中还涉及"话语推论程序"又一次发生变化。由上述对话内容可见,苏格拉底不但对自身的知识技术能力进行审视言说,而且建议拉凯斯和尼西亚斯围绕自我拥有的知识技术展开论述。然而,紧接着的话语风格却并非隶属技术模式,苏格拉底的见解也发生了转变,他不再将"是否拥有技术知识"视为审视、关心自己的最佳方式。在福柯看来,苏格拉底随后采用的话语推论程序是一种"直言模式"(parrhēsia),而非"技术模式"(tekhnē)。也正是因此,福柯谓之为"苏格拉底式直言"(Socratic parrhēsia),这一转变被福柯视为《拉凯斯篇》的重中之重。③

同时,福柯提出,苏格拉底式直言并非"政治直言",因其不是个体参与政治生活所采用的规范性—司法话语模式,不在于构建某种政治场景;也并非"技术直言",不是旨在教授知识、指导他人的技术模式,也不是为了探讨谁人拥有技术知识,可以成为为求教者指点迷津的导师。自此,对话演变成了一种与众不同的关涉直言的游戏实

---

① [古希腊]柏拉图:《拉凯斯篇》,186C—D,《柏拉图全集》第1卷,王晓朝译,人民出版社2002年版,第177页。
② Michel Foucault, *The Courage of Truth: The Government of Self and Others* II. *Lectures at Collège de France 1983 - 1984*, trans. Graham Burchell, New York: Palgrave Macmillan, 2011, p. 136.
③ Michel Foucault, *The Courage of Truth: The Government of Self and Others* II. *Lectures at Collège de France 1983 - 1984*, trans. Graham Burchell, New York: Palgrave Macmillan, 2011, p. 137.

践——不再关注赋予对话者资格与能力的精神品性（ēthos），却对精神品性所依托的基础展开进一步的探讨、质询与关心。福柯认为，这是一种典型的苏格拉底式"伦理直言"游戏，目的在于培养某种精神品性。① 为明晰苏格拉底话语推论模式这一至关重要的转变，探讨苏格拉底式"伦理直言"游戏的展开方式，福柯对以下文本进行了详细分析：

> 尼西亚斯：你不晓得，凡是接近苏格拉底与他交谈的人都会被他拉进辩论的漩涡，无论谈什么问题，他都让你不停地兜圈子，使你不得不把自己的过去和现在都告诉他。一旦被他套牢，他就绝不会放你走，直到你和他一道经过了完全彻底的考察。现在我已经熟悉了他的路数，因为我喜欢他的谈话，吕西玛库，我也知道他肯定马上就会这样做，而我自己则要成为受害者了。不过，我认为有人提醒我们别做错事，或者把我们正在做的错事告诉我们，总没有什么坏处。今生不回避规劝的人在来生肯定会更加谨慎。梭伦说，他希望能够活到老，学到老，年纪大本身并不会带来智慧。而我受到苏格拉底的拷问既非不寻常，也非不愉快。我确实早就知道，只要苏格拉底在这里，讨论的主题很快就会转向我们自己而不是我们的儿子，所以我个人非常愿意按苏格拉底的方式与他讨论。②

据福柯的解读，在《拉凯斯篇》中，上述文本发挥的作用有两种：第一，对话者与苏格拉底之间建立了"直言契约"（parrhesiastic

---

① Michel Foucault, *The Courage of Truth: The Government of Self and Others Ⅱ. Lectures at Collège de France 1983 - 1984*, trans. Graham Burchell, New York: Palgrave Macmillan, 2011, p. 138.

② Plato, "Laches 187e – 188c", in Plato, *Complete Works*, ed., John M. Cooper, Indianapolis: Hackett Publishing Company, 1997, p. 673.（译文参见［古希腊］柏拉图《拉凯斯篇》，187E—188C，《柏拉图全集》第 1 卷，王晓朝译，人民出版社 2002 年版，第 179—180 页）

pact），即尼西亚斯听取苏格拉底的直言，欣然同意苏格拉底对他提出质询与检验（touto gar moisugkhōreito）①；第二，该文本表现了苏格拉底式直言本身的特点及对话的另一方对直言的直观感受。

首先，福柯将上述对话视为直言式契约，而对话的双方均参与这一直言游戏。尼西亚斯提醒将要参加对话的对话者们这是何种推论游戏，并提前告知，如果他们参与苏格拉底直言，接受苏格拉底的质询，就都会有一种共同的身份——"受害者"，即便是尼西亚斯本人也毫不例外。然而，他的坦言提醒并非要其他对话者们对苏格拉底的提问质询退避三舍，因为尼西亚斯对于苏格拉底的"不断质询"（basanizesthai）欣然接受。尼西亚斯向接下来参与对话的对话者说明，他时常参与苏格拉底式直言并成为受害者，但他并不因此而排斥退缩，反之，在他看来，苏格拉底的层层追问会起到积极作用，令他感到愉悦。也正因此，尼西亚斯欣然接受苏格拉底的质询与拷问。可以发现，即便出发点不同，拉凯斯也愿意加入与苏格拉底的对话，感受苏格拉底式直言。因此，这是一种"直言式契约"。福柯进一步说明，由此，我们可以看到"一种好的、完全正面的直言游戏正在上演，其中苏格拉底的勇气将受到其他对话者勇气的回应与报答"②。苏格拉底的直言自由随性，具有苏格拉底的个人特色，其他对话者并不反感，也不似政治直言中的个体那样感到被冒犯或愤怒，更不会以此报复直言者。于是，对话者们欣然参与到苏格拉底式直言中，接受质询与拷问，凭借勇气坦白回答苏格拉底的提问。

为何尼西亚斯会感觉自己是苏格拉底式直言的"受害者"？这究竟是何种话语，令人感到多么痛苦，以致只有拥有足够的勇气才能够承受？这些问题的答案均出现在以上文本中，同时也正是上述文本的

---

① Michel Foucault, *The Courage of Truth: The Government of Self and Others* II. *Lectures at Collège de France 1983 - 1984*, trans. Graham Burchell, New York: Palgrave Macmillan, 2011, p.142.

② Michel Foucault, *The Courage of Truth: The Government of Self and Others* II. *Lectures at Collège de France 1983 - 1984*, trans. Graham Burchell, New York: Palgrave Macmillan, 2011, p.143.

第二个作用——表现苏格拉底式直言的内在特点。苏格拉底式直言使得"受害者"不得不"对自己加以恰当描述……合理地解释自己（di-donai peri hautou logon）"①。由此可见，转变由知识技术能力（对自身的技术能力加以描述）转向剖析自己（对自我审视直言）。参与苏格拉底式直言，成为苏格拉底的对话者，使得参与者"展示自己与 logos 之间的关系"②。

然而福柯也表明，与《阿尔喀比亚德篇》不同，此处的"展示自己与 logos 之间的关系"绝非对灵魂和神灵的沉思，而是对"自己生活的方式"（hontinatropon nun te zē）进行恰如其分的描述。③ 换言之，需要对上述的"自己"（hautou）加以解释并区分，在《阿尔喀比亚德篇》中，"自己"是一种"灵魂（psychē）—主体"，在《拉凯斯篇》中则是一种"生活方式"（bios）。因而，苏格拉底式直言的话语推论模式与政治无关，与技术无关，不涉及争辩，也不关涉传授。这一话语推论模式关注的重点是作为生活方式的自己，而不是作为灵魂—主体的自己。

在这样的场景之下，哲学实则是对生活进行检验（épreuve）。而在检验过程中，对话者必须关心自己，认真审视自己的生活方式，使"自己"全面接受苏格拉底的质询与检验：

> 正是在这一关涉生存方式、生活风格（tropos）、存在模式的生活领域，苏格拉底式直言将要施展拳脚。因此，苏格拉底式直言既不是技艺传授的理性环节，亦非灵魂的本体论存在，

---

① Michel Foucault, *The Courage of Truth: The Government of Self and Others* Ⅱ. *Lectures at Collège de France 1983–1984*, trans. Graham Burchell, New York: Palgrave Macmillan, 2011, pp. 143–144.

② Michel Foucault, *The Courage of Truth: The Government of Self and Others* Ⅱ. *Lectures at Collège de France 1983–1984*, trans. Graham Burchell, New York: Palgrave Macmillan, 2011, p. 144.

③ Michel Foucault, *The Courage of Truth: The Government of Self and Others* Ⅱ. *Lectures at Collège de France 1983–1984*, trans. Graham Burchell, New York: Palgrave Macmillan, 2011, p. 144.

而是生活的风格，生存的方式，以及人们赋予自身生命的特定形式。①

在苏格拉底式直言中，他对参与者提出质询与检验，迫使他们切当地描述自己。而苏格拉底本人扮演"试金石"（basanos）的角色，人们借此对自己进一步深度剖析。福柯认为，在柏拉图描述苏格拉底及苏格拉底的实践活动之时，"试金石"这一概念有着举足轻重的地位，"basanos"的动词形式为"basanizesthai"，意为"检验、盘查、拷问"。苏格拉底曾在《高尔吉亚篇》（Gorgias）中，用自己的灵魂充当"试金石"，以检验卡利克勒（Callicles）灵魂的含金量。② 此外，这一概念还在一些政治场景中留下身影，以检验民众对彼时城邦制度的接受和适应程度，譬如，《国家篇》（Republic）第七卷和《政治家篇》（Statesman）。③

然而，存在于苏格拉底直言中的"试金石"概念不是用来对个体的灵魂或城邦公民的政治素养加以检验，此处要检验的是公民的生活方式与生活质量。④ 在参与苏格拉底式直言的过程中，参与者接受苏格拉底的质询与检验，认真审视、剖析自我，通过这样的方式，了解自己，实现对自己的关心。然而，在福柯看来，苏格拉底式直言并非在于令他人知晓何为"关心"、谁人是关心自己的大师，或何以对自己加以关心照料。换言之，苏格拉底式直言的目的不在于传授知识，而在于使参与者将重心置于自己，认真审视自己本身及自己的生活。

---

① Michel Foucault, *The Courage of Truth: The Government of Self and Others II. Lectures at Collège de France 1983–1984*, trans. Graham Burchell, New York: Palgrave Macmillan, 2011, p. 144.

② 参见［古希腊］柏拉图《高尔吉亚篇》，486D—E，《柏拉图全集》第1卷，王晓朝译，人民出版社2002年版，第372页。

③ 参见［古希腊］柏拉图《国家篇》，537B，《柏拉图全集》第2卷，王晓朝译，人民出版社2003年版，第540页。

④ Michel Foucault, *The Courage of Truth: The Government of Self and Others II. Lectures at Collège de France 1983–1984*, trans. Graham Burchell, New York: Palgrave Macmillan, 2011, p. 145.

参与苏格拉底式直言的每一位对话者都认真审视、剖析、检验、关心自己,因此,这一场景中的每个主体都既体会"理论认知",又体验"关心实践"。此外,福柯提示,至关重要的是,苏格拉底式直言对自己、对生活的检验绝非是一蹴而就的,而是要伴随一生。在之前的引文中,尼西亚斯引用了梭伦(Solon)的经典之言"活到老,学到老"。此处意即,对每个人来说,苏格拉底式检验都应当伴随一生。对自己、对生活的检验绝不可有一劳永逸的念头,而应将其作为一种生活习惯,坚持不懈。

关心自己不单单在于"灵魂"或者"技术"层面,而要全面审视、检验自己的"生活方式",因此,苏格拉底式直言游戏中的每位参与者都必须具备相当的勇气(andreia)。首先,于苏格拉底而言,由于要勇敢向他人提出质询与检验,他务必具有极大的勇气。本篇对话的关键就在于,一定要具备对政治强人发起挑战之勇气。其次,除苏格拉底以外的每位对话者由于要接受苏格拉底的质询与检验,也必须有极大的勇气。在苏格拉底的质询之下,这些参与者必须对自己及生活方式进行切当描述,从而接受苏格拉底的检验。也就是说,参与者必须有勇气对自我、对当下的生活方式进行批判,并接受苏格拉底的检验。而后,还必须以勇气直面真理,打起精神,做好准备,在漫无边际的质询之路上勇敢前行,永不言弃,直至最后一刻。总而言之,在求真相、达真理的路途之中,勇气是不可或缺之物。

在对《拉凯斯篇》"话语推论程序"进行层层分解之后,福柯提出,"苏格拉底式直言的对象是生活方式"[①]。只有经由苏格拉底式直言的质询和检验,个体才能真正实现关心自己;而个体的生活(bios),或者说生活方式、生存风格即是关心实践的具体内容。在生命长河中,每个人都应该携苏格拉底式检验前行,不断审视自己的生活方式并敢于言说。上述表明,苏格拉底式直言与政治直言截然不同,并

---

① Michel Foucault, *The Courage of Truth*: *The Government of Self and Others* Ⅱ. *Lectures at Collège de France 1983 – 1984*, trans. Graham Burchell, New York: Palgrave Macmillan, 2011, p. 145.

非采用规范性—司法模式作为话语推论模式，取而代之的是不断质询，以此迫使人们切当描述（didonailogon）他们的生活。政治直言界定人们应做之事，而苏格拉底式直言却并非如此，它所通达的真理与行为实践密不可分，不是按外界的期待与规定行事，而是不断质询检验内在的真正的自己，以此获取真相，深刻认识到对自己的关心是否到位。因此，苏格拉底式直言是围绕关心自己展开的伦理模式。也就是说，倘若一个人没有足够的勇气这一伦理品性参与这一直言游戏并勇敢接受苏格拉底的拷问和检验，那么，他就根本不能实现关心自己。因而，通过苏格拉底式直言，参与者可深度剖析自我，用局外人的眼光审视自己当下的生活，深刻反省。

综上所述，苏格拉底式直言隶属"伦理直言"的范畴，通过苏格拉底的质询激发参与者的勇气，塑造所需的精神品性（ēthos），为幸福生活做铺垫，这也正表明了何为"求真理之勇气"，如此，个体便得以进一步认识自己、对自己加以关心照料，拥有美好的生活。①

四 伦理直言的真理本体论：话语与行为的和谐一致

《拉凯斯篇》中，苏格拉底式直言被福柯谓为"伦理直言"，然而，另一关键之处在于：为何苏格拉底具备诉诸直言、言说真相、通达真理的能力？赋予苏格拉底资质和公众信服力的究竟是何物？对话至此，可以得知，苏格拉底之所以有能力诉诸"伦理直言"，绝不仅仅在于他的出身、政治经验、精神品性或知识技术，那么，为何苏格拉底可以成为真理的言说者呢？是什么使得人们对苏格拉底十足地信服？为进一步探讨以上原因，福柯对《拉凯斯篇》中的另一对话进行深刻读解。拉凯斯表明，他欣然参与到苏格拉底式直言中接受苏格拉底的质询与拷问，并进一步说明了原因。借此，我们可以知晓为何苏格拉底可以作为直言者，以及苏格拉底式直言是如何一步一步言说真相、通达真理的。

---

① Michel Foucault, *Fearless Speech*, New York: Semiotext(e), 2001, p.101.

拉凯斯：尼西亚斯啊，我对于言语讨论的看法很简单，也可以说不简单，是双重的，因为我在一个人看来是喜爱言论的，又是讨厌言论的。如果我听到一个人谈论美德或者谈论某种智慧，而这人是一个真正的人，是配得上说这种话的，我就非常高兴；我见到说话的人与所说的话完全一致，感到说不出的痛快，觉得这样一个人好像一个真正的音乐家，调配出最美的和声，用的并不是竖琴或别的乐器，而是他自己的生命合奏，他的一切行动与全部言论和谐一致，是多里亚式的，而不是伊奥尼亚式的、弗吕及亚式的或吕狄亚式的，这是唯一地道的希腊曲调。这样一个人使我高兴，他只要一开口，我就显出爱好言论的样子。谁要是反其道而行，我就对他非常反感，他说得越来劲，我就越露出厌恶言论的神态。

　　至于苏格拉底，我还不大了解他的言论，但是对于他的行动我相信已经很熟悉了；我发现他的行动配得上最完美的直言。如果他是你说的那样，我很高兴同他在一起，乐意受他的考查，毫不厌烦地跟他学。我倒是同意梭伦的说法，希望老了还多多地学，不过还补充一点：要跟好人学。因为他会在这一点上对我让步，同意教人的本身也是好人，这样我就不致于显得不好教、不乐意学了。至于教人的是不是年纪比我小而且没有名气之类，我是并不在意的。苏格拉底啊，我请你毫无保留地教我、拷问我，也跟我学我所知道的东西。我对你非常放心，自从你跟我一同遇到危险的那一天起就是如此，那时候你用行动证明了你的勇敢品格，只有高尚的人才能这样做。你想怎么说就怎么说吧，不要顾虑我们的年龄差别。①

据此，福柯指出，于拉凯斯而言，主体的"行为实践"（erga）与

---

① Plato, "Laches 188c – 189b", in Plato, Complete Works, ed., John M. Cooper, Indianapolis: Hackett Publishing Company, 1997, pp. 673 – 674.（译文参见［古希腊］柏拉图《拉刻篇》，188C—189B，《柏拉图对话集》，王太庆译，商务印书馆2004年版，第119—120页）

"言辞话语"(logoi)达至"和谐一致"①的状态才是最为重要的。倘若一个人的言行完全一致,他就可以被冠以"真正的音乐家"之殊荣。在拉凯斯看来,此类音乐家可将平日的生活行为与言辞话语谱成动听的多里亚式曲调,一种"真正的希腊式曲调",正如《国家篇》所述,这是具有勇气之人的言行所谱的曲调,是勇气之曲调:"我……希望我们保留下来的曲调有一种可以适当地模仿勇敢者的言行,他们在战争和被迫的事件中冲锋陷阵,奋不顾身,履险如夷,视死如归,在各种不利的情况下都坚忍不拔。"②

拉凯斯对言论的喜好具有一定的选择性,如果一个人的言论与行为极不和谐,他就会厌恶至极,越不一致,他的憎恶也就越多。然而,由于曾见识过苏格拉底之美德,对于苏格拉底式直言与检验,拉凯斯便欣然接受。在他看来,苏格拉底的行为实践正是他内在美德的外在表现,也正因此,苏格拉底能够自由随性地畅所欲言,"想怎么说就怎么说"。拉凯斯认为,苏格拉底的一切外在行为都是他原本生活的外化表现,因此,苏格拉底有资格和能力言说真相和真理。福柯进一步概括,正是因为"在苏格拉底所说的话、他的说话方式、他的生活方式之间存在一种和声、一种和谐一致"③,才使得拉凯斯欣然加入苏格拉底式直言游戏。然而,福柯也申明,在分析以上引文时,尤其要细致认真,以免不小心偏离方向。"很多人认为拉凯斯之所以邀请苏格拉底讨论什么是'勇敢'这种德性,原因在于苏格拉底用行动证明了勇敢。"④ 换言之,通过拉凯斯的描述,人们会以为苏格拉底的言论与行为、内在美德与外在表现高度和谐一致,然而,这并非事实。

拉凯斯欣然加入苏格拉底式直言游戏,但事实上,他从未亲眼见

---

① Michel Foucault, *Fearless Speech*, New York: Semiotext(e), 2001, p. 100.
② [古希腊] 柏拉图:《国家篇》,399A—B,《柏拉图全集》第 2 卷,王晓朝译,人民出版社 2003 年版,第 365 页。
③ Michel Foucault, *The Courage of Truth: The Government of Self and Others Ⅱ. Lectures at Collège de France 1983 – 1984*, trans. Graham Burchell, New York: Palgrave Macmillan, 2011, p. 148.
④ 赵灿:《诚言与关心自己——福柯的古代哲学解释研究》,博士学位论文,复旦大学,2010 年,第 90 页。

过或亲身体验过苏格拉底言论与行为的高度一致;这只是出于他的期待,他认为,苏格拉底应当是言行高度一致的集合体。由于拉凯斯与苏格拉底曾经并肩作战,他曾目睹过苏格拉底的行为:"那时候你用行动证明了你的勇敢品格。"然而他却未曾在现实中亲耳听过苏格拉底之言:"至于苏格拉底,我还不大了解他的言论。"拉凯斯之所以乐意聆听苏格拉底之言,是基于对苏格拉底过往的行为有一定的认识:"如果苏格拉底的言论与行为一致,那么我也愿意与他在一起(倾听他的言论)。"意即,是过去在战场上并肩作战时,苏格拉底表现出的勇敢令拉凯斯心生钦佩,从而欣然加入苏格拉底的直言游戏,仅此而已,文本中并未描述苏格拉底的言论与生活处于和谐一致的状态。

所以,苏格拉底之言等同于真理的前提必须是,接下来苏格拉底所言务必与他过往的行为和谐一致。从拉凯斯与尼西亚斯的直言中,福柯看出,即便他们具备勇气、有参与政治生活的丰富经验,他们的直言也未能表达真相,原因在于,二人的意见相左,完全不一致。诚如拉凯斯所言,只有言行高度一致,直言才能够产生真理的效应,而这也正是所谓的直言的"本体论特征",然而,以上所述的和谐一致状态以何种方式呈现,对话却并未提及。① 至此,问题变为:在个体的生活方式变成真正逻各斯(logos)的过程中,直言扮演了哪种角色,起到了何种作用?要想将自己的生活方式转变为逻各斯或理性话语,需要通过哪种直言模式?与期待的生活方式相一致、赋予个人真理的言说者或伦理直言者身份的话语模式究竟是哪种?

在《拉凯斯篇》中,苏格拉底对他人的轰炸式拷问正是关于勇气最基本的问题的。确切地讲,勇气到底是什么,有何意义?然而,作为关键词,在本篇对话中,对勇气的阐释方式却多种多样,这就导致勇气的意义也不只限于某一种。一方面,在谈及表演的武师之时,拉凯斯提出了他的看法,即便这位武师技艺高超,但若不具备勇气,他的技艺就百无一用,因而勇气与技艺无关,勇气的真正意义在于为现实生活铺路。另一方面,尼西亚斯、拉凯斯以及苏格拉底都是极具勇

---

① Michel Foucault, *Fearless Speech*, New York: Semiotext(e), 2001, pp. 97–98.

气之人,他们的勇气显现在军事及政治领域,因而过往的所作所为也可以助益勇气的定义。除此,福柯也对勇气进行了阐释,他认为,要想真正了解、关心自己,就必须具备勇气,因为,如果没有勇气,就必然承受不了苏格拉底充满火力的质询,也就难以获取内在的关乎真正自我的真相。拉凯斯认为,勇气是个人言行的高度一致,也正是这一事关勇气的本体论使得个人的言行可产生真理效应。此外,每位对话者都欣然参与苏格拉底式直言游戏,在接受苏格拉底的质询与检验时,要探究的问题正是何为勇气。虽然拉凯斯和尼西亚斯都在言语中表达了他们是有勇气之人,现实也如此,且他们具备精神品性,令人信服,然而,依然不能详细界定究竟何为勇气:

> 这两个人,在现实中都很勇敢,也有勇气一致同意接受苏格拉底的真理游戏,但他们均不能说出勇气的真相是什么,在这个意义上,他们均告失败,关于勇气的对话也被迫中止,苏格拉底说"我们还没有发现什么是勇气的真正性质",他的对话者也承认没有发现。①

也就是说,拉凯斯和尼西亚斯的言行并不一致——他们未能用最客观的言语阐述自己的行为与生活。二人尚不能说出勇气的定义,又怎能认为自己是勇敢生活的呢?诚然,拉凯斯和尼西亚斯都曾对勇气加以定义,且自信自己过往的行为和生活方式与这一主题一致,然而却屡遭苏格拉底否定。苏格拉底的严加拷问并不是为了使他们将自己的私密公之于众,令他们感到难堪,也并非要通过他们过往的生活与行为给他们定性——检验个人的生活并非通过传记模式、阐释模式或叙事模式。

在福柯看来,苏格拉底的层层拷问更为严苛,参与者更容易出丑,

---

① Michel Foucault, *The Courage of Truth: The Government of Self and Others* II. *Lectures at Collège de France 1983 – 1984*, trans. Graham Burchell, New York: Palgrave Macmillan, 2011, pp. 149 – 150.

但同时这也说明为何参与苏格拉底式直言游戏必须具备极大的勇气：苏格拉底迫使对话者深度审视自己的生活并进行自我批判与反思。虽然尼西亚斯和拉凯斯自信自己具备勇气，也认为他们当下的生活都是托勇气之福，但却不能定义勇气，不能用理性客观的话语说明到底何为勇气："刚才已经说过的话激起了我争论的勇气，但是词不达意使我感到悲哀。我认为自己对勇敢的性质是知道的，但不知怎的，我总是抓不住它，无法说出它的性质。"① 如此看来，二人之所言与生活行为并不一致。福柯指出，这种不一致是本体论的不一致，不单单因为二人不能用最恰当的话语描述自己的生活方式，还在于即便他们没有这一能力，却还是麻木不仁，对自己难以胜任之事夸夸其谈。也就是说，虽然尼西亚斯和拉凯斯并未能够给出勇气准确的定义，却依然在何为勇气这一问题上信口开河，自认为自己具备这一能力；即便在勇气的定义问题上屡屡碰壁，却仍盲目自信地认为自己是具备勇气之人。由此可见，他们的言行并不一致。福柯认为，尼西亚斯和拉凯斯均不可作为伦理直言者，原因在于伦理直言者的本体论特征是言行和谐一致。

而苏格拉底的与众不同体现在何处呢？与拉凯斯和尼西亚斯的共同点在于，人们认为苏格拉底也是勇敢之人，且苏格拉底也未能定义何为勇气。然而，对话末尾，大家却不约而同地认为苏格拉底是唯一可指导他们及他们的子女的大师（maître）。换言之，对话的结果是，对话者们均认为，只有苏格拉底是真正实现关心自己的大师，可以作为伦理直言的言说者。② 大家都愿意听从苏格拉底的指导与教育，向他学习怎样对自己加以关心治理。此前，尼西亚斯已经提醒过各位对话者，对于那些甘心接受苏格拉底质询的参与者、"受害者"而言，将会享受到苏格拉底式直言带来的积极影响，实现关心自己的重任。

---

① ［古希腊］柏拉图：《拉凯斯篇》，194B，《柏拉图全集》第1卷，王晓朝译，人民出版社2002年版，第188页。

② Michel Foucault, *The Courage of Truth*: *The Government of Self and Others* II. *Lectures at Collège de France 1983–1984*, trans. Graham Burchell, New York: Palgrave Macmillan, 2011, p. 152.

也就是说,苏格拉底的直言应该体现言论与行为的本体论和谐,正是这种和谐一致使得苏格拉底成为伦理直言者、真理言说者。然而,苏格拉底的言论并未能说明这种本体论的一致,原因在于苏格拉底也没能用最理性合理的语言定义何为勇气。关键在于,不似其他参与者,苏格拉底从未对何为勇气这一问题侃侃而谈。也就是说,苏格拉底与其他对话者最大的不同在于,他深知自己对何为勇气这一问题不甚了解,因而从未信口开河;而其他人却相反,对勇气一无所知,却大言不惭地夸夸其谈,无知却不以为意,他们的话语只是进一步表明了他们的无知。

在分析其他对话者的话语模式之后,福柯指出,这些对话者竭力对对话进程进行干涉与操控,以为以权示人、以权施压就可获取自由与责任;换言之,他们错误地理解了治理与教导的含义,做法有失偏颇,无意识地用操控和摆布来代替合理论辩。他们的话语看似表现出他们是勇敢之人,然而却与真理并无关联——这种"勇气"与"求真理之勇气"相差甚远,实则是一种"求权力之勇气"。他们试图通过自己的话语将自己置于"掌权者""支配者"之位,与真理渐行渐远。由是观之,拉凯斯与尼西亚斯并没有就怎样对自己和他人加以关心、怎样获取关心治理的能力这样的问题深度解析,即便出发点正是如此,他们的做法实则是令其他人必须接受他们的特权、优先权。福柯提出,即便他们对此并不自知,这些也非其本意,但从他们的言语风格和话语模式中却不难看出。

在福柯看来,苏格拉底的言语风格和直言模式与其他对话者的截然不同:苏格拉底并非通过"勇敢言说"为自己赢得支持,他的方式是对对话者提出层层质询与拷问。他的所言表明了这样一点:苏格拉底具备极大的勇气,他勇敢承认自己在勇气问题上的无知,即便如此,也没有在此问题上逃避或退缩;他并未就这一问题夸夸其谈,但却依然勇敢提出质询,绝不允许自己和他人被假象蒙蔽。由此可见,虽然苏格拉底并未能够合理定义何为勇气,但是他却向我们表明了言行上的本体论一致。"真正的勇气"正是如此,苏格拉底"伦理直言"的精髓也正在此。总的来说,"伦理直言"中所谈论的真理本体论并不是对当下所言与过去所为提出一致性的要求：在苏格拉底之言中，他并未定义何为勇气，或是据自己曾经的所为给勇气下定义，而是将勇气外化、形象化，勇气实则存在于他的话语与行为中，这样的特点才是他言行一致之所在——达成言行本体论的和谐一致。苏格拉底的言、行与他的话语或行事风格是一个整体，不可割裂，否则就会偏离真相。加入苏格拉底式直言游戏，与他对话，接受他的质询与检验，不应对话语咬文嚼字、止于表面，也并非回顾过往所为，关键在于勇敢面对苏格拉底的存在方式、生活风格、生命形式。在福柯看来，苏格拉底如此的风格既表明了勇气的本体论一致性，又体现了本体论一致性的精髓。①

在《拉凯斯篇》中，生活（bios）成为真实话语的言说对象，借此，人们开始对自己的生活表现出特别的关注与忧虑，开始对自己生活与言论的意义进行质疑——这种意义并不是隐藏于某一表象之下的内部真理，并不需要借助解释学的方法去加以发掘阐释，而是一个人的生活方式，这种意义贯穿并渗透一个人的生活。置言之，这是有关个人存在风格的意义，是一种"生存的美学"、生命的风格化存在。这是对一种有关于自由与责任的伦理主体性之探讨：一方面探讨如何选择一种正确的生活，另一方面探讨这样的抉择会对生存产生何种效应。作为一种"生活方式"的自我成为苏格拉底式直言的"凝视"对象。这一自我体现为一种必须用语言加以言说的生活真理，呈现为一种生活与言论的和谐一致，展现为这种和谐贯于其中的生活方式，如此一来，在自己的生活中而不是在他人的断言中，人可以关心并治理他自身。

苏格拉底的直言式话语模式是对某一断言的真实性加以质询调查，其表现形式是灵魂的碰撞与查验，在此篇对话中，苏格拉底的这一直言模式展示了他的生活方式与话语模式的和谐一致。苏格拉底正是通过关心自己的实践展示了他追求真理的勇气，亦即说，真理之勇气体现在对自我加以关注的各种实践之中，借助"求真理的勇气"，苏格

---

① Michel Foucault, *Fearless Speech*, New York: Semiotext(e), 2001, p. 106.

拉底的言语与行为保持和谐一致。福柯认为，苏格拉底式直言的现实性和本质意义并不在于它陈述了何种主张。因此，对它的"聆听"方式和理解方式也不同于政治直言或技术知识。倾听苏格拉底式"伦理直言"，就是要用心聆听这种直言所透露出的生活方式与话语模式之间的生命"合奏"。苏格拉底的话语内容及行为表现与他的言说方式或话语风格紧密相关、不可分离，他的言说方式、话语模式与风格渗透并直接体现了他的言说内容与行为表现。

苏格拉底使用直言来与他人展开交锋、对他们加以质询，迫使他们对自己进行描述、言说关于自己的真相，其目的是展示理性是如何给予他自己的生命以形式、赋予他的生活以风格的。自由勇敢地去关心自己和他人，对他人的生活方式保持持续的警惕与关注，这一切都塑造并界定了苏格拉底的生存模式。他的任务、他特有的生存模式就是要去关注他人是否关心他们自己。苏格拉底的整个生活、他的一切行动就是一种语言、一种逻各斯（logos），正如他的语言就是一种行为、一种事功（ergon）。他的行为与生活方式（bios）以及他的言辞与真理话语（logoi）表达的是同一样事情，这就是作为存在方式的真理之勇气。也就是说，追求真理、澄明真相是苏格拉底持之以恒的生活方式，而行为与话语是贯穿这一生活方式的一体两面，须臾不可分离，共同演绎了苏格拉底生命的"合奏"。正是这样一阕生命的"合奏"奠定了苏格拉底话语与生活的真理基础，使他脱颖而出，成为一名监督与激励芸芸众生的"伦理直言者"。

第 四 章
真理生活的价值重估：
福柯论犬儒主义生存美学

> 时间甚至可以使青铜变老；但你的荣耀，任何永恒都不能摧毁。因为只有你，向凡人指出了自足之训和生活的最易之道。
>
> ——第欧根尼·拉尔修①

福柯在1984年法兰西学院课程演讲中，借助各种古代文献及现代研究成果详细阐释了公元前1世纪到公元4世纪这一时期的犬儒主义哲学实践，并对犬儒主义哲学传统对基督教文化甚至整个西方现时当下的影响进行了另类阐释。

福柯认为，犬儒主义与大多数希腊化罗马哲学一样来源于苏格拉底的"关心自己"及"直言"传统，都提倡对自己的精神（psychē）与生活（bios）进行详尽的考察，从而塑造一种通达真理的伦理主体。②但随着罗马时期哲学实践的"社会化"和"非专业化"，出现了一种极端"反犬儒主义"的倾向，譬如古希腊讽刺作家吕西安（Lucian）及罗马皇帝朱利安（Emperor Julian）都曾经强力谴责过犬儒主义的哲学主张。在真理与主体关系的历史上，犬儒主义好像渐渐退

---

① ［古希腊］第欧根尼·拉尔修：《名哲言行录》，马永翔等译，吉林人民出版社2003年版，第373页。

② Michel Foucault, *The Courage of Truth*: *The Government of Self and Others* Ⅱ. *Lectures at Collège de France 1983 – 1984*, trans. Graham Burchell, New York: Palgrave Macmillan, 2011, pp. 167 – 169.

出了哲学主流舞台，变成了哲学另类的代言人或真理嘲讽的受害者。

这种倾向一直延续到我们当代，当前犬儒主义还是一个相对边缘化的研究主题，到目前为止尚未引起学术界的普遍关注，哲学界对犬儒主义生活方式及哲学思想的评价还是莫衷一是、褒贬不一。福柯指出，犬儒主义的生活方式及哲学实践应该被当作一种典型的哲学体验范式来加以研究，犬儒主义从未从哲学舞台上销声匿迹或归于沉寂，而是经过各种挪用与转变一直活跃在西方思想史的喧嚣剧场之上。① 鉴于此，福柯对犬儒主义的漫长历史展开梳理，部分地填补了理论界的这一空白。

第一节 犬儒主义思潮演变

一般认为，犬儒主义由自称为"苏格拉底精神真正继承人"的安提斯泰尼（Antisthenes）创立，但最著名的犬儒形象则是他的学生，来自西诺普（Sinope）的第欧根尼（Diogenes）。犬儒主义者尤其是第欧根尼及其门徒克拉底（Crates）的举止言谈跟狗的某些特征很类似，他们旁若无人、放逸不羁、不觉羞耻，但却忠实可靠、感觉灵敏、敌我分明、敢咬敢斗。法国哲学史家皮埃尔·阿多（Pierre Hadot）认为，在古代世界，犬儒主义作为一种哲学实践有一些公认的但却极具争议的典型特征，虽然没有同其他哲学流派那样提出某种连贯一致的教义文本，也没有表现出某种体制化的特征，但却一直维持到古代的终结。犬儒主义的生活方式不仅有别于非哲学的生活方式，甚至也不同于其他哲人的生活方式。他们绝不关心社会的礼节和公众意见，鄙视金钱，不畏权势，总是用一种富有煽动性的"言论自由"（parrhēsia）来表达自己。② 在当

---

① Michel Foucault, *The Courage of Truth: The Government of Self and Others* II. *Lectures at Collège de France 1983—1984*, trans. Graham Burchell, New York: Palgrave Macmillan, 2011, p.174.

② 参见［法］皮埃尔·阿多《古代哲学的智慧》，张宪译，上海译文出版社2012年版，第110—111页。

代，犬儒主义一般被形容为性格乖张、愤世嫉俗、特立独行、衣衫褴褛等，基本上已经成为蔑视普遍价值、颠覆传统习俗、取消绝对真理的代名词，受到主流社会的抵制和世俗价值的贬低。

但福柯认为犬儒的形象绝非单一，更非负面，犬儒式生活方式及哲学修行对后世影响巨大，即使在今天看来，也具有重大启示意义。对犬儒主义者而言，与其说这个世界充斥着各种错讹与谬见，不如说这个世界本身就是一个巨大的错误，此世的一切社会道德规范或习惯规则都与真理相悖。犬儒主义者试图开创一种"顺乎自然"的生活方式，这种生活方式与一切普通人的流俗生活方式完全不同，也不同于其他哲学家的哲学生活——尽管斯多葛主义吸收借鉴了犬儒主义的诸多要素。

犬儒主义认为逻各斯（logos）并不能借由形而上学的沉思或抽象的哲学论辩来获得，而是与人的自然激情、欲望、本能以及身体需要紧密相关，因此人必须要返回个体真实生活的"自然状态"中去找寻真理，而个体最真实的生活首先体现在人的身体及其本能、欲望与快感，也就是人如婴儿般纯粹的"动物性"层面，"他们相信，本然状态（phusis）——正如通过动物和婴孩行为所见那样——优胜于文明的陈规旧俗（nomos）"①。真理与身体体验紧密关联。犬儒主义认为，身体与真理之间的通道却被各种虚假的主流社会习俗及规范价值所斩断。人们普遍认为身体是主体通达真理的一种障碍与羁绊。影响整个西方思想史的柏拉图主义就认为"身体是灵魂的囚笼"。在柏拉图主义传统看来，身体对于知识、智慧、真理来说，都是一个不可信赖的因素，身体是灵魂通往它们之间的障碍，因为"带着身体去探索任何事物，灵魂显然是要上当的"②。

尽管以斯多葛派及伊壁鸠鲁主义为代表的希腊化罗马哲学渐渐呈现出"社会化""非专业化"的趋势，不再将哲学修行与生活世界截

---

① 参见［法］皮埃尔·阿多《古代哲学的智慧》，张宪译，上海译文出版社2012年版，第112页。
② 汪民安：《身体、空间与后现代性》，江苏人民出版社2005年版，第4页。

然对立，但他们追求的伦理目的是，在现实政治社会中，通过哲学修行使自己的灵魂能够被"真理之光"点燃，而完全无视真理的身体向度。尽管伊壁鸠鲁主义也关注一种身体经验，但它推崇的是身体的快乐层面：最重要的是把肉体从它的痛苦之中解脱出来，从而让它感受快乐，"肉体的声音说，不要饥饿、不要干渴、不要寒冷。凡是具有这种状态并希望将来拥有这种状态的人，都可以与宙斯的幸福媲美"①。伊壁鸠鲁并没有将身体本身或身体的动物性层面看作真理显现的场所，而是认为以最恰当的方式满足身体的需要才是达至灵魂安宁的前提条件。大体来说，古希腊、希腊化罗马哲学都将身体与灵魂的二元对立作为一个基本构架："身体是短暂的，灵魂是不朽的；身体是贪欲的，灵魂是纯洁的；身体是低级的，灵魂是高级的；身体是错误的，灵魂是真实的；身体导致恶，灵魂通达善；身体是可见的，灵魂是不可见的。"② 一言以蔽之，身体与真理无涉。

犬儒主义认为，要过一种真正的哲学生活，首先就得从身体上将所有的错讹习俗、文化修辞彻底剔除，彰显身体的动物性。"身体本无罪，灵魂自扰之。"真正的生活是一种"外界"生活，是一种不与世俗世界同流合污、与日常主流永久挑战的决然态度。犬儒主义借助身体的动物性及物质性对整个社会展开强力抵抗。另外，犬儒主义继承了苏格拉底的"直言"（真理言说）传统，但以一种最极端暴烈的形式将"直言"与"真正的生活"结合在一起。犬儒主义者被认为是最卓越、最典型的"直言者"，福柯引用吕西安的文本将犬儒主义尤其是第欧根尼称作"直言和真理的先知"（alētheias kai parrhēsiasprophetēs）③。第欧根尼认为自己已经被委以重任：用自己的刻薄"直言"和极端生活方式，谴责人们的恶性和谬误，这既是对他自己本身的关心，也是对他人的

---

① ［法］皮埃尔·阿多：《古代哲学的智慧》，张宪译，上海译文出版社2012年版，第116页。
② 汪民安：《身体、空间与后现代性》，江苏人民出版社2005年版，第5页。
③ Michel Foucault, *The Courage of Truth*: *The Government of Self and Others* II. *Lectures at Collège de France 1983 – 1984*, trans. Graham Burchell, New York: Palgrave Macmillan, 2011, pp. 168 – 169.

持续关注。但是,"就算苏格拉底通过使人获得内心自由来对自己关心,不能解决与社会陈规旧俗连在一起的外表错觉与幻影,但还是保留某种微笑的礼貌;而这在第欧根尼和犬儒主义者那里已经不见了"①。正是在这一意义上,柏拉图将犬儒主义者第欧根尼看作"发了疯的苏格拉底"。

犬儒主义内在于由苏格拉底开启的关心他人的哲学劝诫传统(proselytism),但它并不像伊壁鸠鲁主义或斯多葛派等囿于有教养的小圈子或友谊的共同体之内,它表现出极端的好战精神,通过公开的身体展示及公共空间的直言不讳(parrhēsia)动摇人们的虚假信念和生活方式。福柯认为犬儒主义者是人类道德良知最伟大的唤醒者,不需要任何的中介诠释,犬儒主义者的生活方式、行为方式及其伦理品性直接展现了什么是真实话语、何谓真理。福柯甚至将犬儒主义者尊崇为"人类博学的传教士""人类的公务员",肩负着"治理宇宙"的重任。②

通过福柯的阐释,我们发现在西方主体性历史上,犬儒主义形象及其哲学生活实践占据着至关重要的位置并产生深远影响。首先,犬儒主义将"真正的生活"(alēthēs bios)实践以及"作为生活方式的哲学"(bios philosophikos)推演到它的极限,生动地展演了一出"真理或真实生活的丑闻"③。但这也带来了一系列问题,尽管同时代以及后来许多哲学流派及精神团体对犬儒主义追求真理以及直言不讳的勇气赞誉有加,但对他们极端化的哲学生活实践却大加鞭挞。为了中和或限制犬儒主义对哲学的极端化戏谑与狂欢化讽刺,哲学实践慢慢呈现为一种"去精神化"的过程,犬儒主义追求真理的层面被继承,但

---

① [法]皮埃尔·阿多:《古代哲学的智慧》,张宪译,上海译文出版社2012年版,第113页。

② Michel Foucault, *The Courage of Truth*: *The Government of Self and Others* II. *Lectures at Collège de France 1983 – 1984*, trans. Graham Burchell, New York: Palgrave Macmillan, 2011, pp. 301 – 302.

③ Michel Foucault, *The Courage of Truth*: *The Government of Self and Others* II. *Lectures at Collège de France 1983 – 1984*, trans. Graham Burchell, New York: Palgrave Macmillan, 2011, p. 232.

其生活方式则被放逐,哲学逐渐地不再是一种生活方式,而是演变为一种理论思辨或学科教义,这样,经院哲学得以产生。

换言之,作为一种极端的直言式生活方式,犬儒主义不仅引起了当时主流社会及政治团体的强烈抵制,也导致了其他哲学流派的非议。这样,在哲学内部产生了一种断裂或分歧,这预示着后来作为一种"知识形式"的哲学开始甚嚣尘上,而作为一种"生活方式"的哲学则退居幕后,也就是自前苏格拉底以及苏格拉底以来哲学实践的"生存美学"(aesthetics of existence)面向渐渐湮没无闻,这最终导致了"笛卡尔主义"的出现,现代哲学的科学主义及工具理性的面向渐现雏形,自笛卡尔开始,主体哲学的旗帜被高举——尽管福柯多次强调笛卡尔本人并不属于这一现代哲学传统。其次,犬儒主义的精神操练及生活风格也被早期基督教禁欲主义借鉴、吸收,经过基督教内部的发展变化,基督教牧领制度最终形成,而牧领制度及牧师权力的发展则导致了福柯所谓的"生命政治"(biopolitics)的诞生。因此,对犬儒主义的争议与批判在基督教"关心自己"的宗教实践、自我弃绝的主体性模式及牧师权力的形成方面都产生了重要影响。另外,犬儒主义极端化的哲学生活以一种隐秘的方式潜伏在我们当前的文化之中,呈现出"穿越历史"的特质,福柯称之为"现代犬儒主义"①:宗教方面,中世纪基督教精神运动鼓励贫困、流浪与乞讨的苦行主义;政治方面,19世纪中期,以一种暴烈、可耻的方式所宣扬的为了真理而献出生命的恐怖主义——福柯称这样一种无畏的狂热为另一种形式的"谵妄",以及19世纪此起彼伏的西方左翼革命运动;在艺术领域,18世纪末,处于边缘地位的艺术家要求与其所处的时代相决裂,由此掀起的现代主义艺术运动等。福柯传记作者詹姆斯·米勒(James Miller)指出,在福柯看来:

---

① Michel Foucault, *The Courage of Truth*: *The Government of Self and Others* Ⅱ. *Lectures at Collège de France 1983 – 1984*, trans. Graham Burchell, New York: Palgrave Macmillan, 2011, pp. 178 – 189.

文艺复兴时期的某些艺术家，宗教改革时期的某些激进的新教教派，理性时期的"拉摩的侄儿"（Rameau's nephew，狄德罗笔下开明愚行的象征形象），我们现代时期的浮士德（歌德笔下恶魔天才的神话人物），还有我们自己说不清的时代的萨德及其热衷于性爱的追随者，尼采及其继承人，那些陀思妥耶夫斯基的《群魔》（*The Possessed*）里面得到最生动描绘的革命虚无主义者，以及包括波德莱尔和贝克特在内的一系列极其躁动不安的现代诗人、画家和艺术家，都曾复兴过这种犬儒主义式极端化的"真正的生活"。①

具体来说，福柯从"真理生活"或"真正的生活"角度入手对犬儒主义哲学传统进行了创造性的解读。

第二节 "真理生活"（alēthēs bios）的具体内涵

福柯阐明，希腊词"alēthēs"，即真理、真实或真相，有四个层面的意思。第一，"alēthēs"意味着不掩盖、不隐藏。"a-lētheia"在希腊文中是一种常见的否定结构，譬如 a-trekēs 意为不弯曲。也就是说，"真理应该不假任何遮掩和隐藏，整体呈现于视野之中，完全可见，没有任何部分被遮蔽或隐藏"②。质言之，"真相大白"之意。第二，"alēthēs"意味着纯洁、非混合，没有任何杂质。在此意义上，"真实"与"虚假"对立、"单一"与"多样"对立、"纯粹"与"混杂"对立，质言之，"纯真"之意。第三，"alēthēs"意味着直接（eu-

---

① ［美］詹姆斯·米勒：《福柯的生死爱欲》，高毅译，上海人民出版社2003年版，第502页。
② Michel Foucault, *The Courage of Truth*: *The Government of Self and Others* II. *Lectures at Collège de France 1983 – 1984*, trans. Graham Burchell, New York: Palgrave Macmillan, 2011, p. 218.

thus)、非迂回曲折，还有奉公守"理"、刚正不阿、公正正直之意。"因此，我们很自然地将符合公正、与其应然相符的一种行为、一种行事方式称为 alēthai。"① 质言之"正直"之意。第四，"alēthēs"意味着自我主导、安宁自主，在此意义上，真理表示不受侵蚀、持久永恒、保持不变，所以"alēthēs"的意思是至高无上地保持自主而不改变其本性，质言之，"至福安宁"之意。

这四种含义或价值既用于举止行为，也用于 logos 方面，即"logos alēthēs"（真理话语），这不仅是一系列的真理命题，而且也是一种言说方式，即"直言"（free-spokenness）是也：在其中，没有什么被隐瞒，也没有任何错讹的观念或表象掺杂其中。这是一种公正的话语，符合规则与律法的话语，也是一种不可更动、无法歪曲的话语，即与谣言和谎言完全对立。② 在福柯看来，这种"logos alēthēs"的观念对希腊伦理乃至整个西方"思想系统史"都极为重要。可以说，无论是《词与物》《知识考古学》等著作，还是从开讲辞《话语的秩序》直至临终《对自我与他人的治理》的法兰西学院课程，福柯对"主体"与"真理"之关系的研究都在或明或暗地围绕着"真理话语"这个观念的组织和演变进行。

福柯向我们表明，"alēthēs"不仅关涉举止行为、话语方式和思想模式，它还体现在一种具体的生活方式之中。对此，福柯探讨了柏拉图的"alētheserōs"（真正的爱）这一核心概念。③ 对柏拉图来说，"真正的爱"也具有四种含义："alētheserōs"是毫无隐藏、完全坦诚的爱，是动机纯良的、毫无功利的爱，是符合律俗、直接正当的爱，是

---

① Michel Foucault, *The Courage of Truth: The Government of Self and Others* II. *Lectures at Collège de France 1983–1984*, trans. Graham Burchell, New York: Palgrave Macmillan, 2011, p. 219.

② Michel Foucault, *The Courage of Truth: The Government of Self and Others* II. *Lectures at Collège de France 1983–1984*, trans. Graham Burchell, New York: Palgrave Macmillan, 2011, p. 220.

③ Michel Foucault, *The Courage of Truth: The Government of Self and Others* II. *Lectures at Collège de France 1983–1984*, trans. Graham Burchell, New York: Palgrave Macmillan, 2011, p. 221.

永恒不变、矢志不渝的爱。在《性史》第二卷《快感的享用》的最后一章中福柯就"真正的爱"这一主题进行了详尽的阐释。其中，福柯阐明了柏拉图在《会饮篇》及《斐德罗篇》中是如何借苏格拉底之口探讨一种"爱的本体论"的，即真正的爱是对真理的爱。① 正是从柏拉图开始，围绕着"真正的爱"（alētheserōs）——"爱的本体论"这一主题，古代哲学形成了一股强有力的形而上学传统，它一直贯穿于整个柏拉图哲学、基督教精神性及神秘主义，甚至我们当前的文化之中。但福柯同时认为，它不仅关涉主体的判断力问题、思想与存在之间的关系问题，它还是"真的生活（alēthēs bios）的最卓越的形式"，对真理的爱即"真正生活"的最生动体现。

从柏拉图主义开始，"真正的爱"与"真正的生活"相互交织在一起，这一传统在很大程度上被基督教柏拉图主义所继承。在柏拉图看来，为了真理的"真正的生活"具体体现在四个方面："alēthēs bios"是一种不假掩饰、没有任何阴影的生活；"alēthēs bios"是一种非斑杂的生活，即没有好与坏的混合、快乐与痛苦的混合、美德与邪恶的混合；"alēthēs bios"是一种公正正直、不逾矩的生活；"alēthēs bios"是一种自足自为、永恒至福（eudaimonia）的生活。②

第三节 犬儒主义对"真理生活"的价值重估

福柯认为，犬儒主义根本上来说是一种"直言式"生活，它以一种不同凡响的方式将"真的生活"与"直言"实践紧密地结合在一起，展现了自己卓荦不凡的真理之勇气。但犬儒主义的"直言"既不是一种"政治的无畏"——如伯利克里那样在民主制的公民大会上直

---

① Michel Foucault, *The History of Sexuality*, Vol. 2: *The Use of Pleasure*, trans. Robert Hurley, New York: Vintage Books, 1990, pp. 228-246.
② Michel Foucault, *The Courage of Truth: The Government of Self and Others* II. *Lectures at Collège de France 1983-1984*, trans. Graham Burchell, New York: Palgrave Macmillan, 2011, pp. 221-225.

面同僚，勇敢地陈述事实而不怕引发众怒，或如柏拉图在西西里那样冒着生命危险勇敢地向君王谏言；也不是一种"苏格拉底的反讽"——不断地询问众人他们是否知道自己无知、是否真正地关心过自己，顶着世人白眼或冒着生命危险督促公民关心自己的灵魂、转变自己的生活方式。福柯称犬儒主义的直言式哲学生活是一种"真理之丑闻"①，即将生活和真理看作一枚硬币的两面，不能只如形而上学那样阳春白雪般地阐释真理之所是，探讨"另一个世界"的问题，更应该如一个粗犷的农夫、不觉羞耻的乞丐、勇敢的奴隶甚至狂吠的疯狗那样展现真实生活之所是，探讨"另一种生活"的问题。在犬儒式生活中，"生活"（bios）与"直言"（parrhēsia）直接地相互交织在一起，是为真理的一体两面。

犬儒主义者还将真理直接展现在他们的生活、行为及身体上，这种真理不能化约为一种简单的哲学话语。也就是说，犬儒主义者不满足于生活与话语的相符，不只是通过真实的话语来展现自己的生活，而是要把生命、生活、生存本身彻底暴露在人们的视线之内，使自己彻底澄明的生活成为真理渐现的舞台。对此，福柯重点考察了犬儒主义的两个基本原则或经典形象。

首先，犬儒主义最为著名的原则就是第欧根尼在德尔斐获得的神谕"改变通货的价值"（parakharattein to nomisma）。这一神谕有诸多解读，但其关键之处在于"nomisma"（通货）与"nomos"（礼法）是同源词，也就是说，"通货"在这里主要指的是大多数人共同承认的价值、习俗、规则或法律等，因此这一神谕或原则意味着主流的价值规范、生活方式都是虚假的，必须加以改变，使其恢复自然本真的状态。但对犬儒主义者而言，改变价值不意味着取消价值，而是要使生活遵循去除了一切文化矫饰的自然理性，从而使生活走向正途。福柯提醒我们注意，"parakharattein"（改变）不是掺假或伪造（falsify），

---

① Michel Foucault, *The Courage of Truth*: *The Government of Self and Others* II. *Lectures at Collège de France 1983–1984*, trans. Graham Burchell, New York: Palgrave Macmillan, 2011, p. 234.

更不是取消，需要改变的也绝不是"nomisma"的质地或材料，而是雕刻在"铸币"（货币/通货）之上的"头像"或"纹章"（effigy）。① 因此，根据这一原则，犬儒主义并不是要彻底取消关于"alēthēs"（真理、真实）的传统哲学原则，而是通过狂欢化、戏谑化的方式将"真理"和"真正的生活"强有力地推到它的极限处。福柯称这一过程为"具有翻转或颠覆性效果的折衷主义"（Eclecticism with reverse effect）：

> 它是一种折衷主义，原因在于它采纳了同时代哲学中的一些最基本原则；但是，它也具有一种翻转效果，因为它将那些重新拾起的基本原则转变为一种震惊性实践，这绝不是要形成一种哲学共识，而是要在这样的哲学实践中突出一种陌生化、差异化、奇异性的效果。②

其效果就是产生一种破损的"哲学之镜"，透过这一面犬儒之境，哲学家可以看到镜中自己丑陋、变损的面孔，重新反思自己的存在与肩负的重任，从而更好地思索"真实生活之所是"这一自苏格拉底、柏拉图以来哲学史的重要主题。因此，福柯将犬儒主义称为"真实生活的鬼脸"（grimace of the true life）③，扮演着将"什么是真正的生活"这一传统主题狂欢化、陌生化的戏谑角色。正是通过犬儒主义对传统"真理"、logos 和"真正生活"的狂欢化、戏谑化，正是透过犬儒主义的"哲学鬼脸"，人们才能认识到自己的生活其实并不应该总是如此，才能认识到自己的生活、持有的价值及哲学主张只不过是一

---

① Michel Foucault, *The Courage of Truth: The Government of Self and Others II. Lectures at Collège de France 1983–1984*, trans. Graham Burchell, New York: Palgrave Macmillan, 2011, p. 227.
② Michel Foucault, *The Courage of Truth: The Government of Self and Others II. Lectures at Collège de France 1983–1984*, trans. Graham Burchell, New York: Palgrave Macmillan, 2011, pp. 232–233.
③ Michel Foucault, *The Courage of Truth: The Government of Self and Others II. Lectures at Collège de France 1983–1984*, trans. Graham Burchell, New York: Palgrave Macmillan, 2011, p. 227.

枚虚假的铸币、一张逼真的伪钞。

其次,犬儒主义遵循"狗的生活"(bios Kunikos)原则。福柯梳理了"狗的生活"的四个特征:第一,狗是不觉羞耻的(anaideia),狗毫无人的尊严意识,不关注习俗礼法,并不如人一般出于羞耻心而掩饰自然本能,它公开展示自己的身体与欲望,做出人类所不能为的举动,因此它也是不善欺骗的;第二,狗是自足的,对外界发生的一切毫不动心(adiaphoros),对能够即刻满足自然需要的事物之外的其他事物没有任何欲求,因此狗的动物本能与自然需求一直保持纯粹状态,并不受外界影响的玷污;第三,狗感觉灵敏、善辨好坏(diakritikos),能清楚地分辨好人与坏人、主人与敌人,遇到敌人,它会径直地狂吠;第四,狗爱憎分明、对主人有献身精神,是忠诚、勇敢的看门狗(phulaktikos)。①

犬儒主义的生活就是狗的生活,为了人类的至善至福可以牺牲自己。福柯指出,犬儒主义"狗的生活"只不过是以极端化、狂欢化、戏谑化的方式叠加到以柏拉图为代表的"真的生活"这一主题之上,并对之加以转变:不加掩饰、毫无掩盖的生活转变为不觉羞耻的厚颜生活;纯粹的、非混合的生活转变为声名狼藉的贫苦生活;公正正直、不逾矩的生活转变为崇尚自然的动物生活;自足造福的至上生活转变为保护他人、牺牲自己的好战生活。一言以蔽之,对犬儒主义来说,真正的生活是"另一种生活"(une vie autre),是一种"他者"或"差异化"(altérité)的生活,而这一差异性是通过对传统哲学生活的狂欢(carnivalesque)与逆转(altérer)才得以彰显的。

一 犬儒主义不觉"羞耻"(anaideia)的"厚颜生活"

在古代思想中,"真正的生活"是不加掩饰的生活,这是一个相当传统的主题。福柯认为,对传统思想来说,过这样一种生活最重要

---

① Michel Foucault, *The Courage of Truth*: *The Government of Self and Others* II. *Lectures at Collège de France 1983–1984*, trans. Graham Burchell, New York: Palgrave Macmillan, 2011, p. 243.

的就是要竭力避免任何"可耻"的、不体面的行为,这就意味着,一个人不要去做任何令人丢脸、招致别人非难的事。换言之,不掩盖的生活就是没有必要去掩饰,因为,过这样一种生活就意味着与任何有失体面的行为举止彻底隔绝,生活中任何有可能造成难堪与招致诘难的行为、思想、感情都应该加以避免。

为了论证这一点,福柯引用了几个古代文本。譬如,柏拉图在《斐德罗篇》和《会饮篇》中对爱之主题的阐释:真正的爱就是完全坦诚、避免任何可耻的行为,因为爱的双方绝不想要使自己显得龌龊不堪,绝不想要以令人不堪的行为来满足自己的欲望。[①] 对塞涅卡而言,真正的生活必定总是在他者(尤其是朋友)的目光注视之下的生活,是不假掩饰的生活,书信便是这种生活的一个重要方式,人们通过书信,描述自己的日常生活细节、思想情感及灵魂状况,从而将自己置于通信者的目光注视之下,这样,一个人就可以对自己保持警惕,避免犯下任何的过错。在爱比克泰德看来,人们总是被"栖居在自己内部的神的目光所注视"[②],神作为人的监护者,永远注视着人的一举一动,人的任何事情都逃不过神的眼睛,所以真正的生活就是不要玷污神、不许对神有任何掩盖的生活,由于神的注视,人们必然会避免不齿的行为。总之,在柏拉图和斯多葛派看来,人无须掩饰自己的行为,因为你根本掩饰不了,所以人该做的不是掩饰,而是问心无愧、无须欺瞒,这是一种行为举止的理想原则。

这种传统框架之下的"无掩盖的生活"将"羞耻"(anaideia)作为自己的对立面,竭力避免可耻的行为。人们通过避免这样的行为来掌控自己。爱比克泰德认为要做到这一点,要过"无掩盖的"生活,人们就必须要保持对朋友、对爱人、对神的"谦逊"(aidōs):"谦逊

---

① Michel Foucault, *The Courage of Truth: The Government of Self and Others II. Lectures at Collège de France 1983–1984*, trans. Graham Burchell, New York: Palgrave Macmillan, 2011, p. 252.

② Michel Foucault, *The Courage of Truth: The Government of Self and Others II. Lectures at Collège de France 1983–1984*, trans. Graham Burchell, New York: Palgrave Macmillan, 2011, p. 252.

就是他的房屋,他的门,他的卧室入口处的守卫,他的黑暗。因为他既不应该希望隐藏他自己的一切……而且即使他希望隐藏,他也隐藏不了。"①

在无掩盖的生活中,人们"谦逊的习惯"得以养成并内在化为一种习性,同时外在化为一种"不掩盖"生活的习俗、礼法。这样的一个结果就是对个体身体生活的贬抑,身体作为真理彰显的场所被关闭,身体被认为是丑陋的、是私人的,人们一心追求一种集美丽与理性于一身的外在化的规范习俗,这也是社会大众的期望与伦理道德的基础。也就是说,过一种不掩盖的哲学和社会生活就意味着要拒斥身体的真相及其欲望,这样一来,就在可见与不可见、可接受与不可接受之间人为地划分了一条界线。因此,过一种不掩盖的生活就颇为吊诡地不再是完全将自己暴露在他者的目光之下,哲学家将自己身体的真相及欲望遮蔽起来,竭力避免在"道德"和"理性"看来可耻的行为与思想,而这一"理性"不再与身体的自然本性有任何关联,这一"道德"视身体欲望为撒旦的恶念。理性与身体相对立,道德与欲望相对抗。这一对立产生的效果之一就是公共空间与私人空间的区隔与划分:私人空间是人们"羞耻"行为的避难地,是人们"邪恶"欲念的实现场,这些行为与欲望绝不可以在公共空间内发生。对人而言,最大的遮蔽场所就是"家","家"乃一切私密行为和神圣行为的发生地;如果"家"是行为最好的庇护之所,那"衣"无疑是身体必需的庇护之物。

犬儒主义也高度重视生活应该不假掩饰这一原则,但却对"不假掩饰"进行了"价值重估":"在生活中、通过生活,将这一原则进行了戏剧化的展演与极化。"② 犬儒主义认为"不掩饰"不只是一个理想的行为原则,还应该在身体方面、起居饮食方面、行为举止

---

① [古罗马]爱比克泰德:《哲学谈话录》,吴欲波等译,中国社会科学出版社2004年版,第225页。

② Michel Foucault, *The Courage of Truth: The Government of Self and Others II. Lectures at Collège de France 1983 – 1984*, trans. Graham Burchell, New York: Palgrave Macmillan, 2011, p. 253.

方面切实地体现出来。因此柏拉图和斯多葛派避免可耻行为或将"羞耻"行为限制在私人空间的不欺瞒生活理想被犬儒主义的身体生活、物质生活、大庭广众之下的真实生活所取代。犬儒主义没有公共与私人空间之分,他们在大庭广众之下行"羞耻"之事,他们也不需要衣物蔽体,随时随地满足身体的自然需求与欲望。因此,犬儒主义者过着一种"不觉羞耻"的无遮蔽的生活,其中,所有的社会生活习俗及哲学家的传统言论都被认为是错误的,并应该弃之如敝履。

在犬儒主义看来,这些强加于人的自然本性之上的习俗以及公共与私人空间的划分使人的生活失去本真,实际上是对生活及自然理性的一种遮蔽、欺骗与隐瞒。人的身体被隐藏在高墙围起的黑暗与肮脏之中,人们对自己的身体真相了然于心却选择视而不见,这是一种虚伪与专制。犬儒者的生活就是与这样的虚伪与专制做坚决的斗争,它蔑视那些大肆宣扬"无掩盖的生活"却又把自己的身体与"羞耻"隐蔽在漫漫黑夜与无尽高墙之内的哲学家。为此,他们公开地展示自己的身体、生活与言论,这是对"无掩盖的生活"的极端化戏拟与调转。

二 犬儒主义声名狼藉的"贫苦生活"(adiaphoros)

另一个古代"真正生活"的重要原则是"非混合"的生活。"非混合"的传统生活一方面体现为柏拉图的灵魂净化,另一方面体现为伊壁鸠鲁主义和斯多葛主义的生活自足。这一原则要求哲学家摆脱一切外物的羁绊与诱惑。因此它倾向于使哲学家从事一种贫苦生活的修行实践。人们只有通过不同程度地与物质财富、享乐、利益、名声等外物相脱离,才能净化自己的灵魂。更为重要的是净化自己的欲望。与物质财富相连的欲望被认为是不纯洁的,它会使欲望偏离自己的真相。贫穷的生活能使欲望与身体及外部物质世界相脱离,贫苦的生活也意味着对自己不能控制的外部现实与物质财富的拒斥。真正的、纯粹的、自足理性的哲学生活(bios philosophicos)就体现为一种贫苦生活。福柯比较分析了三种类型的贫苦的哲学生活:苏格拉底式"被动"的贫苦生活，斯多葛式"虚拟"的贫苦生活，犬儒式主动的、真实的、彻底的贫苦生活。①

第一，苏格拉底的贫穷是由他"关心自己"的事业所导致的。因为苏格拉底要全身心地关注真理、关心自己及雅典同胞的灵魂状况，所以，他无暇顾及对财富的追求。在《申辩篇》中，苏格拉底解释道，对自己及其他雅典人的哲学事业的关心"使我无暇参与政治，也没有时间来管自己的私事。事实上，我对神的侍奉使我一贫如洗"②。对苏格拉底来说，哲学生活占据他的全部时间与精力，最终导致了他的贫苦。苏格拉底的言下之意是，对财富的热望、对权力的追求必然会导致人的自我忽视。苏格拉底在法庭之上言辞激烈地说道："你（雅典人）只注意尽力获取金钱，以及名声和荣誉，而不注意或思考真理、理智和灵魂的完善，难道你不感到可耻吗？"③ 因此，对苏格拉底而言，"关心灵魂"与关心"财富、荣誉、名声、权力"，两者之间鱼和熊掌不可兼得。苏格拉底的贫穷是他从事"关心自己"的哲学事业的被动且必然的结果。

第二，以塞涅卡为代表的斯多葛派"虚拟"的贫苦生活。对塞涅卡而言，过一种"真正的生活"从而真正地关心自己就应该对财富持淡然的态度，为了达至宁静淡泊，塞涅卡建议每隔一段时间要体验贫苦人的生活。他在给鲁西利乌斯的信中这样写道："在两三天之内，你应该穿着朴素的衣服，睡在简陋的床上，尽可能地少吃东西；我保证这会对你有好处，这不仅是因为它能重塑你获得快感的能力——这是无耻之徒的想法——重要的是，它能够教会你正确对待一切外物和自身快感的态度，如此一来，一旦你失去了拥有的一

---

① Michel Foucault, *The Courage of Truth: The Government of Self and Others II. Lectures at Collège de France 1983–1984*, trans. Graham Burchell, New York: Palgrave Macmillan, 2011, pp. 255–262.

② ［古希腊］柏拉图：《申辩篇》，23B—C，《柏拉图全集》第1卷，王晓朝译，人民出版社2002年版，第9页。

③ ［古希腊］柏拉图：《申辩篇》，29E，《柏拉图全集》第1卷，王晓朝译，人民出版社2002年版，第18页。

切也不会受之所苦。"① 福柯认为这并不是真正的贫穷,其目的是获得一种不依赖于物质财富的生活态度,这是一种对未来可能发生之事的提前预防,因此塞涅卡提倡的贫苦生活是一种"虚拟"操练。

第三,与苏格拉底"被动"的贫苦生活和塞涅卡"虚拟"的贫苦生活不同,犬儒主义者的贫苦生活是"真实的、主动的、彻底的"②。首先它是真实的,因为它既不是如苏格拉底那样仅仅无暇顾及物质追求,也不是如塞涅卡那般仅仅为了德行的操练,它是一种身体力行的贫苦,是一种切切实实的贫穷:犬儒主义者衣不蔽体、居无定所,甚至抛弃任何的物质财富——譬如第欧根尼就居住在一个木桶里面,甚至经常露宿街头,他仅有的财产就是一根木杖和破旧的斗篷。

其次它是主动的,因为犬儒主义者绝不仅仅满足于对财富无动于衷,绝不满足于对自己财富的增加或减少采取视而不见的态度,他们认为这是一种苏格拉底式的中庸之道——第欧根尼就曾经批评苏格拉底竟然还有房子、有妻子甚至有鞋子。③ 犬儒主义者主动抛弃所有这一切,譬如克拉底经过第欧根尼的劝说,主动放弃了田地,将之变成牧羊场,并把所有钱币扔进海里。④ 福柯说:"犬儒式贫穷必须是积极主动地强加于自身之上的贫穷,其目的是获得有关勇气、抵制和坚韧的良好品性。"⑤

---

① Michel Foucault, *The Courage of Truth: The Government of Self and Others II. Lectures at Collège de France 1983–1984*, trans. Graham Burchell, New York: Palgrave Macmillan, 2011, pp. 257–258.

② Michel Foucault, *The Courage of Truth: The Government of Self and Others II. Lectures at Collège de France 1983–1984*, trans. Graham Burchell, New York: Palgrave Macmillan, 2011, p. 257.

③ Michel Foucault, *The Courage of Truth: The Government of Self and Others II. Lectures at Collège de France 1983–1984*, trans. Graham Burchell, New York: Palgrave Macmillan, 2011, p. 258.

④ 参见[古希腊]第欧根尼·拉尔修《名哲言行录》,马永翔等译,吉林人民出版社2003年版,第382页。

⑤ Michel Foucault, *The Courage of Truth: The Government of Self and Others II. Lectures at Collège de France 1983–1984*, trans. Graham Burchell, New York: Palgrave Macmillan, 2011, p. 258.

再次它是彻底的、无止境的，因为犬儒主义者对贫穷的追求永无止境，从不划定贫苦生活的底线；犬儒主义者要不停地、细致入微地搜寻出任何依赖外物的蛛丝马迹，然后消灭之，使自己的生活最大限度地保持"纯粹的贫穷"。譬如当第欧根尼看到小孩吃饭喝水不用什么器皿，就把自己的饭碗水杯统统扔掉，还说："一个小孩在生活简朴方面打败了我。"①

福柯指出，犬儒主义正是通过这种"真实的、主动的、彻底的"无止境的贫穷生活展现了"真理"（alēthēs）之所是、"真正生活"（alēthēs bios）之所是、"另一种生活"（une vie autre）之所是。但这却带来了一种"奇异效果"：犬儒式贫穷生活是对传统非混合的生活、纯粹自足生活的延续与极化，但实际上却最终颇为吊诡地走向了一种"丑陋、肮脏、依赖、屈辱"的生活。于是，毫不动心、勇敢无畏、不对任何外物或权威屈服的贫穷生活却走向了其反面，成为一种完全丑陋的、难以忍受的、依赖他人的、屈辱蒙羞的奴隶般的生活。② 也就是说，犬儒主义者的极端化哲学生活最终导向一种"丑陋、依赖、屈辱"的伦理价值，而这与希腊和罗马世界崇尚"美丽、自主、荣耀"的哲学价值或伦理取向完全对立。

在古代文化中，"美丽、自主、荣耀"不仅是大众社会的价值标准，也是整个古代哲学的伦理目标，更是"生存美学"的主旨所在。苏格拉底的"哲学生活"及其开创的哲学传统并不拒斥大众社会对美的追求，只不过哲学家更看重"美丽、自主、荣耀"的精神层面：认为灵性美优胜于身体美，自我控制优胜于对他人的宰制，理性正义之光优胜于声望名誉之累。即便苏格拉底被公民大会判处死刑，人们也绝不认为苏格拉底的生活是肮脏不堪、声名狼藉的，他在法庭之上振聋发聩的著名申辩曾在后世触动了无数人的心灵，也成为后世哲学家争相效仿的榜样，即便在《悲剧的诞生》中对苏格拉底大加指责的尼

---

① ［古希腊］第欧根尼·拉尔修：《名哲言行录》，马永翔等译，吉林人民出版社2003年版，第353页。
② Michel Foucault, *The Courage of Truth: The Government of Self and Others* II. *Lectures at Collège de France 1983 – 1984*, trans. Graham Burchell, New York: Palgrave Macmillan, 2011, pp. 259 – 260.

采也承认苏格拉底的荣光①。

犬儒主义者则主动过着如奴隶和乞丐般"声名狼藉""臭名昭著"的贫苦"卑劣"(adoxia)生活,对自己受到的任何污辱与不公都安之若素,犬儒主义者在声名狼藉者奴隶般的生活中肯定自己,从而体验到作为主人的荣光与自主,这不啻为对大众社会价值与所有传统哲学伦理的全面贬斥与漠视——譬如,第欧根尼被人打了一拳,他却说下一次我要戴好头盔。② 同时犬儒主义者将自己所受的羞辱作为武器,强有力地对他人的不公加以抵制与反抗,从而使他人也陷入受辱者的境地。根据拉尔修的记载,第欧根尼在集市上吃早饭,围观他的人羞辱他是只狗,他并不恼怒,但立即回应道:你们围着我,盯着我的早餐,你们也是狗。③ 另外在一次宴席上,有人像对狗一样把骨头扔给第欧根尼,他欣然接受,并像狗一样在那些人身上撒尿。④

尽管福柯没有明说,但我们在此处可以体会到黑格尔关于"主奴辩证法"的阐释以及尼采关于主人道德与奴隶道德的分析。⑤ 另外,

---

① 尼采对苏格拉底的关注贯穿他的全部作品,但对苏格拉底的态度则比较暧昧,关于尼采对苏格拉底含混看法的详细阐释可参见美国学者丹豪瑟(Werner J. Dannhauser)《尼采眼中的苏格拉底》(*Nietzsche's View of Socrates*)一书。丹豪瑟将尼采的思想明确划分为三个时期:第一时期的思想主要体现在《悲剧的诞生》和《不合时宜的沉思》中,尼采试图将人生看作一种美学现象,并将其作为美学现象予以正当化;第二时期的思想主要体现在《人性的,太人性的》、《朝霞》及《快乐的科学》前四卷中,这一时期尼采的思想以幻灭和转向西方实证主义为特征;尼采最后的立场表达在《查拉图斯特拉如是说》及以后的著作中。丹豪瑟认为在第二时期的思想中,尼采对苏格拉底的态度最为友好。对尼采而言,苏格拉底的人生在某种意义上既是巨大的诱惑,又是需要加以拒绝的东西。参见〔美〕丹豪瑟《尼采眼中的苏格拉底》,田立年译,华夏出版社2013年版,第7页。

② 参见〔古希腊〕第欧根尼·拉尔修《名哲言行录》,马永翔等译,吉林人民出版社2003年版,第355页。

③ 参见〔古希腊〕第欧根尼·拉尔修《名哲言行录》,马永翔等译,吉林人民出版社2003年版,第365页。

④ 参见〔古希腊〕第欧根尼·拉尔修《名哲言行录》,马永翔等译,吉林人民出版社2003年版,第357页。

⑤ 关于黑格尔"主奴辩证法"及尼采"主人道德"与"奴隶道德"之关系的精彩阐释,请参见汪民安《尼采与身体》一书第二章第一节"主人道德与奴隶道德"之内容。汪民安:《尼采与身体》,北京大学出版社2008年版,第31—47页。

福柯一直对"声名狼藉者"的生活充满同情与好奇,并坚定地认为他们的生活有一天必定能够划破理性的黑夜,焕发出奇特的,即便是微乎其微的历史意义。① 这些一生与苦难、卑贱、猜忌与喧哗为伴的"声名狼藉者"极有可能背负着错误、虚假、不公、言过其实的历史叙述与权力操控,他们的生活构成了历史叙述的一部"黑暗传奇",他们的历史应该成为真理戏剧的一部分。

现代时期"声名狼藉"的犬儒主义者已无立锥之地,他们被现代权力借助话语所捕获,这些夸大其词的话语与夸大其实的权力利用"语言之磨"对他们加工再生产,他们已不再仅仅是异己者与传统价值的戏谑者,还是现代文明社会的恶魔,"古典时代的权力话语,跟那些向权力陈辞的话语一样,制造了恶魔"②。

三 犬儒主义遵从自然的"动物生活"(diakritikos)

根据古代传统,尤其是柏拉图主义,真正的生活还是公正正直、不逾矩的生活。"不逾矩"的意义比较模糊,但对公众而言,一般指的是符合法律、礼法、习俗和规则等;对哲学家而言,则要区分什么样的法律才是真实的、根本的——即律法的正当性是基于人类理性、神圣理性、自然理性还是传统习俗等。但对犬儒主义来说,唯一的法律就是人的自然本性。③

犬儒主义者认为自然本性与所有人类共同体人为制定的法律习俗完全对立。另外,传统哲学都试图以各种形式将自然与理性结合在一起,譬如通过对神灵的沉思或理性论辩等,但犬儒主义则直接将自然界定为人的纯粹动物性,人的动物本性是所有行为和欲望的本能起源;

---

① 参见[法]米歇尔·福柯著,汪民安主编《福柯读本》,北京大学出版社2010年版,第101—115页。
② [法]米歇尔·福柯著,汪民安主编:《福柯读本》,北京大学出版社2010年版,第108页。
③ Michel Foucault, *The Courage of Truth: The Government of Self and Others II. Lectures at Collège de France 1983–1984*, trans. Graham Burchell, New York: Palgrave Macmillan, 2011, p.263.

哲学家应该到人的纯粹动物性、身体本性中而非灵魂的逻各斯中找寻自然和律法的起源。传统哲学大都对人的动物性极为贬低，认为人类正是脱离了动物性的层面才具有了人性。近代哲学家黑格尔也秉承这一传统区分，认为"人就是自我意识，他意识到了自己，意识到了他的人性的事实和他的尊严。正是据此，他同动物有着本质的区别"①。即使有的哲学家并没有粗暴地剔除人的动物性层面，但认为人是一种特殊的动物，人正是在自身的动物性上附加其他特性才具有了人性，譬如"人是政治的动物"，"人是符号的动物"，"人是语言的动物"，"人是制造工具的动物"，"人是自我意识的动物"，"人是劳动的动物"，"人是否定的动物"，等等。总而言之，动物是人的对立面。

犬儒主义认为动物不是人的对立面，动物性即人性，人的动物性是一切律法的来源，是一切人性的真理，是整个人类的真相，因此犬儒主义高扬人的动物性价值。但犬儒主义并不满足于高扬人的动物性，还把它设定为人类的一项道德重任。犬儒主义认为，由于人受文化的侵染已久，人们并不是很容易就可以过一种动物般的纯粹生活，"动物性不是给定的，而是一项重任"②。也就是说，人的动物性并不仅仅是一永恒不变的既定事实，尽管它是人最为自然的本性，但如何坚定地保持这一本性不变，对于置身世俗文化中的人则是一种严峻的挑战，因此对犬儒主义来说，保持动物性是一种自我的艰苦操练。

努力过一种动物般的生活在犬儒主义者看来是自己应负的一项道德重任，对他者而言则是一种丑闻。因为为了保有自己动物般的纯粹生活，他们反对一切文明与禁忌。譬如，犬儒主义拒绝婚姻、排斥家庭、主张共有妻子和孩子，甚至不排斥同类相食或者乱伦，这在任何时代看来都是决不能忍受的恶性。因此福柯认为，犬儒主义者持之以恒地坚持自身的动物性而不顾世俗或主流哲学的蔑视与诋毁，对他们自己来说就

---

① [法] 亚历山大·科耶夫：《黑格尔著作导论》，转引自汪民安《尼采与身体》，北京大学出版社 2008 年版，第 39 页。

② Michel Foucault, *The Courage of Truth: The Government of Self and Others* II. *Lectures at Collège de France 1983 – 1984*, trans. Graham Burchell, New York: Palgrave Macmillan, 2011, p. 265.

是一种挑战、一种操练,是最为艰辛、最为孤独的哲学修炼。①

四 犬儒主义无私献身的"好战生活"(phulaktikos)

传统自主至福的生活是指对自我和他人的掌控,体现为一种主宰一切的"王者之气"(kingship)。福柯通过读解塞涅卡的书信阐明,古代"自主"的生活有两个基本特征。首先,是在自我掌控中的那种泰然自若、怡然自得的愉悦感,"人们在自身中发现所有真正愉悦的根源与基础,这不是身体的愉悦,也不是依赖于外物的愉悦"②。其次,自主的生活还表现在与他人之间的关系上,它体现在自我掌控的个体对其他人的恩惠与帮助中,自我掌控的个体能很好地关注他人、关爱人类。譬如爱比克泰德哲学学校中教师对学生的指导,或如塞涅卡书信中所显示的朋友之间的关爱,等等。③

正是在与他人甚至整个人类的关系方面,福柯分析了犬儒主义与哲学传统在自主的"王者之气"方面的差异。福柯以柏拉图"哲学家—国王"理论为参照来加以说明,福柯认为柏拉图刻画的"哲人王"包含两个方面。一方面,哲学家与政治君主具有结构上的类似性,因为"哲学家有能力在自己的灵魂(即自我关系)中建立一种权力的等级制结构,这种等级制结构及权力类型与君主制下君王的权力操作拥有相同的秩序、相仿的形式与结构"④。也就是说,柏拉图以君

---

① Michel Foucault, *The Courage of Truth: The Government of Self and Others* II. *Lectures at Collège de France 1983-1984*, trans. Graham Burchell, New York: Palgrave Macmillan, 2011, pp. 263-265.

② Michel Foucault, *The Courage of Truth: The Government of Self and Others* II. *Lectures at Collège de France 1983-1984*, trans. Graham Burchell, New York: Palgrave Macmillan, 2011, p. 271.

③ Michel Foucault, *The Courage of Truth: The Government of Self and Others* II. *Lectures at Collège de France 1983-1984*, trans. Graham Burchell, New York: Palgrave Macmillan, 2011, pp. 271-272.

④ Michel Foucault, *The Courage of Truth: The Government of Self and Others* II. *Lectures at Collège de France 1983-1984*, trans. Graham Burchell, New York: Palgrave Macmillan, 2011, p. 274.

王治理城邦的形象来类比哲学家对自己的治理。另一方面，哲学家应然（ought to be）成为理想城邦中的政治君王，即使他在现实城邦中并不拥有政治权力，他可以先对君王进行培养塑造，保证君王个体灵魂的完善，使君王具有哲学家的优良品质，然后再由君王来确保城邦的幸福和稳定，这是柏拉图在《理想国》中的一种热望。此外，福柯认为，在斯多葛派那里，哲学家也非常接近于帝王，哲学家虽然不是帝王，但如塞涅卡所言，他比帝王更重要，因为他既能做帝王之师来引导帝王的灵魂，也能通过帝王来引导其他人的灵魂甚至整个人类。但不管是上述哪一种情况，哲学家都只是通过类比或理想化的方式彰显自己的王者之气。

犬儒主义者则与之不同，他们宣称自己就是现实世界中真正的君主、唯一的帝王，现实政治中的王只不过是他们的影子而已。福柯称犬儒主义者为"反王之王"（anti-king）①：犬儒主义者既把自己与现实政治中的王相对立，又反对柏拉图虚幻的"哲人王"概念。现实政治中的帝王通过宰制、征服、荣耀与财富等方式来彰显自己的帝王权威；而崇尚"哲人王"的哲学家认为，君王的美德和品性才是彰显帝王"王者之气"的最重要因素，也是君王荣耀与权力的真正来源——自主的灵魂才是外部权威的精神源泉。犬儒主义者坚决反对以上两类王权概念，认为这都不是真正的王者。

对犬儒主义"反王权之王"（anti-royal king）形象描述最为生动的是迪翁·屈梭多模（Dio Chrysostom，亦称金口迪翁），他描述了犬儒主义者第欧根尼与亚历山大大帝（Alexander）的那次著名相遇的过程。正如故事中所说，亚历山大大帝认为只有犬儒主义者第欧根尼才能与之媲美，并且说"如果我不是亚历山大，倒愿是第欧根尼"。因此他主动接近第欧根尼来验证犬儒主义者是不是如自己一样是真正的王者。我们看到，在屈梭多模笔下，在"王权之王"亚历山大与"反

---

① Michel Foucault, *The Courage of Truth: The Government of Self and Others* Ⅱ. *Lectures at Collège de France 1983 – 1984*, trans. Graham Burchell, New York: Palgrave Macmillan, 2011, p. 275.

王之王"第欧根尼的交锋中,第欧根尼极尽讽刺挖苦之能事,不仅认为亚历山大大帝并非合法的统治者,并非天生的王者,甚至认为他怯懦、无知、懦弱。①

首先,亚历山大大帝自以为彰显君王权威的财产、军队和征战品质,均被第欧根尼贬低为缺乏勇气和男子气概(andria)的表现:亚历山大为了征服整个世界必须依赖他强大的军队、精良的武器、巨额的财富,甚至要编造他的神圣家世,也就是说,他必须依赖其他人以及外物财富才能彰显自己的权威。

其次,亚历山大给自己设定的征战目标在第欧根尼看来也是虚幻的、无意义的,因为他纯粹的动物性被财富、征伐及对声誉的欲望与渴求消耗殆尽,他被所有的这些虚假欲望所羁绊,即使他成为整个世界的主人,由于他不能摆脱对外物、他人及自身欲望的束缚,最终也只能沦落到奴隶的境地。因此,在第欧根尼看来,亚历山大并非真正的帝王、世界的主人,而是彻底的奴隶。第欧根尼则不同,他完全掌控自己的灵魂、欲望,他不依赖于任何超出自己欲望之物的外在想象,也不需要他者的保护,因此他是他自己也是整个世界的主人。

再次,亚历山大通过世袭的方式登上帝位,并且为了行使帝权,他必须具备一定的"教养"(paideia),而第欧根尼认为他自己并不需要任何的教化,因为他的王者之气依据的是"phusis/comos"(自然、本性;宇宙、天),他就是宙斯(Zeus)之子;他唯一需要的就是"anderia"(勇气;男子气概),他是真正的男人、真正的帝王,是具有"megalophrosunē"(大气,伟大的灵魂)的天之骄子。

最后,亚历山大作为政治帝王,随时都会失去王权及彰显王权的财富、荣耀与名声,因此他一直活在恐惧之中;而犬儒之王则永远不会被罢黜,因为他是自己的主人,不依赖于任何外在事物,也就没有任何恐惧,他只掌控自己,因此永远在对自我的掌控中自得其乐。

---

① Michel Foucault, *The Courage of Truth*: *The Government of Self and Others* II. *Lectures at Collège de France 1983 - 1984*, trans. Graham Burchell, New York: Palgrave Macmillan, 2011, pp. 276 - 278.

总而言之，犬儒主义者是真正的王者，他们的生活是真正的生活，这与政治君王及"哲人王"的生活迥然不同。但这也导致了犬儒之王注定是一"命运多舛"（derision）之王①，因为他们甘心过一种不觉羞耻的"厚颜"生活、声名狼藉的"贫穷"生活、顺从自然的"动物"生活，因此他们完全不被他者所认可，甚至受到众人的嘲讽。福柯认为，犬儒主义者将嘲讽与诋毁作为对自己持续的自我检验，是关心自己的一种方式。但同时福柯认为犬儒主义者最重要的"王者之气"表现在他们的献身精神上，犬儒主义者作为王者，他的首要任务是关心他人、保护并拯救他人，通过真正的王者生活引领他人通达真理。关心他人甚至整个人类对犬儒主义者来说是一项神圣的使命，这同苏格拉底肩负的重任类似，但犬儒主义者并不是通过论辩或反讽的方式来完成自己的使命，而是通过切实的生存方式来督促和关心别人，甚至可以牺牲自己的生命，这也与亚历山大通过征伐保全自己生命的"政治之王"风格迥然有别，因此犬儒主义者是名副其实的"献身之王"。

此外，犬儒主义者还通过医疗的方式来拯救他者。犬儒之王对他人的关照不是立法关系，而是一种治疗关系，他将自己的王者生活作为一剂猛药注入人们的灵魂之中，使他们能够完成自我诊疗、获得自身幸福，因此福柯说犬儒之王是"他人获取自身幸福的工具或手段"②。同时犬儒之王与他人的关系还表现为一种竞技和战斗——犬儒主义者常常将自己看作"侦察兵"或"竞技者"，但这不是如亚历山大大帝那样的征伐与宰制（众所周知，犬儒主义明确反对任何世俗战争，在犬儒主义者看来战争是欲望的延伸），而是一种哲学好战精神：他向一切非正义的力量，一切奴役人们身心的力量宣战。

---

① Michel Foucault, *The Courage of Truth*: *The Government of Self and Others* Ⅱ. *Lectures at Collège de France 1983 – 1984*, trans. Graham Burchell, New York: Palgrave Macmillan, 2011, p. 278.

② Michel Foucault, *The Courage of Truth*: *The Government of Self and Others* Ⅱ. *Lectures at Collège de France 1983 – 1984*, trans. Graham Burchell, New York: Palgrave Macmillan, 2011, p. 279.

福柯将古代犬儒主义者称作"犬儒之王",他们不仅如苏格拉底或斯多葛派那样"征讨自己虚假的欲望、激情与虚伪,还同一切的习俗、法律、传统、制度及整个当前的人性状态做斗争;这是同一切邪恶所做的斗争——不仅仅是个体的恶习,更是影响整个人类的邪恶"①。因此,犬儒主义者的使命就是通过无私献身的"好战生活",通过哲学的战斗精神,来转变整个人类的精神面貌或道德品性(ēthos),从而改变整个世界,拯救整个人类。从犬儒主义者的"好战生活""战斗精神"来看,犬儒主义者好比是宙斯之子大力英雄赫拉克勒斯(Heracles)。福柯说赫拉克勒斯是犬儒之王的典范,是一名"犬儒英雄"②。

根据迪翁·屈梭多模(Dio Chrysostom)的描述,赫拉克勒斯与其他英雄形象皆不同,他既不靠美貌、财富而出名,也不依足智多谋而取胜,他在人们心目中的形象是"饱受折磨"(ponounta)和"战斗不息"(agōnizomenon)的。屈梭多模称他为"anthrōpōnathliotaton"(最为悲惨之人)。福柯认为"athlios"(悲惨之人)指涉的是"athlētes"(竞技者),因此赫拉克勒斯是一名"悲惨的竞技者"。赫拉克勒斯身强体壮、慧眼如炬,如犬儒主义者一样衣不蔽体、不畏寒暑、风餐露宿、形同乞丐、命运多舛,但正是这名"悲惨的竞技者"完成了不可能完成的"十二壮举"(Labors of Hercules)。

屈梭多模将赫拉克勒斯与普罗米修斯(Prometheus)加以对比。在犬儒主义者眼中,普罗米修斯是一诡辩者般的负面形象,因为他赋予了人类以火种与技艺,从而将人类从自然的动物性中摆脱出来,但同时也为人类种下了恶果。在屈梭多模的笔下,赫拉克勒斯拯救了普罗米修斯,其隐含的真义是:赫拉克勒斯将普罗米修斯从技术进步能

---

① Michel Foucault, *The Courage of Truth: The Government of Self and Others* II. *Lectures at Collège de France 1983 – 1984*, trans. Graham Burchell, New York: Palgrave Macmillan, 2011, p.280.

② Michel Foucault, *The Courage of Truth: The Government of Self and Others* II. *Lectures at Collège de France 1983 – 1984*, trans. Graham Burchell, New York: Palgrave Macmillan, 2011, p.281.

带给人类进步这种错误、虚幻的幸福观中解救出来,从而使人类文明的鼻祖普罗米修斯及整个人类恢复至高无上的自然本性。①

根据福柯的解读,我们发现,犬儒主义并非对古代哲学生活或"作为一种生活方式的哲学传统"(bios philosophicos)的完全断裂,但它也绝不认同传统生活和哲学主张,它是一苏格拉底式的"牛虻",扮着"哲学他者"的鬼脸,时刻提醒哲学家在追寻真理的历程中,永远不要忽略另一种僭越式生活的可能性。福柯直言:"最后,我想要强调的是:如果没有必不可缺的差异性、他者性之存在,永远不可能有真理之存在;真理永远不是同一的;只有以另一个世界和另一种生活的方式(l'autre monde et de la vie autre),我们才能够发现'真相',真理才得以存在。"② 在此,我们可以发现福柯本人的哲学品性——他者、差异、疏离、颠覆、僭越、战斗,"在许多人的心中,他既富于战斗性和颠覆性,又难以捉摸,犹如一颗光彩夺目的北极星,指引着思想界的新潮流"③。这种哲学精神或品性气质,福柯在1984年发表的《什么是启蒙?》一文中也有清晰的阐释:

> 可以将这种哲学气质概括为一种"界限态度"(limit-attitude)……我们不得不摆脱外部—内部这一非此即彼的选择,不得不处身于边界。实际上,批判是由对界限的分析与反思组成的。然而,倘若康德的问题在于:认识到(savoir)什么界限是知识(connaissance)不得不宣布放弃越出(exceeding)的;那么在我看来,今天的关键问题则必须转回某种肯定性的问题:在那些被作为普遍、必然、义务而加在我们身上的东西里面,所有那些属于独特、偶

---

① Michel Foucault, *The Courage of Truth*: *The Government of Self and Others* II. *Lectures at Collège de France 1983 – 1984*, trans. Graham Burchell, New York: Palgrave Macmillan, 2011, p. 282.

② Michel Foucault, *The Courage of Truth*: *The Government of Self and Others* II. *Lectures at Collège de France 1983 – 1984*, trans. Graham Burchell, New York: Palgrave Macmillan, 2011, p. 356.

③ [美]詹姆斯·米勒:《福柯的生死爱欲》,高毅译,上海人民出版社2003年版,第446页。

然及专断约束的产物的东西,又占据着什么样的位置?简言之,问题的关键在于:把以必然性界限形式展开的批判,转化为以某种可能性逾越(franchissement)形式出现的实践批判。①

第四节　关心自己与关心他人

根据爱比克泰德的记载,福柯认为犬儒主义者是每个人的诊疗师(physician)与传道者(missionary),是整个人类的侦查员(kataskopos),是整个宇宙的守夜人(night-watchman),是全体人类的公仆(functionary)。他必须要照料好其他人,必须对他人关注之事加以关心,福柯称之为"关心之关心"(double epimēleia)。关心他人所关注之物及整个人类的事务成为犬儒主义者的道德重任:

> 是谁对人类的贡献更大呢?是那些把三两个长着丑陋鼻子的小孩带到这个世界上来的人们贡献更大呢?还是那些尽其所能对整个人类实施监督(hoi episkopountes)的人呢?这些人观察人类在做什么,怎样度过他们的人生,他们关心的是什么,以及他们不尽责地忽视了什么。②

由此可见,犬儒主义者不仅要对自己加以关注、对自己的思想保持持续的警惕,他还必须要对其他人甚至整个人类保持关注,因此,福柯称犬儒主义者是人类的公仆或公务员。但犬儒主义者对整个人类的操劳并不是要去关心他人的公共事务,他绝不去讨论税赋、收入、战争与和平等城邦事务,而是去关心"幸福与不幸、好运与厄运、奴役与自由"等问题,这才是他作为人类公务员的公职(politeuesthai)

---

① Michel Foucault, *The Essential Works of Foucault*, *1954–1984*, *Vol. 1*, *Ethics: Subjectivity and Truth*, ed., Paul Rabinow, New York: The New Press, 1997, p. 315.
② [古罗马]爱比克泰德:《哲学谈话录》,吴欲波等译,中国社会科学出版社2004年版,第234页。

所在。爱比克泰德认为犬儒主义者从事的是一种最高贵的政治，它不仅关涉某一城邦、某一国家的政制事务，还是整个人类的政制事务，因此，犬儒主义者肩负的是治理整个宇宙的重任。① 那犬儒主义者如何肩负起治理宇宙的重任呢？对此，福柯重点分析了犬儒主义者的"真理之展现"（veridiction），即犬儒式"直言"实践。

福柯认为"直言"在犬儒主义"真正的生活"中占据重要地位，在对犬儒主义者"真正的生活"的描述中，"直言"是最为突出的特征。爱比克泰德是这样描述犬儒主义者的直言实践的："一个犬儒主义者确实是一个侦查员，他要找出什么事情对人类是友好的，什么是有敌意的；所以他首先必须要准确地侦查，等到在侦查回来之时，他还必须（有勇气）道出实情（appaggeilein talēthē）。"② 第欧根尼·拉尔修在《名哲言行录》中也记载："有人问他（犬儒者第欧根尼）对人类而言，最美好的事物是什么（kalliston en tois anthropois），第欧根尼回答：直言（parrhēsia）。"③ 在吕西安的《叫卖的哲学家》一文中，第欧根尼称自己是"人类的解放者，治疗整个人类的医生，是'真理'和'直言'的先知（alētheias kai parrhēsiaprophetēs）"④。

但犬儒主义的"直言"实践不同于伯利克里和柏拉图的"政治直言"，也与苏格拉底反讽式的"伦理直言"有区别。犬儒主义者的"直言"实践包含他的行为、生活、身体及言语——"直言"与犬儒主义"真正的生活"径直地、紧密地连接在一起。

第一，犬儒主义者的身体本身就是真理的纯粹表达，可以称作

---

① Michel Foucault, *The Courage of Truth*: *The Government of Self and Others* Ⅱ. *Lectures at Collège de France 1983 – 1984*, trans. Graham Burchell, New York: Palgrave Macmillan, 2011, pp. 302 – 303.

② Michel Foucault, *The Courage of Truth*: *The Government of Self and Others* Ⅱ. *Lectures at Collège de France 1983 – 1984*, trans. Graham Burchell, New York: Palgrave Macmillan, 2011, p. 309.

③ ［古希腊］第欧根尼·拉尔修：《名哲言行录》，马永翔等译，吉林人民出版社2003年版，第368页。

④ ［罗马］琉善：《琉善哲学文选》，罗念生等译，商务印书馆1980年版，第65页。

"身体直言",犬儒主义者的身体是"真理的模型"①。这就要求人们去除附加在身体之上的一切虚假修饰。对此,爱比克泰德这样描述道:

> 他决不能仅仅通过展示一下他的灵魂的性质来向俗众证明,没有他们所崇拜的东西的帮衬也可以做一个美好而高贵的人;而且他还必须通过他的身体状况展示出,他的在露天底下的朴实而简单的生活方式甚至也不会伤害到他的身体:"看",他说,"我与我的身体都是我的论点的真理性的见证。"②

第二,犬儒主义者还必须以对他人保持持续警惕的方式来展示真理,因此,他要经常地在公共空间内出现,使自己完全可见,同时也观看别人;但这并不等同于对他人私生活的好奇或爱管闲事(polupragmpsunē)。对此,爱比克泰德将犬儒主义者比作是一名"照看、检阅、监督军队的将军,惩罚那些违反纪律的战士",因此犬儒主义者"在监督别人的行动之时,并非在干涉别人的事情,而是在关心自己的任务"③。

福柯对苏格拉底式"直言"与"关心自己"的分析表明,检查与警惕是应对"自我忽视"与"公众舆论"的有力武器,但苏格拉底经由神谕的中介来实践对他人"直言不讳"的检查,通过与他人私下对话的方式来检查他人灵魂的状况。而犬儒主义的"直言"则与之不同:犬儒主义者则更为直接,犬儒主义者的直言式检查直接表现在他们的身体上,是身体与身体的对抗,而不仅是灵魂或话语之间的交锋。另外,犬儒主义者也绝不在私下督促他人,而是在大庭广众之下直言

---

① Michel Foucault, *The Courage of Truth: The Government of Self and Others II. Lectures at Collège de France 1983 – 1984*, trans. Graham Burchell, New York: Palgrave Macmillan, 2011, p. 310.

② [古罗马] 爱比克泰德:《哲学谈话录》,吴欲波等译,中国社会科学出版社2004年版,第235页。

③ Michel Foucault, *The Courage of Truth: The Government of Self and Others II. Lectures at Collège de France 1983 – 1984*, trans. Graham Burchell, New York: Palgrave Macmillan, 2011, p. 312.

不讳，只要一有机会，他们就会毫不犹豫地谴责、谩骂（diatribe）：

> 可怜的人啊，你们要干什么呀？你们像瞎子似地脚步踉跄着到处乱窜。你们已经离开真理之路（tēnoustan），正在步入迷途（另一条路［allēnhodon］——福柯注）；你们想在错误的地方找寻宁静与幸福，可宁静与幸福根本不在那里；当有人为你指出它们所在之处的时候，你却不相信。①

犬儒主义的直言是完全另一种形式的生活实践，预示着生命的另类可能性。犬儒主义生活的他者性、差异性（otherness）是"真理之展现"必不可少的元素：只有以另一种方式来生活，真正的生活才得以可能；正是从生活的另类可能性这一视角出发，人们才能了解到自己置身其中的日常生活绝非真理和真相的唯一来源。

在 1984 年法兰西学院课程演讲最后一节课上，福柯非常简洁地描述了下一年计划开展的研究计划，即主要考察古代世界"伦理直言"及"关心自己"在早期基督教的发展演变。在福柯看来，尽管目的不同，但早期基督教禁欲主义在很多方面延续了犬儒主义的生活实践。譬如，沙漠教父时期的隐修生活（eremitism），跟犬儒主义一样拒斥一切虚假的文化传统，竭力使生活回归自然属性，甚至也崇尚动物般的质朴生活；托钵僧也推崇身体的真理之维，将身体看作"真理展演的剧场"②。

但是福柯认为，早期基督教与犬儒主义主要有两方面的差异。首先，基督教禁欲苦行的目的并不是要改变这个世界（un monde autre）——这是犬儒主义的精义所在，而是寄希望于另一个（来生）世

---

① Michel Foucault, *The Courage of Truth*：*The Government of Self and Others* II. *Lectures at Collège de France 1983–1984*, trans. Graham Burchell, New York：Palgrave Macmillan, 2011, pp. 313–314.

② Michel Foucault, *The Courage of Truth*：*The Government of Self and Others* II. *Lectures at Collège de France 1983–1984*, trans. Graham Burchell, New York：Palgrave Macmillan, 2011, pp. 318–319.

界（l'autre monde）以获得拯救与幸福。也就是说，在福柯看来，基督教融合犬儒主义的"另一种生活"与柏拉图主义的形而上学"理念世界"这两大原则于一体：

> 一定程度上，我们可以说，基督教的哲学意义之一在于下面这一点：它将作为"真正生活"（alēthēs bios）的"另一种生活"（une vie autre）之主题与作为通达真理的"另一个世界"（l'autre monde）之观念巧妙地结合在一起。①

其次，福柯发现，在基督教中，通达真理的前提条件是要有一种彻底、完全、永久的"顺从"观念。② 福柯借助以亚历山大里亚的斐洛（Philo of Alexandria）文本及《旧约圣经》希腊文译本（*Septuagint*）为主的犹太—希腊时期文本、《新约全书》文本（*New Testament*）、以《使徒行传》（*Acts of Apostles*）为主的教父文本以及公元1世纪的基督教禁欲主义文本，试图考察古代世界"直言"及"关心自己"的实践在早期基督教世界的发展演变。③

福柯试图对以下问题加以探讨：犬儒主义"真理的传教士"这一角色是如何在苏格拉底的教诲与基督教禁欲苦行实践之间建立起联系的；自苏格拉底以来"真正的生活"这一主题是如何转变为基督教"彼岸世界"这一信念的；犬儒式"直言"在基督教世界的发展与变化。④ 我们

---

① Michel Foucault, *The Courage of Truth: The Government of Self and Others* II. *Lectures at Collège de France 1983 – 1984*, trans. Graham Burchell, New York: Palgrave Macmillan, 2011, p. 319.

② Michel Foucault, *The Courage of Truth: The Government of Self and Others* II. *Lectures at Collège de France 1983 – 1984*, trans. Graham Burchell, New York: Palgrave Macmillan, 2011, p. 320.

③ Michel Foucault, *The Courage of Truth: The Government of Self and Others* II. *Lectures at Collège de France 1983 – 1984*, trans. Graham Burchell, New York: Palgrave Macmillan, 2011, pp. 325 – 339.

④ Michel Foucault, *The Courage of Truth: The Government of Self and Others* II. *Lectures at Collège de France 1983 – 1984*, trans. Graham Burchell, New York: Palgrave Macmillan, 2011, pp. 335 – 337.

看到,这一研究计划对应于福柯生前规划的《性史》第四卷《肉体的忏悔》的部分内容,但福柯生前并未出版这部著作。福柯1980年法兰西学院课程演讲《对活人的治理》也是有关基督教的研究,主要探讨的是公元2世纪后基督教的自我治理艺术。

下 编

生存美学与自我技术

——福柯晚期自我伦理思想研究

本部分基于上编福柯在法兰西学院课程演讲《主体解释学》《对自我与他人的治理》《真理的勇气》中对古代经典的阐释，重点考察福柯1984年去世前夕出版的《性史》第二卷《快感的享用》、第三卷《自我的关注》之内容。本编结合福柯20世纪70年代法兰西学院课程演讲《必须保卫社会》《安全、领土与人口》《生命政治的诞生》，主要探讨福柯晚期思想中的"自我伦理"问题及其对现代新自由主义治理术的反思与启发。

第五章研究福柯晚期思想的新变，试图探讨福柯是如何从对西方现代社会的知识考古学及权力谱系学分析转向对古代世界的系统梳理。指出福柯晚期（20世纪80年代）对古代世界的体验使他的思想诊断工作向前推进了重要一步：主体性实践开始成为福柯不可化约的研究向度，"主体"问题，更准确地说是"主体伦理"问题开始成为福柯的研究重点。

第六章试图以问题化质疑法考察福柯对自我技术所做的研究。重点分析福柯对古希腊及希腊化罗马时期的自我技术问题的探讨，对比这两个时期基于"生存美学"的自我伦理与后来基督教顺从及自我弃绝的伦理取向之间的差异。指出福柯关于自我技术问题的探讨为基督教顺从的政治学逻辑及现代自我技术理性的起源提供了富有价值的见解。

第七章试图阐明古代的自我技术是如何经由牧师技术的过渡转变为现代社会的生命政治的。同时借助福柯对欧里庇得斯的《伊翁》（*Ion*）及索福克里斯的《俄狄浦斯王》（*Oedipus*）两幕戏剧的分析，探讨福柯关于自我技术研究所蕴含的政治面向，借此为我们评价现代政治与伦理实践提供新的方法与视角。

第八章重点阐释福柯伦理谱系学的具体内涵及其对现代性的解释力。从福柯主体伦理思想及对现代新自由主义治理术的探讨出发，使用比较研究法，借助福柯提出的伦理谱系学的四重框架（伦理实体、伦理实践、屈从化模式和伦理目的），试图对本雅明关于波德莱尔的阅读及其巴黎拱廊街计划加以阐释，以此反思现代资本主义治理术下追求生活伦理艺术化的可能性。指出在本雅明的论述中，波德莱尔的艺术创作即是一种典型的犬儒式"直言"或"说真话"的实践，目的是在当前社会创造一种关涉"生活艺术"的自我伦理。

结语部分将福柯晚期思想置放在"人该如何生活？"这一自苏格拉底以来西方伦理思考的谱系之下，指出福柯晚期对古代世界以"自我技术"和"生存美学"为主线的伦理思想的挖掘阐释，是对尼采"西方道德逐渐消亡"这一预言的回应。福柯正是借助对古希腊、希腊化罗马及基督教世界的谱系探索，重新发掘自我实践的伦理面向，从而应对当前以知识与权力相互交织为主要特征的自由主义治理术对人主体性的宰制。

结语部分同时对福柯伦理谱系学的研究方法进行了总结与思考，将福柯对古代世界的研究方法定义为"谱系学循环"，即将现时当下加以问题化，通过此问题化透镜，审视过去，并对过去加以合理利用，通过这样的方式开创一种新的可能性。同时指出，福柯对古代伦理主体塑造模式的探讨，并不是为了建构另一种类型的主体理论或伦理学说，而是为了应对现代权力/知识对人的钳制及其对现代人主体性的塑造。福柯对古代哲学和伦理的阐释，是为了发掘一种主体—真理关系的模式，这种模式不能化约为另一种知识形式。

第 五 章
从权力到主体：福柯晚期思想新变

在世界上只有一条道路，除了你没有人能走：这条路通向何方？不要问，走去吧。

——尼采①

福柯被公认为一名"权力理论家"，他对权力—知识运作体系的阐释闻名遐迩，使其确立了在学术界的地位；但纵观其整体学术生涯，我们发现福柯的研究主要围绕"现代主体的谱系学"展开，他"研究的总的主题，不是权力，而是主体"②。福柯曾对现代知识进行了详尽的考古学挖掘，对现代权力进行了系统的谱系学探索，借此对我们的现代社会进行诊断与分析；而晚期福柯（20世纪80年代）转向探查古代哲学修行实践，这进一步深化了他对现代社会的诊断工作：主体性实践开始成为福柯研究中不可或缺的一环，更确切地说，"主体伦理"问题成为福柯晚期的研究重点。与此同时，福柯重新定义了哲学话语的诊断功能，将其视为对权力、知识与主体性之间相互关系的一种反思。

通过细读福柯20世纪80年代法兰西学院课程演讲《主体解释学》、《对自我与他人的治理》及《真理的勇气》，我们认为，福柯晚

---

① ［德］弗里德里希·尼采：《不合时宜的沉思》，李秋零译，华东师范大学出版社2007年版，第246页。

② Michel Foucault, *The Essential Works of Foucault*, *1954-1984*, *Vol.1*, *Ethics*: *Subjectivity and Truth*, ed., Paul Rabinow, New York: The New Press, 1997, p.327.

期对古代哲学的研究并非仅仅停留于史料梳理层面,而是对以"精神品性"(ēthos)为中心的主体性及主体化模式进行了深层描述,同时也对一种另类生存模式及新的生命可能性进行了描绘。福柯晚期的研究工作呼应了普鲁塔克提出的"品性塑造"(ēthopoiēsis)①或"伦理—诗学"(ethic-poetic)概念,这启发了现代主体自我反思型批判气质的塑造。只有从其晚期思想出发,我们才能更好地领会福柯在诊断分析现代社会的过程中所思考的哲学问题,才能深入体会福柯在伦理品性上展现的风采。

第一节　真理游戏与主体塑造

1984年离世前不久,福柯发表了《什么是启蒙?》一文,其中福柯提出了"我们自身的历史本体论"这一问题。明确指出了三种塑造主体的历史模式:首先是知识主体,即人类在历史上是如何将自身建构为认知的主体的,主要考察与真理有关的历史本体论;其次是权力主体,即人类在历史上是如何将自身建构为作用于他人的主体的,考察与权力领域相关联的历史本体论;再次是伦理主体,即人类在历史上是如何将自身建构为道德主体的,主要考察与伦理品性相关联的历史本体论。②

实际上,主体与真理游戏之间的关系问题贯穿福柯整个研究生涯,福柯探讨的是人类如何在不同时期将自身塑造为各种类型的主体。对福柯而言,"游戏"是一组生产真相的规则。主体是如何进入真相的

---

①　"ēthopoiēsis"(品性塑造)一词福柯借用自普鲁塔克,指的是希腊化罗马时期一种特定的知识类型或认知模式,福柯称之为"知识和真理的伦理效应"(ethic of knowledge and truth);福柯认为这样的一种知识类型或认知模式并不关涉知识的内容,而是有关于知识的功能,关注的是这样的知识或认识能否改变一个人的生存方式,能否塑造一种精神品性(ēthos)(参见 Michel Foucault, *The Hermeneutics of the Subject*, p. 237)。

②　Michel Foucault, *The Essential Works of Foucault*, 1954–1984, Vol. 3, Power, ed., James D. Faubion, New York: The New Press, 2000, p. 315.

游戏之中的呢？在性质和表现方式上，有主动和被动之分。人主动成为主体，其样态则表现为"主体化"；而被动成为主体的样态则表现为"科学分类"和"区分实践"。这三种样态在福柯的不同著作中分别被提及或定义，在《词与物》中，"科学分类"把人限定为在经验科学中扮演着能讲话、从事劳动和生活的主体角色；在《知识考古学》中，那些支配着"话语实践"的多种多样且能自主转化的规则并不需要借助认识主体。在《疯癫与文明》、《临床医学的诞生》和《规训与惩罚》中，"区分实践"则揭示了癫狂主体、临床医学主体和刑事犯罪主体是如何被强制构成的；而《性史》第二卷《快感的享用》和第三卷《自我的关注》的主题则是"主体化"，探讨了人自身如何积极主动地成为伦理主体以及个体采取何种与自身相关的形式成为伦理主体。

无论人以何种方式成为主体，主体化的道路并不一定遵循先验哲学主张的因果关系和目的论原则。尼采（Nietzsche）在《不合时宜的沉思》(*Untimely Meditations*) 一书中提出了"人如何成为自己"这一重要主题，其目的就是彻底批判传统形而上学历史观。在尼采看来，每个人"成为自己"的道路都是独一无二的，都被各自的命运之神守护着，但都无法逃避过去、现在和未来无法控制和预料的各类因素。"成为他自己"是一条独一无二的道路，是在命运的守护下所艰难行进的道路，因此尼采呼吁人们在"成为自己、成其所是"的过程中将"精神之弓拉地圆满"[①]。福柯在人"成其所是"问题上的看法是对尼采这一道德谱系学历史观的继承，"人成为他自己"的主动和被动方式呼应了福柯所谈论的"subject"（sujet）所具有的双重含义：被控制的、须依附和屈从于他人的"sujet"，以及实现认识自身从而依附于自己品性的"sujet"。

为了阐明现代人的主体性塑造过程，福柯探讨了现代社会权力与知识的关系，追溯了历史上各种塑造主体的权力/知识"装置"（dis-

---

[①] [德] 弗里德里希·尼采：《超善恶：未来哲学序曲》，张念东等译，中央编译出版社 2000 年版，第 3 页。

positif），这也是对现代主体的客体化模式的谱系探索。这是福柯在 20 世纪 60—70 年代探讨的主题：《词与物》和《临床医学的诞生》讨论的是知识对人的塑造，《规训与惩罚》和《古典时代疯狂史》讨论的则是权力对人的塑造。大体而言，福柯 20 世纪 60 年代的"知识考古学"和 20 世纪 70 年代的"权力谱系学"是对现代人主体命运的哲学诊断和分析。但现代主体如何才能摆脱无处不在的权力控制和无所不能的知识建构呢？为回答这个问题，福柯于 20 世纪 80 年代初转向了对苏格拉底以来古代世界的总体探索，从自我伦理视角探讨古代人的自我塑造过程，亦即福柯所谓的"自我关注之伦理学"（ethics of care of the self）。福柯指出，伦理是"人与自身之间的关系，即自我关系，我称之为伦理学，它决定了个体应如何把自身建构为自身行为的道德主体"①。

为了理清这一自我关系问题，福柯开始探讨启蒙问题，明确将康德开启的启蒙传统界定为"我们自身的批判本体论"，宣称这一本体论既不是一种理论和学说，也不是积累中的知识之永恒载体，而是一种态度、一种"品性气质"（ēthos）、一种哲学生活——在这种生活中，"对我们是什么的批判，既是对我们之被确定的界限作历史性分析，也是对超越这界限的一种实验性的尝试"②。这种自我关系的哲学品性或哲学生活从何而来？它在我们当前社会又是何种形态？为了进一步分析"我们自身的批判本体论"，福柯借助其谱系学方法，将自我问题的探查追溯至古代世界：围绕着"直言"（parrēsia）和"关心自己"（epimēleia heautou）这两个概念对苏格拉底、伊壁鸠鲁主义、斯多葛学派、犬儒主义等古代哲学修行实践（askēsis）展开详尽考察。

通过对古代文本的总体考察，福柯指出"灵魂"（psychē）与"生活"（bios）是构成古代哲学生活的两个基本元素，古代哲学的精髓并不在于传授哲学知识或建构哲学教义，而在于精心塑造自我。这种对自我

---

① Michel Foucault, *The Essential Works of Foucault, 1954–1984, Vol. 3, Power*, ed., James D. Faubion, New York: The New Press, 2000, p. 263.

② Michel Foucault, *The Essential Works of Foucault, 1954–1984, Vol. 3, Power*, ed., James D. Faubion, New York: The New Press, 2000, p. 319.

的制作体现在精神/灵魂的提升和对"真的生活"的探索两方面。福柯将古代哲学的这一面向称作"生存美学"(the aesthetics of existence)。

第二节　福柯的"主体化"之镜:真理、政治与伦理

福柯晚期转向古代世界"生存美学""自我技术"问题,曾受到学界的批评和质疑。最早对福柯晚期思想展开讨论的是1988年在巴黎举行的福柯著作研讨会,当时有学者批判福柯晚期倾向于超越道德的精英式美学政治。理查德·罗蒂(Richard Rorty)指责福柯没有看到他的"'自由实践的伦理塑造'研究既偏离了普通民众的生活目标,更不能带来实际的社会政治效果"[①]。有学者不满于福柯晚期从权力问题转向主体问题,认为这种转变是"福柯江郎才尽的表现,代表着福柯本人思想的根本断裂……1984年出版的《性史》后两卷与福柯最早的《精神疾病与人格》都是福柯思想不成熟的体现……"[②]。理查德·沃林(Richard Wolin)则认为福柯晚期转向伦理问题反映了福柯"美学至上的体验,是对尼采反民主的模仿,福柯的伦理学只是少数精英的美学游戏"[③]。

道格拉斯·凯尔纳(Doglas Kellner)与斯蒂文·贝斯特(Steven Best)尽管不认同沃林等批评者的看法,认为这些批评过分强调福柯著作中所包含的尼采式唯美主义,忽略了福柯晚期著作与访谈中发生的重大转变,即从对生存美学的讨论转向对关心自己与自由实践的探讨。相反,他们认为,唯美主义之于福柯是一个终极诱惑,但晚期福柯最终放弃了这一诱惑,转而全神贯注于启蒙自主性、人的自我关注

[①] O'Farrell Clare, *Foucault: Historian or philosopher?*, Hampshire: Macmillan, 1999, p. 127.

[②] O'Farrell Clare, *Foucault: Historian or philosopher?*, Hampshire: Macmillan, 1999, p. 128.

[③] 黄华:《权力,身体与自我:福柯与女性主义文学批评》,北京大学出版社2005年版,第160页。

和自由实践的重要性。但他们基于现实政治的批评更为严苛,认为福柯"由于拒绝发展一种能够据以批判统治并为个体与社会组织提供替代方案的'规范性立场',因此福柯著作的批判意义被大大削减",从而认为"福柯的著作都倾向于片面":

> 他的考古学著作把话语凌驾于制度及实践之上,他的系谱学著作对统治的强调甚于对抵抗与自我建构的强调,而他的晚期著作对自我建构的分析又脱离了对社会权力与统治的周密思考。从统治技术向自我技术的转变,显得非常突然且缺乏中介,并且福柯从未对结构/能动因问题的两个方面做妥适的理论阐释。为了他的"作为伦理学的政治学",他抛弃了早期的政治立场,并将分析的焦点从社会制度移向古代医学和哲学文本,从此再也没有返回到对当前时代及其紧迫政治问题的分析。……福柯的晚期著作缺乏实质性的政治向度。①

上述批评均基于福柯《性史》后两卷的内容。当时,福柯20世纪80年代法兰西学院课程演讲尚未整理出版,如果仔细考察福柯法兰西学院1983年、1984年的课程演讲,尤其是福柯本人关于其前后期著作之间关系的描述,我们或许能更全面地认识到他晚期研究的旨趣所在。20世纪80年代,福柯研究的主题和探查的历史时期有了明显转变。古代世界成了福柯的研究对象,福柯对古代哲学、历史、文学、医学文献进行了深入的探讨;"知识"和"权力"字眼不再频繁出现在他的晚期作品中,但这并不意味着福柯晚期著作的去政治化,而是在一个更加宽广的历史场景中考量政治问题;或者说,福柯对当前社会现实政治问题的考察角度有所延展,不仅从权力和知识角度来考察问题,还从"对自我与他人的治理"角度出发来考察主体生成问题,以期将政治(有关于权力)、真理(有关于知识)、伦理(有关于主

---

① [美]道格拉斯·凯尔纳、斯蒂文·贝斯特:《后现代理论:批判性的质疑》,张志斌译,中央编译出版社2011年版,第77—78页。

体)结合在一起来探讨整个西方思想的发展历程：

> 如果我们以一种更一般的治理性问题的角度来审视权力问题、政治问题……我认为有关治理性的分析，即：对一系列可以逆转的政治权力关系的分析，必须与一种依据自我关系来界定的主体的伦理学相关。简言之，从我近来尝试对你们提出的分析方式可看出：权力关系—治理性—对自我与他人的治理—自我关系，这一切构成一个链条，我认为我们只有围绕着这些概念才能把政治问题与伦理问题联结起来。①

总体而言，福柯晚期所执着的问题似乎是：我们对个人自由充满渴望，但这种渴望如何通过培养一种生活模式、一种行为方式及别样化思考模式来满足——这一切均有关于我们的主体性或主体化的方式。如果说福柯早期著作侧重分析推论性的知识生产，中期著作着重探讨知识—权力关系的相互纠缠，那么福柯晚期著作则聚焦于主体性问题，这种主体性主要体现为一种与政治和真理密切关联的（自我）伦理问题。这是一种实证主义的主体观，在批判传统主体哲学、意识哲学的基础上，倡导一种"哲学—历史—政治"三位一体的哲学观。正如莫伟民指出的，"哲学描述主体在知识、权力和伦理三个层面上之被动构成和主动造就的具体方式，是诊断和对抗时代怪病的实践活动"②。

福柯在20世纪60年代曾经掷地有声地提出"人之死"，20世纪70年代详细探察了微观权力对人主体性的全面掌控与扼杀，这似乎表明福柯的早中期思想均摒弃任何有关主体性、自由或真理的形而上概念。由此，我们可以认为福柯20世纪80年代之前的思想侧重解构"人"及其主体性概念。但是，在1984年出版的《性史》二、

---

① Michel Foucault, *The Hermeneutics of the Subject: Lectures at Collège de France 1981–1982*, trans. Graham Burchell, New York: Palgrave Macmillan, 2005, pp. 252–253.

② 莫伟民：《哲学是诊断活动——福柯哲学观探究》，《复旦学报》2019年第5期。

三卷中，福柯却突然转向分析各种"自我技术"或"自我实践"，认为借助历史上各种形式的自我技术，人生成为主体，是人对自己主体性的一种建构。这似乎否定和逆转了他先前著作中的思想，使他的整体研究计划看似前后冲突，相互排斥。此外，福柯将人的主体生成、人生成为自由行动者的过程与实现真理的过程紧密联系在一起，即"主体性与真理"成为福柯探讨的主题，这也是他1981年法兰西学院课程演讲的标题。尽管从主体性的角度来看，我们可以认为福柯的研究在前期呈现出一副解构主义的面孔，而后期则表现为建构主义的形象。但在20世纪70年代末到80年代初的大量访谈和随笔文章中，福柯明确表示他的整体研究计划与学术生涯是一脉相承的。

首先，福柯曾经在1982年一篇用英文写就的文章《主体与权力》中，对自己的全部研究工作做了一个总结，其中福柯明确地解释了他的总体目标是"主体"而非"权力"。他的研究在总体上可归为"现代主体的谱系学"，以及现代人是怎样被塑造而成的：

> 我想说的是，在这整个20年间，我的工作的目的是什么。它既不是对权力现象进行分析，也不是精心描绘出这种分析的各种基础。相反，我的目的是创建出一种历史，这种历史有多重不同的模式，通过这些模式，在我们的文化中，人被塑造成各种主体。我的工作就是分析将人变成主体的三种客体化模式……这样，我研究的总的主题，不是权力，而是主体。①

这个总结成为研究福柯晚期思想的一个入口，近来欧美学术界对福柯基本文选的整理出版，也大都是按照他的这一总结分为三个部分：伦理学；美学、方法论和认识论；权力。

其次，福柯在1982—1984年的法兰西学院课程演讲中也屡次强

---

① ［法］米歇尔·福柯著，汪民安主编：《自我技术：福柯文选 Ⅲ》，北京大学出版社2016年版，第107—108页。

调他研究主题的一致性。在 1982 年《主体解释学》的演讲中，福柯曾将他晚期提出的"自我伦理学"看作对政治—权力的抵抗。① 同时，福柯表示《主体解释学》的目的是要分析"真实话语"（dire-vrai "说真话"）模式与"对自己和他人的治理"之间的关系；他声称"他早期关于疯癫、医学、人文科学、监狱及性的研究关注的是这同一个问题"②。

此外，在福柯 1983—1984 年最后两次课程演讲《对自我与他人的治理》及《真理的勇气》中，我们可以看到，福柯在 20 世纪 80 年代对古代世界的研究与他之前对权力—知识的探讨存在明显的关联。在这两次前后相继的课程演讲中，福柯细致说明了他研究古代世界的目的和原因：他想借助对古希腊政治和自我实践的深入探讨而另辟蹊径，开创新视角，开拓新领域，借此，他可以将治理技术（相关于政治权力）、真理话语模式（相关于真理知识）及自我实践（相关于主体伦理）结合起来加以整体讨论。这三者之间的关联是他全部工作的核心所在："这大体上就是我一直以来从事的工作。"③

福柯的总体理论研究旨在探讨知识、权力和主体化之间的关系，"三者之间在历史上是如何相互补充、相互交织甚至相互抵牾的，这种关系对我而言具有本体论的重要性"④。由此可见，福柯的思想并没有如众多批评家所指出的那般存在前后期的断裂或冲突，而是一种具有内在连贯性的理论修正与完善。正是基于此，福柯研究者托马斯·莱姆克（Tomas Lemke）总结性地指出，福柯晚期"对主体形成过程所表现出的兴趣并不等于他放弃了权力的问题体系，恰好相反，这是他前期研究的继续和对以前工作的纠正，并使他的思维更

---

① Michel Foucault, *The Hermeneutics of the Subject: Lectures at Collège de France 1981–1982*, trans. Graham Burchell, New York: Palgrave Macmillan, 2005, p. 252.

② Michel Foucault, *The Hermeneutics of the Subject: Lectures at Collège de France 1981–1982*, trans. Graham Burchell, New York: Palgrave Macmillan, 2005, p. 229.

③ Michel Foucault, *Le Courage de la vérité. Le Gouvernement de soi et des autres II. Cours au Collège de France 1984*, Paris: Gallimard/Seuil, 2009, p. 10.

④ Michel Foucault, *Le Gouvernement de soi et des autres. Cours au Collège de France 1982–1983*, Paris: Gallimard/Seuil, 2008, p. 42.

趋精确和严密"①。

第三节 哲学实践与伦理品性

福柯20世纪80年代对苏格拉底和柏拉图及其所开创的古代哲学传统进行了深入阐释和探讨，其阐释的视角随着他研究计划的改变而有所不同。在生前出版的《性史》第二卷《快感的享用》及第三卷《自我的关注》中，福柯从对"（性）快感的道德质疑"这一角度出发，对苏格拉底与柏拉图哲学进行深入考察，由此将探讨的范围进一步扩大至整个古希腊、希腊化罗马世界。在福柯去世后被整理出版的1982—1984年法兰西学院课程演讲中，福柯跳出了"性伦理"的窠臼，转而关注古代哲学异彩纷呈的"修行实践"（askēsis）。尽管福柯在不同时期对古代哲学的研究视角有所不同，探讨的主题也各有差异，但他对古代世界的基本体认是一致的。

在福柯看来，由苏格拉底—柏拉图所开创的整个古代哲学的突出特征，体现为如何创造、实践、定义并阐释一种"关心自己"（epimēleia heautou）的复杂事业。这项对自我加以关注的哲学事业产生于雅典民主制危机这一具体历史情景中，而这一危机集中体现为当时雅典民主政治话语无法得以有效实践：尽管当时的民主政治主要是一种平等的言说真相的话语推论活动（isonomia），但这种言说真理的政治话语却无法在雅典公民大会上有效践行——这里的"真理"（alētheia）主要是关涉整个雅典城邦的公共福祉。政治不再起到团结公民为雅典的共同利益而奋斗的号召作用，而沦为个人攫取利益的工具。每一个体自由言说（isegoria）的首要目的不是为了城邦的整体利益，而是为了获取个人私利。

诚然在当时，并非只有苏格拉底和柏拉图意识到雅典民主走入了

---

① ［德］托马斯·莱姆克：《不带引号的马克思——福柯、规治和新自由主义的批判》，陈元译，《现代哲学》2007年第4期。

误区,但是,正如福柯指出的那样,他们对这一问题的看法更为透彻与激进,因此,他们为这一问题提出的解决办法也更具革命性、颠覆性。福柯在考察中发现,对苏格拉底和柏拉图而言,民主话语走入误区的根源不在于政治,而在于不恰当的主体实践,即主体并没有切实地践行"直言"(parrhēsia)这一民主政治吁求。苏格拉底与柏拉图认为,只有提出一种新的主体实践模式才可以解决这一民主制危机,这一崭新的主体实践适用于那些有意愿也有能力用整个生命去践行一种修行实践(askēsis)的人,而修行实践对苏格拉底和柏拉图来说正是哲学的精髓与本质。

借助福柯的解读,我们发现,自苏格拉底与柏拉图之后,一个独特的现实之维度从哲学史中分离出来,福柯将这一独特的"哲学现实"或"哲学的实现"之维谨慎地称为"自我"(heautou):这是对存在的探讨——正是古代哲学对"灵魂"(psychē)与"生活/生命"(bios)这两种存在形式的探讨,才使得哲学人生的意义变得清晰易懂。这一自我的实现或自我的现实被描绘为对真理的探讨,其中,真理既需要被探索与发现,也需要被培养与浇灌。哲学一方面表现为对自我知识的探求;另一方面体现为一整套的自我技术,目的是将个体自身及其生活培养为一件艺术品,使我们所获取的真理得以现实化——此即福柯晚期所阐释及呼唤的"生活的艺术"或"生存美学"的精髓之所在:

> 在我们这个社会,能与艺术产生关联的是物,而不是个人或其生活。艺术是由艺术家一类的专业人士制作的特殊之物。但是个人的生活就没有资格成为一件艺术品么?为什么一盏灯、一幢房子可以是艺术品,而我们的生活却不是?①

这与福柯晚期提出的"哲学的实现"或哲学的"事功"(ergon)

---

① Michel Foucault, *The Essential Works of Foucault*, *1954 – 1984*, *Vol. 1*, *Ethics: Subjectivity and Truth*, ed., Paul Rabinow, New York: The New Press, 1997, p. 216.

密切相关,"哲学的现实或实现可在自身与自身的关系中获得。事实上,正是在对自我的治理与对他人的治理这一点上,哲学形成了它的事功,这是哲学的任务也是哲学的现实性所在"①。

因此,我们认为,福柯对古代哲学的研究秉承普鲁塔克所言的"品性塑造"(ēthopoiēsis)这一问题。而"品性"(ēthos)意同"伦理"(ethics)、"塑造"(poiēsis)意同"诗学"(poetics),因此福柯在对古代哲学的探查中关注的是"伦理诗学"这一主体性维度。福柯晚期对古代哲学的研究并未仅停留于对史料的爬梳钩沉,而是体现为对"精神品性"(ēthos)的主体性及主体化模式的深层描述,同时也是对一种生存方式的构成及新的生命可能性的创造的描绘。这一主体性维度绝不等同于现代形而上学的主体哲学,福柯对古代世界主体塑造的描述并不是召唤希腊式主体的回归,不是在否定了一种形式的主体之后又引入另一种隐秘的主体,正如德勒兹(Deleuze)所指出的,福柯哲学中"没有主体,但是有主体性的产生"②。这一主体性与"真理(alētheia)及真理言说的技术"和"政制(politeia)及治理技术"紧密相关,共同构成一个"三维现实体验空间",福柯正是围绕着这三个现实体验轴心,展开对古代哲学的研究。

此外重要的是,通过对古代哲学的系统研究,晚期福柯更新了他对自身哲学主体地位的认知:他从前期现代社会的诊断者转变为晚期品性气质的塑造者,从而重新审视自己作为一名哲学修习者与自我、与他人、与社会政治三者之间的关系问题。这是一种在哲学修行实践过程中的自我转变与自我创造,并给那些致力于哲学事业的后来者提供塑造自我、改变自我之经验。从这一视角来看,晚期福柯呈现为深具古代哲学气质,带有苏格拉底及第欧根尼面孔的现代哲学家形象。

---

① Michel Foucault, *Le Gouvernement de soi et des autres. Cours au Collège de France 1982–1983*, Paris: Gallimard/Seuil, 2008, p. 236.
② [法]吉尔·德勒兹:《哲学与权力的谈判——德勒兹访谈录》,刘汉全译,商务印书馆2000年版,第128页。

第四节　哲学诊断与现时当下

哲学话语是对现实状况的诊断。通过对雅典民主制的质疑和对古代世界的研究，福柯重新定义了哲学话语的诊断功能，将其界定为对权力、知识与主体性相互之间关系的反思。哲学的诊断功能针对的是一种特定的社会"病理学"症状，这种症状在福柯早期提出的"装置"（dispositif）或"社会机制"之中不断地传播扩散。福柯最早使用"装置"这一概念来描述权力与知识之间的关系，但在最后的课程演讲中，他将这一概念的内涵向外延伸，使其具有了主体性维度。因此，对20世纪80年代的福柯而言，"装置"概念从某种意义上说有三个维度：其一是一种权力关系与技术的系统或机制，其二是诸种知识形式，其三是诸种主体性实践与模式。这三个维度也正是福柯在1984年课程演讲的第二次授课中描述雅典民主制危机的出发点。福柯指出，雅典民主制的危机是苏格拉底和柏拉图思想产生的现实根源，正是伴随着这一危机，对西方历史的第一次系统性的哲学话语表述——苏格拉底—柏拉图哲学——才得以产生。

福柯认为，人们对现实的鲜活体验催生出哲学话语，而当时人们对雅典的体验来自对三个现实层面的质疑与忧虑："真理（alētheia）及真理言说层面；政制（politeia）及治理层面；最后，在晚期希腊文本中所称的品性塑造（ēthopoiēsis）层面，即主体或其精神品性（ēthos）的塑造。"① 这三个现实层面共同构成某种经验空间，可以称之为哲学的"三维现实空间"，其中，我们的某种哲学体验得以产生。这三个现实层面不可相互分离，也不可相互化约。哲学话语植根于这一由权力、知识及主体性实践之间关系所组成的三维空间，也是对这种关系的理论反思与系统阐释。这一三维空间中的三个现实层面，既

---

① Michel Foucault, *Le Gouvernement de soi et des autres. Cours au Collège de France 1982-1983*, Paris: Gallimard/Seuil, 2008, p.62.

互相支撑，又相互独立，共同构成我们的现实体验，从而催发了哲学思想的诞生。

因此，哲学话语对现实当下的诊断应沿着上述三个现实轴心同时展开，全面考察三者之间相互独立又相互支撑的关系，这才能真正体现哲学话语的本质所在和完整内涵。在福柯看来，哲学话语关涉现实政治、真理知识和伦理品性三者之间的关系问题；考察的是有关权力关系的政治话语、有关真假问题的科学话语和有关道德品行的伦理话语之间的相互关系——这三个领域、三类话语之间存在何种互动模式。

以真理问题为例，科学话语侧重探讨真假问题。但哲学诊断并不仅仅探讨"真假问题"，而是探查科学话语与政治话语和伦理话语之间的关系：一方面探查科学话语与自我实践之间的关系，自我实践能够使主体培养通达真理并言说真理的品性与能力，这种自我实践是伦理话语应对的主要问题；另一方面探查科学话语与治理技术之间的关系，治理技术的着重点是权力的实施，而权力的实施离不开真理知识，它需要规定和赋予主体以言说真理话语的责任与自由，并且界定主体需要认知的客体领域，这种治理技术是政治话语应对的主要问题。

以权力问题为例，政治话语侧重探讨权力的实施。但哲学诊断并不仅仅围绕权力问题展开探讨，不仅仅是考察权力技术、权力关系、权力实施的对象以及所要获取的目标。或者说，哲学对权力问题的考察并不仅仅是从"政治学"角度出发。哲学的功能也并不在于描绘或勾勒一种理想的政治机制、呼吁或维护某种特定的政治方针，而是探查某种特定的真理话语（科学话语）是如何赋予某种权力关系以正当性的，这样的真理话语是如何对权力技术、权力关系、权力实施的对象及它寻求达到的目标来加以细致描绘和精密阐释的。此外，哲学还试图揭示权力与主体性实践之间或联结或断裂的关系问题，这涉及主体的"品性塑造"或主体之间的伦理差异问题，这种伦理差异有关于实施权力的主体，即谁有能力实施权力治理他人，这也是伦理话语重点探讨的对象。

最后，福柯指出，哲学也非仅仅解决道德问题，或是设定某种行为规范从而引导个体遵循某种特定的伦理或道德准则，而是要详细阐释主体伦理实践与其他两个方面的关系：一方面是与主体伦理实践可以使人达至的真理之间的关系；另一方面是与主体伦理实践在其中可以产生的诸种政治结构之间的关系，以及这些实践是通过什么样的方式来抵制或维护这些政治场景或结构的。①

在福柯看来，哲学话语是对以上三个现实层面所提供的某种经验的思考。人们只有或必须从这三个各自不同而又相互关联的现实层面入手才能对某种经验展开思考，对现实经验的透彻理解才会成为可能。从历史谱系学视角来看，哲学是对某种具体社会和历史现实的特定回应。此外，哲学话语也是一种对其探查领域的陈述，这种陈述同时对其探查的"对象"性质做出了界定。换言之，哲学话语应该被视为对哲学鲜活的现实"来源"和哲学话语的"历史可理解性"的陈述。

诚然，此种哲学话语的构想并非所有哲学文本或哲学家的主要特征，但很明显，它适用于描绘福柯本人的思想。对福柯而言，权力、知识、主体性之间的关系错综复杂，从任意一点入手讨论均可以产生不同类型的问题。正是这种多样性，托马斯·弗林（Thomas Flynn）将福柯碎片化的历史研究描述为"具有'万花筒'（kaleidoscopic）或'棱镜'（prismatic）效应"②。换言之，人们在思考某一经验时采用的视角不同，这一经验呈现出的光景也将有所差异，从中我们可以发现这一经验的多样性或对其认知的"认识论断裂"。在不同的研究工作中，福柯思想所呈现出的碎片化特征，本质上是福柯自身哲学品性的体现，而绝非意味着某些批评者所谓的福柯前后期思想的彻底断裂，或福柯整体思想的内部不连贯。

我们可以将福柯的某一个文本或某一项研究工作看作是对某种确

---

① Michel Foucault, *Le Courage de la vérité. Le Gouvernement de soi et des autres II. Cours au Collège de France 1984*, Paris: Gallimard/Seuil, 2009, p. 62.

② Thomas Flynn, "Foucault as Parrhesiast: his last course at the college de france (1984)", in James Bernauer and David Rasmussen, eds., *The Final Foucault*, Cambridge: MIT Press, 1988, p. 102.

定性问题或是某一"问题域"（problematic）的专门反思和探讨。以此看来，《词与物》和《知识考古学》研究的是知识形成或认知结构（知识型）的历史转变，这样的认知结构对科学研究的对象、领域及话语做出了界定。同样地，《规训与惩罚》是对某种权力关系及其运行的深入探讨与分析。《快感的享用》则是对性道德及主体性谱系的专门研究。但是，要领略福柯整体研究工作的哲学内涵及福柯在研究过程中的哲学品性，我们需要仔细考察以上这些独立研究领域之间的相互关联。

一言以蔽之，福柯特有的哲学气质和哲学态度，使他从不囿于某一单独领域的系统盘查，而是游牧于不同领域之间。正如朱迪特·勒薇尔（Judith Revel）所指出的，福柯的思想历程归结于对以下事实的确认："研究永远不能屈服于被重新纳入话语秩序以及知识/权力配置。"[①] 福柯晚期对古代哲学话语的分析，要求我们把他前期的各项研究工作纳入到一项更宏伟的哲学事业中去。这样一来，就需要我们探究福柯不同时期、主题各异的研究工作是如何发生交集的。譬如，福柯在《词与物》中所分析的知识形成或认识论塑造与他在《规训与惩罚》中所分析的权力关系之间到底有何关联？又如，这样的知识型和权力运作与他在《性史》以及20世纪80年代研究中所分析的自我实践的历史之间存在何种关联？通过考察以上问题，我们才能领会福柯在诊断现实当下时所思考的哲学问题，才能对福柯的伦理品性有更深入的体验与认知。

---

① ［法］朱迪特·勒薇尔：《福柯思想词典》，潘培庆译，重庆大学出版社2015年版，第39页。

第 六 章
福柯论自我技术

> 精神本身不再如此轻松地自感"危机"了！……我们是善良的欧洲人，是自由、非常自由的精神——我们还拥有它们：精神的全部危机和弦如满月的弓！啊，也许还有矢，有使命，谁知道呢？有目的……
>
> ——尼采①

福柯对他所谓的"古典时期"的研究主要是对这一时期所做的经验主义考察，国家理性的兴起、工业化的发展及真理言说的分析模式界定了这一时期的主要特征。方法论上的重大差异将他的著作区别为早期考古学研究及后来的谱系学考察。福柯的考古学研究主要是考察语言的内在维度及诸种话语构形之间的关系；而从考古学向谱系学的转向表明，福柯坚持探讨话语的物质性及其与非话语推论领域之间的关系问题。② 然而，不管是考古学研究还是谱系学考察，它们都表明现代欧洲的形成可以在17、18世纪出现的诸种客体化及宰制实践中找到其根源。福柯对现代社会及政治关系所做的全面分析见于他对诸种权力/知识装置的细致考察。从这一视角来看，福柯认为我们现代性的"两极"就是规训（discipline）与生命政治（bio-politics），前者是对身体的彻底控制，后者是对人口的精密调控。福柯认为，我们现时当

---

① [德] 弗里德里希·尼采：《超善恶：未来哲学序曲》，张念东等译，中央编译出版社2000年版，第3页。

② Timothy O'Leary, *Foucault and the Art of Ethics*, London：Continuum，2006，pp. 105 – 106.

下的典型事件就是规范化生命技术的出现。规范（normalization），既可以作为与失范相对的行为规则又可以作为与病态相对的功能性调节发挥作用，同时也是权力介入社会所欲取得的目标。由是观之，福柯对现代社会及政治实践的描述评价实际上是一种批判，其矛头指向将规范化置于价值与功效领域并根据规范来对生命进行统一调配这一现象。①

福柯后来转向对"自我技术"的分析，这看上去好像是与其先前对当代社会所做研究的一次重大断裂：他不再研究现代时期的权力/知识关系，而是转向对雅典及罗马帝政时期的主体性模式展开分析。除了在编年安排上进行了重新定位，这一转变同时引入了一组新的概念。根据这一转变，福柯将重点探究"主体性形式"与"对自我与他人的治理模式"之间是如何产生交集的。② 但福柯坚持认为这样一种转变仅仅是用不同的方式来对现时当下进行分析，使我们能更好地理解自身的处境。③ 在他对权力/知识关系的分析中，福柯倾向于认为我们的身份建构与一系列客体化程序密不可分。另外，福柯对"知识的论战及策略品性"的研究总是预设一个前提：对真理的吁求可以归结为对权力与宰制的占有，即是说，若要拥有真理，必须首先拥有权力并进行统治。④

福柯后来转向研究自我技术问题，这与一种伦理和美学的质疑探索密不可分。如此一来，自我技术问题将重新界定他以前对权力与宰制关系的理解。福柯在古代世界试图探寻忏悔者/忏悔牧师或精神病人/精神病专家之间关系的起源时，逐渐认识到真理并不能简约为自我的客体

---

① Michel Foucault, *Security, Territory, Population: Lectures at the Collège de France, 1977 – 1978*, trans. Graham Burcell, New York: Palgrave Macmillan, 2009, pp. 58 – 66.

② Arnold I. Davidson, "Ethics as Aesthetics: Foucault, the History of Ethics, and Ancient Thought", in Jan Goldstein, ed., *Foucault and the Writing of History*, Blackwell, 1994, pp. 64 – 67.

③ Michel Foucault, *The History of Sexuality*, Vol. 2: *The Use of Pleasure*, trans. Robert Hurley, New York: Vintage Books, 1990, p. 12.

④ Nancy Luxon, "Truthfulness, Risk, and Trust in the Late Lectures of Michel Foucault", *Inquiry*, Vol. 47, No. 5, August 2006, p. 465.

化过程，这也是福柯在研究过程中所经历的意料之外的真理体验。至此，对福柯来说，我们的现时当下问题就并不能继续在权力—知识关系的框架之内进行探索。对宰制的分析让位给对治理术的分析，个体问题转向主体问题。① 伦理学问题之所以出现在福柯的研究日程上，是他对诸种实践质疑探索的结果，福柯探询的是这些实践如何使主体客体化并使得宰制得以可能。② 福柯对现时当下的批判就不仅仅是对理性的独特类型所做的诊断分析，而是对我们自身的批判性反思，以此探寻可以取代主体的客体化模式的另类选择，而正是这一主体的客体化模式界定了我们的现时当下。③

福柯对自我技术的研究开启了探索现代政治、伦理及社会问题的崭新路径。但是，我们需要注意的是，福柯并不认为希腊的伦理准则可以取代现代性。希腊已逝，但古代世界建构自由伦理主体的诸种技术可以被当代政治经验借鉴。古代的自我技术所指向的是某种在当前社会被渐渐忽略的东西，而这一面向将会对当前政治产生新的启发，为当前政治提供一种从自由的反思性实践视角来加以研究的路径。这一视角的批判性价值并不是来自对现代社会的描述与诊断。福柯对古代主体性形式的分析将会使诸种文化体验形式得以凸显，这样的体验形式曾经见证了西方的文明进程，但却消失在现代性转型的康庄大道上。换言之，从这一视角来看，当代社会与政治不再是由当前的显而易见的因素所界定，而是由它所缺乏之物所界定。福柯对自我技术的分析，可以为我们的现时当下描绘一幅不同的画面。批判的目标也不再是现代社会的客体化过程与宰制关系的展布，而是各类自我技术，这样的自我技术通过阻挠自由和自律主体的出现而使得宰制得以可能。

---

① Michel Foucault, *The Courage of Truth: The Government of Self and Others* II. *Lectures at Collège de France 1983–1984*, trans. Graham Burchell, New York: Palgrave Macmillan, 2011, pp. 5–10.

② Wolfgang Detel, *Foucault and Classical Antiquity*, trans. David Wigg-Wolf, Cambridge: Cambridge University Press, 2005, pp. 6–9.

③ Paul Rabinow, "Foucault's Untimely Struggle: Towards a Form of Spirituality", *Theory, Culture & Society*, Vol. 26, No. 6, December 2009, pp. 28–30.

遗憾的是，福柯自己从未对他关于现代真理体验的研究工作做出明确的界定。在《性史》最后两卷《快感的享用》和《自我的关注》中，福柯主要探讨了古希腊与希腊化罗马时期的自我技术问题，对基督教的真理体验问题仅仅一笔带过。尽管基督教文化与现代文化差异颇多，但福柯认为我们当代的自我技术及其所蕴含的真理体验必须到基督教顺从及自我弃绝的禁欲苦行中去找寻其根源。① 福柯认为基督教的真理体验及自我技术与古代时期形成鲜明对照，而只有在基督教自我技术的背景之下，我们才能更好地理解对现时当下的批判所可能具有的新的政治内涵。福柯关于自我技术的研究，主要是细致地描绘出古代与基督教真理体验之间的根本断裂：前者是基于个人选择和自由之上的"生存美学"；后者是基于法律规则与律令之上的"禁欲主义"②。古代的伦理主体积极主动地确定自己的行为规则，从而建构自我；基督教真理体验的主体则是被动的，他放弃自身的自主性，盲目服从抽象的客观规则。基督教的自我技术所生产的主体遵从系统规则的"专横命令"，只有在主—客截然二分的语境之下才能识别自我；古代世界的自我技术是在一种"精神性"（spirituality）真理体验中逐步发展起来的；基督教的真理体验则与一种"方法论""司法"模式的真理体验相联系。③

笔者认为，若要正确认识福柯从这一新的视角对现代社会所做的评价，首先需要细致考察他对古代自我技术的分析，以及他对古代自我技术与基督教禁欲主义所做的对比。有学者指出，福柯关于基督教真理体验的研究缺乏系统性，④ 福柯本人也一直强调他只是对基督教

---

① Michel Foucault, *The Courage of Truth: The Government of Self and Others* II. *Lectures at Collège de France 1983 – 1984*, trans. Graham Burchell, New York: Palgrave Macmillan, 2011, p. 7.

② Timothy O'Leary, *Foucault and the Art of Ethics*, London: Continuum, 2006, pp. 6 – 13.

③ Michel Foucault, *The Hermeneutics of the Subject: Lectures at Collège de France 1981 – 1982*, trans. Graham Burchell, New York: Palgrave Macmillan, 2005, pp. 15 – 20.

④ Dianna Taylor, "Practicing Politics with Foucault and Kant", *Philosophy & Social Criticism*, Vol. 29, No. 3, May 2003, p. 260.

的自我技术做了"简单的、不完整的、试探性的描述"①。然而，最近整理出版的福柯1983年、1984年法兰西学院课程演讲《对自我与他人的治理》及《真理的勇气》却为分析当代主体化形式以及与之相关的政治体验类型提供了富有价值的洞见。这两次前后相继的课程演讲更加详细地探讨了福柯在《性史》后两卷曾提及并分析的自我技术问题。福柯详细分析了古希腊及希腊化罗马时期的自我技术，并对比了这两个时期的自我技术与后来的基督教顺从及自我弃绝的伦理取向之间的差异。

第一节　何谓自我技术？

自我技术（Technologies of the Self）是福柯晚期探讨古希腊、希腊化罗马及早期基督教世界的一个关键概念。福柯将自我技术定义为"使个体能够通过自己的力量，或者他人的帮助，进行一系列对他们自身的身体及灵魂、思想、行为、存在方式的操控，以此达成自我的转变，以求获得某种幸福、纯洁、智慧、完美或不朽的状态"②。为此，福柯重点探讨了古代人在性（sexuality）、关心自己（epimēleia heautou）和说真话（parrēsia）这三个实践领域的自我技术。

首先，在《性史》第二卷《快感的享用》和第三卷《自我的关注》中，福柯从性伦理的角度探讨古代自我技术的演变。古希腊人的性表现为一种生活艺术，性并不受到外在禁令或道德的束缚和压制，而是出于一种自发的审美追求。古希腊人并没有从欲望本质层面来理解"性"及其伦理蕴含，而是专注于快感的强度及其对生活的影响。

---

① Michel Foucault, *The Courage of Truth*: *The Government of Self and Others II*. *Lectures at Collège de France 1983 – 1984*, trans. Graham Burchell, New York: Palgrave Macmillan, 2011, p. 290.

② Michel Foucault, "Technologies of the Self", in Luther H. Martin, Huck Gutman and Patrick H. Hutton, ed., *Technologies of the Self*: *A Seminar with Michel Foucault*, Amherst: Massachusetts Press, 1988, p. 18.

在希腊世界,性伦理主要关涉对自我加以控制的精心修炼与劳作,以修身养性达至个人自由。也就是说,古希腊人在性的领域表现出对快感的主动控制,目的是获得一种美的名声,创造出个人的美学风格。

希腊化罗马时期自我技术的场域、目的、手段和强度都发生了变化。性伦理的目的从古希腊追求崇高的生存美学过渡到一种适度生活的理性需求。在观念层面,随着婚姻观念的形成,对婚姻之外及非生育需求的性行为有了严格的限定,这里表现出一种既出于美学层面也出于政治层面的伦理诉求;在行为层面,性行为由一种自我塑造的美学现象转变为自我防御的医学现象,人们普遍认为频繁的性行为和放纵的性快感有害身体健康,对性行为的控制从医学健康层面加以阐释。到了基督教时期,性的控制变得越来越严厉,但这种控制不是自我的主动选择,而是受到外在圣律的胁迫。自我技术实施的性领域不再是快感,而是欲望;不是塑造美的自我,而是摒弃恶的自我;其目标不是现世的美学与荣光,而是来世的不朽与圣洁。

其次,在20世纪80年代法兰西学院课程演讲《主体性与真理》和《主体解释学》中,福柯将自我技术的考察扩展到"关心自己"的各类实践中。古希腊时期关心自己的典型特征是"自我认识",希腊化罗马时期关心自己的特征是"自我教化",基督教时期关心自己的特征则是"自我弃绝"。在福柯看来,古希腊"关心自己"关注的重点是"生存的技艺"(technē tou biou),关心自己的目的是要获取一种美的声誉,通过对作为"灵魂—主体"与"生活—主体"的"自我"加以治理,赋予自己的"灵魂"(psychē)与"生活"(bios)以辉光,从而创造出一种生存美学式的伦理主体,最终目的是进入政治领域,成长为有能力管理城邦与他人的政治主体。

然而,公元1—2世纪希腊化及罗马帝政时期的"自我教化"摆脱了古希腊"生存美学"的界限,"关心自己"成为一个普遍原则——所有人都应终其一生关心自己,政治生活不再是关心自己的终极目的。"自我教化"的重要目标是克服个体自身的弱点,通过在日常生活中的自我技术和修行实践摆脱各种烦恼的羁绊或对死亡的恐惧等,从而在现世中更好地塑造自我。但这一"自我教化"最终却发展为基督教"牧师权力"（pastoral power），其中关心自己的技术通过对罪的忏悔、对自我的彻底坦白，清空自己的肉体及心灵，最终弃绝自己，达至对上帝的完全顺从。

因此，福柯认为从古希腊、希腊化罗马直到基督教时期，"关心自己"在历史上发生了巨大的转变：正是在这一点上，福柯发现了西方文化从"自我认识"到"自我教化"再到"自我弃绝"的漫长历程。同时，"关心自己"这一传统主题依旧贯穿当代社会，只是古代世界围绕着"关心自己"所展开的各种自我技术被现代社会以知识的名义加以借用，改造成使个体屈从于更加复杂的现代控制技术的工具。其中，福柯具体分析了作为"个体之微观物理学"的规训权力和"人口之生命政治学"的生命权力。这两种权力形式塑造出的现代主体不是屈从于自上而下命令式的上帝、君王或普遍道德，而是屈从于借知识之名自下而上微观建构的身份认同：包括针对"灵魂"的科学知识和针对"生活"的政治算术。经过基督教的过渡，古代世界"品性塑造"（etho-poetic）式的"自我技术"转变成了现代社会"知识认知"（connaissance）式的"政治技术"，从而使人的主体性成为政治控制肆虐的场域。①

另外，在1982—1984年法兰西学院课程演讲《对自我与他人的治理》和《真理的勇气》中，福柯还详细阐释了"直言"（parrhesia）或"说真话"这一概念，将其看作关于真理体验的自我技术之一。"直言"是一种真理话语模式，这一概念并不纠缠于真理陈述的内容，也不关注真理陈述对外部客体世界所产生的效应。"直言"指涉的是一种说真话或真理言说的"品性气质"（ethōs），关注的是真理在言说主体身上产生的效应或影响。② 通过考察直言实践的发展变化，我们

---

① 参见［法］米歇尔·福柯著，汪民安主编《福柯读本》，北京大学出版社2010年版，第267—279页。

② Michel Foucault, *The Courage of Truth: The Government of Self and Others II. Lectures at Collège de France 1983 – 1984*, trans. Graham Burchell, New York: Palgrave Macmillan, 2011, pp. 12 – 15.

可以认识到古代自我技术的差异：古希腊时期的"直言"主要是与雅典民主制相关的一种实践活动；希腊化罗马时期的"直言"则从一种城邦实践转向个人和私人的关系领域。在希腊化罗马时期，直言从政治实践渐渐演变为一种哲学实践，其目标是人的灵魂而不再是城邦事务。① 福柯还考察了后来基督教的顺从概念与"直言"概念之间的接续关系，认为随着基督教的发展，二者越来越不相容，基督教自我弃绝的伦理是对"直言"价值的颠覆与倒转。基督教真理体验的典型特征是一系列"反—直言"（anti-parrhesia）实践，这开启了真理与主体化两者之间关系的崭新时代。从此以后，主体不再是自由的、对自己的行为负有责任的伦理行动者，而是知识的客体。②

第二节　掌控自己与关心自己
——古代世界的自我技术

自我技术是指能够使个体对自己的身体、思想及行为产生影响和发生作用的诸种技艺，这涉及一系列的方面，譬如伦理实体的规定、这些技术所涉及的各种实践或操练类型以及这些技术所欲取得的目标。其中，自我技术的一个关键要素是屈从化或主体化的模式（modes d'assujettissement），福柯正是根据这一要素鉴别出西方真理体验中发生的一次根本断裂。屈从化的模式具体是指个体如何构建他/她与道德法则之间的关系，在何种程度上可以遵从这样的规则。③ 德勒兹认为个体与自我的关系以及这一关系所欲取得的自由与自律在历史上并不是一成

---

① Michel Foucault, *The Courage of Truth：The Government of Self and Others* Ⅱ. *Lectures at Collège de France 1983 – 1984*, trans. Graham Burchell, New York：Palgrave Macmillan, 2011, pp. 61 – 62.

② Michel Foucault, *The Courage of Truth：The Government of Self and Others* Ⅱ. *Lectures at Collège de France 1983 – 1984*, trans. Graham Burchell, New York：Palgrave Macmillan, 2011, pp. 304 – 307.

③ Michel Foucault, *The History of Sexuality*, Vol. 2：*The Use of Pleasure*, trans. Robert Hurley, New York：Vintage Books, 1990, pp. 37 – 39.

不变的，自我技术有其自身的历史，主体化过程可追溯至古希腊。①福柯的研究表明，古希腊的自我技术是与一项重大的政治需求相伴而生的，即自由公民之间可以使用自己特权的政治自由。因此，自我技术问题的提出来自于某一崭新的"问题化质疑"（problematics）框架，探讨的是公元前5世纪雅典社会自由、民主制及真理三者之间的关系。②

在福柯看来，掌控自己（mastery of the self）和关心自己（care of the self）分别代表古希腊和希腊化罗马时期两种生成为伦理主体的不同方式。自我掌控，或成为自己的主人，是自我技术的第一种表现形式，这与在城邦中治理他人一脉相承。自我技术问题的出现首先与自由城邦内的一项政治特权紧密相连，因此，此种自我技术就绝不是一种针对任何人的普遍的行为准则，而只是居城邦上位的公民的一种职权。另外，将自身建构为自由的主体发生在从孩童到成人的过渡时期，目的是使自己对政治的本质有所理解。古希腊人的自我掌控受到双重力量的驱使：既要在城邦政治中力争上位，同时也要竭力避免陷入奴隶般的危险境地。自我掌控是一种反思性实践，借此，自由人能够决定自己的行为方式，从而取得为自己设定的目标。这样一种主体与自身之间的积极关系不是建立在行为允许与禁止的二元区分之上，而是有关于某一行为的程度问题，是有关采取的实践与实践导致的结果之间的关系问题。古代的自我技术并非服从于某一系统性的符码或普遍适用的法则：古代主体化的过程是一种特定态度的结果，其目标是行动的个体化以及对自己生活和选择目标的自我反思与理解，这是"一种态度和追求，这种态度和追求使他的行为个体化，并铸造了这种行为。而且，这种行为表现出的合理和审慎的结构可能赋予他一种特殊的辉光"③。

---

① 参见［法］吉尔·德勒兹《福柯 褶子》，于奇智等译，湖南文艺出版社2001年版，第105—106页。

② Michel Foucault, *The Courage of Truth*: *The Government of Self and Others* II. *Lectures at Collège de France 1983 – 1984*, trans. Graham Burchell, New York: Palgrave Macmillan, 2011, pp. 33 – 34.

③ Michel Foucault, *The History of Sexuality*, Vol. 2: *The Use of Pleasure*, trans. Robert Hurley, New York: Vintage Books, 1990, p. 62.

这种自我技术是一种技艺（technē），是使个体生活风格化的艺术。对古希腊人而言，生命是有限的，如若要使自己的生活能够存在于后人的记忆中，自由的人首先要将自己的生活塑造为一件艺术品般的存在，生命首先要成为审美的对象。古代自我技术就植根于死亡与不朽的辩证关系之中，古希腊人关注的是"人死后能否在人们的记忆中留下不朽荣光"①。这种技艺与人的自由选择，与主体对善好生活的追求紧密相关，这种自由选择和对善好生活的向往浸透在自我生活的风格化反思之中。同时，自我掌控还涉及与逻各斯（logos）的关系问题，涉及与自由主体之真相的关系问题，正是这一真相使主体可以掌控自己的行为，借此才能掌控其他人的行为。② 在福柯看来，古希腊的"掌控自己"这一真理体验范式是基于政治和教育模式的自我技术类型。古希腊人的自我技术以掌控自己为主要特征，这是对控制自我的一种操练和苦修，其目的是使自我摆脱快感和欲望的统治，使自己成为欲望和快感的主人，从而为恰当而自主地运用快感创造基础。古希腊人认为，"对快感的自由就是要摆脱其权威，而不是成为快感的奴隶"③。因此，古希腊人的伦理观相信，节制的人的心灵部分协调一致，他们能够获得真理和知识，而不节制的人因为被欲望和快感所主宰，显得既盲目又愚蠢。

罗马帝政时期主体的真理体验范式与古希腊时期的颇为不同。"关心自己"不再是城邦中力争上游者致力于政治生活的准备工作，而是成为每一个体终其一生必须遵循的普遍原则。对自己加以关注成为适用于所有人且贯穿其一生的一项普遍律令。自由公民的目标不再是掌控自己并以此掌控他人，主体本身成为自身的目标。这种自我关系的内转与强化集中体现在这一时期年长者对死亡问题的沉

---

① Michel Foucault, *The History of Sexuality*, Vol. 2: *The Use of Pleasure*, trans. Robert Hurley, New York: Vintage Books, 1990, p. 62.
② Michel Foucault, *The History of Sexuality*, Vol. 2: *The Use of Pleasure*, trans. Robert Hurley, New York: Vintage Books, 1990, pp. 116–117.
③ Michel Foucault, *The History of Sexuality*, Vol. 2: *The Use of Pleasure*, trans. Robert Hurley, New York: Vintage Books, 1990, p. 79.

思实践中①，其根源在于这样一种思考：即主体本身是脆弱的，受到"激情"（pathos）这一病症的内在侵扰，为了摆脱个体与生俱来的不稳定的内在激情状态，主体必须要服从于基于人类理性的普遍行为规范。② 此时，基于医学模式的自我技术取代古希腊时期基于政治和教育模式的自我技术，"掌控自己"发展为"关心自己"。关心自己不再是为了使成年城邦公民进入政治生活，而是为了使所有人能够在道德上达至完善。随着关心自己的凸显，围绕着邪恶这一主题展开的思考开始涌现；在建构行为规则方面，法则（law）意识开始侵入到技艺（technē）概念之中。与关心自己紧密相关的伦理体验开始更多地关涉某种普遍原则，更加强调"认识自己"（gnōthi seauton）的重要性。

福柯对希腊化罗马时期自我技术及真理体验的探讨主要限于公元1—2世纪的斯多葛派。福柯指出，这一时期的自我技术依然内在于古希腊"生存美学"的传统，但在方向和着重点上发生了变化。具体而言，在希腊化罗马时期，以关心自己为核心的自我技术的典型特征是"自我的教化"（the culture of self）。福柯认为，关于自我教化的具体内涵、达至这一目的所需付出的劳作与实践以及形成的知识形式，希腊化罗马及罗马帝政时期不同哲学流派观点各异。但概括来说，"对自我的拯救"（salvation of self）是这一时期哲学实践的核心目标，"关心自己"被看作自我"拯救"（sōzein）的具体实践。福柯阐释道，这一时期的"sōtēria"（拯救）概念既不同于柏拉图在《理想国》中所阐释的以城邦为中介的拯救概念，也不同于后来基督教的"salus"（拯救）概念，而是：

> 主体修身的经常性活动，它会在主体与自身的某种关系中得到补偿，即他不再受外在的干扰，他在自身中就会感到满足，别无他求。一言以蔽之，拯救就是小心、持续和完满的修身方式，

---

① Michel Foucault, *The History of Sexuality*, Vol. 3: *The Care of the Self*, trans. Robert Hurley, New York: Vintage Books, 1988, p. 67.

② Michel Foucault, *The History of Sexuality*, Vol. 3: *The Care of the Self*, trans. Robert Hurley, New York: Vintage Books, 1988, p. 315.

它紧扣自身不放……自身是拯救的行为者、对象、工具和目的。①

福柯认为,这种"自我拯救"的伦理目标在理论上被假定是人类全体的一种普遍任务与吁求,每一个体都被认为有能力获得自我拯救,但实际上,关心自己的实践需要有一定的"闲暇"(skhōle)及财富(otium),因此只限于一定数量的个人,"关心自己,这显然是精英的一种特权"②。此外,"关心自己"还要能够参与到某一全身心地对自我加以关注的团体或社会关系之中,"与团体、友爱、学校、宗派的组织和实践相关"③。也就是说,在福柯看来,这一伦理目标及自我实践首先反映及体现了一种基于"个人选择"而非普遍律令的伦理学,同时也是一种基于"共同体原则"的伦理学。

希腊化罗马时期"关心自己"更多地体现为一种"批判"而不仅仅是对公民个体的"教育"与"培养"。在这一时期,"直言"及关心自己的时间节点不再局限于古希腊政治主体"成年"的那一刻,而是贯穿人的一生。另外,关心自己将更紧密地与一种医学诊治模式联系在一起,而与教育培养模式渐行渐远。具体而言,在古希腊,关心实践与个体从孩童到成年的过渡联系在一起,它的主要功能首先是对个体的"塑造"、教育,从而使他们从以前不适当或不完整的培养中摆脱出来。其次,"关心自己"还可以引导个体去获得生活和治理的技术,进而掌握切当的政治技艺,人们关心自己是为了有能力关心城邦。此外,"关心自己"针对的主要问题是人们的无知,古雅典人对自我的忽视及遗忘使他们有必要对自我加以关注来摆脱这种状况。但在希腊化罗马时期文化中,关心自己变成了一种"自我批判":

---

① Michel Foucault, *The Hermeneutics of the Subject*: *Lectures at Collège de France 1981-1982*, trans. Graham Burchell, New York: Palgrave Macmillan, 2005, pp. 184-185.
② Michel Foucault, *The Hermeneutics of the Subject*: *Lectures at Collège de France 1981-1982*, trans. Graham Burchell, New York: Palgrave Macmillan, 2005, p. 112.
③ Michel Foucault, *The Hermeneutics of the Subject*: *Lectures at Collège de France 1981-1982*, trans. Graham Burchell, New York: Palgrave Macmillan, 2005, p. 113.

这里至关重要的一点就是自我实践开始更多地沿着"改正—解放"这一轴心展开，而不仅仅是一种"培养—认识"……在我们的自我实践中，必须努力把内在于我们之中的恶排除掉、控制住，从而掌控自己，使我们从这些内在于自身的恶中获得解放。①

福柯指出这一时期的"自我教化"更像是一种医学实践，而不再仅仅是一种教育形式。哲学家"使用"真理来治疗灵魂的疾病。"自我教化"的核心概念是"pathos"，伊壁鸠鲁派和斯多葛派将之描述为一种激情和疾病——希腊化罗马时期哲学家"把一种激情的发展演变描述为一种疾病的发展演变"②。自我教化的目标是应对灵魂的邪恶状况，对各种非理性的激情加以掌控。这一时期的自我实践根本上来说是一种医疗实践，当时的哲学共同体被看作一种医疗场所，爱比克泰德（Epictetus）就认为他的哲学学校是"一所灵魂的医院或诊所"③。

正是在希腊化罗马时期自我教化的实践中，伦理主体化的过程要素发生了变化。虽然这种自我教化的目的依旧是生存艺术，"但这种艺术越来越多地涉及理性和自然的普遍原则，所有人无论地位如何，他们都应该以同一种方式看待这一原则"④。这一原则虽然不是牢不可破的禁令，但显然比古希腊时期更为苛刻；同样，个人依旧要同快感的力量做斗争，依旧想要控制快感，但个人控制快感的主动性、创造性开始变弱，自我技术的重心转移到个体激情、身体和生命的脆弱性方面，从创造美学的自我转移到保护脆弱的自我。为了达到保护自我的目的，有关个体的知识变得越来越重要。自我考验、自我检查、自我控制的任务依然与生存的技艺或生活美学有关，但它更强调对自我真

---

① ［法］米歇尔·福柯：《主体解释学》，佘碧平译，上海人民出版社2010年版，第75页。

② Michel Foucault, *The Hermeneutics of the Subject*: *Lectures at Collège de France 1981–1982*, trans. Graham Burchell, New York: Palgrave Macmillan, 2005, p. 96.

③ ［法］米歇尔·福柯：《主体解释学》，佘碧平译，上海人民出版社2010年版，第79页。

④ Michel Foucault, *The History of Sexuality*, Vol. 3: *The Care of the Self*, trans. Robert Hurley, New York: Vintage Books, 1988, p. 67.

相的认知:"最后,这种自我关系的最终结果依旧为个体的自我掌控所确定,但这种掌控扩展进这样一种经验中:自我与自我的关系不仅仅采取支配、掌控的形式,还采用无欲望、无麻烦的享乐形式。"①

可以说,古希腊的自我技术具有谱系学的特点,而希腊化罗马时期的自我技术流露出解释学的意向。古希腊自我技术的目的是获得一个美学化的自我,这种自我实践不关注身体的内在知识,不需要去解释身体的知识和真理。古希腊的实践按照谱系学的方式同目的连接起来,是方式与目的的循环往复或永恒轮回,这种谱系学的方式将人的快感和欲望视作一种强大而明显的力量,而不是一种激情和病症;人和欲望的关系类似于一种战争关系,这种战斗发生在个体内部,是个体的自我与自我的交锋对抗。自我一旦战胜了欲望,控制了欲望和快感的爆烈,就是人生的胜利,这是最高的德行和至善。但对欲望和快感的胜利,并不是要消灭欲望、弃绝欲望,相反,它承认欲望的存在,并且能够自由地驾驭这种欲望。这就是希腊人所推崇的"争胜精神"(agonal spirit):将自己的行为参照英雄业绩进行评估的气质(ethos),它不看重任何"道德"考虑,而只是一种总是要力争最好的不懈努力或修行;希腊人的这种精神气质完全不像罗马—基督教道德那样忠实地追随一个可辨别的范例,只有在这种自由的战斗争胜关系中,希腊人才能体验到自我的真相,实现人生的最大价值。② 而关于欲望的本质是什么,快感与身体关系的真相为何,这并不在古希腊人的思考范围之内。希腊化罗马实践的目的除此之外,还表现为对身体的知识性解释,对身体虚弱性的关注,这样对欲望的控制不仅仅是自由的实践,还是一种针对身体忧虑而采取的控制措施,这就预示了基督教禁律的形成——禁律总是为了某个信念而采取的压制。古希腊人的生存艺术本身是变动不居、没有固定形态的,但是希腊化罗马的生存艺术则与一些普遍法则相关,生存艺术一旦被明确地界定下来,它就失去了其艺术性而

---

① Michel Foucault, *The History of Sexuality*, Vol. 3: *The Care of the Self*, trans. Robert Hurley, New York: Vintage Books, 1988, p. 28.
② 参见[美]汉娜·阿伦特《过去与未来之间》,王寅丽等译,译林出版社2011年版,第66页。

成为一些制度的原则，最终成为基督教伦理中的律令。

希腊化罗马时期自我教化传统的诸多要素延续到基督教自我体验之中。尽管基督教的自我技术与希腊化罗马时期自我教化的自我技术具有相似的伦理符码或道德法则，但在主体屈从化的模式上则截然相反。对于古代世界而言——古希腊和罗马帝政时期——主体的真理体验基于"关心自己"（epimelesthai heautou）的诸种实践，而非遵从"认识自己"（gnōthi seauton）这一律令。这种真理体验既是一种行为的规则，又是一种生活的艺术，是每一个体需要在伦理和审美层面为自己负责的"生活技艺"（technē tou biou）或生存艺术（arts of existence），具体指的是"那些意向性的自愿行为，人们既通过这些行为为自己设定行为的准则，也试图改变自身，变换他们的单一存在模式，使自己的生活变成一个具有美学价值，符合某种风格准则的艺术品"①。因此，在古代生活世界中，认识自己这一苏格拉底式律令从属于对自己加以关注的各类实践；关心自己是达至教化自己这一更大目标的手段。主体与真理之关系不是采取自我解释学的形式，而是一种生存美学，即基于个体对善和美的沉思。

古希腊的"直言"（Parrhesia）就是主体为了通达真理所采取的主要技术之一。直言并非关涉真理陈述的内容，而是一种言说者与其言说话语之间关系的特殊模式。直言中，言说者既是陈述自己观点的主体，又是相信自己所阐释之观点的主体。② 直言既是一种技术，又是一种伦理，它主要关涉的是言说主体与他所阐释的真理之间的关系，而并非为了指导言说者如何陈述自己的观点。因此，直言这一言说实践的特征并非由其内容所决定，而是基于真理和真理所建构的主体之间的关系。③

---

① Michel Foucault, *The History of Sexuality*, Vol. 2: *The Use of Pleasure*, trans. Robert Hurley, New York: Vintage Books, 1990, pp. 10 – 11.

② 参见［法］米歇尔·福柯著，汪民安主编《自我技术：福柯文选 Ⅲ》，北京大学出版社 2016 年版，第 289 页。

③ Jakub Franek, "Philosophical Parrhesia as Aesthetics of Existence", *Continental Philosophy Review*, Vol. 39, No. 2, June 2006, pp. 113 – 114.

直言作为一种勇敢言说真相、陈述内心真理的自我技术，并不注重真理陈述的内容，而是与陈述真理的主体有关。因此，直言被视为塑造伦理品性的一种独特操练，借此真理在陈述真理的个体身上产生效应，通过直言实践，言说直言的个体将自身塑造为自由和自主的主体。借助直言这一话语模式，个体在言说真理的过程中将自身建构为有能力言说真相或陈述真理的伦理主体。另外，直言并不受某一外部客观法则的制约，言说真理的人必须自己决定说真话的规则，并对其后果负责。直言这种话语模式的特殊性只能从它对主体的影响，以及主体说真话所承担的风险的角度来考虑。

说真话者，即直言者（parrhesiazesthes）随时需要为自己的言说行为付出代价，甚至冒着生命的危险，因此直言的一大决定因素或其效应是勇气，此即为真理的勇气，这也是福柯1984年法兰西学院课程演讲的标题。很明显，这种真理的效应——勇气——关涉主体的伦理品性，而不是事先规定的道德符码，也不是客观论证的结果或逻辑阐释的产物。直言是一种自由的勇敢行为，通过这一行为，主体将自身建构为自主且自由的伦理主体。这是古代世界一种非常独特的关于真理的精神性体验，关涉的是自由、勇气和真理之间的关系这一根本问题。① 因此，在古代塑造伦理品性的自我技术和关于真理的精神性体验中，求真理的勇气是一关键因素。但这种勇气在历史上并非一成不变，它表现为不同的形式。自我技术从古希腊到希腊化罗马世界的转变——从掌控自己到关心自己的转变——可以从（说真话的）勇气的演变中找到端倪。

除了上述两种自我技术外，福柯在1984年的课程演讲中还考察了真理之勇气的第三种类型：犬儒主义的直言实践。犬儒主义在古代世界是一种与其他哲学流派截然不同的哲学实践，其独特性集中体现为将直言作为一种生活方式，将求真理的勇气贯穿在自己的生活实践中，

---

① Michel Foucault, *The Courage of Truth: The Government of Self and Others* II. *Lectures at Collège de France 1983 – 1984*, trans. Graham Burchell, New York: Palgrave Macmillan, 2011, pp. 60 – 64.

为了真实的生活而对自己加以操持与历练。对犬儒主义者而言，真理的勇气不再是一种自我的本体论，而是一种生活的试炼（test）——直言更多地关涉生存方式，而非对真理的陈述或言说。犬儒主义认为当时主流的生活原则都是错误和虚假的，并通过自己的生活实践对这些虚假原则加以拒斥与摒弃。① 福柯在 1984 年的法兰西学院课程演讲《真理的勇气》中，极为罕见地对犬儒主义传统及其对我们现实当下的影响展开系统论述。尽管在古代犬儒主义并未形成系统的哲学教义，但福柯指出，从生活的艺术角度看，犬儒主义在历史上是一支极为重要的思想流派。② 对犬儒主义而言，哲学首先是一种生活方式，而非单纯的理论论辩形式，哲学是要在生存形式和真理阐释之间达至和谐统一，这一观念对基督教文化产生了深远影响。因此，福柯指出犬儒主义是基督教禁欲主义的母体。③ 犬儒主义者和早期基督徒均为真理的传道士，通过自己的生活向世人展示真理。早期基督教禁欲主义的英雄气概和献身精神传承自古代犬儒主义者大无畏的英雄形象。正是在这一点上，法国哲学家皮埃尔·阿多（Hadot）宣称，早期基督教复现了古希腊和希腊化时期的自我技术。④

因此，从自我技术角度看来，古代异教向基督教禁欲主义的转变并非简单的历史断裂，而是一种渐进的演变与接续。然而，尽管基督教禁欲主义与古代犬儒主义在生活方式上若合符节，均倡导极简生活，反对奢侈与过度，但二者关注的真理形式及伦理取向却极为不同。在古代哲学实践中，直言（说真话）是主体塑造伦理品性、通达体验真

---

① Davis Mazella, *The Making of Modern Cynicism*, Charlottesville: University of Virginia Press, 2007, pp. 27–29.

② Michel Foucault, *The Courage of Truth: The Government of Self and Others* II. *Lectures at Collège de France 1983–1984*, trans. Graham Burchell, New York: Palgrave Macmillan, 2011, p. 315.

③ Michel Foucault, *The Courage of Truth: The Government of Self and Others* II. *Lectures at Collège de France 1983–1984*, trans. Graham Burchell, New York: Palgrave Macmillan, 2011, p. 163.

④ Pierre Hadot, *Philosophy as a Way of Life: Spiritual Exercises from Socrates to Foucault*, trans. Michael Chase, Cambridge: Blackwell, 1995, pp. 206–207.

理的基础,而晚期基督教自我技术及其蕴含的真理体验则与古代的直言实践渐行渐远。在基督教的自我体验中,人与自我的关系借助上帝这一中介加以调和,而人对上帝则是完全的顺从;直言,作为一种勇敢言说真相、坦承自我的自我技术被视为对自我的盲信,对上帝的冒犯。自此,直言这一极为重要的自我技术开始具有了消极意义,基督教"直言"已经不再是一种勇敢地、充满危险地说真话的技术,而是一种向上帝坦诚自身、将自己的灵魂敬献给上帝的言说义务;其对立面沉默则被看作心存上帝、自我沉思的必要前提,成为后来整个基督教文化自我技术的重要特征之一。基督教关于真理的自我体验不再是一种转变自身的"精神性"体验,而是一种顺从的神圣律法体验。福柯指出,随着基督教的发展,原本横向水平式的"直言"模式慢慢转变为纵向天国式的"忏悔"模式,围绕着这一"反—直言"(anti-parrhēsia)的苦行"忏悔",最终基督教"牧领制度"得以成形。①

第三节　顺从律法与自我弃绝
——基督教的自我技术

基督教自我伦理学及真理体验与古希腊和希腊化罗马时期真理的精神性体验极为不同,其伦理实体不再是快感及其力度,不再是身体及其脆弱,而是灵魂及其罪恶。尽管如此,福柯认为,关于个体行为的道德规范在历史上却并无大的变化。② 基督教关于自我体验的变化不仅体现在伦理实体的不同,更为重要的是,它引入了一种完全另类的屈从化模式,而这一模式奠定了现代西方社会政治制度的合理性。

基督教自我体验的两类主要个体实践(屈从化或主体化模式)是道

---

① Michel Foucault, *The Courage of Truth: The Government of Self and Others* II. *Lectures at Collège de France 1983–1984*, trans. Graham Burchell, New York: Palgrave Macmillan, 2011, pp. 335–337.

② 参见 [法] 米歇尔·福柯《性经验史·第 2 卷,快感的享用》,佘碧平译,上海人民出版社 2016 年版,第 26 页。

德的法规化（codification）和自我的解释学（hermeneutic of the self），这两者的结合开启了现代西方真理体验历史的序幕。道德的法规化指的是"在既定社会或群体中不同的价值和规则体系"①，它采纳的是准法律形式，重点关注和考察的是人们是否按照这些准则行事，是否以此来进行惩罚。违反道德准则者在某种意义上类似于违反法律者。在基督教伦理中，准则意味着禁令，道德—服从模式相当于法律—压抑模式，对道德准则的违反就意味着违禁或违法。自我的解释学指的是"通过一系列的坦白、忏悔、实践在话语中将自己客体化，其最终目的是要否弃自身的真相，完成自我的献祭，达至对外在权威的顺从"②，其主要技术是煽动或鼓励个体谈论他们的欲望，认同自身的欲望，将自己作为欲望的主体来加以想象；通过考察自我的行为、情感、思想与幻象，这些自我"解释学"技术可以被用来揭示以欲望的形式隐藏于个体深层的真相。

　　西方现代社会的自我实践与西方古代以自由和自主为伦理原则的自我技术存在两方面的冲突和差异：首先，人们倾向于将某一外在性的律法作为伦理和道德的基础，这与以关心自己为主要原则的古代自我技术背道而驰；其次，现代基督教道德以现世的自我弃绝作为获得个人拯救、获取来生幸福的前提，这与古代掌控自我、关注自我的现世伦理观相悖。基督教禁欲苦行传统与古代世界直言实践和对真理的精神性体验格格不入——基督教主体不再对自身充满信心，也不再为自己的行为方式负责，不再将自身作为评判善好的标准。这是一种反—直言的伦理倾向，集中体现在对上帝专横命令的恐惧与服从，对自我内在恶的怀疑和解读。无论是道德的法规化还是自我的解释学，都隐秘地拒斥自我的创造性功能，这种自我技术是"以限度、堕落和罪恶为基础的伦理实质；臣服于普遍法则和人格神的意志的屈从模式；对灵魂进行探究，对欲望进行升华式解释的自我实践类型；意在自我

---

① Michel Foucault, *The History of Sexuality*, Vol. 2: *The Use of Pleasure*, trans. Robert Hurley, New York: Vintage Books, 1990, p. 29.
② Michel Foucault, "The Battle For Chastity", in *The Essential Works of Foucault, 1954–1984*, Vol. 1, *Ethics: Subjectivity and Truth*, ed., Paul Rabinow, New York: The New Press, 1997, p. 190.

摒弃的伦理完善模式"①。

那么,基督教是否反对任何的主体概念?按照福柯的观点,基督教并非与古希腊和希腊化罗马世界彻底断裂;恰恰相反,我们需要将基督教真理体验看作古代自我技术的一种演变,它并非简单地排斥主体。那这是一种什么样的主体概念呢?如果基督教有自身的主体概念,那这类主体与自我的关系是怎样的?福柯认为,基督教主体与自我的关系模式是自我弃绝,它应该被理解为一种崭新的自我技术。② 正如前文所示,这一自我技术的一个重要来源是古代犬儒主义的直言实践,对犬儒主义而言,直言并非仅仅是一种话语模式,更是一种生活方式,是一种求真理的生活实践,福柯称之为"真理的生活"或"真实生活"(alēthēs bios)③。与此类似,基督教禁欲主义也认为真理并非关涉话语,而是一种生活方式。然而,基督教赋予尘世生活方式以新的意义和价值,犬儒主义倡导以最简单的方式满足世俗快乐,基督教则最大限度地减少俗世快乐以达至对自身快感的彻底否弃。基督教禁欲主义的最终目标就是弃绝自我、脱离此世——这种自我关系并不是为了建构一种担负社会和政治义务的伦理主体。

古代的自我技术建立在生命有限性的基础之上,即认为人是向死而生的、人是有死的。为了抵抗时间的无情流逝,死后能够万古留名,人在今世就应该努力过一种美和正义的生活。基督教禁欲主义则通过引入"救赎"(salvation)这一概念,对生命及其有限性做出了另类解读——人的意义并非寄予此世,而是在于来世,人在此世禁欲苦行是为了获得来世的幸福与拯救。救赎和来世概念与古代世界"关心自己""掌控自己"的伦理和美学原则针锋相对。基督教的自我技术要

---

① Michel Foucault, *The History of Sexuality*, Vol. 2: *The Use of Pleasure*, trans. Robert Hurley, New York: Vintage Books, 1990, p. 240.

② Michel Foucault, *The Courage of Truth: The Government of Self and Others* II. *Lectures at Collège de France 1983 - 1984*, trans. Graham Burchell, New York: Palgrave Macmillan, 2011, p. 330.

③ Michel Foucault, *The Courage of Truth: The Government of Self and Others* II. *Lectures at Collège de France 1983 - 1984*, trans. Graham Burchell, New York: Palgrave Macmillan, 2011, p. 232.

求完全弃绝自我和对神圣戒律彻底顺从，基督教将顺从概念作为一种至高无上的美德。古代哲学世界，也要求哲学修习者顺从导师的人生指导，目的是以后进入政治生活或应对人生的各种烦恼，但与古代文化不同，基督教的顺从概念并不是一种通达目的的暂时手段，而是一种永久性的顺从，一种永无止境的主体状态和行为模式。主体的自由意志被对权威的盲目顺从所取代：顺从意味着对个体自由和自主的让渡与牺牲。因此，在基督教世界，对自我的彻底弃绝和对外部权威的无条件顺从二者共同塑造了一种完全失去自主性的主体性形式。福柯指出，对宗教权威的盲从以及由此确立的宗教信仰是基督教主体，也是现代主体的本质特征。由此导致的基督教真理体验是对古代自我技术的颠覆，屈从化模式不再依赖于开蒙自我的各类行为，而是基于对抽象客观法则的顺从与认可。① 律法原则成为人类社会秩序的一般原则，成为当代西方文化中自我技术的历史表现。

另外，在基督教伦理中，盲目顺从和自我坦白同等重要，二者携手并进，共同塑造基督教主体。在信仰和盲从之外，基督教还要求人们服从另一种形式的真理义务："每个人都有责任知道自己是谁，每个人都需要努力去认识自己内心正在发生的事情，去坦承过错，去认识诱惑和揭示内心的欲望。"② 在早期基督教伦理实践中，揭露自我的真相（自我解释学）与自我惩罚存在一种特殊的关联，这集中体现在基督教的忏悔仪式（Penitence）中。忏悔是对自身内在恶的坦白，它不仅仅是一种话语模式，还对应于一种生活方式，一种挖掘和揭露自我真相的义务与手段。然而，忏悔仪式的目的并非确定主体的身份，而是对自我的否定和拒斥："我死故我在"（Ego non sum, ego）③ ——过去的我已经死去，

---

① Michel Foucault, *The Hermeneutics of the Subject: Lectures at Collège de France 1981-1982*, trans. Graham Burchell, New York: Palgrave Macmillan, 2005, p. 281.

② Michel Foucault, "Technologies of the Self", in Luther H. Martin, Huck Gutman and Patrick H. Hutton, ed., *Technologies of the Self: A Seminar with Michel Foucault*, Amherst: Massachusetts Press, 1988, p. 40.

③ Michel Foucault, "Technologies of the Self", in Luther H. Martin, Huck Gutman and Patrick H. Hutton, ed., *Technologies of the Self: A Seminar with Michel Foucault*, Amherst: Massachusetts Press, 1988, p. 43.

现在活着的是全新的我。对罪的忏悔标明的是一种与过去身份的断裂，自我揭露的同时也是"对此世和自我的弃绝，一种日常的死亡——一种假定在另一个世界获得生命的死亡"①。福柯指出，现代西方社会是一个坦白自我的社会，现代人是一种热心于坦白的动物。现代社会的坦白模式正是来源于基督教的忏悔实践，这一模式将引入两个原则——顺从和沉思，这将成为现代基督教真理体验的主要特征。另外，自我弃绝的表现形式也有所变化。顺从是指对自我意志的永久放弃，沉思则专指对神圣上帝的冥思苦想，只有对上帝的沉思才是至善。沉思是顺从的一种内心升华，顺从不仅限于个体行为，还关涉人的思想。②

在以柏拉图为代表的古希腊世界，思想是一种自我审查的方法，这种方法主要也是通过默想自我和关注自我的实践展开，但这种实践是通过对话辩证地联系在一起。到了希腊化罗马时期，"我们有了不同的主题，一边是聆听真理的义务，另一边是为了获得内在于自己的真理而观看并聆听自我"③。但在古希腊和希腊化罗马古代传统中，沉思自我的方法并不是舍弃现实，而是获得并吸收真理，"其最终目的也不是为了另一个现实的来临做准备，而是为了进入这个世界的现实"④。这一观念在希腊文中被称为 paraskeuazō（做好准备）。它包括一整套的实践活动，借此人可以获得、同化真理，并将真理转化为一种永久性的活动准则——这样一来，alethia（真理；真实）变成 ethos（品性；习惯），这是一个主体化不断加强的持续过程，是对个体自由主体身份不断确证的过程。⑤ 这种沉思自我、审查自我的实践一直延

---

① ［法］米歇尔·福柯著，汪民安主编：《福柯读本》，北京大学出版社 2010 年版，第 213 页。

② Michel Foucault, "About the Beginning of the Hermeneutics of the Self: Two Lectures at Dartmouth", *Political Theory*, Vol. 21, No. 2, May 1993, p. 216.

③ ［法］米歇尔·福柯著，汪民安主编：《自我技术：福柯文选 Ⅲ》，北京大学出版社 2016 年版，第 77—78 页。

④ ［法］米歇尔·福柯著，汪民安主编：《自我技术：福柯文选 Ⅲ》，北京大学出版社 2016 年版，第 82 页。

⑤ ［法］米歇尔·福柯著，汪民安主编：《自我技术：福柯文选 Ⅲ》，北京大学出版社 2016 年版，第 82 页。

续到基督教世界，在基督教修道院文化中得到了充分发展及完整阐释，发展成为以顺从和沉思为两大原则的基督教神学体系。基督教自我审查的技术对思想及其言语表述的关注超过对行为的关注，这种自我沉思要做的是"在那些指向上帝的想法和那些不指向上帝的想法之间进行永无止境的区分"①。这种细察的基础，是相信每个人心中都有秘而不宣的邪念，每个人内心都有恶魔存在，"只有当他明白说出自己的罪，恶魔才离开他的身体"②。基督教的自我阐释学就从这里起步，它意味着每个人心中都隐藏着某些东西，而且人总是处于自我蒙蔽的状态。

如何判定内心想法的优劣？如何认识到自己内心的邪念？如何才能摆脱这种自我蒙蔽的状态呢？对顺从的基督徒而言，就是把所有的想法都告诉导师（忏悔牧师），在一切事情上都服从于导师，始终尝试把自己的所有想法以语言的形式表达出来。福柯指出，对基督教而言，言语表达是个决定性的瞬间，这种言语表现形式就是基督教文献中的 exagoreusis（坦承），即福柯所谓的"自白"——"自白就是（自我）真理的标志"③。这是一种对思想的持续不断的分析性言语表现，在个人对他人的彻底服从关系中实行，这种彻底服从的关系，以舍弃人的主观意志和自我为原型。自我舍弃并非简单地放弃自我意志，而是将自我意志让渡给外部权威，根据这一外部权威或标准来确定自己的身份，认识到自己的真相。因此，在基督教文化中，人并不仅仅是顺从、毫无作为的客体存在，而是要积极主动地坦承自我，只有坦承自我才能认识自我，认识到自我内心的恶念，从而弃绝自我，达至对上帝权威的完全臣服。

---

① ［法］米歇尔·福柯著，汪民安主编：《自我技术：福柯文选 Ⅲ》，北京大学出版社 2016 年版，第 99 页。

② ［法］米歇尔·福柯著，汪民安主编：《自我技术：福柯文选 Ⅲ》，北京大学出版社 2016 年版，第 103 页。

③ Michel Foucault, "Technologies of the Self", in Luther H. Martin, Huck Gutman and Patrick H. Hutton, ed., *Technologies of the Self: A Seminar with Michel Foucault*, Amherst: Massachusetts Press, 1988, p. 48.

由此可见，基督教个体并非被动地顺从，而是积极主动致力于自我屈从化的过程之中，这是基督教自我苦修技术的重要特征。只有在此世的自我坦承——自我认识——自我弃绝的辩证循环中不断苦修，基督徒才能达至来生，获得幸福与安宁。这样一种以自我坦承为主的解释学技术从基督教兴起之初，一直持续到 17 世纪并最终超越宗教神学的束缚，扩展到整个西方社会。"从 18 世纪至今，言语表现的技术，经由所谓的人文科学，已被重新安插进一个相异的语境之中。其目的不再是自我舍弃，而是以积极的方式建构一个新的自我。使用这些技术，却无需舍弃自我，这是一个标志性的转折。"①

现代社会，基督教忏悔实践采取的言语表达和自我揭示的形式被保留下来，但是这不再是为了摒弃自我，而是为了建构另一个崭新的自我，这种自我被现代社会借助现代科学知识（政治经济学、生物学、语言学等）和现代伦理道德（伦理学、文学艺术、影视作品）之名所捕捉，形成福柯所提出的针对"个体之微观物理学"的规训技术和"人口之生命政治学"的生命技术，从而完成对现代人的全面治理与宰制。至此，福柯晚期关于自我技术的分析与其前期关于权力技术的分析结合在一起。福柯指出，现代社会的知识观以笛卡尔提出的"我思故我在"这一方法论问题为肇始；现代社会的伦理观以康德开启的"在我们的历史现实中，我们是谁？"② 这一现代性问题为开端。围绕自我问题展开的现代知识论和伦理观，共同构成了现代权力技术的基础，不断滋生出关于个体及个体真理的话语，界定了我们的现时境况，这些话语与在我们生活中持续发挥作用的规训权力、规范化及生命政治紧密相连。

---

① Michel Foucault, "Technologies of the Self", in Luther H. Martin, Huck Gutman and Patrick H. Hutton, ed., *Technologies of the Self: A Seminar with Michel Foucault*, Amherst: Massachusetts Press, 1988, p. 49.

② Michel Foucault, *The Essential Works of Foucault, 1954–1984, Vol. 1, Ethics: Subjectivity and Truth*, ed., Paul Rabinow, New York: The New Press, 1997, p. 315.

第 七 章
从自我技术到生命政治

如果只有在与自我的关系中才能抵制政治权力，那么建立一种自我伦理（关于自我的伦理学）也许是一种紧迫的、根本的和在政治上不可或缺的任务。

——福柯①

福柯一直对古希腊悲剧情有独钟，在其思想生涯中，曾就多部悲剧展开细致解读。福柯在 20 世纪 80 年代的课程演讲中，从政治制度与自我技术角度详细分析探讨了索福克勒斯的《俄狄浦斯王》及欧里庇得斯的《伊翁》两幕戏剧，从而对现代自我技术理性及基督教顺从的政治伦理逻辑提出了富有价值的见解。在 20 世纪 70 年代中期的课程演讲中，福柯主要从真理的历史角度解读索福克勒斯的《俄狄浦斯王》一剧。在《真理与法律形式》一文中，"相对于弗洛伊德和德勒兹对《俄狄浦斯王》欲望化的解读，福柯更重视从西方权力—知识关系的谱系学线索来把握这出戏剧，俄狄浦斯的遭遇凸显了真理作为政治绝对规范的暴力特质"②。首先福柯指出，《俄狄浦斯王》与荷马史诗《伊利亚特》的一个重要区别是二者涉及两种完全对立的政治体制，其中《俄狄浦斯王》一剧典型表征了

---

① Michel Foucault, *The Hermeneutics of the Subject: Lectures at Collège de France 1981–1982*, trans. Graham Burchell, New York: Palgrave Macmillan, 2005, p. 251.

② 姚云帆：《从真理的剧场到治理的剧场：福柯对〈俄狄浦斯王〉的解读》，《文艺研究》2017 年第 10 期。

探查自我真相的政治效应，这种自我探查方式一直延续到中世纪，随着基督教会的出现，成为基督教文化真理言说机制的普遍形式。① 福柯认为，这一探查模式以及与之有关的真理产生技术开创了西方真理历史的崭新篇章。人们不再从真理言说的偶然性、个体性视角来思考真理，真理被认为是遵从某一抽象客观规则的非个体性的自主陈述。

在1974年法兰西学院课程演讲《精神病学的权力》（*Psychiatric Power*）中，福柯将索福克勒斯的这幕戏剧看作基督教语境中权力与知识关系的普遍理想模型。十年之后，福柯重返《俄狄浦斯王》，从自我技术而不是权力知识关系视角进行解读，并将之与欧里庇德斯的《伊翁》一剧加以比较。此次解读脱离了基督教语境，福柯指出，《伊翁》和《俄狄浦斯王》分别代表着"政治领域两种截然相反的真理体验范式"②。《俄狄浦斯王》是对暴君专制政治体验的戏剧表征，其中，主体与真理的关系与直言模式截然对立；《伊翁》则是一出"关键的希腊直言式（parrhēsiastic）戏剧"③。这种对立反映了古代真理体验和基督教真理体验之间的根本冲突：《伊翁》展示了一种直言式和伦理塑造式的真理体验，这奠定了古希腊民主政治体制的基础；相反，《俄狄浦斯王》则刻画了一种司法式真理体验，这成为暴君专制政治的核心要素之一。④ 通过揭示自我技术与政治社会之间的关系，这两幕悲剧提供了初步线索，使我们可以重新理解基督教"非—直言"主体面临的政治困境。这种困境不再关涉规范的作用和关于身份的法律预设，而是关于个体自由以及创造自我标准和自我价值的可能性问题。

---

① Andrew Cutrofello, "Foucault on Tragedy", *Philosophy & Social Criticism*, Vol. 31, No. 5–6, September 2005, p. 574.

② Michel Foucault, *The Government of Self and Others. Lectures at Collège de France 1982–1983*, trans. Graham Burchell, New York: Palgrave Macmillan, 2010, p. 310.

③ Michel Foucault, *Fearless Speech*, New York: Semiotext(e), 2001, p. 38.

④ Michel Foucault, *The Government of Self and Others. Lectures at Collège de France 1982–1983*, trans. Graham Burchell, New York: Palgrave Macmillan, 2010, pp. 156–159.

第一节 《伊翁》与《俄狄浦斯王》
——两种政治生活模式

为了区分《伊翁》和《俄狄浦斯王》两剧蕴含的政治体验的差别，福柯重点考察了两个古希腊的重要概念——Polietia（政制）和 Dunasteia（职权）。Polietia 指的是宪制框架和政治行为规范，"它决定了公民的地位，他们的权利，如何做出决策，如何选出领导者，等等"①；Dunasteia 则涉及具体权力及其行使，以及作为整体的政治游戏。也就是说，政治需要从两方面加以考量：首先是从严格组织化、制度化的角度考虑，其次是从依赖于主体及其与真理之间的伦理关系的具体体验领域考虑。Dunasteia 是一种政治游戏，涉及某一政治共同体成员之间的关系、权力的行使和界限等因素；其中一个关键因素是"伦理或道德差异化"（ethical differentiation）②，它重点强调的是参与政治游戏中的人的品性（ethos），强调政治主体与自身、与他人及与真理之间的关系。Dunasteia 是一种现实世界活生生的政治体验，涉及政治主体作为伦理主体的存在方式。政治主体即伦理主体，政治体验即伦理实践，"有效的政治实践关系到政治主体通达真理的伦理体验"③。

也就是说，古希腊民主政治体制和政治游戏集中体现在雅典公民是否首先关注自我，从而正确地认识自我的伦理品性，其中的一个关键因素就是"直言"，即是否有能力、有勇气公开言说关涉城邦善好的话语，是否能够直言不讳地陈述自己确认的真理，而不怕自身利益受到损害，甚至自身冒着生命的危险。在古希腊的 Dunasteia 概念中，

---

① Michel Foucault, *The Government of Self and Others. Lectures at Collège de France 1982-1983*, trans. Graham Burchell, New York: Palgrave Macmillan, 2010, p.158.

② Michel Foucault, *The Government of Self and Others. Lectures at Collège de France 1982-1983*, trans. Graham Burchell, New York: Palgrave Macmillan, 2010, p.35.

③ Michel Foucault, *The Government of Self and Others. Lectures at Collège de France 1982-1983*, trans. Graham Burchell, New York: Palgrave Macmillan, 2010, p.52.

"直言"是一种政治权利和政治行为,既是雅典公民的一项特权,也是一种义务,具体是指在公民大会上说出自己的想法、言说自己承诺的真理,以此引导城邦生活走向美好,福柯称之为"政治直言"①。

因此,《伊翁》一剧通过戏剧方式展现了古希腊直言和民主制之间的紧密关系,这种关系的核心并非制度建制,而是参与民主政治的主体本身,是政治主体与真理的伦理关系,政治主体与真理之间的关系,奠定他与自身及与他人之间的关系的基础。也就是说,社会民主组织的核心是主体功能的一种具体展现。公民能够自由言说真理是民主社会的主要因素之一。对真理的伦理体验意味着以一种非专制的方式行使权力,在这种情况下,真理言说面对的是能够自由做出反应的对话者,而不是彻底屈从于居高位者权威的顺从者。即便是最终顺从,这种顺从也并非是由于权威的胁迫,而是出自话语论辩(logos)后的理性接受,这里的理性论辩关涉城邦(polis)的善好展开,城邦公民的顺从只针对对城邦政治有益的建议,确保对自我加以良好治理,从而能够有效引导城邦的人走向政治舞台的中心。

在雅典民主制之下,这种直言话语的理性运用还意味着参与政治的主体(雅典公民)可以拒绝或谴责统治者或普通民众的非正义,而不用考虑他们可能面对的后果。这一点集中体现在欧里庇德斯借伊翁之口对当时雅典政治体制的批判性反思:既包括民主政治,也涉及君主政治。这塑造了伊翁这个戏剧人物在西方文学史上作为第一个"直言者"的伦理品质。这一幕场景发生在雅典国王苏托斯与伊翁之间的对话或论辩中,有关于伊翁的政治命运,说的是伊翁作为苏托斯的儿子和继承人到达雅典后可能会经历的政治厄运与灾难。② 伊翁直言不讳地对国王苏托斯陈述,在民主制中存在三种类型的公民:首先是"虚妄小人",他们是些没有权势、财富的雅典公民,憎恨所有比他们优异的人;其次是"贤良达人",他们是优良的雅典人,有能力实施

---

① Michel Foucault, *The Government of Self and Others. Lectures at Collège de France 1982–1983*, trans. Graham Burchell, New York: Palgrave Macmillan, 2010, p. 211.
② 参见[古希腊]欧里庇得斯《欧里庇得斯悲剧·上》,张竹明、王焕生译,译林出版社 2007 年版,第 364—369 页。

权力,但他们足够智慧,所以保持沉默,不会为城邦政治事宜煞费苦心;最后是"治国能人",他们有权有势有声望,公开运用自己的话语和理性参与城邦公共政治生活。展望了一下这三类人对他作为异邦者和私生子出现在雅典后的反应,伊翁说道:第一类虚妄小人会憎恨他;第二类贤良达人会嘲笑他,笑他妄想成为一名雅典的居高位者;第三类政治能人会嫉妒他,诋毁这个新来的竞争者从而将他放逐。①所以,对伊翁而言,来到民主制的雅典并不会有一个美好的前景。对民主政治生活做了这番描述之后,伊翁接着给出了他对君主生活的描述:

> 伊翁:……至于成为一名国王,人们对此事的评价过高。至高无上的王权,表面上风光而骨子里可悲。在担惊受怕、侧目提防中度过自己一生,这难道是美好的么?有谁能是幸福快乐的呢?我宁愿选择一个普通人的幸福,而不愿拥有国王般的生活,我不想成为一个由于担心被杀而喜欢结交不法之徒、却憎恨正直之士的国王。你也许会对我说,金钱能解决这些问题,富有就快乐。可是,手里紧紧抓住你的金钱、耳边响着各种流言、心中充满众多烦恼——这并不是我想要的生活。②

伊翁对民主制和君主制(或僭主制)的批判性描述是一种直言式话语的典型例证。在公元前5世纪末和4世纪初的雅典政治生活中,直言式个体的品性特征之一就是欧里庇德斯借伊翁之口所展示的这种对雅典民主制和君主制生活的批判性描述。伊翁就是这样的直言者,是对民主制和君主制都有价值的直言式个体,因为他有足够的勇气来向公众(demos)和君王指出他们生活中的真正缺陷之所在,而不怕招致公众的责难或君主的惩罚。这样一种对待自我和他人直言不讳的

---

① 参见[古希腊]欧里庇得斯《欧里庇得斯悲剧·上》,张竹明、王焕生译,译林出版社2007年版,第366页。
② Euripides, "Ion", trans. Ronald F. Willetts, in *Euripides III*, Chicago: University of Chicago Press, 1974, p. 257.

态度，后来出现在柏拉图在《申辩篇》中对苏格拉底的描述中，苏格拉底成为古代世界直言者的典范并流传至今。①

另外，《伊翁》一剧除了是对世俗君权和普通大众的直言不讳的批判，还是对神的权威的一种批判。在希腊悲剧传统中，阿波罗神是一个光辉的形象，他发布神谕，指引芸芸众生最终走向真相，找到真理。但在这幕戏剧中，一个贯穿始终的主题是"神的沉默"。从戏剧一开始，阿波罗诱奸少女克瑞乌萨，生下并遗弃伊翁之后，由于对自身不正义行为的羞愧而彻底成了一个"隐匿之神"，一直隐瞒事实真相。这与《俄狄浦斯王》的阿波罗形象完全相反，在《俄狄浦斯王》中，福波斯·阿波罗在一开始就说出了真相，巨细无遗地预言了接下来将要发生的事情；而人类自身却一直在隐瞒或逃避这一真相，竭力逃脱神明谕示给他们的命运。但是，最终借助阿波罗给予他们的神迹，俄狄浦斯及其生母和妻子伊俄卡斯忒发现了他们不愿相信的真相。

在《伊翁》这幕剧中，人类自身竭力去发现真相：伊翁想知道他是谁、他来自哪里；克瑞乌萨想要知道她儿子的命运；而故意隐藏真相的却是阿波罗。俄狄浦斯式真理问题得以解决的方式是：神明告诉了凡人事实真相，尽管他们选择视而不见，但最终他们看到了自己不愿看到的真理之光。伊翁式真理问题得以解决的方式是：尽管阿波罗保持沉默（不愿说出真相），人类自身却发现了他们急迫想要知道的真相。在《伊翁》中，沉默与过错归到了阿波罗神这边；在《俄狄浦斯王》中，沉默与过错却属于人类。《伊翁》一剧的主旨有关于人类是如何对抗阿波罗的沉默、奋力获取真相的：人类必须自己主宰自己，发现并言说事实真相。阿波罗没有说出真相，他没有揭示自己了如指掌的实情；他用自己的沉默欺瞒众生，即使说了什么，也纯粹是谎言；他没有足够的勇气来言说自己，反而利用自己的权力、自由和优势掩盖自己做过的事情。因此，在《伊翁》中，阿波罗是一个"敌直言者"（ami-parrhesiosres）②。

---

① 关于苏格拉底直言式话语特征的详细阐释，请参见杜玉生《作为直言者的苏格拉底》，《外国文学》2018年第5期。
② Michel Foucault, *Fearless Speech*, New York: Semiotext(e), 2001, p.44.

但是，这种作为直言者的政治主体如果不再有言说真理的勇气，如果他的话语不是为了言说自己确信的事实真相，而是为了取悦公众或者君王，那么民主制就会陷入困境，最终转变为僭主制。直言式话语模式为民主政治生活奠定基础，但如果言说真理话语的主体不再承担自由言说的责任，不再冒着生命危险直言不讳，那么这种言说方式就会反过来成为民主政治的威胁。《俄狄浦斯王》正是展示了专制政治的权力运作和真理基础，剧中展现的真理的政治功能与《伊翁》的直言式话语模式截然相反。《伊翁》是一幕民主制城邦中真理主体之构成的悲剧，《俄狄浦斯王》则是一幕知识和专制政治权力之关系的悲剧。《俄狄浦斯王》表征了政治与真理、知识与权力之间的特定关系，这种关系至今依然存在于现代社会。俄狄浦斯是一个献身于追寻司法真相的人，而不是一个直言不讳的政治主体。因此，《俄狄浦斯王》讲述的是司法调查及其政治后果。

在《伊翁》中，太阳神阿波罗对自己的不正义行为感到羞愧，不愿说出伊翁出身的真相，于是这一真相最终只能由伊翁及其母亲克瑞乌萨通过对话和谴责的方式获取。也就是说，在这幕剧中，真理的获取是由人类自身在没有任何神力帮助的情况下完成的，人类要获取真理只能依靠自己。对真理的揭示依赖于人类自身知识直言式的公开展示，而这种展示涉及主体的存在和声誉，以及他在城市生活的权利。①在《俄狄浦斯王》中，阿波罗发布了一个关于过去与现在的神秘预言：俄狄浦斯由于杀害自己的父亲前王拉伊奥斯（Laius）而会被放逐。俄狄浦斯获取真相的方式，不是直言不讳地辩论、质询或诅咒，而是对神谕坚信不疑，为了逃避神谕的真相，不断地寻求他人的司法式见证。

由此可见，在俄狄浦斯模式中，主体自身不需要参与真理的构建，他需要做的只是见证神谕预言的真相。这是一种司法模式的真理，阿波罗的神谕只能借由人类证人（牧羊人等）的证词才能被理解。证人

---

① Michel Foucault, *The Government of Self and Others. Lectures at Collège de France 1982–1983*, trans. Graham Burchell, New York: Palgrave Macmillan, 2010, p. 151.

的作用也只是重复神所谕示的不可改变的真理,而不是对这一真理进行辩论查证,这最终使俄狄浦斯接受神谕的判决,自愿被放逐。神和证人见证的是同一种真相,他们获取真相的过程中运用的是相同的知识形式或认知模式:真理与知识之间是一种司法性关系,具体表现为人类记忆与神圣预言之间的艰难契合;这种知识是不可改变的事实和人类容易犯错误的回忆的巧妙结合。①

俄狄浦斯与知识之间是工具性关系,他对自己罪恶真相的查证遵循某种有序的发现程序和方法明证。他与最终真相(真理)之间的关系并没有改变他的主体存在方式,而是改变了他与外部世界之间的关系(他是罪恶的)以及由给定的真理而产生的政治行为(他被放逐了)。② 主体的真理体验被贬低,沦为证明神圣知识之价值的工具,这种知识以毫无瑕疵的可理解的形式得以呈现。主体、知识和权力三者彻底分离,政治行动完全无关于真理主体的生成与塑造。政治行为与政治主体的威望、出身和伦理品质完全无关,只需要证人以知识的形式重复神的永恒真理即可。俄狄浦斯与真理的关系,即在专制社会中对真理的体验,与《伊翁》一剧中的真理体验恰恰相反。《俄狄浦斯王》中的真理展示,是按照某一客观程序探查隐藏在神之面纱下的真谛的过程;这一真理不是来自危险且勇敢的言说,不是来自政治主体不顾危险和羞辱的直言不讳。③ 俄狄浦斯必须像接受审判一样接受事实真相,在此,真理绝不涉及俄狄浦斯的主体存在,而是呈现为一个神圣的秩序,主体只能接受和遵守。掌权者的责任不是说真话,而是去询问和寻找知道真相的证人。

《俄狄浦斯王》代表着当时希腊的专制政治,《伊翁》则代表着运转良好的民主政治。《伊翁》一剧反映的是政治共同体的构成和统一这一问题;政治制度考虑的重点是自由社会中共同体成员或公民之间

---

① Andrew Cutrofello, "Foucault on Tragedy", *Philosophy & Social Criticism*, Vol. 31, No. 5 – 6, September 2005, p. 574.

② Michel Foucault, *The Government of Self and Others. Lectures at Collège de France 1982 – 1983*, trans. Graham Burchell, New York: Palgrave Macmillan, 2010, pp. 84 – 85.

③ Michel Foucault, *The Government of Self and Others. Lectures at Collège de France 1982 – 1983*, trans. Graham Burchell, New York: Palgrave Macmillan, 2010, p. 152.

的关系。共同体成员之间良好关系的维系点正是"直言"这一伦理话语模式的良好践行。正是经由共同体成员之间直言不讳地表达各自的观点,在辩论甚至责难(不管是针对君主还是公众)的过程中揭示事实真相,民主制才能良好运转,才能确保共同体的利益。《俄狄浦斯王》的真相揭示过程不是直言式的,而是客观探查的结果,这与政治主体的伦理品性无关。

换言之,《俄狄浦斯王》中真理的揭示与个体的主体性无关,个体完全是被动的、匿名的,是世界的旁观者。即便是人类最强大的掌权者君王俄狄浦斯,也不得不屈服于外部权威(神谕),被动接受他难以改变,更难以接受的事实真相。我们看到,在专制政制中,君王跟奴隶一样无助,永远处于外在权威的胁迫和审判之下。在这样的真理机制中,知识成为一种统治策略与政治算计,是对毫无生机的客体对象的精密组织与操控,个体仅仅被视为权力捕获的对象,是知识得以轻松篆刻其上的柔弱材料。① 与《伊翁》一剧中展现的希腊民主制城邦模式相反——这种模式在17世纪的政治思想史中得到进一步的挖掘阐释——《俄狄浦斯王》中,政治共同体不再是伦理共同体,参与政治的个体不再被认为是伦理共同体的一员。个体对政治共同体的认同和参与不再基于古希腊直言不讳的积极公民模式,而是将顺从的个体作为政治行动的榜样。

第二节 总体化与个体化

—— 生命政治的起源

在20世纪70年代中后期的著作和课程演讲中,福柯对现代国家理性、生命政治及(新)自由主义等治理术进行了细致阐释,并将生命政治的谱系追溯至遥远的古希腊、希腊化罗马和基督教世界,指出

---

① Nancy Luxon, "Ethics and Subjectivity: Practices of Self-Governance in the Late Lectures of Michel Foucault", *Political Theory*, Vol. 36, No. 3, June 2008, p. 387.

希腊基于"城邦—公民"游戏的政治技术与基督教基于"牧人—羊群"游戏的牧师技术共同导致了现代治理术的缘起和生命政治的出现。这一崭新的政治谱系视角,为我们思考当前的政治问题提供了富有启示性的洞见。在当前的政治和文化氛围中,现代个体如何在总体化的政治技术和个体化的自我技术之间寻求自我治理的可能性,这是福柯对古代世界自我技术加以谱系考察的出发点,也是福柯在《什么是批判?》一文中对批判气质(ethos)或批判性态度进行谱系梳理的落脚点。现代主体的批判气质就是重新挖掘出古代世界自我技术所展现的"生存美学"面向,借此培养一种"自愿的反抗艺术",一种"深思熟虑的不盲目服从的艺术",这是一种自我美学化的生活艺术,它要求的是如何在当前的新自由主义治理术之下"不被那样,不因为那样,不像那样而受到治理"[①]。

福柯指出古希腊"dunasteia"(职权)这一概念,对于我们理解西方文化中的政治体验非常重要。福柯并没有将政治局限在制度领域,或者将政治局限于某种权力形式(譬如经济资源、军事力量等)的分配博弈,而是从权力、知识和主体性模式互动的角度来思考政治。从这个意义上说,"dunasteia"可以被认为是福柯提出的"治理术"(governmentality)的同义词。治理术不应仅仅被视为"现代"意义上的政治表现形式,而应被视为一种扩大了的政治—伦理观念,它(重新)引入了主体性模式的问题。

因此,政治最主要的是一个主体体验问题,涉及对主体与自我和他人之间关系的反思。行为的组织,对自我和他人的引导与治理不仅仅关涉权力关系和规则的实施,还涉及主体与政治世界和真理世界之间关系的伦理决断。福柯关于基督教真理体验的研究,以及在《伊翁》和《俄狄浦斯王》两幕悲剧中发掘的两种对立的真理揭露机制和政治体制,对考察当前政治状况意义非凡。

---

① Michel Foucault, "What is Critique?", in James Schmidt, ed., *What is Enlightenment? Eighteenth-Century Answersand Twentieth-Century Questions*, Berkeley: University of California Press, 1996, p. 384.

在 20 世纪 80 年代对自我技术和基督教真理体验展开研究之前，福柯在 1976 年出版的《性史》第一卷《认知的意志》中曾经对罗马的"家父权"（poder potestas）概念展开详细阐释，主要探讨的是个体如何屈从于他人的，一个被动的共同体是如何组织的。罗马的家父权"赋予罗马家庭的父亲以'操持'他监护下的子女和奴隶生死的大权。他'给予了'他们生命，也可以收回它"①。这是一种共同体（家政）成员之间不对等的司法权力。福柯指出，古代自我技术的一大局限在于，它并没有考虑到女性和奴隶的自主性，女性、未成熟的子女跟奴隶一样并没有自由，而是如同酒、食物或土地一样的私有物品。女性与丈夫或父亲之间是一种彻底的依附式司法（judicial）关系，"是直接来自于一种合法地位和一种把她置于其丈夫的权力之下的法定依赖性"②。这种司法式认知模式的核心是，存在一个被看作某种私有物品的被动主体，这一主体被剥夺了任何可以自行做出伦理决定的能力。"家父权"展示了真理的司法经验是如何适用于被剥夺自由的主体的，这与古希腊直言式的政治理性相矛盾。

在古罗马"家父权"展示的司法式认知模式以及《俄狄浦斯王》中展现的专制真理模式中，政治关注的是对个体生命的强制性规划和管理。司法—专制式政治机制依赖于被剥夺了自由和自主权的政治主体。不管是《伊翁》一剧中的直言式民主政制，还是《俄狄浦斯王》中的司法式专制政制，都是在"城邦—公民"游戏隐喻下的共同体政治——它衍生的是在法律统一框架中的政治权力技术，这种权力技术形成抽象的制度，针对普通公民。一定程度上说，这是一种总体化的权力技术，具体体现在古典政治思想中的"君主权力"，即君主拥有对共同体成员"生杀予夺"的大权。这种权力技术的行使也并非绝对的和无条件的，而是以法律为基础的，只有当君主自身受到威胁的时候才会行使，譬如受到外部敌人的威胁时，或自己的权力受到被质疑

---

① ［法］米歇尔·福柯：《性经验史·第 1 卷，认知的意志》，佘碧平译，上海人民出版社 2016 年版，第 113 页。
② ［法］米歇尔·福柯：《性经验史·第 2 卷，快感的享用》，佘碧平译，上海人民出版社 2016 年版，第 166 页。

或被推翻的危险时。

因此君主权力并不直接地要求共同体成员或臣民们去死，而是合法地让他们冒生命的危险，譬如君王可以合法地宣战，要求臣民们参加保家卫国的战争。在这一意义上，君王行使的是后发制人的权力。这种权力技术以剑的意象运作，是一种致死（让别人死）和放生（让别人活）权力技术的结合。君主权力借助征收当局、巧取豪夺的机关等向臣民勒索财物、服务、劳动和生命，在这里，权力首先是获取的权力：获取物品、时间、肉体和生命。①

基督教世界将罗马家父权模式扩展到非政治领域，成为基督教顺从主体的一个典型特征。基督教的自我技术将顺从主体置于两个不同的层面加以治理。在与他人的关系层面，顺从将决定主体被允许或被禁止采取行为的范围；在与自我关系的层面，顺从将决定主体的身份认同。这种主体与自我之间的关系将成为西方社会自我解释学的重要特征。为了考察自我解释学及其对现代政治技术的影响，福柯转而分析基督教的"牧师技术"（pastoral technology）。福柯认为，基督教"牧师技术"的遥远起源不仅包括古希腊—罗马世界专制司法式的"家父权"，更重要的是希伯来文化中的"牧人—羊群"隐喻。在希伯来文化的"牧人—羊群"游戏中，牧人对羊群悉心照料、无微不至、了如指掌，他为羊群献身，他所做的每一件事情都有益于羊群。福柯将牧人和羊群之间的这种关系称作"牧领权"（pastorship），这是一种个体化权力技术，旨在"以一种连续、持久的方式统治个体"②。

牧人的各种变形形象是神、国王和领导者，他后面跟着的是羊群，他"集合、引领、引导着他的羊群"③。牧人的作用是保证羊群每一个

---

① 参见［法］米歇尔·福柯《性经验史·第1卷，认知的意志》，佘碧平译，上海人民出版社2016年版，第113—114页。

② Michel Foucault, "Politics and Reason", in *Politics*, *Philosophy*, *Culture*: *Interviews and Other Writings of Michel Foucault*, *1977 – 1984*, ed., Lawrence D. Kritzman, New York: Routledge, 1988, p. 60.

③ Michel Foucault, "Politics and Reason", in *Politics*, *Philosophy*, *Culture*: *Interviews and Other Writings of Michel Foucault*, *1977 – 1984*, ed., Lawrence D. Kritzman, New York: Routledge, 1988, p. 61.

体的得救，他对羊群抱有一种始终如一的、个体化的、终极性的仁慈。福柯指出，基督教吸收并发展了希伯来文化中的"牧人—羊群"隐喻，并在责任、服从、知识和行为方面进行了修正与改变。责任方面，牧人对每一只羊的行为、善恶、道德都要负责，"所有的羊，每一只羊，都得到了喂养和救护"①；服从方面，牧人和羊的关系是一种个人的、完全依赖的关系；在知识方面，牧人对每一只羊都需要有彻底的了解，包括对它的灵魂状况的完全把握与认知；在行为方面，基督教引入了良心检查、忏悔、引导、服从等。基督教"牧师技术"的最终目标是"让个体在世上以'苦行'的方式生活……它是基督教自我认同的组成部分"②。

这种来源于希伯来文化的"牧人—羊群"游戏，在基督教世界得到延续和修正的牧师技术，同由希腊文化的"城邦—公民"游戏发展而来的司法式政治技术互为补充。牧师技术针对个体，政治技术针对全体；牧师技术是针对灵魂的拯救性技术，政治技术是针对行为的压抑性技术；牧师技术主要侧重伦理和宗教层面，政治技术主要侧重法律和制度层面。在塑造主体方面，希伯来文化强调个体的实践和信仰，希腊文化强调普遍的科学和真理，"希伯来文化的理想的人是信仰的人……希伯来文化不放眼普遍的人、抽象的人；它所看到的总是具体、特定、个体的人"；希腊文化理想的人是理性的人，他们擅长"发现一般的、抽象的和没有时间性的本质、形式和理想"③。

尽管文艺复兴以来，人的主体性高扬，基督教对个体的宰制力量有所减弱，但由基督教发展而来的一整套的救赎式神学体制，并没有随着基督教的式微而销声匿迹。基督教的牧师技术在17、18世纪脱离了神学体制，在逐渐世俗化的现代社会中以慈善和救助机构的名义扩

---

① Michel Foucault, "Politics and Reason", in *Politics, Philosophy, Culture: Interviews and Other Writings of Michel Foucault, 1977–1984*, ed., Lawrence D. Kritzman, New York: Routledge, 1988, p. 62.

② Michel Foucault, "Politics and Reason", in *Politics, Philosophy, Culture: Interviews and Other Writings of Michel Foucault, 1977–1984*, ed., Lawrence D. Kritzman, New York: Routledge, 1988, p. 70.

③ [美] 威廉·巴雷特：《非理性的人》，段德智译，商务印书馆1995年版，第77页。

展开来，基督教"神学体制从18世纪就失去了它的有效性，牧师权力的功能在神学体制之外扩散和传播开来……散布到整个社会，并获得公共机构的支撑"①。新的世俗化的牧师技术对个体的拯救不是在来世，而是在现世；救助者不是牧师，而变成世俗世界的国家、警察、慈善家、家庭和医院等机构；救助机构的作用不是布道和忏悔，而是福利和安全。在现代世俗社会，"牧师权力的目的，代理机构的扩充，使得对人的知识的探讨围绕着两极展开：一种涉及人口，它是量化和整体的；另一种涉及个体，它是分析性的"②。

福柯指出，从18世纪开始，牧师技术与政治技术被现代国家巧妙地结合在一起，由此塑造了我们当前社会的治理术。现代社会的治理术对人进行全面宰制，我们的社会由此成为福柯所谓的恶魔般的社会，"由于我们的社会恰好将这两种游戏——城邦—公民游戏和牧人—羊群游戏——结合到了我们所谓的现代国家中，结果它就真正变成了恶魔般的社会"③。现代国家将政治技术和牧师技术以国家理性（raison d'état）的名义结合起来，将压制和拯救结合起来，将对个人真理的洞察和对抽象制度的部署结合起来，将伦理教诲和法律守则结合起来。最终，基督教的牧师权力技术变成现代社会的生命权力（bio-power），政治也由此进入福柯所谓的"生命政治"（bio-politics）阶段。

生命政治更加强调一个18世纪发展起来的概念——人口，"人口被理解为一群活着的个体。他们的特性也是所有属于同一种族、一起生活的个体的特性"④。它以"治安"或"管治"（police）的名义将

---

① Hubert Dreyfus and Paul Rabinow, *Michel Foucault: Beyond Structuralism and Hermeneutics*, Chicago: University of Chicago Press, 1983, pp. 214–215.

② Hubert Dreyfus and Paul Rabinow, *Michel Foucault: Beyond Structuralism and Hermeneutics*, Chicago: University of Chicago Press, 1983, p. 215.

③ Michel Foucault, "Politics and Reason", in *Politics, Philosophy, Culture: Interviews and Other Writings of Michel Foucault, 1977–1984*, ed., Lawrence D. Kritzman, New York: Routledge, 1988, p. 71.

④ Michel Foucault, "Politics and Reason", in *Politics, Philosophy, Culture: Interviews and Other Writings of Michel Foucault, 1977–1984*, ed., Lawrence D. Kritzman, New York: Routledge, 1988, p. 82.

人口和生命作为对象，力图让全部人口，让生命和生活都获得幸福，力图提高人口的生活和生命质量：

> 治安是一种理性的干预形式，它对人施加政治权力，它的功能是为人们提供一些额外的生命，就此，它也给国家提供一些额外的力量。这是通过控制"交流"，即控制个体共同的活动（工作、生产、交换、住宿）而实现的。它们在17、18世纪得到了广泛的传播：治安唯一的目的就是引导人们达到至福，享受生活。治安的具体目标就是生活在社会中的活生生的个体。①

生命政治以人口—生命为对象，通过对人口的积极调节、干预和治理，不断提高作为个体之汇集的人口整体的生命质量，这是福柯在20世纪70年代中后期思考的重要主题。在《性史》第一卷《认知的意志》（1976年）和法兰西学院课程演讲《必须保卫社会》（1976年）、《安全、领土与人口》（1978年）和《生命政治的诞生》（1979年）中，福柯从各个方面对生命政治的起源和发展进行了详尽阐释。福柯20世纪80年代的著作，将生命政治的起源追溯至古代和基督教世界。我们看到，生命政治正是久远的牧师技术在西方的现代回声，也是马基雅维利以来治理技术的逻辑演变。15世纪马基雅维利的《君主论》中的君权依然是古希腊"城邦—公民"游戏框架下的政治技术，君权治理针对的主要是领土和王权。16、17世纪的政治技术通过引入世俗化的牧师技术，使国家治理成为对人的治理，更准确地说是对交织在一起的人和事的治理，这是福柯所谓的"国家理性"的治理模式。相对于针对王权的君主专制治理，国家理性更侧重于国家整体的概念，它将国家看作一个汇集各种力量的综合客体，它以国家本身、国家力量的强大作为治理目标。国家的经济增长和政治—军事实力的

---

① Michel Foucault, "Politics and Reason", in *Politics, Philosophy, Culture: Interviews and Other Writings of Michel Foucault, 1977–1984*, ed., Lawrence D. Kritzman, New York: Routledge, 1988, p. 79.

提升成为治理者优先考虑的目标，为了达至这一目标，国家理性发展出了两类治理技术：基于政治技术的外交—军事技术和基于世俗化牧师技术的治安或管治技术。这样在国家外部和内部就形成了泾渭分明而又相互依赖的两大主题：一是以威斯特伐利亚和约的签订为标志，欧洲各国竭力保持军事实力的均衡，防止主权被侵犯和保持领土完整；二是所谓"治安科学"技术的出现与推广，即"一系列必要的手段，在国家内部增长国家的力量。在这两大技术的结合部，作为共用的手段，就是国家间的商业和货币流通：通过商业致富，人们期待人口、劳动力、生产和出口的增长，并获得人数众多的强大军队。……人口—财富的组合是治理理性的首要目标"①。要使国家强大，人口显然是需要重点考察的对象，人口的数量、质量、寿命和规律等必须纳入国家治理的范围之内。一言以蔽之，17世纪发展成熟的国家理性的治理技术是要优化人口、改善生活、促进幸福。

第三节　安全与规训

——现代社会的生命政治

福柯指出，国家理性在18世纪中期发展为现代社会的自由主义。在福柯看来，国家理性是一种"管得太多"的治理技术，它无所不管，对内是以治安的名义管理国内事务，对外是以"均势平衡"的名义应对同其他国家的关系。② 在国家理性的视野内，整个国家的经济活动，人口的生产活动等都需要被国家进行治理。但是这种治理模式的合理性和必要性何在？这是自由主义重点考察的问题。自由主义治理术不仅考虑人口和生命的幸福，而且更加侧重人口的安全和自由。自由主义的疑问在于，"管得过多"的国家理性可能会增加人们的福

---

① ［法］米歇尔·福柯：《安全、领土与人口》，钱翰等译，上海人民出版社2018年版，第487—488页。

② Michel Foucault, *Security, Territory, Population: Lectures at the Collège de France, 1977–1978*, trans. Graham Burcell, New York: Palgrave Macmillan, 2009, pp. 305–321.

祉，但也可能剥夺人的自由和安全，损害人们的利益，使人们置身于危险的生活之中。① 福柯指出，在整个 19 世纪，一种关于危险的想象和文化爆发出来。而自由主义治理技术正是为了消除各种危险，譬如疾病的危险、犯罪的危险、经济的危险，以及人性堕落的危险等，"自由与安全的游戏，就居于（自由主义）治理理性的核心地位……（新）自由主义就是通过安全性/自由之间互动关系的处理，来确保个体与群体遭遇危险的风险被控制在最低限度"②。正是在这个意义上，福柯将新自由主义同样置放在生命政治的范围之内。

关于自由主义治理技术管控危险的一个典型例证，是福柯 1975 年法兰西学院课程演讲中对"不正常的人"（Les Anormaux）所做的谱系考察。福柯指出 19 世纪开始，"不正常的人"成为一个约定俗成的概念，进入日常生活，这种人是法律、教育、道德、医学和精神病学机构的知识对象，这些机构以保卫社会的名义，应对来自不正常的人所带来的各种危险。但"不正常的人"这一文化现象从何而来？它的历史起源何在？我们依据什么判断人的不正常性呢？这种判断的标准是如何形成的？在 1975 年《不正常的人》的课程演讲中，福柯对此进行了细致考察。

福柯认为"不正常的人"有三个历史源头，他们由历史上三类关于人的文化定义转变而来：首先是"怪胎"或"畸形人"（monstre），其次是"需要改造的人"（individu à corriger），最后是"手淫的儿童"（enfant masturbateur）。这三类人出现的时间各有差异。

第一类"怪胎"或"畸形人"概念出现在古罗马，除了是一种生物学或医学现象，当时主要是一个法律概念。这样的人之所以被单独分离出来成为一个范畴，是因为他们对法律提出了挑战，阻碍法律的顺利实施。福柯指出，古代人不认为某些残疾的人是怪胎，尽管瘸子、聋哑人等在生理或形体上和正常人不同，但他们并不被认为是怪胎或

---

① Michel Foucault, *The Birth of Biopolitics: Lectures at Collège de France 1978 – 1979*, trans. Graham Burchell, New York: Palgrave Macmillan, 2008, pp. 318 – 319.

② Michel Foucault, *The Birth of Biopolitics: Lectures at Collège de France 1978 – 1979*, trans. Graham Burchell, New York: Palgrave Macmillan, 2008, pp. 65 – 66.

畸形人。因为他们在法律上都有确定的地位，虽然不符合自然的规律，但法律已经预见这种现象的出现，在应对他们的时候并无困难。然而，怪胎则是"法律的极限……是将不可能与不允许结合起来的东西"①。畸形人在法律之外，是法律所没有预见的，因此这个自然的混乱引起了法律的混乱。譬如，一个双体人或者阴阳共体人严重阻碍了法律的实施，法律无法容纳这类罕见的现象，"然而，虽然违法（可以说是原始天然状态下的违法），但它在法律的那一边却没有引起法律的回应……它即使完全违反了法律，也使法律悄然无息"②。畸形对法律提出了许多难以解决的问题。对宗教法来说，是否应当为一个拥有人的身体和动物的脑袋，或者拥有动物的身体和人的脑袋的个体进行洗礼？这类问题在教会中引起许多没有结论的争议。对世俗法而言，畸形同样也会使法律陷入困境，譬如两个连体人，其中一个犯了罪，如果判决他的话，另一个连体的人该如何处置？因此，畸形人就被当作对社会和法律的某种威胁被分离为一个单独的范畴。后来，人们对畸形生理的关注转移到对畸形行为的关注，现代精神病学把这种行为编码为社会的危险。

第二类"需要改造的人"的概念出现在17、18世纪。如果说畸形人是被放置在自然和社会的宏观背景下加以考察的，那么"需要改造的人"的参照背景则是家庭、车间、街道、教堂或警察局等规训机构。17—18世纪随着资本主义的发展，人们需要利用纪律对个体的身体、行为和能力加以规训，使他们符合经济的需要。这时，某些桀骜不驯或不守规矩的人成为社会关注的重点，这类人不服从管教和纪律的要求，是对社会正常运转的一大威胁。为了保证社会安全和经济发展，规训机构宣布这类人为"不可改造的人"和"需要改造的人"，将之归入"不正常的人"的范畴，进行个体化的研究。如此一来，这类人成为社会知识重点考察的知识客体。

---

① ［法］米歇尔·福柯：《不正常的人》，钱翰译，上海人民出版社2018年版，第69页。
② ［法］米歇尔·福柯：《不正常的人》，钱翰译，上海人民出版社2018年版，第79页。

第三类"手淫的儿童"是福柯重点分析的对象。福柯指出，儿童手淫现象一直存在，但社会对这种现象的重视出现得很晚。随着基督教忏悔技术的不断发展以及神学体系的出现，手淫的问题逐渐凸显。但对18世纪的欧洲而言，儿童的手淫并不是一个道德问题，而是一个生理学和医学问题。人们普遍认为，儿童的手淫会导致其成年后的一系列疾病；手淫成为对儿童自身、对家庭、对社会的最大威胁，甚至危及整个国家的人口质量和民族生存。因此，在18世纪，英国、德国、法国等欧洲国家逐渐开始推行针对中上层家庭儿童的反手淫运动。通过医学的介入，使家庭完成了医学化的过程。从此，医学知识和改造权力开始将家庭作为自己运转的领域。[①] 福柯认为，对现代社会而言，真正重要的并非儿童的性，而是对儿童的性进行干预的权力—知识机制，正是这一机制制造了儿童手淫的神话，并通过这个神话对儿童的身体和家庭的组织进行干预和投资。也就是说，在建构儿童手淫的危险的时候，真正的赌注并非儿童的身体，而是家庭的组织，是家庭的医学化，是医学和精神病学的权力和知识在家庭中的运转。在这一过程中，医学和精神病学从专业领域扩展到日常生活领域，从诊疗病症转变为保卫家庭，进而保卫社会和国家。

这三种类型的人在19世纪相互合流，被建构为"不正常的人"这一概念。福柯指出，这是一种新型的种族主义，与传统种族主义不同的是，受到歧视和隔离的对象不是在血统上被贬低的人，而是在精神上、生理上，甚至心理上不同于我们的人，他们是被贬低的人，他们的生活被认为是"声名狼藉者的生活"[②]。而纳粹主义成功地将基于血统之上的种族主义和基于不正常状态之上的种族主义结合在一起。这就从另一方面揭示了，为何20世纪30年代到第二次世界大战结束的德国，受到迫害的不仅仅是犹太人，还有数量广泛的所谓"不正常的人"——畸形人、同性恋者、残疾人、精神病人，等等。当前社

---

① 参见［法］米歇尔·福柯《不正常的人》，钱翰译，上海人民出版社2018年版，第293—330页。

② ［法］米歇尔·福柯著，汪民安主编：《福柯读本》，北京大学出版社2010年版，第101—115页。

会，基于血统之上的种族主义已经遭到国际社会的一致谴责和废除，但基于"不正常的人"及其不正常状态之上的种族主义是否已经销声匿迹了呢？这或许是福柯对（新）自由主义的谱系探索给我们带来的另一种启示。

不管是以人口—生命的幸福为目的的国家理性，还是以安全与自由为目的的自由主义，其最终的目标都是要投资生命，人口和生命开始被各种治理技术所包围。人口是活生生个体的集合，关于个体身体、心理、精神、居住、健康等的分析必不可少。这样关于人口的统计学和关于个体的心理学知识在现代知识型中的重要性日益凸显。知识与权力之间的精密纠缠成为当前社会治理术的一大特征。对于知识与权力之间关系的细致考察，是福柯20世纪60—70年代前期研究工作的重点。在1966年出版的《词与物》中，福柯重点考察了现代知识对人主体性的塑造。现代知识赋予人一种科学地位，通过知识的形式，譬如语言学、经济学、生物学，使人成为言说主体、劳动主体、活着的主体。在《疯癫与文明》和《规训与惩罚》中，福柯重点探讨了以规训权力为基础的区隔实践对人主体性的塑造。人和人的区分，导致了不同的主体类型，譬如疯癫者和正常人，罪犯和好人，病人和健康者等。至此，福柯所分析的针对人口的生命技术和针对个体的规训技术在现代社会成功合流，共同宰制现代人的主体性。

大体来说，当真实生活的实践及个体真理的知识被新型机制（学校、工厂、医院、监狱等）挪用、改造来对个体进行大规模批量编制的时候，我们的现时境况就开始被塑造成形。福柯正是利用规训权力、生命政治等概念来对我们的现时境况展开诊断分析。一方面，旨在训练及塑造个体的各类规训机制要以一定的知识为基础——这种知识主要是指各种类型的个体化技术；另一方面，规训机制的建立使得以个体化技术为主要知识内容的人文科学得以成形，这种人文科学反过来使得各种规训技术更加完美、精炼。一个规训良好的个体经过训练不仅能获取特定技能，并且能在这一过程中逐渐融入这一规训体制而不察。纪律塑造规训主体（纪律的施动者）——管理者、节能专家、分析师、观察员、检察官；规训生产出渴求和需要纪律的主体（纪律的受动者/屈从者)。

由此,规训的终极"理想"目标很可能是创造出一种极端病态的绝对秩序,即法西斯主义。规范化过程、正常化机制很可能带来越来越满目疮痍、欲壑难填的结果:通过区分和界定正常与反常,通过不断地谈论正常与反常之间的界限来对个体进行评判与矫正,对存在于我们自身及他人的不正常状态保持持续的警惕,并竭力将这种潜在的不正常扼杀在萌芽状态。这一系列的警惕与矫正越来越与我们的伦理道德、情感良知结合在一起,并最终付诸实践。规训的目的是获取正常化的个体;反常却在我们的自我理解及自我塑造过程中发挥着越来越重要的作用。这样,不正常的个体被认为本质上是不光彩的,其反常状态被认为是一切邪恶的根源,是充满危险的,是一种需要加以驯服或根除的威胁。这也是生命政治视域下新自由主义以安全和自由的名义对人的主体性进行塑造的必然结果。

生命政治维持旨在根据生物学目的组织我们的生活及整个世界的各种机构,并促使其发展完善。也就是说,生命政治借助规训机制及规范化操作玩弄起权力的游戏,将整个人口及其健康、需求、安全、欲望等纳入权力的网络。在此,生命纯粹是经济学和生物学意义上的生命,而不具备伦理与政治蕴涵。人类所有的一切都必须服从这一最终目标:延续并完善生命,即生命政治层面上的生命;为了这一目标所采取的方法与技艺也日益精深。为了追求安全、健康并具生产性的人口,生命政治部署并展示了各种规范化机构、各类规训机制。从生命政治角度出发,人的生存开始融入规范化过程之中,两者携手同进、相互强化。换言之,这一系列批量化、模块化生产个体的技术并没有使我们彻底解放,并认识到关于我们自己的真理,而毋宁说,这些技术巧妙编织了一种特定的真理,并设定了一种特定的时空世界来引导个体通向这些技术所编制的真理。因此,现代的个体化过程实际上已经是一种政治化实践,个人在此意义上也不过是一件政治制品。

也就是说,我们每个人在努力摆脱各种政治义务与束缚和各种伦理/道德羁绊与律令的过程中,伴随的是现代生命政治的基本创制与操作，这样，我们看似是在为自我解放而奋斗，其实也是在主动地使现代生命政治的基本方案得以顺利实现。生命政治对生命的全方位演绎，对生活所进行的彻底的生命政治化解读实际上是一项纯粹的政治设计。这样，通过一系列原本旨在关爱个体并促使我们幸福的技术、话语、关系来部署并操控我们的空间与时间、身体与欲望，规训、生命政治及规范化颇为吊诡地导致了对自我的全面忽视，尤其是导致了个体对"我该如何生活？"这一基本的政治及伦理问题的普遍无视与不思。我们的现时境况大部分是由关于自我的大规模话语生产所建构，然而，这些话语生产却被抽离了其真正的伦理内涵及政治向度。因此，建立一种关于自我的伦理学就成为迫切之需。①

因此，福柯特别指出，应对当前政治问题的关键并不仅仅存在于对正义、理性、他者等问题的探讨，这种探讨是法兰克福学派的理论旨归。相反，通过对自我加以精心操持与治理，在自我伦理领域或许存在抵挡现代社会治理术泛滥的另类可能。福柯对古希腊世界、希腊化罗马时期自我技术的挖掘阐释正是为了重新凸显古代世界的自我伦理面向，这样可以使现代人重新反思与自我之间的关系问题，目的是形成一种自我治理的技艺，塑造一种精神品性（ethos）和风格化存在，培养一种深思熟虑的不盲目服从的生活艺术——即"生存美学"，以此来应对当前社会权力—知识的精密交织对现代人主体性的钳制。

"生存美学"可以启发我们设想或创造出一种现代抵抗艺术，从而应对以规范化、规训及生命政治等权力与知识的相互交织为主要特征的现代治理术的泛滥。而这正是福柯在1977—1979年法兰西学院课程演讲中考察西方治理技术的发展及其塑造现代主体命运的落脚点。也许一种不断自我反思、"自我逾越的'生存美学'为我们突破'个体化'和'总体化'的权力—知识之网提供了可能的途径"②。这是

---

① 参见［美］爱德华·麦古欣《福柯的修行：哲学生活入门》，杜玉生译，《哲学分析》2014年第2期。
② 周慧：《"整体和单个"：福柯的治理术和生命权力的系谱研究》，《外国文学》2016年第2期。

一种自我批判的艺术，一种深思熟虑不服从的艺术，一种自觉的反抗艺术；在此我们听到福柯在《什么是批判?》一文中的如下表述："批判是一场运动：主体自己有权质疑真理的权力效果和权力的真理话语。这样，批判将是自愿的反抗艺术，是充满倔强的反思艺术。批判本质上将确保在我们可以用一个词称之为'真理的政治学'的语境中解除主体的屈从状态。"①

---

① Michel Foucault, "What is critique?", in James Schmidt, ed., *What is Enlightenment? Eighteenth-Century Answers and Twentieth-Century Questions*, Berkeley: University of California Press, 1996, p. 381.

第 八 章
自我伦理的现代谱系：
福柯·本雅明·波德莱尔

"生存美学"是一种历史存在，它不应该被人们对灵魂形而上学的偏好所掩盖，也不应该被人们对言与物的美学推崇所取代。

——米歇尔·福柯①

在1978—1979年法兰西学院课程演讲《生命政治的诞生》中，福柯对新自由主义的谱系进行了梳理，指出新自由主义治理术之下现代主体的困境，"在资本主义新的社会治理中，资产阶级激进的批判话语与进步的启蒙思想已经从解放的话语反转为支撑自身新型奴役和统治的技艺"②。但新自由主义主体如何摆脱现代治理术的牢笼？福柯认为，对生活艺术和自我伦理的考察或许可以为现代主体指出一条解脱之路。为此，福柯晚期转向了对伦理问题的谱系探查，并明确指出为了建构一种伦理的谱系学，我们需要特别注意本雅明关于波德莱尔的论述。借助福柯提出的伦理谱系学的四重框架（伦理实体、伦理实践、屈从化模式和伦理目的），对本雅明关于波德莱尔的阅读及其巴黎拱廊街计划加以阐释，可以发现在本雅明的论述中，波德莱尔的艺术创作体现为一种典型的自我"品性塑造"的伦理学，其伦理实体表

---

① Michel Foucault, *The Courage of Truth*: *The Government of Self and Others* II. *Lectures at Collège de France 1983 – 1984*, trans. Graham Burchell, New York: Palgrave Macmillan, 2011, p. 162.

② 张一兵:《批判和启蒙的辩证法：从不被统治到奴役的同谋——福柯〈什么是批判?〉和〈何为启蒙?〉解读》,《哲学研究》2015年第7期。

现为欲望的匮乏，伦理实践表现为浪荡子的修行，屈从化模式表现为忧郁与愤怒，伦理目标是塑造融真理与体验于一体的伦理—诗学。这种艺术生活最终是为了在当前社会创造一种关涉"生存方式"的古代犬儒式艺术直言。

1983年，福柯在接受访谈时指出："在我们这个社会，艺术仅仅与物相关而与个人或生活无关……但是个人的生活就不能成为一件艺术品吗？为什么一盏灯、一幢房子可以是艺术品，而我们的生活却不是？"① 为此，福柯晚期转向探索一种"自我关注的伦理学"（ethics of the concern for self），指出"在与自我的关系中……存在着对政治权力的抵抗"②。在《性史》第二卷《快感的享用》和第三卷《自我的关注》及20世纪80年代法兰西学院课程演讲中，福柯通过对古希腊、希腊化罗马及早期基督教以"自我技术"和"关心自己"为鹄的的"生存美学"的考察，试图在现代性中重新激活一种生活的艺术。福柯一方面指出，自布克哈特关于意大利文艺复兴的研究以来，对生活艺术的历史考察渐渐湮没不闻了，但另一方面他又注意到，如果我们细审本雅明关于波德莱尔的论述，就有可能重新发现关于"生活的艺术"的现代伦理谱系。③ 如果遵从福柯的建议，我们会发现本雅明对波德莱尔的阐释也具有相似的"问题化框架"（problematic）：即从审美视角而非以知识论或道德标准考察一种赋予生活以风格的历史。

本雅明对政治的审美化持批判态度，认为这会导致法西斯主义，"法西斯主义合乎逻辑的结果是把美学引入政治……所有诉诸政治审美化的努力最终会在战争中达到高潮"④；另外本雅明多次指出艺术与

---

① ［法］米歇尔·福柯著，汪民安主编：《自我技术：福柯文选Ⅲ》，北京大学出版社2016年版，第156页。

② Michel Foucault, *The Hermeneutics of the Subject: Lectures at Collège de France 1981–1982*, trans. Graham Burchell, New York: Palgrave Macmillan, 2005, p. 252.

③ Michel Foucault, *The History of Sexuality*, Vol. 2: *The Use of Pleasure*, trans. Robert Hurley, New York: Vintage Books, 1990, pp. 11–12.

④ Walter Benjamin, *Illuminations*, ed., Hannah Arendt, trans. Harry Zohn, New York: Schochen Books, 1969, p. 241.

生活之间的裂隙不断增长。① 由此看来,福柯的上述建议不免令人费解。此部分的目标是参照福柯关于伦理谱系学的阐释,从本雅明对波德莱尔的论述中梳理出一种独特的伦理视角:本雅明力图对资本主义的历史进步论观念加以驳斥,同时借助沉睡的"大众意识"的觉醒克服法西斯资本主义的梦魇。本雅明认为在这样的诉求下,有可能培养一种更为私人的个体修行技术和自我塑造实践,这种修行技术与自我实践本质上是伦理和政治的。本雅明的著作一定程度上能够对福柯的伦理谱系学计划进行检验、扩展、补充甚至挑战,这样的一种伦理谱系学能够在新自由主义治理术下创造一种关于现时当下的崭新的、具有转变性的体验。

第一节　现代社会主体之困境

齐格蒙特·鲍曼(Zygmunt Bauman)在《生活的艺术》一书中捕捉到现代主体自我体验的某种焦虑感和不确定性:现代新自由主义主体拒绝任何固定僵化的身份定位,追求自由和自我创造,但这种追求却陷入了困境,"不管我们是否知道,也不管我们庆幸抑或哀悼,我们的生活是艺术品。将生活作为艺术品,我们必须跟其他艺术家一样挑战自身,追求卓越……这种挑战和卓越的标准似乎超出我们的能力范围,不可企及……我们需要尝试不可能之事"②。随着超验权威和普遍道德律令的退场,现代主体原本有机会重新将自己的生活风格化为一种艺术形式,但这种机遇却被新自由主义治理术所捕捉,转化为对"人力资本"式企业型自我的生产;这种主体不断地对自我加以治理和改造,目标是在市场中更为有效地参与竞争。③ 如此一来,现代主

---

① Walter Benjamin, *Walter Benjamin: Selected Writings*, Vol. 2, part 1: 1927 – 1930, ed., Michael W. Jennings, Howard Eiland and Gary Smith, Cambridge: Harvard University Press, 2005, pp. 237 – 247.

② Zygmunt Bauman, *The Art of Life*, Cambridge: Polity Press, 2008, p. 20.

③ Maurizio Lazzarato, "Neoliberalism in Action: Inequality, Insecurity and the Reconstitution of the Social", *Theory, Culture & Society*, Vol. 26, No. 6, Winter 2009, pp. 109 – 133.

体所力求的自由成为其自我宰制的根源,在自我认知和发展方向上陷入摇摆不定的状态:新自由主义主体试图掌控"不可能之事",依然对生活的艺术化念兹在兹;但他们担心,为了与市场需求保持一致,这样的自我生活艺术化终会步入渊薮。

拉扎拉托(Lazzarato)提出的"债务人"(L'homme endetté)这一概念,对现代主体的上述困境进行了细致的描述,详细探讨了资本全球化背景下主体形成如何受到金融市场的支配;指出通过债务,现代主体不得不服从于资本这一最庞大的债权人,并在金融体系下生产出伦理关系。① 早在1978—1979年法兰西学院课程演讲《生命政治的诞生》中,福柯就对新自由主义的谱系进行了梳理,已经意识到这种自我体验的出现以及现代主体陷入的困境。② 但令人奇怪的是,在新自由主义境况下,福柯似乎发现了将生活风格化为艺术作品的当代机遇——这一展望似乎令人不安地将之与新自由主义治理术的逻辑联系起来。但实际上,福柯转向以自我技术为中心的主体伦理,是对他所诊断的新自由主义治理术的一种直接应对,就此迪尔茨(Dilts)指出,"福柯坚持从自我实践角度思考主体伦理问题,是为了深入探查新自由主义主体性的生成以及关于自由、真理和现实的新自由主义治理概念,同时也是对此的一种抵抗策略"③。也就是说,福柯的伦理谱系学应该被看作一种"肯定性批判"(positive critique)④,通过追踪当前主体性体验的界限、锚定其裂隙,对当前有所把握,从而加以改变。其目标是在当前状况下,寻找各种机会形成一种生活的艺术,这种生活艺术不可化约为"经纪人"(homo eco-

---

① Maurizio Lazzarato, *The Making of the Indebted Man: An Essay on the Neoliberal Condition*, trans. Joshua David Jordan, New York: Semiotext(e), 2012, pp. 37 – 80.

② Michel Foucault, *The Birth of Biopolitics: Lectures at Collège de France 1978 – 1979*, trans. Graham Burchell, New York: Palgrave Macmillan, 2008, pp. 131 – 163.

③ Andrew Dilts, "From 'entrepreneur of the self' to 'care of the self': Neoliberal Governmentality and Foucault's Ethics", *Foucault Studies*, Vol. 12, Winter 2011, pp. 130 – 146.

④ Claire Blencowe, *Biopolitical Experience: Foucault, Power and Positive Critique*, New York: Palgrave Macmillan, 2012, p. 5.

nomicus）的企业理性。① 如此看来，福柯晚期对以"生存美学"和"自我技术"为核心的伦理谱系学的阐释分析应该被视为一种手段和策略，用以探查当代新自由主义境况下必然性的界限，福柯并非"要人们采取无动于衷的态度，而是提倡一种超乎寻常又不带悲观色彩的行动主义"②。

可是，这一伦理谱系的探查并不专属于福柯本人，实际上，布克哈特对意大利文艺复兴的研究以及格林布拉特（Greenblatt）对文艺复兴时期自我塑造技术的分析都曾透露出同样的伦理诉求。③ 更为重要的是，福柯在《快感的享用》一处不太引人注目的脚注中指出，瓦尔特·本雅明对波德莱尔的阐释即为此种生活艺术化或"生存美学"谱系的一个典型。④ 尽管近来学术界对本雅明与福柯之关系的研究兴趣骤增，⑤ 但福柯上述陈述却没有引起过多反响，将本雅明置放在伦理谱系学和"生存美学"视角下的研究尚属罕见。这可归结于二人所处的政治和文化语境：福柯面对的是20世纪七八十年代兴起的新自由主义，本雅明面对的则是20世纪30年代的法西斯主义。然而本雅明的主要理论关切并非法西斯主义，而是为法西斯主义的兴起创造条件的资本主义经验结构。也就是说，本雅明和福柯尽管所处时代不同，但都持有一种深深的忧虑，即担心新形式的经济治理术（即资本主义理性）会不加限制地扩展到现代主体性的形成之中，将现代人的生活或

---

① Michel Foucault, *The Birth of Biopolitics*: *Lectures at Collège de France 1978–1979*, trans. Graham Burchell, New York: Palgrave Macmillan, 2008, pp. 225–226.

② ［法］米歇尔·福柯著，汪民安主编：《自我技术：福柯文选 III》，北京大学出版社2016年版，第146页。

③ Stephen Greenblatt, *Renaissance Self-fashioning*: *From More to Shakespeare*, Chicago: University of Chicago Press, 2005, pp. 156–201.

④ Michel Foucault, *The History of Sexuality*, Vol. 2: *The Use of Pleasure*, trans. Robert Hurley, New York: Vintage Books, 1990, p. 11.

⑤ 当前众多研究者从各自的角度入手阐释二者之关系，譬如，本雅明与福柯的暴力理论、语言与身体的论述、美学和审美化阐释、生命政治学架构、启蒙意识形态，以及福柯的考古学、谱系学方法与本雅明"星丛"构建理论的一致性效果，等等。参阅 Udi Greenberg, "The politics of the Walter Benjamin industry", *Theory, Culture & Society*, Vol. 25, No. 3, Summer 2008, pp. 53–70。

生命归结为"生命政治"。就此,鲍曼在生前最后一篇文章中大声疾呼:"呜呼哀哉,生活在当下之暴政的匆忙岁月里,艺术总体而言遭到遗忘,很少出现在人们的实际生活中。我们需要重拾和发扬生活的艺术。"① 那么,如何在新自由主义治理过程中重拾及发扬生活的艺术?是否有可能创造一种新自由主义的生活艺术呢?就此,笔者试图在福柯和本雅明论波德莱尔的文本中寻找伦理的谱系学面向,勾勒二者的相似与差异;同时考察本雅明式的伦理谱系是否可以验证福柯晚期伦理思想。

第二节 福柯与本雅明的波德莱尔意象

本雅明对波德莱尔的阐释与批评通常被解读为具有双重历史与理论目标:首先,本雅明将波德莱尔看作发达资本主义大都市中的一位杰出诗人,其文本揭露了19世纪城市生活的冲突;其次,本雅明的目标是"构筑一种涉猎广泛的现代性体验理论"②。在波德莱尔的诗歌《捡垃圾者的酒》(Le Vin des Chiffoniers)中,醉酒的捡垃圾者梦想着角色的倒转,借此他"口授卓越的法律/把坏蛋们打翻,把受害者扶起",通过这一幻想,捡垃圾者"陶醉在自己美德的光辉之中"③。本雅明将之解读为对"将来的复仇与光荣"④ 的社会主义梦想。

就此,本雅明发现20世纪初期的社会理论至少存在两方面的缺

---

① Zygmunt Bauman, "Symptoms in Search of an Object and a Name", in Heinrich Geiselberger, ed., *The Great Regression*, Cambridge: Polity Press, 2017, p. 18.
② Michael Jennings, "On the Banks of a New Lethe: Commodification and Experiencein Benjamin's Baudelaire Book", in Kevin Mc Laughlin and Phipip Rosen, eds., *Benjamin Now: Critical Encounters with The Arcades Project*, Durham: Duke University Press, 2003, p. 91.
③ [法] 夏尔·波德莱尔:《恶之花》,郭宏安译,国际文化出版公司2006年版,第89页。
④ [德] 瓦尔特·本雅明:《发达资本主义时代的抒情诗人:论波德莱尔》,张旭东、魏文生译,生活·读书·新知三联书店1992年版,第36页。

陷：首先，它没有对 19 世纪历史进步观念的普及进行深刻的质疑，因此，《拱廊街计划》(The Arcades Project) 的目标之一是要"论证一种从内部废除进步观念的历史唯物主义"①。其次，它陷入了关于真理的实证主义概念，将真理看作永恒和稳固的事物，与此相反，本雅明的旨趣在于创造各种形象，其中"真理被置放在时间的爆破点上"②。本雅明在波德莱尔反叛的个体主义中发现了一种关于真理与历史的现代伦理品性（ethos），这一伦理面向可以被用来修正 20 世纪初期的社会理论中的上述问题。因此，本雅明对波德莱尔的论述不能仅仅被解读为一种意识形态批判。他不仅借助马克思阅读波德莱尔，同时也借助波德莱尔阅读马克思，细致探讨了二者共同使用的寓言形象和修辞手法，譬如神话、沉醉、恶魔、固化、无产一族等，"重要的是，本雅明借助隐喻描述了这种关系，在超现实主义精神下修改了马克思主义关于经济基础与上层建筑之关系的庸俗模式"③。可以说，本雅明试图借助波德莱尔的伦理隐喻重新激活马克思主义政治学。

波德莱尔之所以引起福柯的关注，原因在于波德莱尔将现代性看作对现时当下的一种态度，借此他捕捉到了现代自我体验的关键所在。本雅明著作中的波德莱尔意象随处可见，主要借助波德莱尔诗歌的棱镜效果透视 19 世纪城市体验的冲突。福柯对波德莱尔的讨论仅仅是附带性的，认为波德莱尔是一位典型的现代作家，其诗歌通过对疯癫、死亡和犯罪等意象的抒情表达对当代主体性界限加以检验。④ 在福柯看来，波德莱尔的诗歌代表着一种具有变革性的自我"界限体验"的欲望。在《什么是启蒙？》一文中，福柯围绕波德莱尔的名作《现代

---

① Walter Benjamin, *The Arcades Project*, trans. Howard Eiland and Kevin Mclaughlin, Cambridge: Harvard University Press, 1999, p. 460.

② Walter Benjamin, *The Arcades Project*, trans. Howard Eiland and Kevin Mclaughlin, Cambridge: Harvard University Press, 1999, p. 463.

③ Margaret Cohen, *Profane Illumination: Walter Benjamin and the Paris of Surrealist Revolution*, Berkeley: University of California Press, 1995, p. 220.

④ Michel Foucault, *The Essential Works of Foucault, 1954 - 1984, Vol. 2, Aesthetics, Method, and Epistemology*, ed., James D. Faubion, New York: The New Press, 1998, pp. 339 - 340.

生活的画家》重点探讨了波德莱尔身上体现出的现代性态度:

> 对于现代性的态度而言,现在的丰富价值是与这样一种对它的极度渴望分不开的:把现在想象成与其自身不同的东西,但不是摧毁现在,而是通过把握现在自身的状态,来改变现在。在波德莱尔的现代性修行中,对现实的极度关注在此对应于一种自由的实践,后者既是对这一现实的尊重,又是对这一现实的冲犯。①

福柯在此关注的并非波德莱尔文本的文学技巧,而是波德莱尔透露出的对现实当下的批判气质。这种批判气质"不仅仅是与现在的一种关系形式,还是必须与自身确立关系的一种关系形式",这种与自我之间的关系"维系着一种不可或缺的修行主义(asceticism)……要把自己当作某种对象,加以艰难复杂的精心塑造"②。这种对自我的精心制作集中体现在波德莱尔所谓的"浪荡子"(dandysme)形象之中。因此,最令福柯感兴趣的不是作为诗人的波德莱尔,而是作为浪荡子的波德莱尔。这既体现在波德莱尔的艺术创作中,也体现在他的生活之中;波德莱尔时常僭越艺术与生活的界限,将艺术融注进生活的领域。

然而,在本雅明看来,波德莱尔的现代性气质只有通过对其文学作品的细读才能展现出来。在本雅明眼中,波德莱尔不是一位出色的哲学家,"讨论不是他的风格,即便是在他渐次据为己有的观点出现矛盾而需要讨论之时,他也避免讨论。……不觉得在波德莱尔的散文中有什么理论能量"③;只有作为一个"孤独的沉思漫步者"④的时候,其思想的火花才会绽放出无与伦比的光彩。对他而言,世界并非

---

① Michel Foucault, *The Essential Works of Foucault, 1954—1984, Vol.1, Ethics: Subjectivity and Truth*, ed., Paul Rabinow, New York: The New Press, 1997, p.311.
② Michel Foucault, *The Essential Works of Foucault, 1954—1984, Vol.1, Ethics: Subjectivity and Truth*, ed., Paul Rabinow, New York: The New Press, 1997, p.311.
③ [德]瓦尔特·本雅明:《巴黎,19世纪的首都》,刘北成译,上海人民出版社2006年版,第62—63页。
④ [法]夏尔·波德莱尔:《恶之花 巴黎的忧郁》,钱春绮译,人民文学出版社1991年版,第401页。

一个清晰的整体，而是"一道永远不能解开的致幻谜题"①。波德莱尔借助诗歌中的寓言形象对现实的谜题加以沉思，因此，福柯所谓的现代性态度只能从其抒情诗的寓言形象中才能发掘出来，这种寓言才是波德莱尔生活艺术的生动体现。

有论者指出，晚期福柯与本雅明在理论和政治目标上具有亲缘性。二者都致力于探索体验与批判之间的关系，这种体验"被看作是一种支配性结构和转变的力量，是实践和超验事件的存在背景，是理论探索的客体，也是超越历史界限的目标"②。格雷姆·吉罗切（Graeme Gilloch）指出，本雅明一定程度上预示了福柯对"可见/不可见的建筑设计，身体的碎片化整合特征，以及对'进步'叙事批判的分析"③。福柯和本雅明均致力于对现代体验和理性的先验结构进行历史化批判。但两位思想家在对经验和理性的研究进路上存在明显的差异，这关涉到主体的本体论存在问题。福柯晚期转向主体伦理概念，明确指出他20年间的研究主题不是权力而是主体："我的工作就是分析将人变成主体的三种客体化模式……这样，我研究的总的主题，不是权力，而是主体。"④ 本雅明明确反对主体概念，诚如阿多诺所言，其理论目标"不是所谓的过度膨胀的主体主义，而是主观维度概念本身；在他哲学的两极——神话和调节之间，主体消逝了"⑤。本雅明的政治趣味在于"激发"一种新的"集体身体"⑥，这与福柯揭示体验、理性和主体性当前界限的批

---

① Graeme Gilloch, *Walter Benjamin: Critical Constellations*, Cambridge: Polity Press, 2002, p. 210.

② ThomasLemke, "Critique and Experience in Foucault", *Theory, Culture & Society*, Vol. 28, No. 4, Autumn 2011, p. 27.

③ Graeme Gilloch, *Walter Benjamin: Critical Constellations*, Cambridge: Polity Press, 2002, p. 236.

④ ［法］米歇尔·福柯著，汪民安主编：《自我技术：福柯文选 Ⅲ》，北京大学出版社2016年版，第107—108页。

⑤ Theodor Adorno, "A portrait of Walter Benjamin", in *Prisms*, trans. Samuel and Shierry Weber, Cambridge, MA: MIT Press, 1997, pp. 234–235.

⑥ Walter Benjamin, *Walter Benjamin: Selected Writings*, Vol. 2, part 1: 1927–1930, ed., Michael W. Jennings, Howard Eiland and Gary Smith, Cambridge: Harvard University Press, 2005, p. 217.

判事业关联不大,而是更多地倾向超越主体的后黑格尔式思辨哲学,目的是创造一种崭新的完全无主体的奇异体验。也就是说,本雅明力图从体验、知识和真理概念中去除主体,因此很难想象这样一种关于体验、知识和真理的"后主体理论"① 如何包孕着伦理面向。

但是,根据本雅明的观点,只有当认识到什么已经失去的那一刻,革命的潜力才能实现,"它唯有作为在能被人认识到的瞬间闪现出来,而又一去不复返的意象才能被捕获"②。革命性的书写必须通过对已丧失之物的分析才能进行,本雅明指出现代性已丧失之物正是现代主体将自己的生活素材以一种独特而有用的方式加工成艺术品的能力,"难道他的工作不正是要把他本人或别人的生活的原材料加工成某种结实、有用、独特的样子吗?"③ 如果主体概念最终不得不被抛弃,那么首先需要解决的是要认识到这一需要被抛弃的主体到底是什么。于本雅明而言,主体性必须摧毁自身,但这一摧毁的过程需要在对主体本身的认知中才能展开,才能取得成效。尽管本雅明对主体概念持有敌意,但他在摧毁主体概念的同时依然需要对这一概念有所把握,即便这是在幕后进行的工作,"从意识里摒除出去的东西却必然以更不可抵御的力量在潜意识里向他呈现出来"④。鉴于此,本雅明的立场一定程度上与福柯的主张不谋而合,"拒绝在哲学上求助一个构成性主体,这并不等同于认为主体没有存在过,并不意味着为了纯客观性而对主体加以抽象"⑤。那福柯的伦理谱系学指向的是怎样一种主体概念呢?

---

① Max Pensky, *Melancholy Dialectics*: *Walter Benjamin and the Play of Mourning*, Amherst: University of Massachusetts Press, 1992, p. 61.

② Walter Benjamin, *Illuminations*, ed., Hannah Arendt, trans. Harry Zohn, New York: Schochen Books, 1969, p. 255.

③ [德]瓦尔特·本雅明著,陈永国、马海良编:《本雅明文选》,中国社会科学出版社 2011 年版,第 329 页。

④ [德]瓦尔特·本雅明:《发达资本主义时代的抒情诗人:论波德莱尔》,张旭东、魏文生译,生活·读书·新知三联书店 1992 年版,第 6 页。

⑤ Michel Foucault, *The Essential Works of Foucault*, *1954 – 1984*, *Vol. 2*, *Aesthetics*, *Method*, *and Epistemology*, ed., James D. Faubion, New York: The New Press, 1998, p. 462.

第三节　福柯式的伦理学：超越普遍性的自我伦理

福柯的整体理论探讨可分为三个主要领域：对知识的各种体系、对权力的各种形式和对自我与其自身关系的分析。在这三个领域中，福柯分别采取极具针对性的分析方法，他分别称之为考古学、谱系学和伦理学，也就是学界普遍认可的福柯理论之"知识考古学、权力谱系学和自我伦理学三阶段说"①。知识考古学与权力谱系学是福柯对17、18世纪以来现代社会的分析，其着眼点是探讨现代社会知识—权力装置是如何塑造现代主体的：《词与物》和《临床医学的诞生》关注的是知识对人的建构，《古典时代疯狂史》和《规训与惩罚》关注的是权力对人的建构。在晚期著作和课程演讲中，福柯建议分析我们作为主体被建构的另一种方式以及由此采取的各种实践的历史，亦即福柯所谓的"自我技术"的历史。

这不像是对个人的规训性塑造（《规训与惩罚》），也不像是对人口的规范化控制（《性史》第一卷《认识的意志》及《生命政治的诞生》、《人口、安全与领土》等），这是在一个悠久的传统中把我们塑造成讲伦理道德的人。这个传统被福柯借用普鲁塔克的术语称为我们的"品性—塑造"或"伦理—诗学"（etho-poetic）之传统。就此，福柯将研究视野拓展到公元前5世纪至公元5世纪的西方古代世界，重点考察古代人是如何借助各种自我技术塑造自我的，福柯称之为"自我的伦理学"，是指"你与自身应该保持的那种关系，即自我关系，我称之为伦理学，它决定了个人应该如何把自己建构成为自身行动的道德主体"②。因此，伦理学是福柯理论分析的第三个轴线，这一概念

---

① Simon During, *Foucault and Literature: Towards a Genealogy of Writing*, New York: Routledge, 1992, p.7.
② ［法］米歇尔·福柯著，汪民安主编：《福柯读本》，北京大学出版社2010年版，第306页。

在《性史》第二卷《快感的享用》、第三卷《自我的关注》、福柯去世后至今仍未发表的第四卷《肉体的忏悔》以及收录于《福柯文选》的《论伦理学的谱系学：研究进展一览》等文章中均有详述。①

现代道德思想一般将"伦理"与"道德"概念合为一谈，将"道德"根植于"道德法则"或"道德符码"，并从神意、绝对律令或公共约定角度思考道德法则的形成。人们的"道德行为"或"道德实践"被认为是对道德法则的遵守，由此而形成的"道德主体"被认为是一种普遍性的存在。福柯对伦理问题的探讨不同于传统道德研究，他首先对"道德"（morality）概念进行结构分层，将其细分为"道德法则"（moral code）、"行为的道德性"（the morality of behaviors）和"伦理"（ethies）三个层面。②

"道德法则"是传统道德研究的主要对象，指的是各种道德规范和禁忌。传统道德神学和道德哲学认为，道德行为都是对道德法则的遵循，换言之，遵守道德法则是道德行为合法性的基础，因此道德研究或伦理研究的主要目标是对道德法则的正当性展开论证。但在福柯看来，道德不能简单归结为对道德法则的服从，而是具有更为复杂的实践面向。人们与道德法则之间的关系在历史上是复杂多变的：不同的历史时期，人们对道德法则的服从程度是不同的；同一历史时期，不同的人和群体对相同的道德法则的态度也可能大相径庭。这种复杂多变性关涉到"行为的道德性"问题，它是道德结构中的具体实践层面。另外，人们的道德行为最终的目的或最重要的方面是人与自我之间的关系。不管是对道德法则的遵循还是违背，最终都是为了将自身

---

① 在生命晚期，福柯发表了几篇重量级的访谈、演讲和课程讲座摘要，譬如《论伦理学的谱系》（"On the Genealogy of Ethics"）、《什么是作者?》（"What is Author?"）、《什么是启蒙?》（"What is Enlightenment?"）、《什么是批判?》（"What is Critic?"）、《"自我技术"》（"Technologies of the Self"）、《自我书写》（"The Writing of Self"）、《自我关注的伦理学是一种自由实践》（"The Ethics of the Concern for Self as a Practice of Freedom"）等。在这些文章中，福柯以"自我伦理"为切入点展开对古代世界"生存美学"及其现代传承谱系的挖掘阐释。

② Michel Foucault, *The History of Sexuality*, Vol. 2: *The Use of Pleasure*, trans. Robert Hurley, New York: Vintage Books, 1990, pp. 25–32.

塑造成某种类型的道德主体。

对道德进行结构分层后，福柯详细阐释了两种不同的道德类型："法规向度的道德"（code-oriented moralities）和"伦理向度的道德"（ethics-oriented moralities）。"法规向度的道德"指的是这种道德"特别强调法规，强调法规的系统性、丰富性和对各种可能情形的适应能力，以及包容一切领域的能力。对这样一种道德而言，重要的事情是关注那些使法规得以强制执行、使法规得到学习和遵守、对违规者进行惩罚的权威性事例；在此情形中，主体化的发生基本上是以准法律的方式进行的，在那儿伦理主体将自己的行为与他必须服从的某一法规或一套法规联系起来，否则他会受到惩罚"①。在"伦理向度的道德"中，法规系统和行为规则并不是最重要的因素，道德关涉的重点应该是主体化的方式和自我实践。在此，"得到强调的是伦理主体与自我的关系形式、他实施这些关系形式的方法与技术、他使自己成为认知对象的活动，以及那使他能改变自己的存在方式的实践"②。

福柯晚期提出的"伦理学"指的正是道德实践中主体与自我之间的关系问题，正是这一点将福柯和其他道德哲学家区分开来。也就是说，在福柯的作品中，伦理学指关于自我与其自身之关系（rapport á soi）的研究。也就是说，福柯将伦理学作为道德研究的一个单独领域。除伦理以外，道德还包括人们的实际行为，也就是他们与道德相关的举动，以及加诸他们身上的道德符码或法规。借助道德符码，福柯理解了譬如决定哪些行为属于被严禁、被允许或被要求的那些法则，理解了符码为不同的可能行为指定不同的积极价值和消极价值的一面。对人们实际的道德行为进行研究是道德社会学的一个常规领域，而道德哲学家也无一例外地埋头于精心制定一套合理的道德符码并为其结构辩护。福柯想做的是将研究的中心转移至"个人应该如何把自己建

---

① Michel Foucault, *The History of Sexuality*, Vol. 2: *The Use of Pleasure*, trans. Robert Hurley, New York: Vintage Books, 1990, pp. 29–30.
② Michel Foucault, *The History of Sexuality*, Vol. 2: *The Use of Pleasure*, trans. Robert Hurley, New York: Vintage Books, 1990, p. 30.

构为自己行为的道德主体"①,福柯称之为"自我关注"或"关心自己"(epimēleia heautou)的伦理学。

作为自我与其自身关系之研究的伦理学包括四个轴心或四重框架。首先,伦理实体(substance ethique),即个体必须将自己建构成其道德行为的那一部分,或"自我或者自我行为的哪个部分与道德行为相关"②。伦理判断是否应该应用于情感、意图或欲望呢?我们的哪一部分应该被当作伦理实体呢?福柯认为,现代范畴的伦理实体与希腊—罗马世界和基督教的伦理实体极为不同——福柯在《快感的享用》中对之做了具体分析与论述。③ 概言之,我们的伦理实体将决定在建构道德符码时应将自身哪一部分考虑在内。福柯以性领域的道德活动为例指出,古希腊人是从"性行为"、"性快感"和"性欲望"三方面来看待"性活动"(aphrodisia)这一现象的。其中,"性行为"是道德考量的主要对象,"性行为"是伦理判断的实体,主要考虑的是性行为的强度、频率、时机,是主动还是被动,因为这关涉到希腊人是否能够控制自己的身体和健康,是否具有男子气概,是否能够在城邦中行使治理他人的权力与自由;"性快感"和"性欲望"则无关一个人的伦理品性,无所谓邪恶抑或善好。但在基督教的道德实践中,"性欲望"成为伦理判断的主要实体,欲望被打上邪恶的烙印,是需要加以克服与摒弃的主要对象;"性行为"则仅仅被看作生儿育女的自然现象,无所谓好与坏、正常与反常;至于"性快感",则在理论和实践中都被加以拒斥。在今天的以"性科学"为主要标志的道德实践中,"性欲望"依然是伦理判断的主要实体,但对欲望的关注主要是为了对之加以利用,使欲望成为科学知识的对象,欲望由此成为人建构自身主体性的重要因素。

---

① [法]米歇尔·福柯著,汪民安主编:《自我技术:福柯文选Ⅲ》,北京大学出版社2016年版,第159页。

② [法]米歇尔·福柯著,汪民安主编:《自我技术:福柯文选Ⅲ》,北京大学出版社2016年版,第159页。

③ Michel Foucault, *The History of Sexuality*, Vol. 2: *The Use of Pleasure*, trans. Robert Hurley, New York: Vintage Books, 1990, pp. 33–78.

其次，伦理实践（ethical work），这涉及我们改变或规划自己以成为伦理主体的手段，涉及我们自我形成的行为或自我实践、技术或广义的"禁欲（修行）主义"（asceticism）。"伦理实践"指的是人们在道德行为中将自己制作成伦理主体的方式，它可以以遵循某种道德法则的方式进行，也可以以违反某种戒律的方式进行。针对"性节制"的戒律，人们可以学习、记忆和领会一整套系统的戒律，并核实自己的行为是否符合该戒律；也可以突然而彻底地放弃性快感；还可以与性快感做持久的斗争；等等。譬如，基督徒的伦理实践是一种以自我解释学形式存在的自我检查，以及由此产生的一整套技术。这些技术有助于将我们变成能按伦理行事的存在，或有助于我们通过一定的方式改变自我。

再次，屈从化或主体化的模式（mode d'assujettissement），这涉及人们以什么方式被吁请或者被激励去发现自身的道德义务。我们也许将道德义务视为神圣的戒律所揭示的，也可能认为它是理性的要求，或来自于习俗惯例，或者认为它脱胎于"给你的存在以最美的形式"①这样一种企图。福柯想揭示的是，不同的人及不同的历史阶段可能以不同的方式服从于同样的法则。屈从化的模式提供了道德符码与自我之间的连接，决定这一符码如何控制我们自身。譬如，虽然古希腊社会也存在一些基本的伦理禁律（与男童的关系等），但这些禁律是参考性而非强制性的——人们可以选择服从或僭越，没有将这些禁律看作绝对律令和普遍规则。换言之，古希腊人对禁律的服从是自由的、个体的而非被迫的和普遍的；与此不同，在基督教道德观念中，道德禁律是一种普遍的强制和绝对律令，人们的服从是被迫的。

最后，目的（teleologie），是我们在按道德规范行事时渴望成为的那种存在。譬如，我们是否应该成为"纯粹的，或者是不朽的，或者自由的，或者是变成我们自我的人，等等"②？针对禁欲这一道德规

---

① ［法］米歇尔·福柯著，汪民安主编：《自我技术：福柯文选 III》，北京大学出版社2016年版，第160页。

② ［法］米歇尔·福柯著，汪民安主编：《自我技术：福柯文选 III》，北京大学出版社2016年版，第163页。

范，古希腊人的目的是不让自己成为欲望的奴隶，是彰显自身的自由和高贵，是成为一个自由自主的人；而在基督教看来，禁欲则是为了消除自己身上的邪恶之源，成为一个圣洁的人。

在福柯看来，人生最重要的任务是成为一个自由自主的主体，一个自我塑造的主体，一个不驯服、不从众的主体。不过，在不同的社会条件下，自由自主的主体在塑造方式上是不同的。在一个"强制性的社会"中，反抗各种强制性规范乃是自我塑造的方式，接受这些规范便成为被社会强制铸造的主体；而在一个"非强制性社会"，自觉地以某种规范来要求自己，自己给自己设界，抵抗欲望的奴役，便是自我塑造的方式，而放纵自己的欲望则使自己成为欲望的奴隶。在此，重要的是自由，是自己对自己的塑造，自己对自己的支配——"问题在于知道如何支配自己的生活以便使它具有更优美的形式（在他人眼中，在自己眼中，在自己可能成为榜样的下一代人的眼中）。我力图重建的就是：自我实践的形成与发展，目的是把自己构造成自己生活之美的生产者"①。

在介绍其自我塑造实践的观点时，福柯谈到了瓦尔特·本雅明论波德莱尔的巨著。从本雅明分析的浪荡子（dandies）的形象中，我们发现了一种使自己的存在具有风格或把身体和生活变成艺术品的都市实践。我们因而发现了一种自我的实践，也就是福柯所说的一种伦理。就像在古代伦理学中一样，它不是强制一个人，承担某种责任或禁止一个人的某些行为的问题，而是有关赋予行动以风格以求成为一种美的存在——一种独立于宗教和国家之外的"品性塑造"（ēthopoiēsis）或"伦理诗学"（ethic-poetic）②。

---

① Michel Foucault, "The Concern for Truth", in *Politics, Philosophy, Culture: Interviews and Other Writings of Michel Foucault, 1977–1984*, ed., Lawrence D. Kritzman, New York: Routledge, 1988, p. 259.

② James Lee, "Ethopoiesis: Foucault's Late Ethics and the Sublime Body", *New Literary History*, Vol. 44, No. 1, Winter 2013, p. 188.

第四节　波德莱尔的伦理艺术

那么，我们如何根据福柯的伦理框架来解读本雅明对波德莱尔的论述呢？这样一种解读在何种程度上有助于我们理解现代生活艺术中体现的历史与真理价值呢？下面我们从福柯伦理谱系学的四重框架入手，阐释本雅明对波德莱尔的阅读，从而分析本雅明在论述中透露出的现代性精神气质或伦理品性（ethos）。

一　真实欲望之匮乏：波德莱尔的伦理实体

福柯认为，现代性伦理框架的伦理实体是欲望，"可以说，现代'公式'是欲望，它在理论层面得到了强化，在实践层面得到了承认"①。根据此框架，本雅明对波德莱尔的阅读也将欲望作为波德莱尔的伦理实体——在波德莱尔诗歌中，欲望是他力图抗争的核心要素。但是，波德莱尔不是将欲望表达为黑格尔式的生命能量，也不是将欲望表达为福柯意义上的"性艺术"（ars erotica），而是将欲望看作一种已丧失之物的缺席或不在场。通过对欲望的表达，波德莱尔对自我中已丧失的部分进行细察。只有将个体欲望看作一种匮乏和不在场，才有可能发现真实的集体欲望，这对"无阶级的大众社会"而言异常重要，苏珊·巴克-莫斯（Susan Buck-Morss）认为这正是本雅明《拱廊街计划》的主旨所在，"本雅明将大众文化的残余作为哲学真理的来源……这并非由于文化本身具有改变既存事物的能力，而是说（已逝去）的历史记忆能够有效地影响集体政治意志的改变"②。

大众商业文化建立在对欲望的操控之上。在现代都市中，一切都在激发欲望，但没有什么可以满足欲望。对欲望进行操控的最生动体

---

①　[法] 米歇尔·福柯著，汪民安主编：《自我技术：福柯文选 Ⅲ》，北京大学出版社 2016 年版，第 170 页。

②　Susan Buck-Morss, *The Dialectics of Seeing*: *Walter Benjamin and the Arcades Project*, Cambridge, MA: MIT Press, 1989, p. 121.

现就是本雅明所描绘的拱廊街。拱廊街被剥夺了使交通更加便利的使用价值,主要用来激发交易和消费的欲望,"拱廊街仅仅是充满意淫挑逗性的贸易之街;它完全被用来唤起欲望"①。拱廊街成为可以即刻激发欲望、扩散欲望的空间,但与此同时却将激发起的欲望以一种准色情的、"充满意淫"的方式引向无生命的客体——商品,发展出一种商品恋物癖心理。在拱廊街中,商品得到盲目崇拜,被注入了一种非人性的生命色彩;商品被神秘化并被赋予膜拜价值。本雅明的目的就是要揭示以拱廊街为典型空间的资本主义"商品的拜物教特征",以及现代人的商品恋物癖现象。现代城市居民在对商品的拜物崇拜及商品恋物癖中体验生活及其活力,"在(拱廊街)这块商品拜物教的朝圣之地,光怪陆离的商品世界犹如一座'梦幻之城'让城市居民获得了惬意、舒适和满足的生活"②。现代主体被欲望所搅扰,这种欲望被简化为对瞬间震惊体验的一种即时被动的反应,"个体生活变得极为简单,刺激、利益、时间与意识从各个方面提供给个体,它们仿佛将人置于一条溪流之中,而人几乎不需要自己游泳就能浮动"③。这种主体的典型体现即波德莱尔笔下的"游荡者"(flaneur)形象,"这些无所事事、四下闲逛的旁观者,满足于睁着自己的眼睛,一心增长记忆的储藏"④。本雅明对游荡者的论述,反映的正是关于向商品灵魂移情的理论,游荡者无法摆脱商品的诱惑,商品被欲望化为可以开口说话的人。这种移情效果带来的是马克思所谓的"死的物对人的完全统治"⑤。

---

① Walter Benjamin, *The Arcades Project*, trans. Howard Eiland and Kevin Mclaughlin, Cambridge: Harvard University Press, 1999, p. 42.
② 上官燕:《游荡者,城市与现代性:理解本雅明》,北京大学出版社2014年版,第136页。
③ Georg Simmel, *Simmel on Culture: Selected Writing*, ed., David Frisky and Mike Featherstone, London: SAGE Publications Ltd., 1997, p. 184.
④ Michel Foucault, *The Essential Works of Foucault, 1954 – 1984, Vol. 1, Ethics: Subjectivity and Truth*, ed., Paul Rabinow, New York: New Press, 1997, p. 311.
⑤ [德]卡尔·马克思:《1844年经济学—哲学手稿》,刘丕坤译,人民出版社1979年版,第39页。

现代性中，欲望不是一种活生生的生命形式，而是一种商品化的过程。在物中体现的真正生活之灵韵渐渐消散，取而代之的是一种虚幻的、恋物癖式的生活。基于对现代性这一特征的敏锐捕捉，波德莱尔将自身的欲望描述为缺失——一种已逝的生命形式，而不是具有鲜活创造性的能量。与游荡者充满喜悦，对城市活力和生活即时瞬间的惊喜反应不同，波德莱尔力图对抗自身的欲望，借此对虚幻的城市生活进行体验。波德莱尔的诗歌将欲望与死亡同颓废而非生命和美好联结在一起，即便恋人的眼睛和热吻也好比致命的毒药：

> 这一切都难比那毒汁，
> 你绿色的眼睛，两汪小湖，
> 弄皱我的灵魂，失去本来面目。
> 我的梦蜂拥而至，
> 冀求小憩于这苦难的渊薮。
>
> 这一切都难比那毒涎，流自
> 你的檀口，令人战栗而奇妙，
> 摇我心旌，冷然
> 掷我灵魂于遗忘之肆，
> 使它辗转于死亡之岸！①

在波德莱尔笔下，女人被"妓女化"，女人与爱情成为城市中的一处风景，成为游荡者观看的欲望对象，成为被商品化浪潮裹挟的一件商品。现代女性只有被体验为无生命的商品对象的时候才会激起欲望，"作为卖主和商品的妓女常常需要去拱廊展示自己以吸引路过的行人，并随时准备将自身出卖给恰当的买主"②。波德莱

---

① [法]夏尔·波德莱尔：《恶之花全集》，欧凡译，山东文艺出版社2016年版，第86—87页。
② 上官燕：《游荡者，城市与现代性：理解本雅明》，北京大学出版社2014年版，第113页。

尔将欲望描述为了无生趣的空洞之物，欲望作为伦理实体、作为自我的一部分已完全被商品化；借助欲望的商品化，现代主体被客体化。

二 浪荡子的修行：波德莱尔的伦理实践

波德莱尔的伦理实践并不是为了将欲望这一伦理实体释放为一种生命形式，而是将欲望移情于商品化的过程，造成生命的缺失。根据本雅明的解读，波德莱尔的伦理挑战针对的不仅仅是对商品的移情，还是对商品化潜在毁灭性及其与死亡之关联的移情。波德莱尔借助一系列独特的"伦理实践"对此加以应对。本雅明论述道，波德莱尔是一个波西米亚人和密谋者，他与其所属阶级的道德观及价值观相抗，"波德莱尔向人群宣战——带着那种人同狂风暴雨搏斗时徒然的狂怒"①。他对现代生活中的英雄形式极为敏感，波德莱尔认为这些英雄形式体现在艺术家、浪荡子、游荡者、职业密谋家和流氓无产者身上。②

哪一种形象才是波德莱尔"伦理实践"的重要参照呢？萨特认为波德莱尔最具价值的英雄形象是浪荡子主义（dandyism），指出"浪荡作风将是英雄主义在颓废之中的最后一次闪光……他创造了寄生者群中的寄生虫：浪荡子是诗人的寄生虫，诗人自己又是一个压迫阶级的寄生虫"③，这是一种朝向精神自我的自恋式、精英式退守。与萨特不同，福柯高度推崇波德莱尔的浪荡子主义，将其看作重塑主体性的一种伦理义务：通过自我的苦行主义，作为现代英雄的浪荡子"不是去发现自己，去发现他的秘密和他隐藏的事实；现代人是试图创造自己的人。这种现代性并不是要在人本身的存在之中解放他自己，而是迫

---

① Walter Benjamin, *Charles Baudelaire: A Lyric Poet in the Era of High Capitalism*, trans. Harry Zohn, London: Verso, 1983, p. 154.
② 参见［法］夏尔·波德莱尔《波德莱尔美学论文选》，郭宏安译，人民文学出版社2008年版，第429—464页。
③ ［法］让-保罗·萨特：《波德莱尔》，施康强译，北京燕山出版社2006年版，第110页。

使其面对塑造他自己的任务"①。

但是,本雅明认为浪荡子、流氓无产者、捡垃圾者、游荡者等形象表现出的伦理态度只不过是一种伪装:波德莱尔利用这些形象是为了服务于他的伦理实践——诗歌创作,一种对自我的诗性劳作,"游荡者、流氓无产者、浪荡子、捡垃圾者等等是他所扮演的众多角色。因为现代英雄不是英雄,所以他是各种英雄角色的描绘者、扮演者"②。现代性的英雄是一个缺席的人物,是一个在历史舞台上尚需扮演的角色。浪荡子可能是"现代性的最后英雄",他抵抗被收编进没有差异的城市大众之中。但是他的抵抗并不彻底,他无法抗拒使他屈从于商品化平均主义的压倒性力量。对波德莱尔而言,唯一的英雄主义形式是对英雄主义的描述;现代性的伦理召唤只能存在于艺术之中,"在波德莱尔眼里,对现在反讽式的英雄化……这些在社会自身或国家政体中都不占有什么位置,而只能在另一个不同的领域里得以创生。波德莱尔将这个领域称为艺术"③。

但是,说浪荡子等形象只不过是伪装的角色,这并不意味着它们没有意义。事实上,这些角色身上体现的是非常重要的"伦理实践"功能,是对主体欲望的精心制作,目的是对欲望向商品的移情加以利用。为此,现代性的英雄必须将自身完全置于现代性的极端体验之中。现代艺术家必须要生活在这样的现代性中,将现代性的各种特征镌刻在自己的存在之上。因此,波德莱尔借助游荡者、浪荡子、流氓无产者和捡垃圾者等形象,是为了通过艺术创作将自身置于现代生活的震惊体验之中。现代性的英雄走入人群"就像进入一个巨大的蓄电池"④,既感到震惊,也充满能量。波德莱尔力图以语言为武器阻挡现代城市

---

① Michel Foucault, *The Essential Works of Foucault, 1954–1984, Vol. 1, Ethics: Subjectivity and Truth*, ed., Paul Rabinow, New York: New Press, 1997, p. 312.

② [德] 瓦尔特·本雅明:《巴黎,19世纪的首都》,刘北成译,上海人民出版社2006年版,第170页。

③ Michel Foucault, *The Essential Works of Foucault, 1954–1984, Vol. 1, Ethics: Subjectivity and Truth*, ed., Paul Rabinow, New York: New Press, 1997, p. 312.

④ [法] 夏尔·波德莱尔:《波德莱尔美学论文选》,郭宏安译,人民文学出版社2008年版,第437页。

体验的冲击：

> 当太阳投下烈焰，笼罩住城乡
> 与原野、屋檐与庄稼，我驱车独往，
> 演练我幻想的剑术劈刺，
> 我在每个角落都邂逅到诗意，
> 我颠踬在似砌石路的音节，
> 不时为久梦的诗句绊跌。①

现代性带来的是一种毁灭性、异化性的震惊体验。波德莱尔将自身最大限度地暴露于这一震惊体验中，这是如福柯所言的一种苦行般的伦理实践，是他作为一位现代人所表现出的"浪荡子的修行主义，他将自己的身体、行为、感觉、情绪乃至他的生存本身都熔铸成一件艺术品"②——这是他在诗歌意象中表达现代性真实面貌的前提。只有将自身置于现代性的震惊之中，诗人才能在诗歌中捕捉到生活或生命"在空间的光彩夺目的爆发"③。

三　忧郁与愤怒：波德莱尔的屈从化模式

满足上述伦理实践，需要培养一种对待现代生活的独特态度。波德莱尔对人群及街道的快乐与诱惑高度敏感，"如天空之于鸟，水之于鱼，人群是他的领域。……生活在芸芸众生之中，生活在反复无常、变动不居、短暂和永恒之中，是一种巨大的快乐"④。然而，他却自觉

---

① ［法］夏尔·波德莱尔：《恶之花全集》，欧凡译，山东文艺出版社 2016 年版，第 151 页。
② Michel Foucault, *The Essential Works of Foucault, 1954–1984*, Vol. 1, *Ethics: Subjectivity and Truth*, ed., Paul Rabinow, New York: New Press, 1997, p. 313.
③ ［法］夏尔·波德莱尔：《波德莱尔美学论文选》，郭宏安译，人民文学出版社 2008 年版，第 445 页。
④ ［法］夏尔·波德莱尔：《波德莱尔美学论文选》，郭宏安译，人民文学出版社 2008 年版，第 437 页。

地摒弃了这种快乐,培养出一种忧郁和愤怒的伦理品性,"波德莱尔发现自己的时代没有任何可爱之处……对此,他不能欺骗自己"①。

本雅明认为,波德莱尔伦理实践及抒情诗歌背后隐藏的是"暴力、急迫与愤怒"②。借用福柯的术语,这种伦理品性可以被阐释为一种"屈从化模式",这是一种典型的苦行主义,是自我对自我的精心制作,是对匿名大众令人陶醉的快乐的主动拒斥,波德莱尔"深深地卷入他们,但完全是为了用轻蔑的一瞥把他们送入忘川"③。在愤怒与忧郁中,波德莱尔苦行般地对城市及大众的快乐加以摒弃,波德莱尔用自己的精神和肉体致力于躲避震惊的伤害,这种震惊防御被鲜明地刻画在一种战斗姿态中。借助这种屈从化的模式,诗人将欲望重塑为一种缺失,将其转化为失落与毁灭的诗歌意象,用以表达现代性的真相:"我想追上退隐的上帝,却心劳力拙;/席卷而来的夜已建起它的帝国,/黑暗、潮湿、阴森和恐怖的渊薮。"④ 根据福柯的伦理框架阅读波德莱尔,需要我们认识到这种愤怒与忧郁不仅是对现代生活的被动反应,而且表达了一种主动选择的伦理态度。透过这种自我培养的忧郁品性,我们才能发掘出波德莱尔对道德和社会需求的屈从化或主体化模式。

本雅明在《论波德莱尔的几个母题》一文中,借助对"通感"(synaesthesia)概念的辨析探讨了波德莱尔的精神品性(ethos),指出在波德莱尔的《恶之花》中,"通感"概念"与'现代美'概念并行不悖"⑤。但这种"现代美"不是如象征主义者阐释的那样是对自然生命有机内在性的证明,而是代表着一种无法挽回的失去与衰败,"是

---

① [德] 瓦尔特·本雅明:《巴黎,19 世纪的首都》,刘北成译,上海人民出版社 2006 年版,第 170 页。
② [德] 瓦尔特·本雅明:《巴黎,19 世纪的首都》,刘北成译,上海人民出版社 2006 年版,第 175 页。
③ [德] 瓦尔特·本雅明:《巴黎,19 世纪的首都》,刘北成译,上海人民出版社 2006 年版,第 205 页。
④ [法] 夏尔·波德莱尔:《恶之花全集》,欧凡译,山东文艺出版社 2016 年版,第 271 页。
⑤ [德] 瓦尔特·本雅明:《巴黎,19 世纪的首都》,刘北成译,上海人民出版社 2006 年版,第 216 页。

献给某种永远失去的东西"①。波德莱尔的现代性态度与自然生命针锋相对，他对欲望的态度是愤怒与暴力：

> 因此我暗想，某个晚上，
> 当寻欢的时刻敲响，
> 像个胆小鬼，偷偷潜进
> 你女性的百宝箱，
>
> 以痛惩你得意的肌肤，
> 玷污你被恕的乳房，
> 在你惊愕的腰上
> 弄一个又大又深的伤②。

因此，本雅明写道，波德莱尔诗篇的崇高正在于对"有机体和生命的毁灭……在对自然的对抗之中，存在着对有机生命根深蒂固的抗争"③。对于现代性对主体性的摧毁，波德莱尔的伦理学拒斥任何补偿或庇护。他对生命本身充满愤怒，正是借由这种愤怒的屈从化或主体化模式，波德莱尔的伦理实践才能达至他想获取的伦理目标。

四 死亡抵抗与寓言体验：波德莱尔的伦理目标

本雅明非常清楚波德莱尔伦理学的"目标"所在。在《拱廊街计划》"论波德莱尔"一章中，本雅明借助约书亚（Joshua）的愿望来表达这一伦理目标；约书亚向神大声祈求，希冀神能够改变自然的进程，在太阳的运转路径上创造一个停顿："波德莱尔最深层的意图是

---

① ［德］瓦尔特·本雅明：《巴黎，19世纪的首都》，刘北成译，上海人民出版社2006年版，第217页。
② ［法］夏尔·波德莱尔：《恶之花全集》，欧凡译，山东文艺出版社2016年版，第289页。
③ Walter Benjamin, "Central Park", *New German Critique*, Vol. 34, No. 2, Spring 1985, p. 45.

要打断世界的进程。这是约书亚的愿望……他的暴力、他的急迫和他的愤怒均出自这一意图；也正是由于这一意图，人们不断地试图把世界撕得粉碎（或将世界吟入梦乡）。在这一意图下，他为死亡提供了一个伴唱：他对死亡的努力与赞赏。"①

波德莱尔鼓励对死亡的精心制作，他试图摧毁自然生命本身，借此认识到必须对看似不可违背的自然进程加以破坏，就此本雅明评论道，"现代性所产生的对人类自然创造活力的阻力，远非个人所能抗拒。如果一个人深感疲惫不堪，而求助于死亡来逃避，这也是可以理解的。……这种自杀，不是屈从和放弃，而是英雄的激情。这，正是现代性在激情领域里的成就"②。正如约书亚在太阳的轨道上创造一次停留，波德莱尔也想让世界停滞不前。实现这一伦理重任的手段就是诗歌。波德莱尔通过诗歌意象，努力让人们在现代城市的活力中看到生命的了无生趣，并在历史的自然进程中创造一次中断：

  哦，死神，老船长，起锚吧，时辰已到！
  这地方真厌烦死人，哦让我们起航！
  要是天与海漆黑如墨，
  你熟知的我们的心却弥满精光！

  注进我们你的毒液好让我们重振
  精神！我们愿意，脑子受火灼烧，
  跃入九渊之底，敢入地狱，敢闹天堂，
  在未知之国的深处寻觅新兆！③

---

① Walter Benjamin, *The Arcades Project*, trans. Howard Eiland and Kevin Mclaughlin, Cambridge: Harvard University Press, 1999, p.318.

② Walter Benjamin, *Charles Baudelaire: A Lyric Poet in the Era of High Capitalism*, trans. Harry Zohn, London: Verso, 1983, p.75.

③ [法] 夏尔·波德莱尔：《恶之花全集》，欧凡译，山东文艺出版社2016年版，第246页。

本雅明认为，使这一文学空间可见的方式就是寓言（allegory），寓言是一种特殊的表达方式，"是从僵化之物和无足轻重的东西中提取意义的过程"①。寓言将物的生命灵韵提取出来，并将之展现在一个衰败与失落的空间意象之中。本雅明指出，"忧郁者所能允许自身的唯一快感，而且是最有力的快感，就是寓言"②。资本主义商品化过程使一种虚假、随意的生命形式（交换价值）取代物品的实际生命形式（使用价值）。寓言就是将生命从客体对象中汲取出来，并使其模仿商品的力量。在寓言中，商品的本质就如同不断堆积的尸体，在生命与文学之间的空间显现出来，正如伊格尔顿指出的，"寓言性对象的意义，诚如商品的意义一样，总是位于别处，离心到它的物质存在之外；但它愈变得多重性，它的破译现实界的法定权力就愈成为不拘一格的和创造性的"③。借助寓言，波德莱尔创造了一种将写作作为商品的方式，将写作本身看作一种完全脱离自身的主体形象。因此，寓言也可被看作一种自我书写的形式，是对自我伦理目标的隐秘表达；这种自我书写与创造新的生活方式、新的主体性模式相关。在此意义上，寓言就是一种精神操练，是一种真理话语主体化的模式，即福柯所谓的"品性—塑造"或"伦理—诗学"（ethic-poetic），"它是将真理（alētheia）转变为品性（ēthos）的一个动因"④。

因此，寓言意象与现代主体性之真理、与现代主体之真相密切相关。但寓言并不是以象征的形式描述真相的存在，而是揭露真相的缺席——寓言呈现的是千疮百孔外衣中真理的暂时性和历史的垂死面孔，"寓言在思想领域里就如同物质领域里的废墟"⑤。它们揭示的不是知

---

① Susan Sontag, "Introduction", in Walter Benjamin, *One-Way Street and Other Writings*, trans. Edmund Jephcott and Kingsley Shorter, London: Verso, 1979, p. 20.

② ［德］瓦尔特·本雅明著，陈永国、马海良编：《本雅明文选》，中国社会科学出版社2011年版，第146页。

③ Terry Eagleton, *The Ideology of the Aesthetic*, Oxford: Basil Blackwell, 1990, p. 327.

④ Michel Foucault, *The Essential Works of Foucault, 1954–1984, Vol. 1, Ethics: Subjectivity and Truth*, ed., Paul Rabinow, New York: New Press, 1997, p. 209.

⑤ ［德］瓦尔特·本雅明著，陈永国、马海良编：《本雅明文选》，中国社会科学出版社2011年版，第138页。

识（Erkenntnis），而是真理（Wahreit）：知识是可以占有并呈现的，而真理则不可展示，正如本雅明对卡夫卡的评价："他从不尽心竭力地写可以阐释的作品，反倒使尽浑身解数，使他的作品成为不可阐释的。"① 真理是各种极端体验的永恒轮转。通过寓言，超个体化的现代主体同时被揭示为一种缺失——一种空虚、幻觉和空洞的所指。因此，波德莱尔的现代性气质旨在融体验与真理于一体，其目标不在于仅仅展现真理，而是要将真理镌刻在自己的生命体验之上。如此一来，他可以赋予真理以体验生命之难的伦理向度。波德莱尔的诗歌意象是其生命体验的生动表达，但表达的并非仅仅是表征性的知识，而且是难以表征的真理，这一真理包含了相互冲突的现代性极端体验。

在这个意义上，波德莱尔伦理实践的目标是将现代性冲突的真相——人类自我异化的诸种困境（本雅明认为这种困境主要是个体经验的破裂与碎片化）——铭刻在他自己身上，从而在诗歌意象中使人们对这一真相有所觉察、触及和体验。通过这种方式，他试图使陷入现代性对个体经验贬低之困境的"诸众"（multitude）② 与这一真相直接相遇、短兵相接，从而打破世界的自然进程，在打破旧世界的过程中，塑造一种具有抵抗现实世界的伦理潜能。就此，本雅明指出波德莱尔的诗歌"处处昭显了现代废墟社会中'自我异化的人类'的困境……这样的困境将极大地激发现代人反抗物化世界的潜能"③。

---

① ［德］瓦尔特·本雅明：《经验与贫乏》，王炳钧、杨劲译，百花文艺出版社1999年版，第360页。

② 诸众（multitude）概念是当前意大利"左翼思潮"的一个重要概念，是后马克思主义用以替代传统无产阶级的新的历史主体概念。维尔诺在《诸众的语法：当代生活方式的分析》（*A Grammar of the Multitude*：*For an Analysis of Contemporary Forms of Life*）中指出："诸众是一种存在模式，现今流行的存在模式，是一种新的诸众的主体性……当代诸众的经验主要起源于对恐惧/寻求安全感这一辩证的改变。这个多——这个因为他们是多——是共享着'不在家的感觉'的那些个体，事实上，他们把这种经验置于他们自己的生活和政治实践的中心。"（［意］保罗·维尔诺：《诸众的语法：当代生活方式的分析》，董必成译，商务印书馆2017年版，第42—44页）

③ 上官燕：《游荡者，城市与现代性：理解本雅明》，北京大学出版社2014年版，第69页。

五 走向一种犬儒式的艺术直言

借助福柯的伦理谱系学框架解读本雅明对波德莱尔的阅读阐释，可以发现波德莱尔的现代性伦理态度来源于其与真理—体验之间的独特关系，而这种关系正是波德莱尔通过其伦理实践所创造的。借助艺术创作，波德莱尔通过对现代性快感的苦行式拒斥对自我加以精心制作，目的是将现代性的真相镌刻在他的自我之上，从而生成为有能力揭露现代性异化本质及以商品化为表征的虚假生活的现代主体。在本雅明看来，波德莱尔的英雄主义在于：他勇敢地将自己暴露于现代性的震惊效应之下，切身体验现代性的真相，并将这一真相贯穿于自己真实的艺术生活之中；波德莱尔借助诗歌创作，将自己建构为书写的主体，揭示现代性的弊端及其超脱之路。通过对波德莱尔的伦理阐释，本雅明为真理开辟了一个崭新的空间，这一真理由波德莱尔艺术创作与生活实践之间的关系所体现。从这个角度来看，我们可以从福柯1983—1984年法兰西学院课程演讲《真理的勇气》中对"直言"和犬儒主义思潮的开创性研究这一新颖视角出发，阐释本雅明对波德莱尔的阅读。

在"对自我与他人的治理"这一问题化框架中，福柯重点阐释了"直言"（parrhēsia）这一概念的谱系演变。福柯阐释道，在古希腊语境下，直言是指"这样的口头活动：言说者表达了他与真理的个人关系，又因为他认识到言说真理是提高或帮助他人（还有自己）的责任而使其生命陷于危险当中"①。基于此，福柯梳理了古代世界"直言"实践的三大类型：政治的无畏、苏格拉底的反讽、犬儒主义的丑闻。② 福柯在此阐释了"直言"这一概念的政治面向、伦理面向及日常生活面向。政治面向包括两种类型：首先，在民主制下，如伯利克里那样在公民大会上直面同僚，勇敢地陈述事实而不怕引发众怒；其次，在君主制

---

① ［法］米歇尔·福柯著，汪民安主编：《自我技术：福柯文选 Ⅲ》，北京大学出版社2016年版，第297页。

② Michel Foucault, *The Courage of Truth: The Government of Self and Others* Ⅱ. *Lectures at Collège de France 1983 – 1984*, trans. Graham Burchell, New York: Palgrave Macmillan, 2011, pp. 233 – 234.

下,如柏拉图在西西里那样冒着生命危险勇敢地向君王谏言——此谓之"政治的无畏"。伦理面向是指,如苏格拉底那样不断地询问众人他们是否知道自己无知、是否真正地关心过自己,顶着世人的白眼或冒着生命危险督促公民关心自己的灵魂、转变自己的生活方式——此谓之"苏格拉底的反讽"。日常生活面向是指,如犬儒主义那样将生活和真理看作一枚硬币的两面,不能只如形而上学那样阳春白雪般地阐释真理之所是,探讨"另一个世界"的问题,更应该如粗犷的农夫、不觉羞耻的乞丐、勇敢的奴隶甚至狂吠的疯狗那样展现真实生活之所是,探讨"另一种生活"的问题——此谓之"犬儒主义的丑闻"。①

与本雅明对知识(Erkenntnis)与真理(Wahreit)的区分相呼应,福柯指出,在现代社会人们对真理的体验已经与"直言"实践相脱离:真理已经成为安全的、永恒的和被动的知识获取过程。在古代世界,真理体验与知识获取二者泾渭分明,个体需要积极主动地改变自我、提升自身,在这一过程中才能体验到何谓真理,换言之,自我的积极转变是真理之体验必不可少的一环。其中,直言起着关键作用,指的是讲真话的那一刻将自己建构为伦理主体的一种方式,借此将自己转变为有能力做出真理陈述的主体。

为了阐明这一点,福柯特别对古代犬儒派哲学家第欧根尼(Diogenes)的直言实践及生活方式进行了细致解读,将犬儒主义的生活实践描述为一种"真实生活的丑闻"②。犬儒主义者不仅要说真话、言说真理,而且要过一种真正的生活,将真理直接展现在他们的生活、行为及身体上。犬儒主义者将生命、生活、生存本身彻底暴露在人们的视线之内,使自己彻底澄明的生活成为真理渐显的舞台:

> 犬儒主义以一种更为激烈、更为确定的方式把生活与真理连

---

① 参见杜玉生《"直言"与"关心自己"——福柯的古代哲学研究》,《求是学刊》2014年第2期。

② Michel Foucault, *The Courage of Truth: The Government of Self and Others* II. *Lectures at Collège de France 1983 – 1984*, trans. Graham Burchell, New York: Palgrave Macmillan, 2011, p. 232.

接在一起。它使得生存模式、生活方式、生命形式成为直言的一个基本条件;使得生活尽量简约但不简单,从而给直言腾出空间。最后,它使得生存、生活本身成为真理变得可见的方式:在姿态上、在身体上、在衣着上、在行为举止上。简而言之,犬儒主义使生活、生存、bios 成为一种"真理之展现"(alethurgy)。①

通过言语激烈的口头谴责、极端的苦行主义到公开的僭越行为(譬如在公共场所手淫),第欧根尼将自己的生活置于公开的挑战与危险之中。犬儒主义者表现出极端的好战精神,通过公开的身体展示及在公共空间的直言不讳(parrhēsia)动摇人们的虚假信念和生活方式。犬儒主义者不受外物羁绊,只在自身之中寻求满足,因此他的生活是一种积极的、主动的、彻底的苦行生活。福柯认为,这种苦行式生活方式是一种对自我的操练,目的是获得有关真理的勇气,以及培养一种不同于流俗生活的精神气质。② 但这与后来的基督教禁欲苦行③不同,犬儒主义者的目标并非弃绝自我、顺从上帝,而是始终关注自我、以最简捷的方式满足自身的快感。

尽管在《真理的勇气》一开始,福柯声称,经过基督教的过渡,"我认为,真理言说的直言式模式已经几近消逝"④,但他同时指出,

---

① Michel Foucault, *The Courage of Truth*: *The Government of Self and Others* II. *Lectures at Collège de France 1983 – 1984*, trans. Graham Burchell, New York: Palgrave Macmillan, 2011, p. 227.
② 参见杜玉生《哲学抵抗与"真正的生活"——福柯论犬儒主义》,《外国文学》2015 年第 2 期。
③ 早期基督教吸收并借鉴了犬儒主义的直言实践。犬儒主义动物般的真实生活、自我献祭的自主生活、言说真理的勇气及对诸神的敬仰与信赖的精神,都对基督教的早期发展影响颇大。福柯认为,犬儒主义的直言传统一直以一种神秘主义的形式栖居于基督教的边缘,只不过其目标发生了巨大变化,"是人弃绝此世,疏离一己之肉身,以童贞的心灵与身体,重获此前被剥夺的永恒不朽"。(参见[法]米歇尔·福柯著,汪民安主编《自我技术:福柯文选 III》,北京大学出版社 2016 年版,第 58 页)
④ Michel Foucault, *The Courage of Truth*: *The Government of Self and Others* II. *Lectures at Collège de France 1983 – 1984*, trans. Graham Burchell, New York: Palgrave Macmillan, 2011, p. 30.

犬儒主义传统并没有被基督教彻底摧毁。相反，福柯认为，犬儒主义作为一种伦理生活呈现出"穿越历史"的特质，后世的很多精神思潮或运动都带有犬儒主义的思想痕迹。在现代艺术方面，福柯特别以波德莱尔、马奈、贝克特和培根等艺术家为例指出，现代性中"艺术……建立起与传统文化、社会规范、价值观念和美学准则之间拒斥和侵犯的论战品格"①。在现代艺术中，人们发现一种永无止境的运动，借此，后来的艺术形式不断拒绝和挑战从以前的艺术运动中推演、归纳或演绎来的每一条准则。在每一种艺术形式中，都存在对已确立的艺术准则的冷嘲热讽，都存在对主流艺术的永久的拒绝与排斥。福柯直陈："现代艺术是文化中的犬儒主义；是文化反过来针对自己的犬儒主义。其实这些并不仅仅发生在艺术中，应当说在艺术中，现代世界，我的世界中，不惧怕造成伤害的说真话的勇气得到最集中的表现，其形式最强烈和突出。"②

在福柯看来，波德莱尔和马奈所代表的现代艺术具有重要的伦理塑造功能。现代艺术家对震惊效应和丑陋美学的兴趣、对传统规范的拒斥、对死亡和贫苦生活的赞美与向往，都可以被看作一种勇敢言说真相的伦理义务。而这种说真话的勇气和义务只能通过自我的操练和修行、通过将生活塑造为艺术品般的存在才有可能取得成效，"艺术家的生活要足够特殊，使他可以创作其作品……他的生活在某种意义上应当是艺术在'真'中之展现"③。福柯唤醒了一种言说真理的伦理实践，这种实践需要极大的勇气将自身置于被侮辱与被损害的危险境地。

本雅明将波德莱尔的诗歌创作看作对资本主义现实真相的揭示，

---

① Michel Foucault, *The Courage of Truth: The Government of Self and Others* II. *Lectures at Collège de France 1983 – 1984*, trans. Graham Burchell, New York: Palgrave Macmillan, 2011, p. 188.

② [法] 米歇尔·福柯:《说真话的勇气：治理自我与治理他人 II》，钱翰等译，上海人民出版社2016年版，第156页。

③ [法] 米歇尔·福柯:《说真话的勇气：治理自我与治理他人 II》，钱翰等译，上海人民出版社2016年版，第155页。

在福柯看来，这是一种用艺术和生活勇敢言说真相的伦理实践。我们可以将波德莱尔的艺术创作看作福柯意义上的"直言"（parrhesia）或"说真话"的实践，不妨将之称作古代犬儒式"艺术直言"。尽管福柯关于艺术作为直言实践在现代性中作用的论述相对简短，但本雅明对波德莱尔的阐述可以使我们更深入地了解艺术在现代真理机制中发挥的重要作用。正如本雅明所描绘的，波德莱尔的生活艺术是一种典型的犬儒式直言实践。作为诗人，波德莱尔将自身置于现代性最具伤害性的震惊效应之下，其目的是对已丧失之物加以捕捉和领会，并将其在诗歌创作中呈现出来，从而使人们与具有颠覆性、转变性和创造性体验之力的真理相遇。

结　语
"人该如何生活"？
——福柯的伦理应答

> 渐渐地，我明白了迄今为止的所有伟大哲学都是写什么样的东西：它们原来都是它们作者的个人坦白，都是无意识、不自觉的自传。
>
> ——尼采①

"人应该怎样生活？"这是自苏格拉底以来西方伦理思想的重要主题。在对西方近代道德的哲学诊断中，弗里德里希·尼采在《道德的谱系》中曾振聋发聩地提出以下预言："现在道德将逐渐消亡：这是欧洲为今后两个世纪保留下来的百幕中最壮观的一幕——最可怕、最可疑，也许也最令人充满希望的一幕。"②在福柯看来，尼采关于"未来两个世纪"西方道德将逐渐"消亡"的预言已然应验。这种消亡，其速度之快，蔚为壮观。按照尼采的观点，这一道德的消亡堪称西方历史的一大景观，其特点是"可怕"、"可疑"和"充满希望"。问题是，什么样的希望可以填补道德缺失留下的这一空白？对此，福柯指出，"……作为遵从某一规则符码的道德观念正在消亡，或已经消亡。为了应对这一道德观念的缺失，必须探求一种生存美学"③。在回答

---

① Friedrich Nietzsche, *Beyond Good and Evil: Prelude to a Philosophy of the Future*, trans. Walter Kaufmann, New York: Vintage Books, 1966, p. 10.

② Friedrich Nietzsche, *On the Genealogy of Morals*, trans. Walter Kaufmann, New York: Vintage Books, 1989, p. 161.

③ Michel Foucault, "An Aesthetics of Existence", in *Politics, Philosophy, Culture: Interviews and Other Writings of Michel Foucault, 1977–1984*, ed., Lawrence D. Kritzman, New York: Routledge, 1988, p. 49.

"人应该怎样生活"这一西方历史的根本问题时,福柯基于"生存美学"(aesthetics of existence)和"自我技术"(technology of self)的伦理思想是否可以给我们以启示与应答,以此应对尼采等思想家所诊断的现代人所陷入的道德危机呢?

在托马斯·曼(Thomas Mann)看来,弗里德里希·尼采和奥斯卡·王尔德均是"以美之名进行反抗"①的典型。福柯或许也可归入这一阵营:我们可以称他为"快乐的尼采主义者",他的后期作品不断将美和美学作为推翻现代道德暴政的武器。福柯将其《性史》看作西方自我艺术历史上的"一个章节"并非偶然,这种自我艺术的谱系可以追溯至古希腊,途经文艺复兴,直到19世纪的波德莱尔②。很明显,我们可以将尼采、王尔德和福柯本人置于这一历史谱系之中。福柯在其晚期发表的一篇重要文章《什么是启蒙?》中,提到了波德莱尔的"浪荡子"(dandy)形象——一个"将自己的身体、行为、感觉、情绪乃至他的生存本身都熔铸成一件艺术品"③的人。然而,在波德莱尔看来,这种浪荡子身上不可或缺的自我"修行主义"或对自我的精心制作不可能存在于社会或国家政体中——它只能在艺术中实现。我们发现,在福柯晚期作品中,波德莱尔意义上的自我实践在社会层面上得以实现的时刻已经到来:波德莱尔的自我艺术可以在社会或国家政体中占有一席之地。为了实现这一任务,福柯呼应了尼采这一观念:"我们都应该向艺术家学习;岂止是学习,我们应该比他们更聪明才是,因为他们美好的创造(poesis)力量一般是随着艺术的终止而终止,我们呢,我们要成为自己生活的诗人(poets),尤其是创造最细微、最日常的生活。"④

---

① Thomas Mann, *Last Essays*, New York: Alfred Knopf, 1970, p. 172.

② Michel Foucault, *The History of Sexuality*, Vol. 2: *The Use of Pleasure*, trans. Robert Hurley, New York: Vintage Books, 1990, p. 11.

③ Michel Foucault, "What is Enlightenment?", in *The Essential Works of Foucault, 1954 – 1984*, Vol. 1, *Ethics: Subjectivity and Truth*, ed., Paul Rabinow, New York: The New Press, 1997, p. 313.

④ [德] 弗里德里希·尼采:《快乐的科学》,黄明嘉译,华东师范大学出版社2007年版,第283页。

对尼采来说，在这项自我劳作中有一件"不可或缺的事"，即"赋予个性以风格"①。这是一门艺术，只有强者才能践行，因为只有强者才能审视自己本性的优劣，从而对自我施加秩序和形式。在这项劳作中，必须体现某种"独特的品味"，其效果必须赏心悦目。人的自我就如必须加以修正、改进和升华的自然场景，自我的创造者必须有一个"艺术规划"，借此自我的"景观将被修饰，远景将被安排，丑陋将被隐藏，结果将赏心悦目"②。因此，尼采认为"风格化的自然本性"等同于"被征服的、服务于人的自然本性"，并抗拒给予天性以自由——甚至在花园和宫殿设计中也是如此，"即使修建宫殿和花园也断不会解放天性的"③。在这种（自我）伦理中，如果我们想要避免藏匿在天性中的"难以移除的丑陋"，就需要竭力掌控自我，掌控自我的自然本性，就像在园艺设计中一样，这需要"长时间的操练和日常的劳作"④。

对于福柯而言，风格也是不可或缺的。我们不能再让宗教制度、道德准则或科学真理左右我们的生活。一定程度上，我们和古代人的处境大致相同。"人应该怎样生活？"是自苏格拉底以来西方思想史的经典问题，对古希腊和希腊化罗马时期的古代人而言，这一问题的答案只能在自我与自我关系的培养中才能找到，在这种关系中，自我既不是天然给定的，也不是后天生产的，而是一种以"关心"（epimeleia）和"技艺"（techne）为核心的持续劳作。古希腊人对伦理的思考主要借助诸如铸造、雕刻和创作等的隐喻性表达，这种表达是为了给予某物以形式，自我的艺术、生存的技艺（techne tou biou）就是为了给予自我和生活以风格和形式。福柯宣称，现在"伦理作为一种赋予

---

① ［德］弗里德里希·尼采：《快乐的科学》，黄明嘉译，华东师范大学出版社 2007 年版，第 275 页。

② Friedrich Nietzsche, *The Gay Science*, trans. Walter Kaufmann, New York: Vintage Books, 1974, p. 232.

③ Friedrich Nietzsche, *The Gay Science*, trans. Walter Kaufmann, New York: Vintage Books, 1974, p. 232.

④ Friedrich Nietzsche, *The Gay Science*, trans. Walter Kaufmann, New York: Vintage Books, 1974, p. 232.

一个人的行为和生活以形式的问题再次被提出来了"①。主体不是实体，而是形式；但作为形式的主体不是提前给定的，也不是不可改变的。因此，在某些条件下，人们可以自由地选择是否修改、转变这种形式。除了诗歌、艺术和美学创作等创造性工作，还有什么更好的方式可以理解这种转变工作呢？由此，我们可以将这一自我伦理学看作赋予自我和生活以风格的辛苦劳作。在福柯看来，智力工作或书写本身是一种苦行，这是与"审美主义"有关的一种劳作：它是一种在类似审美化的体验中改变自身的过程。他问道："如果一个画家没有被自己的绘画所改变，他绘画的意义何在？"②

赋予自我和生活风格，使其风格化，正如艺术创作中将雕刻笔运用到一些柔韧的、具有可塑性的材料上：这是一种标刻行为，使某物拥有自己的个性标志。在福柯的研究计划中，这不仅关涉我们的未来，而且也可以成为我们透视历史的一个分析框架（grille d'analyse）。福柯在晚期的一篇访谈《论伦理学的谱系学：研究进展一览》中指出，关于"现代人类生存的历史"书写不应该建立于人类生存的历史条件或心理变迁之上，而应该是一部"作为艺术和风格的生存史"③。福柯以法国大革命为例，认为从这一历史观点来看，法国大革命就不仅仅是一项政治议程，而是"一种风格，一种带有其美学特质、修行主义以及体现某种与自我和他人独特关系形式的生存模式"④。这种生存模式的可能性出现在古代，在中世纪却消失了，在文艺复兴时期，这种可能性以"作为自我艺术作品的英雄主义"观念重新出现，然后在19

---

① Michel Foucault, "The Concern for Truth", in *Politics, Philosophy, Culture: Interviews and Other Writings of Michel Foucault, 1977–1984*, ed., Lawrence D. Kritzman, New York: Routledge, 1988, p. 263.
② Michel Foucault, "The Minimalist Self", in *Politics, Philosophy, Culture: Interviews and Other Writings of Michel Foucault, 1977–1984*, ed., Lawrence D. Kritzman, New York: Routledge, 1988, p. 14.
③ ［法］米歇尔·福柯著，汪民安主编：《福柯读本》，北京大学出版社2010年版，第305页。
④ ［法］米歇尔·福柯著，汪民安主编：《福柯读本》，北京大学出版社2010年版，第305页。

世纪被推崇的"艺术（家）生活"理念中进一步彰显。风格概念可以成为阐释历史的一种主要且颇具启发性的手段，也可以成为我们思考当前伦理困境的一种方式。因此，福柯认为，我们所需要的既不是遵循道德法则，也不是按照某种既定方案培养我们的美德，而是形成和实践一种新的生活方式——这种生活方式既能满足我们当前的需要，也能满足我们"对自由的极度渴望"① 这一由来已久的伦理要求。

雕刻工艺，就像所有的工艺实践一样，需要技艺（techne）、审美（aesthesis）和修炼（askesis）。"技艺"是一种可以应用于任何领域的技能或工艺，譬如训练马匹、制定法律、掌握自我。在福柯的解释中，技艺与"艺术"非常接近，有时甚至难以区分——自18世纪以来，艺术的目标被定义为产生审美效果。"审美"是感官认知的科学：是一种通过感官产生，尤指通过感官感知美的思维形式。"修炼"是作用于自身达至自我修养与关心自己的一种操练。这种苦修是一种自我与自我的关系形式，对于古代人来说（至少在福柯的解释中），这与基督教的禁欲主义相去甚远——禁欲主义的指导原则是自我牺牲而不是自我关怀。

"技艺"这一隐喻表述必然涉及"艺术"隐喻，而艺术又必然引发现代美学和现代美的观念。福柯晚期对古希腊思想的研究使他可以将美学这一隐喻引入伦理学中；这一引入很明显受到尼采的影响。对尼采来说，艺术家的工作主要体现在现象界，目的是"使事物变得美丽、有吸引力，令人向往"②。这是我们应该跟艺术家学习的一种技巧，一种"微妙的力量"，并将其应用到我们生活的每一个细节。这是希腊人在生活中运用的技巧。他们"知道应该怎样生活"：他们知道如何"勇敢地在事物的表层、皱纹和皮肤停留，崇尚表象，相信形式、色调、言辞、整座表象的奥林匹斯山……我们这些精神的莽汉正在回归这种生存方式，成为形式、色彩、言辞的崇拜者。我们正在

---

① Michel Foucault, "What is Enlightenment?", in *The Foucault Reader*, ed., Paul Rabinow, New York: Pantheon Books, 1984, p. 50.

② Friedrich Nietzsche, *The Gay Science*, trans. Walter Kaufmann, New York: Vintage Books, 1974, p. 239.

成为希腊人，也因此而成为艺术家"①。

如果，如福柯所言，伦理学意味给予一个人的生存以风格，如果达至这一伦理目标的主要手段是自我节制、自我塑造和自我提升的苦修实践，那么我们努力获取的应该是何种特定风格呢？尼采的回答，往好里说是超道德的，往坏里说是不道德的，"这种品味是好是坏，没有人们想象得那么重要，只要它是一种独特的品味即可"②，或者："就像果子必然生长在果树上一样，我们的思想，我们的价值，我们的是与非，假如与抑或都是从我们身上派生出来的，都是同源的，都是彼此相互关联的，同时都是一个意志、一种健康、一片土地、一个太阳的见证——我们的这些果实合你们的胃口么？——但是这与那些果树有何相干！与我们有何相干！与我们哲学家有何相干！"③ 虽然福柯是一个尼采式的哲学家，但他并非对尼采思想的所有细节亦步亦趋，或者至少不是以这种方式表达。在后来的一次采访中福柯这样描述他的尼采主义：

> ……我只是一个尼采主义者，在很多方面，我试着以某种可能的方式借助尼采的文本——也借助反尼采的论点（毕竟这些论点都是尼采式的！）——我们可以在这一或那一领域做些什么。我不是在寻找某些细节，而是对这些细节展开研究。④

正是借由一些反尼采式的论点，福柯指出哲学的双重目标（批判思想和伦理学本身）就是对自由实践的培养，这种自由实践倾向于将

---

① Friedrich Nietzsche, *The Gay Science*, trans. Walter Kaufmann, New York: Vintage Books, 1974, p. 38.
② Friedrich Nietzsche, *The Gay Science*, trans. Walter Kaufmann, New York: Vintage Books, 1974, p. 232.
③ ［德］弗里德里希·尼采：《论道德的谱系》，周红译，生活·读书·新知三联书店1992年版，第2页。
④ Michel Foucault, "The Return of Morality", in *Politics, Philosophy, Culture: Interviews and Other Writings of Michel Foucault, 1977 – 1984*, ed., Lawrence D. Kritzman, New York: Routledge, 1988, p. 251.

（对个体的）宰制或统治最小化。可以说旧时的启蒙之梦——努力将个人自由与对他人自由的尊重结合起来——推动了福柯对"生存美学"的尼采式探索。有人可能会说，福柯的伦理观不过是一种重新激活启蒙愿景的后传统、后基督教、后康德式的尝试。但对于福柯而言，这绝不意味着任何一种品味都是可行的，并不是说任何一种风格都是有价值的——这是对尼采论点的扬弃。

福柯认为，现在最重要的是我们应该改变与自我的关系模式。这种关系不应该在萨特所谓的本真性或非本真性的意义上来理解，而应该理解为一个"创造性的活动"①。自我不是基础，不是源泉，也不是起点：它是一种目的，一项任务，一项持续进行却永不完结的修行劳作。福柯显然对托马斯·曼和尼采意义上的"艺术"概念着迷。在他的写作中——尤其是在他后期的访谈中——他仍然徘徊在对艺术和对审美的矛盾观点之间。他使用的例子：灯，房子，艺术品，以及浪荡子和文艺复兴时期创造自我的英雄，等等，都表明对于福柯来说，统一和谐的古典主义和创造性天才赋予某物以形式的浪漫主义是其伦理思想的两极。这样一种关于自我伦理学的折中主义构想实际上是古代世界伦理思考的重要内容，福柯正是借助对古希腊、希腊化罗马及基督教世界的谱系探索，重新发掘出这一自我实践面向，从而应对当前以知识与权力相互交织为主要特征的自由主义治理术对人主体性的宰制。

在福柯的晚期作品中，他转向古希腊的伦理学，认为古希腊的伦理学可以取代现代的道德哲学。他问道，"既然我们大多数人不再相信伦理是建立在宗教基础上的，我们也不希望法律体系干预我们的道德、个人和私人生活"②，那么"我们现在的问题"是否与古希腊的问题不同？他对古希腊社会伦理体系的分析表明，自我的审美建构（aesthetic construction）是希腊伦理观念的一个重要特征。他希望这一

---

① ［法］米歇尔·福柯著，汪民安主编：《福柯读本》，北京大学出版社2010年版，第305页。

② Michel Foucault, "On the Genealogy of Ethics: An overview of work in progress", in *The Foucault Reader*, ed., Paul Rabinow, New York: Pantheon Books, 1984, p. 343.

观念能帮助我们回答苏格拉底"人该如何生活"这一问题。福柯晚期诉诸古希腊世界的自我伦理和生存美学，是出于对当代"主体化危机"的思考。当福柯提出我们今天的问题与古希腊人所面临的问题一样——建构一种其基础既不是社会体制也不是法律制度的伦理时，他似乎暗示了美学成为伦理基础的可能性。福柯晚期作品反复重申，道德和政治主体性的当代危机导致了这种对美学的伦理诉求。为此，在其晚期（20世纪80年代）著作和课程演讲中，福柯转向对主体问题的探讨，重点分析我们作为主体被建构的某一种方式以及由此采取的各种实践的历史，亦即福柯所谓的"自我技术"（technology of self）的历史。自我技术不是对个人的规训性塑造（《规训与惩罚》），也不是对人口的规范化控制（《性史》第一卷《认识的意志》及《生命政治的诞生》、《人口、安全与领土》等），而是在一个悠久的传统中把我们塑造成讲伦理道德的人。这个传统被福柯借用普鲁塔克的术语称为我们的"品性—塑造"或"伦理—诗学"（etho-poetic）①之传统。

针对个体身体的规训权力和针对人口全体的生命权力是福柯20世纪70年代探讨的主要内容，也是《规训与惩罚》和《性史》第一卷《认知的意志》的重要主题。由于对现代社会权力与知识关系的细致考察，福柯被称为"权力理论家"和"现实当下的诊断者"，其理论阐释力和现实揭示力得到学术界的一致认可，并产生深远影响。但福柯晚期转向古代世界，重点阐释自我技术问题，在学界引起争议。

笔者认为，福柯对自我技术的探讨并不是否定他先前对18、19世纪欧洲所做的研究，而是以另一种方式对我们的现实当下做出新的阐释，使之清晰易懂。尽管福柯曾明确地将现代的自我技术与基督教模式联系在一起，但他却从未对基督教的自我技术做全面的探讨与论证。最近出版的福柯1983年、1984年法兰西学院课程演讲似乎弥补了这一空白。福柯认为基督教自我技术的典型特征是顺从的禁欲苦行，这与古代世界伦理、直言式的自我技术截然对立。基督教的禁欲主义与古代哲学

---

① Michel Foucault, *The Hermeneutics of the Subject: Lectures at Collège de France 1981–1982*, trans. Graham Burchell, New York: Palgrave Macmillan, 2005, p.237.

一样，将自己置放在以"关心自己"为核心的自我伦理这同一个原则之下，但这不同于古希腊为了关注城邦、关注政治而关心自己，也不同于希腊化罗马时期为了改造和优化主体而关心自己，而是为了上帝的荣耀来关心自己。所采用的自我技术也不同于古代世界，而是通过对罪的忏悔、暴露、坦诚和诉说，把自己倾空，从而放弃现世、婚姻和身体，最终是对自我的弃绝。就此，古代世界的"直言"这一勇敢说真话的技术转化为基督教世界向上帝坦诚自身、将自己的灵魂敬献给上帝的"忏悔"义务；古代世界为了探求"生活的技艺"所采取的积极主动的"自我实践"，也转变为为了弃绝自我而必须进行的禁欲苦行。

此外，福柯还进入到希伯来文化，从牧人—羊群的隐喻中，发掘出早期基督教禁欲苦行的痕迹。基督教正是借用了牧人对羊群加以细致关照的模式，发掘了上帝对人的灵魂进行救赎的模式（福柯在《自我技术》一文中对此做了详细阐释）。古代世界关注自我的"直言"模式转变为认识自我内心秘密的"忏悔"模式，对自我加以塑造与优化的"自我实践"、自我修行（askēsis）转变为弃绝自我的禁欲苦行，就此基督教牧领制度得以成形。随着基督教在现代社会的式微，基督教的自我技术被现代世俗社会所沿用，"忏悔"的言说义务被现代精神分析科学所沿用，从而诞生了现代知识；而对他人加以关照的技术则被现代世俗国家所沿用，诞生了一种新的权力技术，福柯称之为"生命权力"。现代人的主体性也就在新型知识与权力的紧密交织中被塑造成形，这是福柯早期在《词与物》、《规训与惩罚》、《疯癫与文明》及《古典时代的疯狂史》中所阐释的内容。

在福柯的晚期作品中，我们可以发现一个重要主题，即今天我们所面临的政治、哲学和伦理任务是，如何拒绝那些强加于我们的主体性形式和主体化模式。福柯指出："也许如今的任务不是发现我们之所是，而是拒绝我们之所是。"① 我们今日之所是，福柯指的是一种由

---

① Michel Foucault, "The Subject and Power", in Hubert Dreyfus and Paul Rabinow, *Michel Foucault: Beyond Structuralism and Hermeneutics*, Chicago: University of Chicago Press, 1983, p. 216.

"个体化和总体化的现代权力结构"① 所强加的个体主体性。然而,从更广泛的历史角度来看,福柯认为,我们当前的个体化形式是由一种源自早期基督教的自我技术所决定的,这种技术经过现代早期的发展变化,发展成为现代国家的"治理术"形式。在福柯看来,这个自我是"嵌入到我们历史之中,且与历史紧密相关的一系列技术手段"②。如果认为这种经由历史发展而来的自我技术必须被拒绝的话,那么如何来拒绝?更为重要的是,是否可以找到替代这种自我技术的其他技术呢?换言之,一个人如何与自己保持距离并将自己从这一自我中解放出来,并且要成为什么样的自我?针对这两个问题,福柯引入了"生存美学"这一概念。福柯将自我转变(从自我中解放出来)的生存实践理解为一种美学现象。

福柯以两种截然不同的方式使用"美学"隐喻。首先,在"生存美学"概念下,自我与自我的关系(即自我伦理)既不关涉解释学模式,也不是试图确定某一预先给定的自然身份,而是将自我视为不断操练,需要努力达至的一项目标和任务。在此意义上,美学概念最接近于古希腊术语"技艺"(techne),古希腊经常有"生存的技艺"(techne tou biou)这种说法,福柯直接将之称为"生存的美学"。把伦理学理解为一种自我的美学,就是把自我伦理理解为一种富有张力的创造关系,这种关系需要一种对自我精雕细琢的态度,这种态度与艺术家面对他或她的材料时的态度相似。其次,福柯也在另一语境下使用美学这一字眼,即我们将自我转变成什么样子以及自我转变遵循何种标准。在此意义上,福柯对美学概念的使用接近于现代主义对美学的定义,即19世纪以降的"唯美主义"(aestheticism)运动,也就是如何将我们的生活创造成为一种美的形式(beauty)。那么如此看来,福柯的"生存美学"是否是滥觞于20世纪晚期的"唯美主义"的另一版本呢?这

---

① Michel Foucault, "The Subject and Power", in Hubert Dreyfus and Paul Rabinow, *Michel Foucault: Beyond Structuralism and Hermeneutics*, Chicago: University of Chicago Press, 1983, p. 216.

② Michel Foucault, "About the Beginning of the Hermeneutics of the Self: Two Lectures at Dartmouth", *Political Theory*, Vol. 21, No. 2, May 1993, p. 222.

一问题是现在学术界探讨的焦点。

福柯在《性史》第二卷《快感的享用》导言的脚注中,试图为他重返希腊辩护。这种辩护不仅试图反驳可能受到的指控,即在探讨古代时期的时候,福柯根本没有发言权(福柯去世后,学术界确实提出了这样的看法)。更为重要的是,福柯明确指出,我们为何应该从现实当下立场来研究古代世界,研究古代世界的意义何在:

> 我既不是希腊学家,也不是研究拉丁文化的专家,但在我看来,只要我足够小心、耐心、谦虚,对这一任务全心全意,则有可能对古希腊与拉丁文献达到足够熟悉的程度,也就是说,这种熟悉程度将使我能够——在与构成西方哲学根本的实践保持一致的情况下——去考察一种差异性,它使我们同那使得我们认识自己起源的思想方法相距很远;同时去考察一种近似性,尽管存在那我们从未停止去探究的距离,这近似性依旧不变。①

在《性史》第二卷和第三卷中,按照他自己的说法,福柯正在从事一项对西方哲学来说"基本的"任务。此外,他承认对于这项任务,他缺乏学术训练。他既不是希腊语专家,也不是拉丁语专家,他回到古代,不是为了了解他们的世界观,也不是为了了解他们的哲学,而是为了分析我们现代人与古代人的差异和相似之处。古代的伦理道德观念中,是否存在我们现代人可以借鉴之处,是什么样的原因导致古代人与现代人伦理观念的断裂和延续。很明显,福柯晚期对古代世界的探讨依然遵循其早期的考古学和谱系学方法。

我们可以将福柯这种研究方法定义为"谱系学循环"②(genealogical circle):将现时当下加以问题化,通过此问题化透镜,审视过去,并对过去加以合理利用,通过这样的方式开创一种新的可能性。过去

---

① Michel Foucault, *The History of Sexuality*, Vol. 2: *The Use of Pleasure*, trans. Robert Hurley, New York: Vintage Books, 1990, p. 7.
② Edward McGushin, *Foucault's Askēsis: An Introduction to the Philosophical Life*, Evanston: Northwestern University Press, 2007, p. xxvii.

之所以吸引福柯，正在于它活跃于我们的当下，正在于这种过去栖居于我们的现实之中。通过谱系学循环的方式，我们对现时当下的探索与评判既来自对过去的质疑，同时又塑造了我们关于过去新的认识，这既是一种历史主义，也是一种视角主义。但这种视角主义的哲学研究或历史主义的谱系学循环，并不是去探求"客观性"的真实状态，而是旨在产生一种批判性效力，从而更好地对我们的现状做出评判；也不是试图解释我们何以成为今日之所是，而是为了动摇和打破界定并束缚我们现时当下的元素。换言之，福柯建构的是一种面向未来的历史——这种历史充满了各种潜能，对各种可能性敞开大门。历史的作用正在于表明现在存在的一切在过去并不总是理所当然，福柯正是借助古代哲学实践，在我们的现时当下撕开一个裂口，在描述今天之脆弱的同时，去把握当下的存在之来由，以及当下存在如何能够不再如是。福柯对古代世界的另类勾勒，目的是斩断"抛掷偶然性骰子的必然性铁腕"，根据潜在的断裂来对我们今天之所是进行描述，这种潜在的断裂打开了自由的空间，为可能的变革敞开大门。正是基于这一点，我们听到了福柯对传统历史学家的批评所做的回应：

> 我不仅仅是一个历史学者，我不是一个写小说的人。我所做的有点像是历史虚拟或历史钩织。一定意义上，我清楚地知道我所说的并非真实。历史学家可能会诟病"那不是事实"……我现在尝试去做的工作是唤起一种介入意识，在我们的现时与我们关于过去历史的知识之间插入一个楔子。如果我能成功地做到这点，这将会对我们的现时当下产生种种真实的效应。我希望，我的书能够变得真实、能够成为关于历史真实的描述——当然是在写完之后而不是在尚未书写之前……我希望我著述的真理寄予未来。①

由此可见，福柯对古代伦理主体塑造模式的探讨，并不是为了建

---

① Michel Foucault, *Foucault Live: Collected Interviews, 1961-1984*, ed., Sylvère Lotringe, New York: Semiotext(e), 1996, p.301.

构另一种类型的主体理论或知识体系，而是为了应对现代权力/知识对人的钳制、对现代人主体性的塑造。福柯对古代哲学和伦理的阐释，是为了发掘一种主体—真理关系的模式，这种模式不能化约为一种知识形式。我们认为福柯将自己的哲学活动看作一种修行、一种自我关注，从而要求并召唤我们从修行及自我关注的角度来理解并把握他的晚期工作。自我关注和自我技术中所蕴含的真理并非外在于主体，并不能以居高临下、冷静客观的态度加以对待，不能以获取客观真理的认知模式加以体会，这种真理不能化约为一种静止停滞的客观知识。

福柯晚期对古代哲学及其自我伦理面向的挖掘阐释，既是一个学徒的修行，又是一个敢想敢为者的奇想，一个并不灿烂辉煌却经受自我磨炼的人生体会。诚然，今天的人们看到一向文笔华丽、独辟蹊径、难以归类的思想家竟然于20世纪80年代一头扎进古希腊和罗马哲学伦理思想甚至基督教宗教哲学的旋涡之中，会感到不胜惊讶。我们认为，福柯在晚期一系列讲座及著作中的引经据典，并不是为了炫耀渊博的知识，更不是为了建构连贯系统的理论体系；福柯晚期的哲学读解之路变成了他"自我"的一部分，并使他的"自我"更加丰满，却仍保持无拘无束。因此，福柯对古代哲学的读解也是对他自己主体性的一种塑造，正如几百年前蒙田在《致读者》中宣称的，"我自己是这部书的素材"①。因此，我们认为福柯晚期在与柏拉图、斯多葛主义、犬儒主义及伊壁鸠鲁主义的思想碰撞中，他对哲学的看法发生了重大转变：将哲学看作是一种体验、一种操练，是思想对自身展开的艰苦劳作，是对自我的艰难探索，目的是培养一种哲学气质，过一种哲学生活。这样看来，福柯晚期对哲学史的看法也不同于传统史学的训诂爬梳，而是从主体与真理的关系角度将哲学史看作是建构有能力"关心自己"以及塑造一种伦理品性的主体性模式的各种尝试的历史。

对福柯而言，主体仍然受话语推论或社会条件的制约，并且仍然应当被看作处于权力关系之中。所不同的是，他现在看到个体还具有

---

① ［法］米歇尔·德·蒙田：《蒙田随笔全集》第1卷，马振骋译，上海书店出版社2009年版，第38页。

规定他们自身认同、驾驭其躯体和欲望的能力，以及借助自我技术来发展一种自由实践的能力。因此，福柯现在想要说明的是积极的、创造性的能动者与限制性的社会场之间的一种辩证关系，在这种社会场之中，个体获取自由的大小取决于他克服社会所施加的限制和达到自我驾驭、过一种独具一格生活的能力。正如福柯所言："假如说我现在对……主体借助自我实践、以一种积极的方式构造其自身感兴趣的话，那么，这些实践本身并不是由个体发明的。它们乃是个体从他的文化中发现的某种模式，是由他的文化、他的社会以及他的社会群体所建议并强加于他的。"① 我们从福柯晚期作品中得出的伦理态度是，自我转变是中心关注点。这种关注被认为是一种生存美学，因为它需要不断更新的创造行为：一种没有既定标准、没有普遍公认准则的行为。这样的态度显然不会被普遍接受，甚至可能没有人会认为这样的伦理学可以构成一个自洽的解决问题的既定方案。然而，它所提供的是一种伦理模式，既避免了寻找普遍存在的规范性的危险，又为"人应该怎样生活"这个问题提供了丰富而有启发性的答案。

---

① ［法］米歇尔·福柯著，汪民安主编：《自我技术：福柯文选Ⅲ》，北京大学出版社2016年版，第259页。

参考文献

一 外文作品

Adorno, Theodor, "A portrait of Walter Benjamin", in *Prisms*, trans. Samuel and Shierry Weber, Cambridge, MA: MIT Press, 1997.

Aristotle, *The Metaphysics*, trans. Hugh Lawson-Tancred, Baltimore: Penguin Books, 1999.

Bauman, Zygmunt, *The Art of Life*, Cambridge: Polity Press, 2008.

Bauman, Zygmunt, "Symptoms in Search of an Object and a Name", in Heinrich Geiselberger, ed., *The Great Regression*, Cambridge: Polity Press, 2017.

Benjamin, Walter, *Charles Baudelaire: A Lyric Poet in the Era of High Capitalism*, trans. Harry Zohn, London: Verso, 1983.

Benjamin, Walter, *Illuminations*, ed., Hannah Arendt, trans. Harry Zohn, New York: Schochen Books, 1969.

Benjamin, Walter, *One-Way Street and Other Writings*, trans. Edmund Jephcott and Kingsley Shorter, London: Verso, 1979.

Benjamin, Walter, *The Arcades Project*, trans. Howard Eiland and Kevin Mclaughlin, Cambridge: Harvard University Press, 1999.

Benjamin, Walter, *Walter Benjamin: Selected Writings, Vol. 2, part 1: 1927 – 1930*, ed., Michael W. Jennings, Howard Eiland and Gary Smith, Cambridge: Harvard University Press, 2005.

Benjamin, Walter, "Central Park", *New German Critique*, Vol. 34, No. 2,

Spring 1985.

Bernauer, Jamesand David Rasmussen, eds., *The Final Foucault*, Cambridge: MIT Press, 1988.

Bonner, Robert J., *Aspects of Athenian Democracy*, New York: Russel and Russel, 1933.

Buck-Morss, Susan, *The Dialectics of Seeing: Walter Benjamin and the Arcades Project*, Cambridge, MA: MIT Press, 1989.

Claire, Blencowe, *Biopolitical Experience: Foucault, Power and Positive Critique*, New York: Palgrave Macmillan, 2012.

Cohen, Margaret, *Profane Illumination: Walter Benjamin and the Paris of Surrealist Revolution*, Berkeley: University of California Press, 1995.

Cutrofello, Andrew, "Foucault on Tragedy", *Philosophy & Social Criticism*, Vol. 31, No. 5-6, September 2005.

Davidson, Arnold I., ed., *Foucault and His Interlocutors*, Chicago: University of Chicago Press, 1996.

Davidson, Arnold I., "Ethics as Aesthetics: Foucault, the History of Ethics, and Ancient Thought", in Jan Goldstein, ed., *Foucault and the Writing of History*, Blackwell, 1994.

Deleuze, Gilles and Félix Gauttari, *Anti-Oedipus: Capitalism and Schizophrenia*, trans. Robert Hurley, Mark Seem and Helen R. Lane, Minneapolis: University of Minesota Press, 1983.

Detel, Wolfgang, *Foucault and Classical Antiquity*, trans. David Wigg-Wolf, Cambridge: Cambridge University Press, 2005.

Dilts, Andrew, "From 'entrepreneur of the self' to 'care of the self': Neoliberal Governmentality and Foucault's Ethics", *Foucault Studies*, Vol. 12, Winter 2011.

Dreyfus, Hubert and Paul Rabinow, *Michel Foucault: Beyond Structuralism and Hermeneutics*, Chicago: University of Chicago Press, 1983.

During, Simon, *Foucault and Literature: Towards a Genealogy of Writing*, New York: Routledge, 1992.

Eagleton, Terry, *The Ideology of the Aesthetic*, Oxford: Basil Blackwell, 1990.

Euripides, *Euripides III*, trans. Ronald F. Willetts, Chicago: University of Chicago Press, 1974.

Flynn, Thomas, "Foucault as Parrhesiast: His Last Course at the College de France (1984)", in James Bernauer and David Rasmussen, eds., *The Final Foucault*, Cambridge: MIT Press, 1988.

Foucault, Michel and Michael Bess, "An Interview With Michel Foucault", *History of the Present*, Vol. 4, November 1980.

Foucault, Michel, *Dits et écrits, 1954 - 1984*, Vol. 4, ed., Daniel Defert and François Ewald, Pais: Gallimard, 1994

Foucault, Michel, *Fearless Speech*, New York: Semiotext(e), 2001.

Foucault, Michel, *Histoire de la Secualité Vol. 2: L'Usage des Plaisirs*, Paris: Gallimard, 1984.

Foucault, Michel, *Histoire de la Secualité Vol. 3: Le Souci de soi*, Paris: Gallimard, 1984.

Foucault, Michel, *Le Courage de la vérité. Le Gouvernement de Soi et des Autres II. Cours au Collège de France 1984*, Paris: Gallimard/Seuil, 2009.

Foucault, Michel, *Le Gouvernement de Soi et des Autres. Cours au Collège de France 1982 - 1983*, Paris: Gallimard/Seuil, 2008.

Foucault, Michel, *Politics, Philosophy, Culture: Interviews and Other Writings of Michel Foucault, 1977 - 1984*, ed., Lawrence D. Kritzman, New York: Routledge, 1988.

Foucault, Michel, *Power/Knowledge: Selected Interviews and Other Writings 1972 - 1977*, ed., Colin Gordon, New York: Pantheon Books, 1980.

Foucault, Michel, *Security, Territory, Population: Lectures at the Collège de France 1977 - 1978*, trans. Graham Burcell, New York: Palgrave Macmillan, 2009.

Foucault, Michel, *The Archaeology of Knowledge*, trans. Alan Sheridan, New York: Routledge, 2002.

Foucault, Michel, *The Birth of Biopolitics: Lectures at Collège de France 1978 – 1979*, trans. Graham Burchell, New York: Palgrave Macmillan, 2008.

Foucault, Michel, *The Courage of Truth: The Government of Self and Others II. Lectures at Collège de France 1983 – 1984*, trans. Graham Burchell, New York: Palgrave Macmillan, 2011.

Foucault, Michel, *The Essential Works of Foucault 1954 – 1984, Vol. 1, Ethics: Subjectivity and Truth*, ed., Paul Rabinow, New York: The New Press, 1997.

Foucault, Michel, *The Foucault Reader*, ed., Paul Rabinow, New York: Pantheon Books, 1984.

Foucault, Michel, *The Hermeneutics of the Subject: Lectures at Collège de France 1981 – 1982*, trans. Graham Burchell, New York: Palgrave Macmillan, 2005.

Foucault, Michel, *The History of Sexuality, Vol. 1: An Introduction*, trans. Robert Hurley, New York: Vintage Books, 1990.

Foucault, Michel, *The History of Sexuality, Vol. 2: The Use of Pleasure*, trans. Robert Hurley, New York: Vintage Books, 1990.

Foucault, Michel, *The History of Sexuality, Vol. 3: The Care of the Self*, trans. Robert Hurley, New York: Vintage Books, 1988.

Foucault, Michel, *The Essential Works of Foucault, 1954 – 1984, Vol. 2, Aesthetics, Method, and Epistemology*, ed., James D. Faubion, New York: The New Press, 1998.

Foucault, Michel, *The Essential Works of Foucault, 1954 – 1984, Vol. 3, Power*, ed., James D. Faubion, New York: The New Press, 2000.

Foucault, Michel, *The Government of Self and Others. Lectures at Collège de France 1982 – 1983*, trans. Graham Burchell, New York: Palgrave Macmillan, 2010.

Foucault, Michel, "About the Beginning of the Hermeneutics of the Self: Two Lectures at Dartmouth", *Political Theory*, Vol. 21, No. 2, May 1993.

Franek, Jakub, "Philosophical Parrhesia as Aesthetics of Existence", *Continental Philosophy Review*, Vol. 39, No. 2, June 2006.

Geiselberger, Heinrich, ed., *The Great Regression*, Cambridge: Polity Press, 2017.

Gilloch, Graeme, *Walter Benjamin: Critical Constellations*, Cambridge: Polity Press, 2002.

Goldstein, Jan, ed., *Foucault and the Writing of History*, Blackwell, 1994.

Greenberg, Udi, "The Politics of the Walter Benjamin Industry", *Theory, Culture & Society*, Vol. 25, No. 3, Summer, 2008.

Greenblatt, Stephen, *Renaissance Self-fashioning: From More to Shakespeare*, Chicago: University of Chicago Press, 2005.

Hadot, Pierre, *Philosophy as a Way of Life: Spiritual Exercises from Socrates to Foucault*, trans. Michael Chase, Cambridge: Blackwell, 1995.

Jennings, Michael, "On the Banks of a New Lethe: Commodification and Experiencein Benjamin's Baudelaire Book", in Kevin Mc Laughlin and Phipip Rosen, eds., *Benjamin Now: Critical Encounters with The Arcades Project*, Durham: Duke University Press, 2003.

Kelly, Mark G. E., *The Political Philosophy of Michel Foucault*, New York: Routledge, 2009.

Lazzarato, Maurizio, *The Making of the Indebted Man: An Essay on the Neoliberal Condition*, trans. Joshua David Jordan, New York: Semiotext(e), 2012.

Lazzarato, Maurizio, "Neoliberalism in Action: Inequality, Insecurity and the Reconstitution of the Social", *Theory, Culture & Society*, Vol. 26, No. 6, Winter 2009.

Lee, James, "Ethopoiesis: Foucault's Late Ethics and the Sublime Body", *New Literary History*, Vol. 44, No. 1, Winter 2013.

Lemke, Thomas, "Critique and Experience in Foucault", *Theory, Culture &*

Society, Vol. 28, No 4, Autumn 2011.

Luxon, Nancy, "Ethics and Subjectivity: Practices of Self-governance in the Late Lectures of Michel Foucault", *Political Theory*, Vol. 36, No. 3, June 2008.

Luxon, Nancy, "Truthfulness, Risk, and Trust in the Late Lectures of Michel Foucault", *Inquiry*, Vol. 47, No. 5, August 2006.

Mann, Thomas, *Last Essays*, New York: Alfred Knopf, 1970.

Martin, Luther, H., Huck Gutman and Patrick H. Hutton, ed., *Technologies of the Self: A Seminar with Michel Foucault*, Amherst: Massachusetts Press, 1988.

Mazella, Davis, *The Making of Modern Cynicism*, Charlottesville: University of Virginia Press, 2007.

McGushin, Edward, *Foucault's Askēsis: An Introduction to the Philosophical Life*, Evanston: Northwestern University Press, 2007.

Mc Laughlin, Kevin and Phipip Rosen, eds., *Benjamin Now: Critical Encounters with The Arcades Project*, Durham: Duke University Press, 2003.

Nehamas, Alexander, "The Examined Life of Michel Foucault: Subject and Abject", *The New Republic*, Vol. 208, No. 7, February 1993.

Nietzsche, Friedrich, *Beyond Good and Evil: Prelude to a Philosophy of the Future*, trans. Walter Kaufmann, New York: Vintage Books, 1966.

Nietzsche, Friedrich, *On the Genealogy of Morals*, trans. Walter Kaufmann, New York: Vintage Books, 1989.

Nietzsche, Friedrich, *The Gay Science*, trans. Walter Kaufmann, New York: Vintage Books, 1974.

O'Leary, Timothy, *Foucault and the Art of Ethics*, London: Continuum, 2006.

Pensky, Max, *Melancholy Dialectics: Walter Benjamin and the Play of Mourning*, Amherst: University of Massachusetts Press, 1992.

Plato, *Complete Works*, ed., John M. Cooper, Indianapolis: Hackett Publishing Company, 1997.

Rabinow, Paul, "Foucault's Untimely Struggle: Towards a Form of Spirituality", *Theory, Culture & Society*, Vol. 26, No. 6, December 2009.

Schmidt, James, ed., *What is Enlightenment? Eighteenth-Century Answers and Twentieth-Century Questions*, Berkeley: University of California Press, 1996.

Simmel, Georg, *Simmel on Culture: Selected Writing*, ed., David Frisky and Mike Featherstone, London: SAGE Publications Ltd., 1997.

Sontag, Susan, "Introduction" in Walter Benjamin, *One-Way Street and Other Writings*, trans. Edmund Jephcott and Kingsley Shorter, London: Verso, 1979.

Taylor, Dianna, "Practicing Politics with Foucault and Kant", *Philosophy & Social Criticism*, Vol. 29, No. 3, May 2003.

Veyne, Paul, "The Final Foucault and His Ethics", in Arnold I. Davidson, ed., *Foucault and His Interlocutors*, Chicago: University of Chicago Press, 1996.

二　中译作品

［德］弗里德里希·尼采：《不合时宜的沉思》，李秋零译，华东师范大学出版社 2007 年版。

［德］弗里德里希·尼采：《超善恶——未来哲学序曲》，张念东、凌素心译，中央编译出版社 2000 年版。

［德］弗里德里希·尼采：《快乐的科学》，黄明嘉译，华东师范大学出版社 2007 年版。

［德］弗里德里希·尼采：《论道德的谱系》，周红译，生活·读书·新知三联书店 1992 年版。

［德］卡尔·马克思：《1844 年经济学—哲学手稿》，刘丕坤译，人民出版社 1979 年版。

［德］托马斯·莱姆克：《不带引号的马克思——福柯、规治和新自由主义的批判》，陈元译，《现代哲学》2007 年第 4 期。

[德] 瓦尔特·本雅明:《巴黎,19 世纪的首都》,刘北成译,上海人民出版社 2006 年版。

[德] 瓦尔特·本雅明:《发达资本主义时代的抒情诗人:论波德莱尔》,张旭东、魏文生译,生活·读书·新知三联书店 1992 年版。

[德] 瓦尔特·本雅明:《经验与贫乏》,王炳钧、杨劲译,百花文艺出版社 1999 年版。

[德] 瓦尔特·本雅明著,陈永国、马海良编:《本雅明文选》,中国社会科学出版社 2011 年版。

[法] 迪迪埃·埃里蓬:《权力与反抗——米歇尔·福柯传》,谢强、马月译,北京大学出版社 1997 年版。

[法] 吉尔·德勒兹:《福柯 褶子》,于奇智等译,湖南文艺出版社 2001 年版。

[法] 吉尔·德勒兹:《哲学与权力的谈判——德勒兹访谈录》,刘汉全译,商务印书馆 2000 年版。

[法] 米歇尔·德·蒙田:《蒙田随笔全集》(下),潘丽珍等译,译林出版社 1996 年版。

[法] 米歇尔·德·蒙田:《蒙田随笔全集》第 1 卷,马振骋译,上海书店出版社 2009 年版。

[法] 米歇尔·福柯:《安全、领土与人口》,钱翰等译,上海人民出版社 2018 年版。

[法] 米歇尔·福柯:《生命政治的诞生》,莫伟民、赵伟译,上海人民出版社 2011 年版。

[法] 米歇尔·福柯:《说真话的勇气:治理自我与治理他人 Ⅱ》,钱翰等译,上海人民出版社 2016 年版。

[法] 米歇尔·福柯:《性经验史·第 1 卷,认知的意志》,佘碧平译,上海人民出版社 2016 年版。

[法] 米歇尔·福柯:《性经验史·第 2 卷,快感的享用》,佘碧平译,上海人民出版社 2016 年版。

[法] 米歇尔·福柯:《主体解释学》,佘碧平译,上海人民出版社 2010 年版。

［法］米歇尔·福柯著，杜小真编：《福柯集》，上海远东出版社1998年版。

［法］米歇尔·福柯著，汪民安等编：《福柯的面孔》，文化艺术出版社2001年版。

［法］米歇尔·福柯著，汪民安主编：《福柯读本》，北京大学出版社2010年版。

［法］米歇尔·福柯著，汪民安主编：《自我技术：福柯文选 Ⅲ》，北京大学出版社2016年版。

［法］皮埃尔·阿多：《古代哲学的智慧》，张宪译，上海译文出版社2012年版。

［法］让-保罗·萨特：《波德莱尔》，施康强译，北京燕山出版社2006年版。

［法］夏尔·波德莱尔：《波德莱尔美学论文选》，郭宏安译，人民文学出版社2008年版。

［法］夏尔·波德莱尔：《恶之花》，郭宏安译，国际文化出版公司2006年版。

［法］夏尔·波德莱尔：《恶之花　巴黎的忧郁》，钱春绮译，人民文学出版社1991年版。

［法］夏尔·波德莱尔：《恶之花全集》，欧凡译，山东文艺出版社2016年版。

［法］朱迪特·勒薇尔：《福柯思想词典》，潘培庆译，重庆大学出版社2015年版。

［古罗马］爱比克泰德：《哲学谈话录》，吴欲波等译，中国社会科学出版社2004年版。

［古罗马］琉善：《琉善哲学文选》，罗念生等译，商务印书馆1980年版。

［古希腊］柏拉图：《阿尔喀比亚德》，梁中和译/疏，华夏出版社2009年版。

［古希腊］柏拉图：《柏拉图对话集》，王太庆译，商务印书馆2004年版。

［古希腊］柏拉图：《柏拉图全集》，王晓朝译，人民出版社2002年版。

［古希腊］第欧根尼·拉尔修：《名哲言行录》，马永翔等译，吉林人民出版社 2003 年版。

［古希腊］欧里庇得斯：《欧里庇得斯悲剧·上》，张竹明、王焕生译，译林出版社 2007 年版。

［古希腊］修昔底德：《伯罗奔尼撒战争史》，谢德风译，商务印书馆 1985 年版。

［美］爱德华·麦古欣：《福柯的修行：哲学生活入门》，杜玉生译，《哲学分析》2014 年第 2 期。

［美］丹豪瑟：《尼采眼中的苏格拉底》，田立年译，华夏出版社 2013 年版。

［美］道格拉斯·凯尔纳、斯蒂文·贝斯特：《后现代理论：批判性的质疑》，张志斌译，中央编译出版社 2011 年版。

［美］汉娜·阿伦特：《过去与未来之间》，王寅丽等译，译林出版社 2011 年版。

［美］理查德·塔克：《哲学与治术：1572—1651》，韩潮译，译林出版社 2013 年版。

［美］威廉·巴雷特：《非理性的人》，段德智译，商务印书馆 1995 年版。

［意］保罗·维尔诺：《诸众的语法：当代生活方式的分析》，董必成译，商务印书馆 2017 年版。

［意］吉奥乔·阿甘本：《潜能》，王立秋等译，漓江出版社 2014 年版。

［英］罗伊·博伊恩：《福柯与德里达：理性的另一面》，贾辰阳译，北京大学出版社 2010 年版。

三 中文论文

杜玉生：《"直言"与"关心自己"——福柯的古代哲学研究》，《求是学刊》2014 年第 2 期。

杜玉生：《从权力技术到主体修行——福柯晚期思想中的伦理—诗学之维》，《外国文学》2016 年第 3 期。

杜玉生：《哲学抵抗与"真正的生活"——福柯论犬儒主义》，《外国文学》2015 年第 2 期。

杜玉生：《主体性与真理：福柯论"关心自己"》，《外国文学》2017年第6期。

杜玉生：《作为直言者的苏格拉底》，《外国文学》2018年第5期。

莫伟民：《哲学是诊断活动——福柯哲学观探究》，《复旦学报》2019年第5期。

莫伟民：《主体的真相——福柯与主体哲学》，《中国社会科学》2010年第3期。

汪民安：《福柯在中国》，《中国图书评论》2014年第3期。

王嘉军：《文学和伦理面对"上帝之死"：列维纳斯与福柯的文论比较》，《文艺研究》2017年第1期。

姚云帆：《从真理的剧场到治理的剧场：福柯对〈俄狄浦斯王〉的解读》，《文艺研究》2017年第10期。

张一兵：《批判和启蒙的辩证法：从不被统治到奴役的同谋——福柯〈什么是批判？〉和〈何为启蒙？〉解读》，《哲学研究》2015年第7期。

赵灿：《诚言与关心自己——福柯的古代哲学解释研究》，博士学位论文，复旦大学，2010年。

周慧：《"整体和单个"：福柯的治理术和生命权力的系谱研究》，《外国文学》2016年第2期。

四　中文著作

陈培永：《福柯的生命政治学图绘》，中国社会科学出版社2017年版。

黄华：《权力，身体与自我：福柯与女性主义文学批评》，北京大学出版社2005年版。

黄瑞祺主编：《再见福柯：福柯晚期思想研究》，浙江大学出版社2008年版。

刘北成：《福柯思想肖像》，中国人民大学出版社2012年版。

刘永谋：《福柯的主体解构之旅——从知识考古学到"人之死"》，江苏人民出版社2009年版。

莫伟民：《主体的命运——福柯哲学思想研究》，上海三联书店1996

年版。

上官燕:《游荡者,城市与现代性:理解本雅明》,北京大学出版社2014年版。

汪民安:《福柯的界限》,南京大学出版社2008年版。

汪民安:《尼采与身体》,北京大学出版社2008年版。

汪民安:《身体、空间与后现代性》,江苏人民出版社2005年版。

王治河:《福柯》,湖南教育出版社1999年版。

杨凯麟:《分裂分析福柯:越界、褶曲与布置》,南京大学出版社2011年版。

余虹:《艺术与归家——尼采·海德格尔·福柯》,中国人民大学出版社2005年版。

于奇智:《凝视之爱:福柯医学历史哲学论稿》,中央编译出版社2002年版。

张一兵:《回到福柯——暴力性构序与生命治安的话语构境》,上海人民出版社2014年版。

赵福生:《福柯微观政治哲学研究》,黑龙江大学出版社2011年版。

后 记

　　本书是我在2014年写就的博士学位论文的基础上修改完成的，期间获得国家社科基金的资助，并顺利结项。书稿几经修改与补充，终于以现在的面目出版。本书探讨了福柯晚期思想中的主体伦理问题，主要涉及福柯20世纪70年代末、80年代初法兰西学院课程演讲的内容，间或涉及福柯早期著述。尽管取得了一定的阶段性研究成果，但本书依然有很大的不足和欠缺。首先，福柯晚期法兰西课程演讲是实验性研究，福柯在演讲中经常回顾以前的研究主题，也时常将各主题穿插交织。尽管福柯在其晚期针对主体与真理的关系梳理了大量的理论发展线索，但由于过早离世，他并没有继续按照他设定的线索进一步详加阐释，因此福柯晚期的课程演讲看上去显得支离破碎，其研究原本导向何处也并不直观。本书目前还只是尝试性地对之加以梳理和解读，难免有粗疏之处。其次，关于福柯与其他思想家的比较研究尚需进一步深化，本书暂时没有跳出"福柯的界限"，从不同的角度利用一种"外界思维"来阐释福柯。譬如，福柯对苏格拉底—柏拉图的阐释与其他理论家尤其是尼采的阐释有何不同，或者是否有谱系学上的关联，等等。在本书的写作过程中，作者也涉及到其他理论家关于古代世界的探讨，譬如汉娜·阿伦特在《过去与未来之间》中对真理、自由、政治等问题的探讨，但受研究时间和理论储备的限制，并未对之展开详细论述，这是作者在以后的研究中需要进一步弥补提升的地方。

　　理论深奥晦涩，但理论的世界异彩纷呈。接触理论，迄今已有十几年。在本科和硕士研究生学习阶段，我已经开始零星地阅读福柯，但仅限于《规训与惩罚》《疯癫与文明》等理论名著，当时我对福柯思想的认知实属朦胧。真正进入福柯的思想迷宫，是我在北京外国语大学攻读博士学位期间。我的博士生导师汪民安教授对福柯真挚的热爱，是我投入福柯思想研究的重要动力。记得一次惬意的午餐后，在北京外国语大学的林间小道上，汪老师就我的博士论文选题对我谆谆教导——迎难而上，耐心探索。自那以后，我就全身心地投入福柯晚期思想的研究之中。期间有迷惑也有狂喜，情绪的起伏不定更加深了我对理论本身的体认——理论并非空穴来风，理论的世界也非晦暗深渊，理论总是根植于"现在"的土壤，晦涩的理论正是为了解释现实世界本身的晦涩。这个"现实"也包括我自身，对理论的投入与思考也让我有机会认识自己，反思自己，进而践行福柯晚期所谓的"关心自己"。

从而立到不惑，酸甜苦辣，五味杂陈。在学术和人生道路上，我受师长提携相助已久，心怀感激之情难表，本书出版之际，谨以片言，敬表谢忱。2011 年是我人生的转折点，这一年我进入北京外国语大学攻读博士学位。我很庆幸，在我即将人格自立、学识自主、事业自强之时遇到我的博士生导师汪民安教授，是他让我认识到什么是真实的人生、何谓真正的学问。知识易得，人性叵测，品行难塑。衷心感谢汪老师给予我的教导与呵护——不止是论文写作过程中的悉心指导，更是学术修行之路上的点拨与帮助。真诚对待生活、宽厚对待他人、严肃对待学问，此皆为学术人需具备的精神品性，这是我师从汪老师的最大体会。感激之情，难于言表，只希望在以后的求知之路上坚守汪老师的教诲。衷心感谢北京外国语大学外国文学研究所这一友爱的精神共同体，感谢各位老师的教导与鼓励。感谢志同道合的各位同门，是他们让我在温馨的咖啡屋、嬉闹的饭桌旁享受片刻但彻底的轻松与愉悦。从博士学位论文开题到答辩，中国社会科学院的王逢振教授，中国人民大学的吴琼教授、杨恒达教授、张旭教授，中国艺术研究院的戴阿宝研究员，清华大学的陈永国教授，北京第二外国语学院的胡继华教授等都给予我无私帮助和精心指导，在此一并表示感谢。

2017 年，博士毕业三年后，我进入上海交通大学从事博士后研究工作。感谢我的博士后合作导师尚必武教授，尚老师于我亦师亦友。2013 年我尚在攻读博士学位，那年尚老师与我在美国宾夕法尼亚大学访学期间共度的美好时光历历在目。那时，尚老师的人格魅力和对学术的执着与严谨就深深地感染着我，使我认识到敏锐与坚持是学术之路难得的品质。这对我度过丰富多彩的博士生活大有助益，也激励我博士毕业三年后再次踏上求学之路。感谢尚老师接受业已"超龄"的我于门下，感谢尚老师两年来的言传身教和谆谆教导。衷心感谢上海交通大学外国语学院的彭青龙教授、杨枫教授、刘华文教授、都岚岚教授、杨明明教授和吴攸副教授在我从事博士后研究工作期间的帮助与提携。感谢上海交通大学叙事学研究团队，感谢各位志同道合同门的相伴。

感谢美国宾夕法尼亚大学英语系 Wendy Steiner 教授的邀请和系内各位老师的指导，各位老师使我体验到世界著名学府的学术氛围与人文关怀。感谢我学习、生活、工作了 20 多年的地方——南京信息工程大学。从意气风发的大学学子到踏上讲坛的大学教师，她见证了我的成长与发展、欢乐与汗水。感谢南京信息工程大学的各位领导和同事，他们替我分担了诸多压力，使我全身心地投入到科研之中。感谢我的硕士研究生导师南京师范大学外国语学院吕俊教授的启蒙与鼓励。

在书稿出版过程中，中国社会科学出版社编辑王小溪博士以严谨认真的态度对书稿进行了编辑，在此表示衷心感谢。本书的部分章节曾以论文形式发表在《外国文学》《文学跨学科研究》《求是学刊》《哲学分析》《阅江学刊》等刊物，在此对这些奖掖与提携表示感谢。收录本书的过程中，我对这些章节做了不同程度的修改和增删。

最后，我要感谢我的家人。感谢我的爱人俞森女士，感谢她在我人生每一艰难时刻的理解与支持，她赋予我最美丽的天使，给予我家的温馨，她们是我人生最丰厚的馈赠。感谢我的父母，他们一如既往、不求回报的深爱与支持、宽容与理解赋予我追求知识、献身理想的勇气与坚持，我对他们有太多亏欠，只能以今后加倍的孝心来回报他们的恩情，祝他们健康长寿。

杜玉生

2021 年 10 月于南京